La complejidad del Barça

La complejidad del Barça

Simon Kuper

Traducción de
Genís Monrabà y Carla Montoto

Título original en inglés: *The Barcelona Complex*

© 2021, Simon Kuper

Primera edición: marzo de 2022

© de la traducción: 2022, Genís Monrabà y Carla Montoto
© de esta edición: 2022, Roca Editorial de Libros, S.L.
Av. Marquès de l'Argentera 17, pral.
08003 Barcelona
actualidad@rocaeditorial.com
www.rocalibros.com

Impreso por LIBERDÚPLEX, S.L.U.

ISBN: 978-84-12417-91-3
Depósito legal: B. 1983-2022

RC17913

Para Pamela, Leila, Joey y Leo, por dejarme escribir
este libro en nuestra sala de estar de París
durante los meses de confinamiento,
y por enamorarse de España y de Cataluña conmigo.
No hubiera valido la pena sin vosotros.

Antes de que él llegara, no teníamos una catedral del fútbol,
este templo maravilloso, en Barcelona. Necesitábamos algo
nuevo. Y perdura hasta ahora. Fue construida por un solo
hombre, Johan Cruyff, piedra por piedra.

PEP GUARDIOLA

La verdad es que hace tiempo que no hay proyecto ni nada,
se van haciendo malabares y van tapando agujeros
a medida que van pasando las cosas.

LIONEL MESSI (septiembre de 2020)

Sospecho que, si los periodistas entendieran
de verdad el fútbol, no serían periodistas.

JOHAN CRUYFF

Índice

QUINTA PARTE
La catedral se desmorona

Los protagonistas

Éric Abidal (1979-): Leyenda del club desde que levantó la copa de la Liga de Campeones en 2011 tras haber superado un cáncer. Jugó con mucho éxito en el Barcelona como lateral izquierdo en el gran equipo de Pep Guardiola, y luego trabajó como director deportivo sin tanto éxito, comprando a los jugadores equivocados entre 2018 y 2020.

Jordi Alba (1989-): Un chico de la Masia que abandonó el Barcelona para lanzar su carrera deportiva y regresó en 2012. Lateral izquierdo. Buen amigo y compañero de vacaciones de Messi.

Thiago Alcántara (1991-): Centrocampista. Hijo del campeón mundial brasileño Mazinho. Pasó por la Masia, pero no pudo hacerse un hueco en el primer equipo, se marchó al Bayern y participó en la paliza que le dieron al Barça por 8-2 en 2020. Ahora juega en el Liverpool.

Josep Maria Bartomeu (1963-): Como presidente del Barça entre 2014 y 2020 compró a los jugadores equivocados gastando demasiado dinero. Dirige un negocio familiar.

Tonny Bruins Slot (1947-2020): Fue el asistente de confianza de Johan Cruyff. Era un holandés de clase trabajadora que nació en Ámsterdam el mismo año que Cruyff y fue una de las pocas personas con las que nunca riñó. Hacía los análisis tácticos de los rivales que Cruyff no tenía la paciencia de hacer.

Sergio Busquets (1988-): Un pivote brillante, siempre que no tenga que correr. Un chico de la Masia que pasó de ser suplente en el Barça B en 2008 a ganar todos los grandes títulos. Hijo del no tan brillante portero suplente de Cruyff, Carles Busquets.

Albert Capellas (1967-): Coordinador durante mucho tiempo de la cantera del Barça, la Masía. En junio de 2021 regresó al club tras una década entrenando en el extranjero. Divulga el *cruyffismo* en possessionfootball.com. Un ejemplo de la fuga de cerebros del Barcelona y un asesor fundamental para el autor de este libro.

Manus Cruijff (1913-1959): El padre de Johan. Aficionado del Ajax y dueño de una tienda de comestibles en el barrio contiguo del antiguo estadio del club. Su muerte prematura por un ataque al corazón fue el momento de mayor aprendizaje en la vida de Johan. Manus jamás escribía su apellido con «y».

Danny Cruyff (1949-): La viuda de Johan. Trataba a Johan como a un tío corriente de Ámsterdam. No le gustan ni la notoriedad ni el fútbol.

Johan Cruyff (1947-2016): Padre del club actual. Su nombre era Cruijff, pero pensó que la «y» funcionaría mejor internacionalmente. El hombre más interesante de la historia del fútbol moderno. Fue un jugador brillante entre 1964 y 1984, y luego un entrenador completamente innovador. Como responsable del Barcelona entre 1988 y 1996, creó el Dream Team y luego dejó que se descompusiera. Inventó en gran medida el fútbol contemporáneo, incluido el estilo Barça (aunque ahora otros clubes lo jueguen mejor). Bastante excéntrico.

Jordi Cruyff (1974-): El hijo de Johan, lo cual no ha debido de ser fácil. Jugó (y se sentó en el banquillo) para el Barça, el Manchester United y la selección de los Países Bajos. En el momento de escribir este libro era entrenador del Shenzhen FC en China.* Se siente más catalán que holandés.

Ousmane Dembélé (1997-): Rápido extremo francés que no llevaba un estilo de vida espartano en sus primeras temporadas con el Barcelona y con frecuencia se lesionó o entró en conflicto con el club. Mejoró a partir de 2020, pero no hay duda de que el Barça se arrepiente de haberle pagado más de ciento cuarenta millones de euros al Borussia Dortmund por él.

---

* Nota del editor: la edición original de *La complejidad del Barça* se publicó en agosto de 2021. El 3 de junio de 2021 Jordi Cruyff se desvinculó del equipo chino para trabajar en el organigrama del Barcelona.

Robert Enke (1977-2009): Portero alemán. Durante su desastrosa etapa en el Barcelona entre 2002 y 2004, se le culpó de una derrota en la Copa ante un equipo de tercera división. Después de aquello, cayó en una depresión que podría haber significado un paso más en su camino hacia el suicidio en 2009.

Samuel Eto'o (1981-): Un hombre difícil y un delantero brillante. Después de todo, Guardiola seguramente se alegró de no venderlo en 2008. Camerunés.

Cesc Fàbregas (1987-): Un chico de la Masia que jugó con Messi y Piqué en el Baby Dream Team adolescente. Se fue al Arsenal con dieciséis años y volvió a casa con veinticuatro, justo a tiempo para los últimos días de gloria del Barcelona.

Francisco Franco (1892-1975): Un gallego que se convirtió en general del ejército, en líder del bando nacional en la guerra civil española (1936-1939) y luego en dictador de España entre 1939 y 1975. Se estima que su «terror blanco» mató a doscientos mil españoles durante y después de la guerra, y llevó a muchos otros al exilio. Reprimió brutalmente el nacionalismo catalán.

Louis van Gaal (1951-): Un cruyffista odiado por Cruyff. Entrenó al Barcelona entre 1997 y 2000, y otra vez en la temporada 2002-2003. Ganó dos ligas españolas, pero el barcelonismo lo recuerda más por su brusca franqueza (una característica no muy catalana) y por su castellano con acento de Ámsterdam.

Joan Gaspart (1944-): Hotelero, antiguo camarero del Connaught de Londres y, entre 2000 y 2003, presidente fallido del Barcelona. Interpretó a un recepcionista de hotel en una película de Antonioni de 1975 rodada en Barcelona, *El reportero*.

Antoni Gaudí (1852-1926): Arquitecto catalán. Empezó la Sagrada Familia, todavía inacabada. El autor establece un paralelismo, posiblemente demasiado atrevido, entre él y otro genio loco, Johan Cruyff.

Antoine Griezmann (1991-): Capitán de los campeones mundiales franceses de 2018. Un jugador brillante, aunque no tanto durante sus dos años en el Barcelona. Un mini Messi, quizá fue ese el problema.

Pep Guardiola (1971-): El mejor alumno de Johan Cruyff y que llegó al Barcelona con trece años. Un cruyffista que hizo reformas en la catedral del Barça. Desde su marcha como entrenador en 2012, el club no ha vuelto a ser el mismo. Nacionalista catalán.

Thierry Henry (1977-): Delantero francés que pasó sus mejores años en el Arsenal, pero que disfrutó de un esplendor tardío en el Barcelona entre 2007 y 2010. Jugó con Messi y aprendió de él.

Zlatan Ibrahimović (1981-): Delantero sueco cuya única temporada en el Barcelona (2009/10) fue un fracaso porque Messi decidió que no quería a un sueco enorme entorpeciendo sus carreras hacia el centro. No es fan de Guardiola.

Andrés Iniesta (1984-): Genio de rostro pálido. Pasó por la Masia, lo ganó todo con el Barcelona, superó una suerte de depresión y se marchó al Vissel Kobe japonés en 2018. Un gran futbolista que fue feliz jugando al servicio de otro incluso más grande: Messi.

Frenkie de Jong (1997-): Centrocampista holandés que provoca terrores nocturnos a sus entrenadores cuando regatea en su propia área. Llegó al Barcelona en 2019; no era el mejor momento.

Ronald Koeman (1963-): Un héroe del Barcelona como defensa central goleador entre 1989 y 1995. Marcó el gol de la victoria en la final de la Copa de Europa de 1992 en Wembley. Vivía al lado de Cruyff. El desafortunado entrenador de Barcelona desde agosto de 2020 hasta octubre de 2021.

Joan Laporta (1962-): Presidente del F. C. Barcelona entre 2003 y 2010, y luego otra vez desde marzo de 2021. Un abogado atractivo y el hombre más carismático de Cataluña, pero es más un improvisador que un organizador.

Michael Laudrup (1964-): «Delantero en la sombra» (o «falso nueve») danés de clase media alta en el Dream Team de Cruyff, entre 1989 y 1994. Riñó con su entrenador y se fue al Real Madrid. Una temporada después de ayudar al Barça a derrotar al Madrid por 5-0, ayudó al Madrid a derrotar al Barça 5-0. Ahora es entrenador de fútbol e importa vino español a Dinamarca.

Gary Lineker (1960-): Delantero inglés que jugó en el Barcelona entre 1986 y 1989. Se enamoró del lugar e incluso aprendió español. Por desgracia, Cruyff no lo quiso. Ahora presenta el programa de televisión *Match of the day* en el Reino Unido.

Antonia Lizárraga (desconocido-): Nutricionista. Fue contratada en 2010 por Guardiola (un fanático de la salud) para enseñar a comer a los futbolistas del Barcelona. Sigue intentándolo.

Diego Maradona (1960-2020): Jugó en el Barcelona entre 1982 y 1984, pero la ciudad era demasiado burguesa para él. Además, Andoni Goikoetxea, el «Carnicero de Bilbao», le destrozó el tobillo. Aun así, se las arregló para participar en algunas orgías.

Lieke Martens (1992-): Delantera en el equipo femenino del Barcelona que ha seguido la tradición de importaciones holandesas del club. Fue elegida mejor jugadora por la FIFA en 2017, pero sigue ganando demasiado poco como para traerse a su séquito.

Jorge Messi (1958-): Padre y agente de Lionel. Antiguo director de una fábrica de acero en Rosario, Argentina. Se ve a sí mismo como un brillante hombre de negocios. Fue condenado junto a su hijo por fraude fiscal en 2016, pero se salvó con una multa. Uno de los principales culpables del colapso financiero del Barça.

Lionel Messi (1987-): La persona con más poder dentro del club hasta que se vio repentinamente forzado a salir en agosto de 2021. Llegó con trece años, marcó más de seiscientos goles con el primer equipo, pero terminó convirtiendo el F.C. Barcelona en el F.C. Messi. Su salario (unos ciento cincuenta millones de euros al año según los últimos cálculos) vació las arcas del club

Rinus Michels (1928-2005): Antiguo profesor de gimnasia para niños sordos. Pasó la mayor parte de su carrera como entrenador (en el Ajax, en el Barcelona, en la selección de los Países Bajos y en Los Angeles Aztecs) atrapado en una relación desquiciante, aunque fértil, con Johan Cruyff, a lo Lennon-McCartney. Coinventor del «fútbol total» y, por consiguiente, del fútbol del siglo XXI. Abuelo del Barcelona moderno.

José Mourinho (1963-): Entrenador portugués. Eterno archienemigo del Barça que se formó en Barcelona entre 1996 y 2000 trabajando como traductor, analista táctico y entrenador asistente. Asimiló la idea de Cruyff de que el fútbol es bailar en el espacio, pero prefiere cerrar el espacio en lugar de abrirlo.

Neymar (1992-): Llegó al Barcelona en 2013 y luego se marchó, calamitosamente, al Paris Saint-Germain en 2017. El traspaso más memorable del fútbol de la década de 2010. Messi quería jugar de nuevo con él en Barcelona. Sin embargo, acabaron haciéndolo en París.

Josep Lluís Núñez (1931-2018): Pasó de magnate inmobiliario a presidente, en este caso del F. C. Barcelona, entre 1978 y 2000. Contrató a Cruyff, pero nunca le gustó. No ha recibido ningún reconocimiento por haber dirigido el ascenso del club hacia su grandeza. Fue el último presidente no catalán del Barça.

Pedro (1987-): Un chico de la Masia que pasó del Barça C en 2007 a ganarlo básicamente todo en el fútbol apenas tres años después. No es un genio, lo cual significa que su ascenso es más mérito de la Masia que el de Messi.

Gerard Piqué (1987-): Miembro de la élite empresarial catalana, emprendedor, marido de la cantante Shakira y defensa central del F.C. Barcelona. Jugó con Messi durante veinte años. Se le señala como futuro presidente del club. Tiene los genes para ello.

Inma Puig (desconocido-): Psicóloga deportiva que trabajó en el F.C. Barcelona durante quince años, hasta 2018. Ayudó a Iniesta durante su crisis personal. Asesora a empresas como *chief emotional officer*.

Carles Puyol (1978-): Velludo defensa central del gran equipo del Barcelona de Guardiola y campeón del mundo con España en 2010. Tras graduarse en la Masia y entrar en el primer equipo, le legó su colchón a Iniesta.

Mino Raiola (1967-): «Superagente» que aprendió el oficio en las pizzerías de su padre. Agente de Ibrahimović y, por consiguiente, enemigo de Guardiola.

Carles Rexach (1947-): Se ha pasado la vida dentro del kilómetro cuadrado que rodea el Camp Nou. Un extremo cobarde, talentoso y frágil del F. C. Barcelona que más tarde ocupó casi todos los puestos en el club, incluido el de asistente y amigo de Cruyff. Inevitablemente, se enemistó con él.

Frank Rijkaard (1962-): Un magnífico futbolista holandés y entrenador del Barcelona entre 2003 y 2008. Considerado universalmente un caballero. Ganó la Liga de Campeones en 2006, pero enseguida dejó de entrenar porque ya no le apetecía.

Rivaldo (1972-): El jugador más creativo del Barcelona entre 1997 y 2002. Comunicó al equipo que ya no jugaría más como extremo. Aquello fue probablemente un error. Entre sus logros más destacados, fue nombrado futbolista europeo del año en 1999 (de lo cual este autor fue testigo) y ganó la Copa del Mundo con Brasil en 2002.

Sergi Roberto (1992-): Jugador de casa, uno de los pocos catalanohablantes del primer equipo y, en el momento de escribir este libro, uno de los cuatro capitanes del club. Posiblemente sea una figura más importante en el vestuario que en el campo.

Romário (1966-): Excelente, aunque a menudo inmóvil, goleador del Dream Team de Cruyff entre 1993 y 1995. No le gustaba ni entrenar ni correr ni el trabajo defensivo. En cambio, le gustaba dormir y practicar sexo. Ahora es senador en Brasil de un partido de izquierdas. Ganó la Copa del Mundo con Brasil en 1994.

Ronaldinho (1980-): Creador brasileño. Adquirido por el Barcelona en 2003 porque no pudieron hacerse con David Beckham. Ganó la Liga de Campeones con el Barça en 2006, cuando era momentáneamente el mejor jugador del mundo, pero casi inmediatamente después perdió interés en el fútbol. Héroe y mentor de Messi. Fue encarcelado brevemente en Paraguay en 2020, tras intentar entrar en el país presuntamente con un pasaporte falso.

Cristiano Ronaldo (1985-): Brillante delantero portugués. El segundo mejor futbolista de su época. Estuvo muy cerca de ir al Barcelona cuando era adolescente. Estrella del archienemigo del Barça, el Real Madrid, entre 2009 y 2018. Luego se fue a la Juventus y, más tarde, regresó al Manchester United.

Sandro Rosell (1964-): Miembro de la burguesía barcelonesa. Presidente del club entre 2010 y 2014, sucediendo a su antiguo aliado Joan Laporta. Dimitió cuando estaba metido en problemas legales por el fichaje de Neymar al Santos. Pasó casi dos años en prisión, pero luego fue absuelto. Lo celebró con la mejor cerveza de su vida en el bar de un hotel.

Eusebio Sacristán (1964-): Pequeño centrocampista que encontró su hogar en Barcelona entre 1988 y 1995. Cruyff le enseñó las bases de un fútbol de pase, ordenado, que Eusebio había tenido en la cabeza desde su niñez. Más tarde fue el entrenador asistente de Rijkaard.

Paco Seirul·lo (1945-): Guardián de la tradición cruyffista del Barça. Era un preparador físico que empezó en la sección de balonmano del club, ejerció de mano derecha de Cruyff, ahora enseña en la Universidad de Barcelona, habla como un filósofo parisino, tiene una magnífica melena blanca y es una especie de lápiz USB andante de la memoria institucional del club. En el Camp Nou se le conoce como «el Druida».

Ferran Soriano (1967-): Un chico de la ciudad con un máster. Director ejecutivo del Barça entre 2003 y 2008. Ahora hace el mismo trabajo en el Manchester City, donde contrató a Guardiola. Su libro *La pelota no entra por azar*, poco conocido, es, sorprendentemente, una buena fuente de información sobre el Barça moderno.

Hristo Stoichkov (1966-): Delantero búlgaro del Dream Team del Barcelona entre 1990 y 1995. A Cruyff le gustaba su mala leche. A Stoichkov le gustaba salir de fiesta con Romário, hasta que se enfadaron. Hay un vídeo genial en YouTube de Cruyff enseñándole a saltar a la cuerda.

Luis Suárez (1987-): Delantero uruguayo y vecino y mejor amigo de Messi. Jugó en el Barcelona entre 2014 y 2020, hasta que Ronald Koeman le dijo, en una llamada de un minuto, que ya no le necesitaban. Nadie de la junta le llamó para agradecerle sus ciento noventa y ocho goles con el equipo. Inmediatamente empezó a meter tantos con el Atlético de Madrid.

Lilian Thuram (1972-): Intelectual y defensa francés. Cuando llegó al Barcelona con treinta y cuatro años y descubrió los principios cruyffistas del club, se sintió por primera vez completo como futbolista. Se preguntaba qué deporte había estado jugando hasta entonces. Ahora es activista antirracista.

Oriol Tort (1929-1999): Fue durante mucho tiempo el principal ojeador no remunerado del Barcelona. Representante de una farmacéutica en su vida civil, algunas veces veía entre quince y veinte partidos de niños en un solo día y anotaba todos los nombres prometedores con su máquina de escribir. Decidió que el Barça necesitaba una residencia para acoger a los chicos de fuera de la ciudad. La Masia abrió sus puertas en 1979. Trajo a Iniesta a Barcelona.

Jorge Valdano (1955-): Campeón del mundo como jugador con la Argentina de Maradona, antiguo entrenador y director técnico del Real Madrid, escritor delicioso, encantador y un buen tipo; básicamente lo que para este autor sería el hombre ideal. En 1975 se marchó de la dictadura militar argentina hacia España, justo a tiempo para ver cómo moría Franco y el país cambiaba. Un cruyffista, pero también un observador crítico de Cruyff y del Barcelona.

Víctor Valdés (1982-): Un chico de la Masia que se convirtió en el portero del gran equipo de Guardiola. Demasiado estresado para disfrutar el fútbol hasta que Guardiola le enseñó a analizar el juego con la cabeza fría. Amigo fiel de Iniesta.

Ernesto Valverde (1964-): Delantero segundón del equipo de Cruyff entre 1988 y 1990. Ganó dos títulos de liga en las dos temporadas que completó como entrenador entre 2017 y enero de 2020, hasta que el Barça lo despidió. No supieron valorar lo que tenían. Un hombre pequeño y modesto con buen sentido del humor.

Tito Vilanova (1968-2014): Amigo de adolescencia de Guardiola en la Masia en los años ochenta y su entrenador asistente en el primer equipo entre 2008 y 2012. Hacía de poli bueno cuando Guardiola hacía de poli malo. Cuando Guardiola dejó el puesto, Vilanova aceptó el relevo como primer entrenador. A Guardiola no le gustó. Cuando era entrenador principal, Vilanova desarrolló un cáncer terminal. Su viuda vetó a Guardiola en su funeral.

Arsène Wenger (1949-): Dirigió el Arsenal entre 1996 y 2018. Admirador del fútbol de Cruyff. Aparece en este libro como un veterano observador del juego moderno, principalmente, porque el autor tuvo la suerte de conseguir una entrevista con él en los cruciales meses finales de escritura.

Xavi (1980-): El centrocampista que definió el juego de toque del Barcelona: mirar, pasar, mirar, pasar, repetir. Tan intachable que sus compañeros de equipo le apodaron «la Máquina». Pasó por la Masia y jugó en el primer equipo entre 1998 y 2015. Regresó de Qatar en noviembre de 2021 para convertirse en el entrenador del Barça.

Boudewijn Zenden (1976-): Viajado y políglota antiguo extremo holandés que jugó en el Barcelona entre 1998 y 2001, y luego para el Chelsea, el Liverpool, el Marsella y otros. Observador antropológico de las costumbres futbolísticas y entrevistado ocasionalmente por este autor desde 1997.

Andoni Zubizarreta (1961-): Vasco y sabio. Portero del Barcelona entre 1986 y 1994 y director deportivo entre 2010 y 2015. Fichó a Neymar y a Suárez. Bartomeu no debería haberlo echado. Jugó casi mil partidos de fútbol profesional.

Una nota sobre el texto

Al hablar sobre el Barça, he dado preferencia a los términos en catalán ante los términos en español, ya que el catalán es la lengua principal del club. Por ejemplo, llamo a los miembros del club que pagan cuota *socis* en lugar de socios. Incluso cuando las palabras en catalán y en castellano coinciden, en catalán se suele prescindir de las tildes: metodología en catalán es *metodologia*. La Masia (el nombre de la academia juvenil del Barça) llevaría tilde sobre la «i» en castellano, pero no en catalán.

PRIMERA PARTE

Dentro de la catedral

INTRODUCCIÓN

El Barça y yo

Ahora me doy cuenta de que empecé a recabar información para este libro en 1992, al entrar en el Camp Nou con mis veintidós años y mi chaqueta rasgada. Estaba viajando por todo el mundo con un presupuesto de cinco mil libras esterlinas y con una máquina de escribir en mi petate. Escribía mi primer libro, *Fútbol contra el enemigo*. Me hospedaba en el hostal Kabul (en una plaza Real llena de atracadores), me saltaba la comida para ahorrar dinero y cenaba cada noche un falafel que compraba en un tenderete. Barcelona, considerada durante mucho tiempo un rincón provinciano de mala muerte, había sido renovada recientemente para los Juegos Olímpicos de aquel verano. No tenía ni idea de que fuera una ciudad tan hermosa. Jugando (mal) al ajedrez bajo el sol en el bar Kasparo, decidí que quería volver algún día.

Había ido a Barcelona porque estaba fascinado por el equipo de fútbol de la ciudad. Me crie en los Países Bajos (hecho que se hará evidente de vez en cuando en este libro), así que mi ídolo de infancia era Johan Cruyff, el holandés que llegó a Barcelona por primera vez en 1973, como jugador. En 1992 era el primer entrenador del equipo y su líder espiritual. Cruyff fue un gran futbolista a la vez que un gran pensador del fútbol, como si fuera la bombilla y Edison al mismo tiempo. Es el padre del estilo del Barcelona, un juego fascinante de alta presión que promulga el primer toque en un ataque constante. En este libro sostengo también que es el padre del fútbol moderno.

Un día de 1992 cogí el metro hacia el Camp Nou para ver si podía entrevistarle para *Fútbol contra el enemigo*. La amable jefa de prensa, Ana, aceptó mis dudosas credenciales periodísticas y mi chaqueta rota, y me propuso entrevistar al anciano vicepresidente primero del Barça Nicolau Casaus. Visto en retrospectiva, es probable que necesitaran mantenerlo ocupado. Ana me dijo que no hablaba inglés, pero, mientras esperaba fuera de su despacho, le escuché repetir varias veces, con acento americano, la palabra «siddown». Parecía estar practicando para mí. Cuando entré, Casaus se estaba fumando un gran puro. Le pregunté si el lema del club —Més que un club— tenía que ver con la importancia política del F. C. Barcelona en España. Me respondió, en español, que no era así. Dijo que el Barça tenía seguidores de distintos partidos y religiones. Entonces, ¿a qué respondía el lema? Su respuesta fue vaga: «El barcelonismo es una gran pasión». Al parecer, la política era un tema demasiado sensible para él. En ese momento yo no sabía que se había pasado cinco años en la cárcel bajo la dictadura de Franco como activista catalán, tras haber sido inicialmente condenado a muerte.

Le insistí a Ana para que me consiguiera a Cruyff, pero me coló a su ayudante, Tonny Bruins Slot. Me sentí íntimamente aliviado: la idea de conocer a mi héroe era abrumadora.

En 1992 el fútbol era un negocio más cercano. En aquellos días, el Barça entrenaba en un campo al lado del Camp Nou. Una mañana antes de que empezara el entrenamiento me dieron un asiento ante la puerta del vestuario para que esperara a Bruins Slot. Hasta aquel momento creo que solo había conocido a un futbolista profesional en toda mi vida. Michael Laudrup apareció por la puerta del vestuario y me miró. Luego salió Cruyff, con una pelota de fútbol en los brazos, caminando a toda velocidad («Si intentan seguirme a un ritmo normal, entonces llegan demasiado tarde»). Bromeaba a la vez con un asistente de vestuario y con un periodista colombiano que esperaba poder tener audiencia con él. Era una mañana preciosa, estaba a punto de entrenar a los campeones de Europa y quiso hacer partícipe de su felicidad al chico de la chaqueta rota. Estoy seguro de que me sonrió desde una distancia de dos metros, pero para cuando logré decir «Hola» en holandés, ya se había ido. Salió Bruins Slot y me preguntó cuánto tiempo necesitaba. Tenía prisa para ir al entrenamiento. Le dije veinte minutos.

Bruins Slot pertenecía, sin lugar a duda, a la clase trabajadora de Ámsterdam, como Cruyff. Me llevó a una sala donde me trajo café solo en un vaso de cartón, se paseó en busca de un cenicero, utilizó otro vaso de cartón en su lugar, y luego se enzarzó conmigo en una conversación de dos horas sobre fútbol. Ese día no llegó al entrenamiento. «Tenemos un *copyright*, una patente —dijo—. Puedes imitar cualquier patente, pero hay un último toque que solo posee un hombre.»

Cruyff creó el gran Barça. En palabras de su principal discípulo, Pep Guardiola, él construyó la catedral. Y yendo más allá, podría decirse que Cruyff creó el fútbol moderno en sí. Es el Freud o el Gaudí de este juego, el hombre más interesante, original y exasperante de la historia del fútbol. La catedral del Barça fue posteriormente actualizada por Guardiola y perfeccionada por Lionel Messi antes de empezar a deteriorarse.

Messi es la otra persona que me empujó a escribir este libro. Siempre he querido comprender cómo hace lo que hace sobre la cancha. Cuando empecé a husmear en el Barça, me interesó otra cosa: su poder. Este argentino tranquilo puede parecer el polo opuesto de Cruyff, pero, en realidad, heredó el papel del holandés como personaje con más influencia dentro del club. Desde fuera se malinterpretaron durante años su mirada inexpresiva y sus silencios como una falta de personalidad. La gente del Barça lo conocía desde hacía tiempo como una figura dominante y que infundía temor. Con el tiempo, el F. C. Barcelona se transformó en F. C. Messi.

Puede que no termine bien. Todo empezó a desmoronarse mientras yo estudiaba al Barça. Vine por primera vez al inicio de los días de gloria del club, en 1992, y terminé cuando parecían estar llegando a su fin, en 2021, con Messi con treinta y cuatro años. Fue un poco como escribir un libro sobre Roma en el 400 d. C., con los bárbaros ya dentro de los muros. Empecé mi investigación pensando que iba a contar el ascenso del Barça hacia su grandeza, y lo he hecho, pero también he acabado plasmando su declive y posiblemente su caída.

A lo largo de las últimas décadas, he llegado a conocer al Barcelona en mis visitas como periodista para los artículos que escribía. Cuando uno llega a su mediana edad se duerme después de comer, pero también tiene sus ventajas: tienes una buena lista de contactos, cierta idea sobre cómo cambian las cosas y un catálogo de antecedentes. Mientras escribo, tengo a mi lado, en mi oficina de París, una estantería con más de doscientas libretas, fruto de mis investigaciones desde 1998. Hay entrevistas con jugadores y entrenadores del Barça pasados y presentes: Rivaldo, Lilian Thuram, Neymar o Gerard Piqué, y mi único encuentro con Cruyff, una agradable velada en el salón de su mansión en el año 2000 (tras la cual nos enemistamos de forma traumática).

Incluso he llegado a jugar en el Camp Nou. En 2007 gané el premio anual de periodismo deportivo del F. C. Barcelona y un equipo del canal de televisión del club quiso grabarme chutando una pelota sobre el campo con ropa de calle. Cuando salté al césped, era tan grueso, tan corto y perfecto que no pude más que reír. El campo tiene las máximas dimensiones que puede tener un campo de fútbol para dar espacio a los ataques del Barça. Me sentí como si estuviera retozando en un inmenso jardín. Había incluso un poco de público: varias docenas de turistas que hacían el *tour* del Barça.

Me puse a conducir la pelota tratando de imaginar cómo sería jugar allí un partido. Mirando a las gradas del estadio más grande de Europa, pensé: «Esto me resulta extrañamente familiar. Si le quitas el elegante envoltorio, no es más que un campo de fútbol, como cualquier otro en el que hayas jugado». Este pensamiento debe haber tranquilizado a más de un debutante a lo largo de las décadas.

En el centro del campo casi era posible olvidarse de que había gente mirando, pero, cuando conducía la pelota por el lateral, fui terriblemente consciente de los turistas. Ahí los espectadores te miran directamente. Si está cerca de la línea de banda, el jugador está más cerca de ellos que de la portería. Podía distinguir cada rostro. Era posible establecer, por un momento, una relación con cada persona de las gradas.

Chuté varias veces a portería vacía y, cada vez que entraba la pelota, los turistas me ovacionaban irónicamente. A saber qué estaban pensando que sucedía.

Cuando coloqué la pelota para lanzar un córner y miré

hacia puerta, mi mirada abarcaba todo el estadio. Fue un momento teatral: durante uno o dos segundos, el partido estaba en mis pies y me sentí como un actor interpretando para un público. Más tarde descubriría, gracias a un psicólogo del Barça, que los futbolistas de máximo nivel suprimen estas impresiones. Durante un partido escuchan las instrucciones que les gritan sus compañeros de equipo, pero no los cánticos de sus seguidores.

El último impulso para empezar a escribir este libro fue una visita a Barcelona en 2019. Vine a recabar información para un artículo para mi periódico, el *Financial Times*, y resultó que llegaba el día en que el club entregaba el premio al periodismo deportivo. Responsables del club insistieron en que fuera a la ceremonia de entrega de premios y a la comida posterior. Terminé sentándome durante horas a una mesa en algún rincón del Camp Nou, bebiendo vino y conversando con el presidente Josep Maria Bartomeu y varios *directius* del club (que son literalmente «diréctores», pero ejercen más bien de consejeros del presidente). El Departamento de Comunicación me organizó con entusiasmo entrevistas con Bartomeu, con el entonces primer entrenador Ernesto Valverde y con muchos de los trabajadores corrientes del Barça: médicos, analistas de datos y *brand managers*.

Acceder a los protagonistas es la parte más difícil del periodismo deportivo. Más o menos en la misma época en la que empecé a escribir este libro, contacté con un club de una división inferior para entrevistar a un entrenador juvenil. No obtuve respuesta, llamé y escribí por correo electrónico durante semanas para presionarlos; finalmente, me dijeron que no. Hoy en día, la mayoría de los grandes clubes ofrecen a los periodistas poco más que un asiento en una rueda de prensa para escuchar cómo se justifican sus gestores, algunos «encuentros informativos» *off the record* y, cada pocos meses, una «sentada» de quince minutos con un jugador decidido a no decir nada.

Publiqué mi artículo para el periódico, pero pensé: hay mucho más por explicar. Quería comprender a Cruyff y a Messi como personas, no como semidioses. Y quería estudiar el Barça, no como un teatro de los sueños, sino como un lugar de trabajo. Este club lo crearon humanos falibles que iban a trabajar todos los días y se peleaban los unos con los otros; probaban cosas y se equivocaban; y al final crearon algo catalán e internacional, brillante y defectuoso, de su tiempo y eterno. ¿Cómo es la vida en las oficinas del Barça en el día a día? ¿Quiénes son las personas que dirigen el club? ¿Cuánto poder real tienen sobre los jugadores? ¿Cómo gestiona el Barça el talento? ¿Cómo viven los jugadores? ¿Qué deberían comer? Y ¿puede alguien convencerlos para que lo hagan?

Les pregunté a mis contactos del club si estarían dispuestos a abrirme las puertas para escribir un libro. Lo estaban. No hubo nadie en el Barça, ni en aquel momento ni desde entonces, que intentara interferir en lo que yo estaba escribiendo. No se intercambiaron favores en la elaboración de este libro.

Desde la primavera de 2019 hasta la última visita, que conseguí durante la pandemia, en septiembre de 2020, visité Barcelona con regularidad para recabar información. Desenterré mi precario español, me convertí en parte del problema que supone Airbnb para la ciudad y aprendí a comer a las tres de la tarde (esta vez sin saltarme ni una sola comida). Mi trabajo habitual en el *Financial Times* es escribir una columna sociopolítica. Fue una gozada pasar de escribir del coronavirus, el cambio climático, Trump y el Brexit a hacerlo sobre grandes logros humanos. Antes me preocupaba que el fútbol fuera un tema menor que la política. Ahora ya no.

El fútbol en Barcelona resultó estar deliciosamente entrelazado con la comida. De hecho, la gente del Barça utiliza copas de vino y sobres de azúcar para explicar esquemas de juego. A lo largo de una comida de cuatro horas a base de paella y Rioja blanco, Albert Capellas, el antiguo coordinador de la Masia (la academia del Barcelona) y ahora entrenador de la selección sub-21 de Dinamarca, utilizó un bote de pimienta, un salero y una botella de aceite de oliva para configurar un medio campo y luego enseñarme cómo se hacía el *pa amb tomàquet*, la clásica exquisitez catalana que consiste en untar pan con tomate. Capellas se convirtió en una de mis mejores fuentes de información, y no solo sobre gastronomía.

Me gusta mi vida en París, pero, si mi familia me dejara, me mudaría a Barcelona sin pensarlo. El barrio del Born o el de Gràcia, las calles burguesas de las faldas de la montaña del Tibidabo o los pueblos de playa cercanos como Gavà Mar o Sitges, representan el sueño europeo: esa mezcla perfecta de belleza, buen clima, gastronomía, riqueza, un ritmo manejable, amabilidad, montaña y mar.

Antes de cada visita enviaba mis peticiones de entrevistas a los responsables de prensa. Las entrevistas con los jugadores del primer equipo eran las más difíciles de conseguir. Algunas veces el propio club tiene dificultades para contactar directamente con un jugador porque se lo impide su agente o representante de prensa o un miembro cualquiera de su séquito. Entrevisté a tres presidentes del club (uno de ellos recién salido de la cárcel) y al centrocampista Frenkie de Jong, pero de donde más aprendí fue de mis conversaciones con docenas de empleados del club de rango medio: fueran quienes fueran, desde nutricionistas a analistas de vídeo o expertos en redes sociales. Muchos de ellos parecían encantados ante la oportunidad de poder explicar aquello a lo que dedican sus vidas, ya fuera entrenar a niños, formar el nuevo equipo femenino profesional o dirigir la sucursal del club en alguna metrópolis lejana. El club no me permitió citar los nombres de la mayoría de estos empleados. El libro está escrito en primera persona, pero recoge lo que me contaron. Resumiendo: aunque he tenido cierto acceso a los jugadores, he podido acceder con mayor facilidad a las personas que dirigen el club en su día a día.

Y en el camino hacía todo lo posible por comprender este lugar de trabajo catalán y provinciano de alcance mundial. ¿Qué lugar ocupa el Barcelona en Barcelona? ¿Cómo pasó el Barça de ser catalán a ser europeo y luego mundial en treinta años? ¿Qué ganó y perdió en el camino? ¿Cómo creó el Barcelona probablemente la mejor academia y el mejor equipo de fútbol de la historia, y por qué dejaron de serlo? ¿Por qué la última versión del fútbol cruyffista no se juega en Barcelona sino en Mánchester y Múnich?

Descubrí que el Barça Innovation Hub, una especie de *think tank* creado discretamente en 2017, estaba haciendo precisamente estas preguntas. La misión del *hub* es reinventar el fútbol profesional. Sus trabajadores piensan en todo lo relacionado con este juego, desde la realidad virtual hasta el zumo de remolacha. Me admitieron que no sabían cómo funcionaba el fútbol (nadie lo sabe), pero por lo menos estaban empezando a dirimir qué preguntas había que hacerse. Los intentos urgentes del Barça para comprender cómo había hecho lo que había hecho —algo que había dado por sentado en los buenos tiempos— hacían que mi búsqueda fuera aún más interesante, por lo menos para mí.[1]

Varias de las entrevistas terminaron con abrazos precoronavirus. José Mourinho, siendo él mismo alumno del Barça, dijo una vez a modo de burla: «El Barcelona te ha hecho caer en la trampa de pensar que son todos personas agradables, simpáticas y amables en un mundo perfecto». Es cierto que, en el Barça, las sonrisas pueden ocultar océanos, pero (y espero no ser ingenuo) mi experiencia me dice que la gente aquí es realmente agradable o, por lo menos, amable. Durante casi treinta años, siempre me han tratado bien, y mi regla de oro para la gente del fútbol es que, si son amables incluso con los periodistas, probablemente lo sean con todo el mundo.

Muchos periodistas y documentalistas excelentes de todo el mundo han estudiado el club antes que yo. Pasé gran parte de los confinamientos parisinos de la primavera y el otoño de 2020 devorando sus trabajos.

Siempre existe el riesgo de ser seducido por una institución glamurosa, pero he intentado mantenerme racional. Este libro no es una memoria oficial. Es mi visión del Barça: admirativa en general, muchas veces crítica, siempre curiosa y, espero, sin espejismos.

En gran medida, trata del Barcelona como lugar de trabajo. Pero otra parte importante trata del talento extraordinario: Cruyff, Messi y el joven extremo que despidió a cuatro chefs privados consecutivos. La tensión entre lo cotidiano y lo excepcional es lo que da forma al Barça.

1

Quién es quién en la casa del Barça

*E*n mis visitas, el Camp Nou se convertía en mi lugar de trabajo durante días. Me acostumbré a deambular por aquella gigantesca cáscara de hormigón cuando iba a reunirme con alguien en el bar de tapas de al lado o en las oficinas que se encontraban detrás de la puerta 11. Un día, justo enfrente del museo del Barça, descubrí dónde se escondía el alma del club: en la cafetería de la pista de hielo, con sus mesas de madera baratas, donde los empleados del Barça se reúnen para tomar café y conspirar. Al lado queda el salón para los *socis* (los socios, miembros del club que pagan una cuota), un lugar donde hombres mayores juegan a las cartas y un cartel anuncia la lotería de Navidad.

Pude darme cuenta de que Can Barça (la casa del Barça) está habitada por cuatro castas superpuestas: *directius, socis,* empleados y jugadores. Para ser un club tan grande, estas castas son sorprendentemente autóctonas. Hay muchas personas en el Barça que se conocen desde su infancia. El expresidente Sandro Rosell, Pep Guardiola, Carles Puyol y Andrés Iniesta fueron todos recogepelotas en el Camp Nou. El club está dirigido por y para personas que esperan quedarse hasta que se mueran.

Esto implica ciertas cosas. En primer lugar, las relaciones personales dentro del Barça suelen ser intensas y de toda la vida. En segundo lugar, la gente del Barça instintivamente mira a largo plazo. Los empleados que se encuentran en la cafetería de la pista de hielo se preocupan por el equipo sub-13 porque esperan seguir ahí cuando los chicos tengan edad para jugar en el primer equipo.

En resumen, el Barça es muy diferente de los clubs de fútbol ingleses, que son empresas privadas dirigidas por ejecutivos interinos altamente remunerados. El Barcelona es un club genuino: una asociación local de miembros voluntarios. Es un producto muy catalán. Cataluña tiene sindicatos poderosos, cooperativas y el Real Automóvil Club de Cataluña, el club de conductores más grande de España, con aproximadamente un millón de *socis*. En una región en la que el Estado español ha sido históricamente débil, la gente ha aprendido a organizarse localmente.

Los directivos del club constituyen la casta gobernante del Barça. Proceden de la clase empresarial catalana, la *burgesia* o burguesía. Cataluña, con una población de 7,6 millones, no tiene un Estado propio ni tampoco aristocracia, de modo que la *burgesia* está en la cima de la sociedad. Barcelona ha tenido la economía más próspera del Mediterráneo durante siglos, y los empresarios son sus mayores beneficiarios. Durante generaciones han hecho sus negocios mirando al exterior, desde España hacia el mar. Tradicionalmente, su casta se considera a sí misma más cosmopolita, moderna y europea que la supuestamente primitiva y salvaje España.

La fuente de autoridad más respetada de Cataluña es probablemente la junta (y el gobierno *de facto*) del F. C. Barcelona. El club claramente no es una institución de clase trabajadora: lo han dirigido empresarios desde 1899, cuando el contable Hans Gamper, inmigrante suizo, puso un anuncio de sesenta y tres palabras en un periódico deportivo de la ciudad invitando a todo el que quisiera organizar partidos de fútbol a presentarse en las oficinas del periódico.[1]

Gamper fundó el Barça en pleno *tancament de caixes*, el «cierre de cajas» de 1899, mediante el cual cientos de negocios en Cataluña cerraron sus puertas en una huelga fiscal en contra del Gobierno español. Madrid respondió declarando la guerra a Cataluña, aunque nunca llegaron a mandar tropas.[2] Por aquel entonces, el conflicto entre la región rebelde y Madrid ya se remontaba a siglos atrás. El *catalanisme*, el nacionalismo catalán, impregnó al Barça desde el principio. El propio Hans Gamper se convirtió en autóctono, y catalanizó su primer nombre llamándose Joan.

Los empresarios catalanes se mantuvieron al margen en ambas guerras mundiales. Su gran trauma del siglo xx fue la guerra civil española, que tuvo lugar entre 1936 y 1939, y las represalias posteriores del ganador, el general Francisco Franco. El historiador Paul Preston ha estimado que el «terror blanco» de Franco mató a doscientos mil españoles. Uno de ellos fue el presidente del Barça Josep Sunyol; cuando tenía treinta y ocho años e iba a visitar a las tropas republicanas cerca de Madrid (en 1936) tuvo la mala suerte de que su chófer cruzara sin saberlo la línea de frente y entrara en territorio nacional. Cuando las tropas en el punto de control los pararon, Sunyol y sus dos compañeros gritaron inocentemente el saludo estándar «¡Viva la República!», sin darse cuenta de que los soldados que los habían detenido eran franquistas. Le dispararon en la nuca incluso antes de identificarlo.[3] Tras haber sido olvidado durante décadas, finalmente pasó a formar parte de la mitología del Barça como el «presidente mártir», ya en los años noventa.

Preston explica que, cuando las tropas de Franco se acercaban a Barcelona en enero de 1939, cientos de miles de catalanes se marcharon a Francia, muchos de ellos a pie. «Las mujeres daban a luz en la cuneta. Los bebés morían de frío, los niños morían pisoteados.»[4] Las familias quedaban partidas o destruidas. Muchos exiliados jamás regresarían a casa.

Después de que los franquistas tomaran Barcelona, llevaron a cabo ejecuciones al aire libre en el Camp de la Bota, en el barrio del Poblenou.[5] En décadas posteriores, se desenterrarían cuarenta y cuatro fosas comunes que contenían cuatro mil cadáveres.[6] Franco prohibió el catalán como lengua. Había carteles que instaban a la población a «hablar en cristiano», refiriéndose a hablar en español.[7] Ciertamente, en un inicio, los franquistas gobernaron Cataluña como si se tratara de territorio enemigo ocupado.

Algunos empresarios catalanes como Nicolau Casaus sufrieron bajo el régimen de Franco, pero la mayoría hicieron sus paces con «el Caudillo». De hecho, muchos empresarios le dieron la bienvenida para frenar a los anarquistas y comunistas de Barcelona que habían estado saqueando sus mansiones, embargando sus fábricas y poniendo a los propietarios contra la pared. Probablemente, en Cataluña la izquierda ejecutó a más personas antes y durante la guerra que las que ejecutaría Franco después.[8]

En verano de 1945, Franco era el dictador más mortífero en Europa al oeste de la Unión Soviética. Por aquel entonces, su régimen se había suavizado, pero la memoria de sus asesinatos (que casi nunca se mencionaron mientras vivía) silenciaría a casi todos los catalanes en las décadas posteriores.

Manuel Vázquez Montalbán (que había estado en la cárcel en la época de Franco) dijo que «en el cuarto puesto de organizaciones perseguidas, después de los comunistas, los anarquistas y los separatistas, estaba el Football Club Barcelona».[9] Puede que «perseguido» sea exagerado, pero es cierto que los fascistas vigilaban de cerca al Barça. En 1940 los obligaron a sustituir el «Football Club» de su nombre, en inglés, por «Club de Fútbol», en español.[10] En un inicio, el régimen elegía a los presidentes del club. Gradualmente, sin embargo, la *burgesia* que gobernaba el C. F. Barcelona y los franquistas aprendieron a convivir. En 1949, al club se le permitió incluso recuperar la bandera catalana de su escudo.[11]

Los empresarios de Barcelona se replegaron durante el franquismo, dedicándose a sus familias, a sus negocios y a su club de fútbol. Solo en los últimos años del régimen algunos de ellos empezaron a desafiar su voluntad. Cuando finalmente el dictador murió, en 1975, acabaron con las existencias de cava de la ciudad.[12] Una vez muerto y enterrado, todo el mundo se unió a la resistencia antifranquista. Muchos catalanes llegaron a creerse el falso mito histórico de que su región había sido uniformemente antifranquista y que la ciudad de Madrid había sido prorrégimen.

La verdad tenía muchos más matices. De hecho, Madrid, igual que Barcelona, había luchado contra las tropas de Franco durante la guerra civil, y el Real Madrid fue dirigido brevemente por comunistas revolucionarios.[13] El régimen de Franco había ejecutado a miles de personas tanto en Madrid como en Barcelona. Cada una de las ciudades contaba también con su cuota importante de franquistas. La guerra civil no fue entre Cataluña y España, aunque así es como algunos nacionalistas catalanes modernos han elegido contarla.[14]

La idea de Cataluña contra Madrid todavía subyace en el clásico, el partido entre el Barça y el Real Madrid. Cuando el partido se juega en el Camp Nou, los aficionados visitan antes el cementerio colindante para pedirles suerte a sus amigos, familiares y futbolistas muertos.[15] Para ellos, el Real Madrid es su archienemigo. La gente que dirige Can Barça opta por una visión más amable: ven al Real Madrid como una especie de hermano gemelo. Los directivos de ambos clubes suelen llevarse bien y hay un montón de abrazos en los banquetes antes del encuentro. Su relación es una mezcla de complicidad y celos, con la paranoia constante en Barcelona de que se favorece injustamente al otro hermano, y la sospecha en Madrid de que se elogia en exceso al Barça.

Aun así, un club es lo que significa para sus aficionados, no para sus directivos. Especialmente, en los clásicos, el Barça se convierte en lo que Vázquez Montalbán llamaba «el ejército desarmado de Cataluña», luchando la eterna batalla contra Madrid. Durante gran parte del siglo pasado, la gran válvula de escape del *catalanisme* fueron los domingos del Camp Nou. En lugar de una nación-estado, Cataluña creó un club-nación. Los catalanes pusieron tanto amor y dinero en el Barça que la segunda ciudad de un país europeo de tamaño medio con dificultades económicas pudo presumir de tener el club deportivo más rentable del mundo en 2018.[16]

El lema del Barça, «Más que un club», es más que un eslogan publicitario. El presidente franquista del club Narcís de Carreras habría acuñado la frase en enero de 1968, diciendo que «el Barcelona es más que un club de fútbol. Es un espíritu que llevamos muy arraigado dentro, son unos colores que queremos por encima de todo». Bajo el régimen de Franco, no tenía la libertad para ser más específico, pero de lo que hablaba (en español, por supuesto) es del espíritu del *catalanisme*.

El significado de la frase «Más que un club» se ha ampliado a lo largo de las décadas. Ahora también hace referencia al fútbol cruyffista, a los jugadores formados en casa y a un sentido general de dignidad y *valors* («valores») ejemplificados por la fundación benéfica del Barça y por la decisión del presidente Joan Laporta en 2006 de poner Unicef en la camiseta del equipo, en lugar del nombre de un patrocinador. Laporta resumía el «Más que un club» como «Cruyff, Cataluña, Masia, Unicef».[17]

El Barça cambia, pero la *burgesia* siempre sigue al mando. Los empresarios que lo dirigen hoy son *catalans de tota la vida*, catalanes de toda la vida. (Cuando le pedí a un antiguo directivo del Barça ya mayor que definiera la *burgesia*, su propia clase, la primera cosa que dijo fue «ser catalán, de dos generaciones por lo menos».) Sus familias son miembros del Reial Club de Tennis Barcelona, van de vacaciones a la Cerdanya, en los Pirineos, escuchan música en el teatro de ópera del Liceo y ven el Barça desde la tribuna. Los asientos más exclusivos del Camp Nou están ocupados por familiares de los directivos y gente importante de la ciudad; los del Bernabéu en Madrid, por ministros, magnates empresariales y jueces.

Los miembros de la *burgesia* catalana no son todos muy ricos —entre ellos hay arquitectos y profesores—, y desde luego no hacen ostentación de su dinero. Sus atuendos comedidos en colores discretos exudan riqueza más que proclamarla. La mayoría de ellos viven en bonitos pisos (idealmente construidos por Gaudí) muchas veces heredados de sus abuelos. Pasan los veranos en sus segundas residencias de la Cataluña rural. Son cosmopolitas que mandan a sus hijos a escuelas de habla inglesa (o francesa o alemana), y más adelante a escuelas de negocios de influencia estadounidense. La escolarización extranjera es tan prestigiosa aquí que Messi lleva a sus hijos en coche al Colegio Británico de su localidad todas las mañanas.

El idioma de la junta del Barça es el catalán. Es un signo de clase: el proletariado de la ciudad habla mayoritariamente español en casa. Históricamente, las clases trabajadoras de Barcelona han sido importadas de regiones españolas más pobres como Andalucía. Es desconcertante cómo algunos de ellos tienden a ser del Real Madrid. Los inmigrantes pueden integrarse aprendiendo catalán, comiendo *pa amb tomàquet* y siendo del Barça, pero casi nunca ascienden a la junta.

Un ejemplo típico de la *burgesia* es la familia de Gerard Piqué, defensa central del Barcelona. Su abuelo era un *directiu* del Barça. La madre de Piqué es una neurocientífica. Su padre, una figura caballerosa con una bufanda impecablemente enrollada, se me presentó él mismo en inglés como «colega escritor»: hace sus pinitos como novelista mientras dirige una empresa familiar que exporta materiales de construcción.

El propio Gerard Piqué es empresario por naturaleza. Adquirió el control de la Copa Davis de tenis y es amigo de Mark Zuckerberg. Durante una cena en San Francisco en 2015, ayudó a convencer a otro colega empresario, Hiroshi Mikitani (fundador de Rakuten, el «Amazon japonés») para que se convirtiera en el patrocinador principal del Barça.[18] Hay ocasiones en las que Piqué parece tratar el fútbol como si fuera una ocupación secundaria. *Soci* desde su nacimiento, también registró a su hijo Milan al nacer. Piqué solía cantarle a Milan el himno del Barça por la noche (aunque, al hacerse mayor, Milan prefería la canción de Mickey Mouse de Disney). A Piqué se le señala como futuro presidente del club. Desde luego tiene los genes para ello.

Para ser *directiu* del Barça necesitas dinero. Los puestos en la junta no son remunerados y generalmente quienes los ocupan deben tomarse unos años de excedencia (a menudo de la empresa familiar) y aportar un aval personal de millones de euros para cubrir las pérdidas potenciales del club. Si el club pierde cien millones de euros durante el mandato de una junta, cada uno de sus quince directivos verá comprometidos siete millones. A veces un *directiu* rico ayuda a sus compañeros de junta más pobres avalando él mismo, por ejemplo, cuarenta millones de entrada. Sea como sea, si el Barça pasa por una mala época financiera, un *directiu* podría perder su casa. Varios *directius* bromearon conmigo diciendo que sus esposas estaban furiosas por su incorporación a la junta (casi todos los miembros de la junta son hombres).

Los *directius* del Barça suelen proceder de familias interrelacionadas y se conocen entre ellos desde siempre. La población del área metropolitana es de 3,2 millones, pero la de la ciudad como tal es de solo 1,6 millones. Cuando la gente de Barcelona describe el Barça o la ciudad, muchas veces utilizan la palabra *endogàmic*, que remite a la consanguinidad. Cuando entrevisté al vicepresidente Jordi Cardoner en 2020, descubrí que era nieto de Casaus, el primer vicepresidente a quien había entrevistado en 1992, el fumador de puros. Cardoner fue inscrito como *soci* por Casaus el día en que nació. Además, resultó ser amigo del colegio de Bartomeu, el presidente del club. Y la hermana de Cardoner había formado parte de la junta antes que él.

Las noches en las que cantan todos juntos el himno del Barça en el autobús de directivos tras una victoria en Madrid, estos vínculos se sienten profundos. Pero las conexiones personales no evitan las incesantes luchas internas en la junta. Mientras que el Real Madrid de Florentino Pérez parece una autocracia, el Manchester United opera como una corporación y el Manchester City funciona como una empresa familiar, el Barça es una oligarquía elegida democráticamente.

El Barcelona se enorgullece de ser la única democracia verdadera entre los grandes clubes de fútbol del mundo (la gente del Barça suele presumir en privado al compararse con los clubes ingleses, que se venden a extranjeros). Pero unas elecciones presidenciales cada seis años generan inestabilidad interna, especialmente por el hecho de que muchos miembros de la junta aspiran a ser ellos mismos presidentes algún día. Las peleas de ciudad pequeña en este club global se disputan en los infinitos programas de deportes en emisoras de radio catalanas más allá de la medianoche o en las páginas de la edición catalana de los periódicos de la ciudad (la *burgesia* sigue leyendo periódicos). Si uno merodea por las excesivamente iluminadas oficinas de la sede del club, verá ejemplares de *Mundo Deportivo* o de *La Vanguardia* desbordando las mesas. A veces, el club hace una suscripción importante a algún periódico o invita a los periodistas a un cómodo viaje al extranjero con la esperanza de comprar un trato más amable. (Declaración de intereses: los únicos regalos que he recibido del Barça, aparte de tazas de café, son dos camisetas del club con mi nombre. Para la segunda, me acordé de donar el equivalente del precio de la camiseta a Unicef.) Más de un presidente del pasado pagaba un estipendio secreto a cambio de una cobertura más bondadosa. Algunos periodistas recalcitrantes declararon haber recibido amenazas e incluso palizas durante el mandato de Josep Lluís Núñez, presidente entre 1978 y 2000.[19]

Las lisonjas del Barça no siempre funcionan. Las filtraciones de gente del club a viejos amigos en los medios de comunicación locales suelen poner al club patas arriba. Algunas veces, los periodistas de la ciudad tienen más información sobre lo que pasa que el primer entrenador. Cuando le pregunté a Rosell si en su época de presidente había sido feliz, me dijo: «Hay muchas personas que quieren ser presidentes del Barça y harán cualquier cosa para destruirte. De modo que cada mañana cuando te levantas, te esperas una bomba, normalmente en forma de noticias falsas».

Todos los presidentes del club de la era pos-Franco han sido duramente criticados en los medios de comunicación, aunque gobernaran en la época en la que el Barça pasó de la mediocridad al máximo nivel. Sencillamente, el puesto es demasiado grande para cualquier empresario de la ciudad que lo ocupe. Los catalanes hablan sobre el presidente del Barça con la misma fascinación desdeñosa que los estadounidenses suelen reservar para el presidente de la nación.

Ferran Soriano, que fue director general del Barça antes de ir al Manchester City, escribió que los *directius* y los futbolistas del Barcelona leían toda la prensa deportiva de la ciudad todos los días. «Para un directivo, que su nombre aparezca en un rincón de la página siete o no lo haga, que sea en términos elogiosos o críticos, que salga más veces o menos que el de otros directivos es importante y puede cambiarle el estado de ánimo durante todo el día».[20]

Gary Lineker, el goleador inglés que trajo a Barcelona el entrenador Terry Venables en 1986, me recordó lo siguiente: «Hay dos periódicos en la ciudad que tratan solo de deportes. Todos los días tenías treinta o cuarenta páginas de contenido sobre... todo. Recuerdo que un día había tan pocas noticias que el titular de la portada era: "Venables tiene diarrea". Cuando dicen que es *més que un club,* no es solo el hecho de que sea un enorme club de fútbol. También es un club de fútbol que de vez en cuando pierde la chaveta». Dentro del club se bromea con que la presión por lo que Cruyff llamaba el entorno vuelve un poco locos a todos los primeros entrenadores.

El entorno influye en todas las secciones del Barça. El

entrenador de balonmano del club, Xavi Pascual, una vez me dijo refunfuñando:

—Algunas personas te meten presión pensando que no te están metiendo presión, pensando que te están ayudando.

—Pero seguramente la presión en el equipo de balonmano es menor que en el equipo de fútbol, ¿verdad? —le pregunté.

—El presupuesto también lo es —respondió.

Los directivos saben que, independientemente del dinero que ganen en toda una vida dedicada a los negocios, su reputación se forjará o se destruirá durante los pocos y ajetreados años que pasen en la junta del Barça. Los *directius* viven diariamente bajo presión, y no solo por la que ejercen el público en el estadio, los periódicos o la radio, sino también sus hijos en casa, sus socios empresariales e incluso la gente que les sirve el café por las mañanas. Los directivos pueden gastarse cien millones de euros en un futbolista para luego morderse las uñas cada semana desde la tribuna al verle fracasar, mientras todo el mundo dice: «Os lo dije». Un directivo me dijo que «Cuando el club gana, ganan los jugadores. Cuando el club pierde, pierde la junta». Un empresario miembro de una de las candidaturas que se presentaba a la presidencia en 2021 me dijo: «Todos los presidentes del Barça terminan fracasando o en la cárcel. Y la mayoría de los miembros de la junta también. Es algo que tienes que saber». Exageraba… un poco.

Los *directius* ansiosos pueden intervenir de forma impredecible en la gestión del club. Por ejemplo, si el agente de un futbolista le pide al director deportivo un nuevo contrato, y el director deportivo le dice que no, puede que el agente pruebe suerte con el presidente del club. La sensación de que sus reputaciones personales están en juego incita a la flexibilización de las reglas: pagos no contabilizados en la compra de Neymar en 2013; fichajes ilegales de jugadores extranjeros por debajo de la edad permitida que fueron castigados por la FIFA en 2014; acusaciones en 2020 de que la junta del Barça había pagado en secreto a la empresa uruguaya I3 Ventures para atacar a los opositores del presidente, incluidos jugadores del club, en las redes sociales (el Barça dijo que I3 simplemente hacía un seguimiento de las redes sociales).

Υ

La casta más numerosa del Barça son sus ciento cincuenta mil socios.

Aproximadamente la mitad de ellos poseen un abono de temporada. En los días en los que los derechos de televisión todavía no existían, eran estos abonos los que convirtieron al Barça en uno de los clubs más ricos de Europa: más del sesenta por ciento de los ingresos del club a finales de los setenta procedía de los abonos de temporada. En 2020, esta proporción quedaba por debajo del cinco por ciento. A los *socis* les da lo mismo: siguen considerándose los dueños del club.

Los *socis* eligen a los *directius*, aunque su elección queda restringida a miembros rivales de la clase alta de la ciudad. Igual que los *directius*, los *socis* son, en su inmensa mayoría, barceloneses, conservadores y catalanes. Por muy impresionante que resulte tener clubs de fans oficiales de Los Ángeles a Shanghái, el noventa y dos por ciento de los *socis* vive en Cataluña, y el sesenta por ciento en el área metropolitana de Barcelona. El diez por ciento son de Les Corts, el barrio de clase media que rodea el Camp Nou.

El provincianismo es deliberado. Cuando Rosell era presidente, detuvo una ofensiva internacional del club para llegar al millón de *socis*; temía que algún día una mayoría de *socis* chinos pudiera elegir a un presidente que viviera en Pekín. Los inmigrantes de América Latina, el norte de África o Pakistán raramente se hacen *socis*, aunque vivan en Barcelona desde hace décadas. En esta nueva ciudad global, en la que el veintiséis por ciento de sus habitantes actuales han nacido en el extranjero, el Barça sigue perteneciendo a los nativos.[21]

Ser *soci* es un asunto familiar. Rosell dijo que era un error pensar que al presidente lo eligen ciento cincuenta mil *socis*. No, votan veinte mil familias. Una familia generalmente apoyará a un mismo candidato tras haber discutido el asunto durante las tradicionales comidas catalanas multigeneracionales de los domingos, dijo.

Muchos *socis* han heredado de sus padres o de sus abuelos un determinado (y preciado) asiento en el campo. Si un *soci* muere sin asignar su asiento en el testamento, sus hijos pueden terminar en los juzgados para disputárselo.[22] El número de cada *soci* se va reduciendo año tras año con la antigüedad; el *soci* más veterano (o su heredero) tiene el número uno. Cuanto más bajo sea tu número, más alto será tu estatus.

Muy pocos *socis* son seguidores acérrimos que necesiten ver cada segundo de cada jugada. Algunos aparecen en el campo veinte minutos después del comienzo del partido, vestidos de punta en blanco, solo para dejarse ver y asegurarse de que el equipo sigue jugando el fútbol que tiene que jugar, verlo en silencio y marcharse pronto. Es habitual que se salten partidos, especialmente las noches entre semana, y alquilen sus asientos por Internet a extranjeros que están de paso. Hay *socis* a quienes ni siquiera les gusta el fútbol; simplemente aman el Barça. Hay unos dos mil que de hecho casi nunca van a los partidos.[23] Solo están todos en el clásico, nerviosos y armando escándalo como los aficionados al fútbol de cualquier lugar del mundo. Aun así, ser *soci* o *culer* («culé» en español, o aficionado del Barça, que viene, efectivamente, de culo) siempre forma parte de su identidad. Las quinientas cincuenta *penyes* (peñas) que hay solo en Cataluña son centros de vida social para una gran parte de la población de la región.

Los representantes de los *socis* tienen un sitio en la Assemblea, la asamblea del club, de modo que su voluntad limita a los *directius*. La Assemblea suele ser escéptica con nuevas y emocionantes formas de negocio. Los *socis* no quieren jugar en la Superliga y no les preocupan demasiado los beneficios. Su prioridad es tener abonos de temporada baratos. El Barça aspira a tener los más baratos de todo el fútbol de élite. En 2017-2018, los abonos de temporada para el Camp Nou más baratos costaban el equivalente a ciento quince dólares estadounidenses; los más baratos del Arsenal cuestan más de diez veces más.[24] El Barcelona congeló los precios reales durante diez años consecutivos hasta finales de 2020, lo cual explica en parte la gigantesca deuda bruta del club (1170 millones de euros en el momento de escribir este libro).[25]

La tercera casta dentro del club consiste en los empleados corrientes (no jugadores). En 2003, justo antes de la era Messi, el Barça tenía unas ciento cincuenta personas en plantilla que no eran jugadores. Casi todos se conocían entre sí. Pero desde entonces hasta 2019, con la transformación del club en un negocio global, sus ingresos se multiplicaron por seis y llegaron a los 841 millones de euros. En el momento en que el coronavirus detuvo el negocio del fútbol, el Barça tenía unos quinientos empleados a tiempo completo y aproximadamente el mismo número de trabajadores ocasionales (personal auxiliar para los partidos, personal de seguridad y demás). El club tenía un exceso de plantilla, con quizás un tercio más de empleados que el autocrático Real Madrid, porque siempre es más agradable contratar a alguien nuevo que despedir a un trabajador de toda la vida.

Cada vez que una nueva facción empresarial toma el mando de la junta, llegan nuevos ejecutivos, pero siempre proceden más o menos del mismo entorno. Los *directius* del Barça fueron a las universidades más prestigiosas de Barcelona, donde conocieron a compañeros estudiantes que luego ejercerían de psicólogos, analistas de datos o *brand managers* en la ciudad. Estas son las personas a las que contratan como altos ejecutivos. Si se hace bien, esto genera una unión entre la economía del conocimiento de la ciudad y el club que raras veces se ve en el fútbol inglés.

Pero muchas veces los *directius* nombran a sus amigos en lugar de a los mejores candidatos. Un expresidente me dijo que había mantenido en plantilla a un viejo amigo no demasiado competente porque estaba preocupado por él. Un publicista de la ciudad y *soci* señaló que la competencia de los ejecutivos del Barça era tan dudosa que no trabajaría en el club por miedo a dañar su reputación profesional. Aceptar un trabajo ahí era «un ascensor profesional que solo va hacia abajo», me dijo.

Entre los empleados del club hay un núcleo duro de trabajadores de toda la vida, algunos de los cuales son *socis*. Un exempleado me dijo que los trabajadores de toda la vida son quienes tienen el poder en la sombra y quienes manejan en realidad las cosas en el Barça, el equivalente a los altos funcionarios de la serie de televisión *Sí, primer ministro*. Forman una especie de casta sacerdotal que almacena el conocimiento tradicional, como los viejos y arrugados entrenadores del

Liverpool en la ya demolida Boot Room. Los trabajadores de toda la vida incluso han aprendido a orientarse en el laberíntico Camp Nou, una tarea que puede llevar décadas. La mayoría de ellos son catalanes que lucharán por sus puestos con todo lo que tienen. Saben que no los contratarían en otro club grande.

El único lugar en el que hay muchos extranjeros es en la cúspide de la pirámide de empleados. En relación con los estándares del fútbol, el Barça tiene un historial decente de contratación de exjugadores negros en puestos importantes: Frank Rijkaard fue primer entrenador, Eric Abidal fue director deportivo y, en el momento de escribir este libro, Patrick Kluivert seguía dirigiendo la Masia.

La personificación de la cultura del Barça está en el pensador septuagenario del deporte Paco, *el Druida*, Seirul·lo, posiblemente el empleado más influyente del club, aunque casi nadie haya oído hablar de él fuera del Camp Nou. Seirul·lo (sí, tiene un punto flotante en su apellido) empezó en la sección de balonmano del Barça, entrenó a Guardiola cuando tenía trece años, se convirtió en la mano derecha de Cruyff, es profesor de la Universidad de Barcelona, habla como un filósofo de la Rive Gauche parisina, luce una magnífica melena de pelo blanco y es una especie de lápiz USB andante con toda la memoria portátil del club. «Soy el único que queda, ¡los otros se han ido!», se ríe. Cuando le conocí, dirigía el Departamento de *Metodología*, que forma a los entrenadores del Barça en las tradiciones propias del club.

Entrevisté a Seirul·lo y a algunos otros empleados en español, pero la mayoría de los trabajadores de la última generación (y esto no es habitual en España) hablan un inglés excelente. Lo necesitan para hacer negocios y para absorber las mejores prácticas que se llevan a cabo en todo el mundo. Muchos de ellos tienen un MBA o un doctorado. Los empleados más antiguos a veces se refieren despectivamente a ellos con el apodo en inglés *«clusters»*, una palabra que connotaba modernidad y tecnología punta antes de que fuera asociada al coronavirus (Soriano, el exdirector general del club, cofundó una empresa llamada Cluster Consulting y trajo a algunas de sus jóvenes lumbreras al Barça). En las cafeterías del Camp Nou, los *clusters* se decantan por las bebidas energéticas, mientras que los trabajadores veteranos comen «bocatas», bocadillos contundentes como los que sirven en cualquier bar de clase trabajadora.

En algunos despachos, el Barça se asemeja a una multinacional del conocimiento en la que gente joven con MacBooks intenta alcanzar sus objetivos de ingresos mensuales. No obstante, en general no es así. El ascenso del Barça a la cima no fue impulsado por una gestión brillante y dinámica desde las altas instancias. Un extrabajador dijo sobre su época en el club: «No parecía una empresa en absoluto. Era como si fuéramos funcionarios de un Ayuntamiento». Dijo que los trabajadores llegaban a las diez de la mañana, se iban a buscar un café y a intercambiar rumores, y se ponían a trabajar a las once. Los salarios eran relativamente bajos, porque trabajar para el Barça era un privilegio que mejoraba el estatus de los trabajadores en la ciudad. Este hombre explicó que la pregunta principal para evaluar cada decisión interna no era «¿cuánto dinero generará esto para el club?», sino «¿cómo afectará a la reputación del presidente ante los *socis*?».

La casta más reputada en Can Barça son los deportistas de las diversas secciones. Se pasan la mayor parte de su vida laboral a quince minutos en coche del Camp Nou, en el bien vigilado complejo de entrenamiento Joan Gamper, en las afueras de la ciudad. La ciudad deportiva Joan Gamper está situada en una pendiente que queda entre una zona industrial y la autopista, y lógicamente sufre de contaminación, pero al estar aislada del mundo exterior es un lugar íntimo. Una mañana entrevisté a un psicólogo del club en la cafetería de la ciudad deportiva, mientras el director general de balonmano, unos empleados y entrenadores de distintas secciones charlaban en las mesas de al lado. Afuera, un trabajador calvo y mayor conocido como «el alcalde» de la ciudad deportiva hacía su ronda diaria, abrazando a compañeros.

La ciudad deportiva Joan Gamper es un lugar de intercambio entre entrenadores y jugadores de los distintos deportes. El Barça tiene secciones históricas de baloncesto, balonmano, fútbol sala y otros deportes, aparte del fútbol, claro. Estas secciones suelen ser deficitarias y, de vez en cuando, un dirigente propone cerrar alguna de ellas (en contraposición, un empleado de deportes de interior bromea diciendo que, si alguna vez llega a ser presidente del Barça, cerrará el equipo de fútbol). Aun así, pude ver cómo el Barça se beneficia de la polinización cruzada entre diferentes deportes. Cruyff y Guardiola, que eligieron cada uno a un exjugador de waterpolo como mano derecha, siempre sacaban ideas de los otros deportes del Barça. Cruyff solía ir a tomar café a la cafetería de la pista de hielo con el entrenador de balonmano que lo ganaba todo, Valero Rivera. Guardiola incluso entrenaba de joven con el equipo de balonmano. Llegué a comprender que el F. C. Barcelona era un club «polideportivo» más que un club de fútbol.

Muchos de los jugadores también lo son de toda la vida. El padre de Sergio Busquets, Carles, fue portero en el Barça de Cruyff (aunque no fue siempre fiable). Varios jugadores del primer equipo también han estado aquí desde que entraron en la Masia siendo niños y siguen siendo hijos catalanes obedientes. Incluso después de haber cumplido los treinta, el padre de Piqué lo llevaba algunas veces a los partidos en coche. El padre de Jordi Alba lo llevaba a los entrenamientos, como si el lateral izquierdo fuera todavía un niño de diez años del equipo de benjamines de la Masia. Alba se queja de que una vez, el defensa central del Real Madrid, Raphaël Varane, se metió con él durante un clásico, diciéndole: «Niño rata, no tienes ni carné de conducir». Uno puede ser futbolista del Barça en espíritu toda su vida, o incluso más allá. Los exjugadores autóctonos se encuentran semanalmente en el Gamper para darle a la pelota. Algunas estrellas extranjeras como Ladislao Kubala, Cruyff o Kluivert se establecieron en la ciudad después de retirarse. Kubala ahora descansa en el cementerio que hay detrás del Camp Nou.

Los jugadores de toda la vida de la plantilla de fútbol del Barça suelen tener buena conexión con el club y con los trabajadores comunes (aunque no con la junta). Esto ayuda a entender por qué el primer equipo, bajo el liderazgo de Messi, estuvo de acuerdo en proteger los salarios de los trabajadores en plantilla asumiendo un recorte salarial durante el cierre de los deportes en la primavera de 2020. Un trabajador dijo que Messi bromeó después con él: «Todavía no me has dado las gracias, ¿no?».

Aun así, los futbolistas del primer equipo están al margen del club, como si fueran un departamento de lujo injertado en un Ayuntamiento. El idioma de trabajo del vestuario del Barça es el español, no el catalán (y ni siquiera un español con acento catalán). Los *directius* suelen instar a los nuevos fichajes a que aprendan algo de catalán, pero pocos se molestan.

Este no es uno de esos libros de autoayuda empresarial que te descubrirá «¡Cómo tú y tu empresa podéis ganar como lo hace el Barcelona!». No creo que una empresa normal pueda aprender demasiado de un gran club de fútbol, puesto que hay una diferencia insalvable: el papel desmesurado que juega el talento en el fútbol. En la mayoría de las empresas normales, cuando un alto ejecutivo se va, llega otro y casi nadie nota la diferencia. Pero los futbolistas de primer nivel que son capaces de funcionar dentro del sistema del Barça son casi irremplazables. Lo lógico es que sean ellos y no los directivos quienes terminen dirigiendo el club.

Durante décadas, las cuatro castas de Can Barça han librado sus batallas con el Real Madrid y entre ellas. En general, estas batallas han sido ignoradas por el mundo fuera de Cataluña. Durante sus primeros setenta y pocos años de historia, el Barça ·era un club importante que ni siquiera aspiraba a ser un gran club. Era un bastión de orgullo local, como el Newcastle United o los Buffalo Bills de la NFL, más que un ganador de trofeos. Luego llegó Cruyff y lo convirtió en un gran club. Jugó aquí entre 1973 y 1978, fue primer entrenador entre 1988 y 1996, y siguió merodeando como una especie de padrino hasta su muerte en 2016. Él modeló el estilo de juego del Barça, su cantera e incluso su actitud mental. Xavi lo llamó «la persona más influyente en la historia del F. C. Barcelona».[26] Pero su influencia se ha expandido más allá del club. Cruyff es, según Guardiola, «la persona más importante de la historia del fútbol».[27]

SEGUNDA PARTE

El arquitecto

2

El hombre que hablaba con la pelota en los pies

Cuando se anunció su muerte en marzo de 2016, los vídeos de «el giro de Cruyff» llenaron las redes sociales. En el mundial de 1974, jugando con los Países Bajos contra Suecia, Cruyff tocó el balón con el tacón tan levemente que el defensa sueco Jan Olsson estuvo a punto de caerse al suelo. Olsson me dijo décadas después: «Pensé que la pelota era mía, pero justo después no sabía dónde estaba. No lo entendía. Creo que mucha gente se rio de aquello. Es muy interesante».

Lo es, pero Cruyff hizo cosas mucho más interesantes que aquello. En todo el conjunto de su obra, el giro de Cruyff apenas es algo destacable. En realidad, para los aficionados holandeses o catalanes que lo vieron cada semana (aunque fuera en los resúmenes breves de la televisión) no tenía nada de sorprendente. Tampoco lo tenía para un cosmopolita desarraigado como yo que acabó pasando una década de su infancia en los Países Bajos. Ni para Michel Platini, que creció en Lorena, al este de Francia, y por lo tanto fue uno de los pocos franceses que pudo ver al gran Ajax de Cruyff de principios de los setenta. «Nosotros, los afortunados, sintonizábamos Radio Télé Luxembourg»[1], se regodeaba Platini. Además, nosotros, los afortunados, también tenemos años de jugadas de Cruyff y décadas de entrevistas almacenadas en nuestros cerebros. Cruyff en su totalidad es nuestro secreto. Mientras Messi pertenece a la cultura global, Cruyff pertenecía únicamente a dos culturas: la holandesa y la catalana.

Ahora es difícil hacerse a la idea de la poca cantidad de

fútbol internacional que daban por televisión. Nick Hornby escribe en *Fiebre en las gradas* que, hasta el Mundial de 1970, «tres cuartas partes de la población de Inglaterra tenían una idea tan clara de Pelé como la que habían tenido de Napoleón ciento cincuenta años antes».[2] Ver a Cruyff fue difícil hasta el Mundial de 1974. La mayoría de los aficionados al fútbol del planeta de su época solo lo vieron en ese campeonato, durante el único mes de su carrera que se emitió para todo el mundo. Angela Merkel, que en 1974 era una alemana del este de diecinueve años loca por el fútbol, dijo décadas más tarde: «Cruyff me impresionó. No creo que fuera la única en Europa».[3] Pero probablemente no volvió a verlo jugar. Lo más triste es que los aficionados de todo el mundo tampoco escucharon a Cruyff. Pocos periodistas extranjeros se acercaron a la cantina del antiguo estadio del Ajax para entrevistarle durante una comida entre cigarrillos.

Cualquiera que intente descubrir a Cruyff a través de YouTube se llevará una decepción. Como era el futbolista más extraordinario de su época, sabía pasar la pelota como Messi, pero no estaba a su altura como regateador y su disparo era débil. Era un fumador empedernido y flaco como un palillo. Para apreciar su talento, tenías que verlo durante un partido entero en el estadio, no por la televisión. Entonces podías apreciar cómo cambiaba las tácticas de su equipo y les indicaba a sus compañeros dónde tenían que ir, incluso mientras estaba regateando.

En la mayor parte de mundo, donde se le conocía sin banda sonora, Cruyff era poco más que una foto. Formaba parte, igual que Richard Nixon o David Bowie, del fondo de pantalla de los setenta. Incluso la versión internacionalizada de su nombre, «Cruyff», crea distancia. (Quería usar su nombre real, Cruijff, en este libro, pero finalmente abandoné la idea: hubiera sido demasiado confuso, puesto que «Cruyff» está extendido en todas partes fuera de los Países Bajos.)

Cuando murió, muchos reinventaron a ese hijo de un tendero como a un idealista *hippie* de izquierdas con el pelo largo. *«L'icône des 70's: L'aura d'une rock star»* era el titular del tributo que le hizo *L'Équipe*. Aun así, su imagen no era reconocible al instante. La foto de portada del suplemento conmemorativo del periódico *The Guardian* era de su flaco y melenudo compañero de equipo holandés Rob Rensenbrink.

La creación más perdurable de Cruyff es el Barça. Gran parte del estilo y la filosofía del club de hoy en día derivan de sus ideas geniales y sus excentricidades. Toda comprensión del Barcelona actual empieza con Cruyff: el jugador, el entrenador, el profesor y la persona. Sin embargo, para entenderlo, antes es necesario conocer sus décadas de formación en el Ajax.

Hendrik Johannes Cruijff nació en 1947 en Betondorp («Pueblo de Hormigón»), un barrio de casas prototípicas de clase trabajadora del este de Ámsterdam, a unos centenares de metros del antiguo estadio del Ajax. Sus padres, ambos descendientes de vendedores de mercado y tenderos,[4] tenían una tienda de víveres que proveía fruta y verdura al Ajax. Su padre, Manus, incluso tenía tarjetas de visita impresas con los bordes en rojo y blanco, los colores del Ajax, y se vanagloriaba de ser el «proveedor de corte» de su amado club.[5]

Johan y su hermano mayor, Hennie, siempre jugaban al fútbol y al béisbol en las calles adoquinadas y prácticamente libres de coches de Betondorp. Hacían paredes con el borde de la acera y esquivaban las entradas para evitar caerse y echar a perder los pantalones.[6] «Yo tenía la elegancia de la calle —dijo Cruyff de mayor—. Toda mi filosofía como entrenador se basa en los recuerdos de las técnicas de la calle.»[7]

Desde que tenía unos cuatro años, ya cruzaba la calle a paso de niño para ir al estadio del Ajax. Los días de partido ayudaba al encargado del campo a izar la bandera y pintar las líneas blancas. Se sentaba en el vestuario del primer equipo antes del partido, y durante la media parte escuchaba a los jugadores hablar de tácticas o de dinero. «Yo era parte de aquella casa, como un niño en una familia»,[8] recordaba poco antes de morir.

En el Ajax le llamaban Jopie (un diminutivo de Johan) o Kleine (Pequeño), motes que lo acompañarían hasta su llegada al equipo nacional holandés. A los seis años, iba a ver jugar a los jugadores de diez años del Ajax, con la esperanza de que alguien no se presentara y él pudiera participar en un partido.[9]

Durante las vacaciones del colegio, barría las gradas. (Al recordarlo desde la cima de su estrellato, se quejaba de que solo le pagaran veinticinco céntimos por turno.)[10] Cuando tenía diez años, la junta lo inscribió como miembro del club. Ni siquiera había presentado una solicitud.[11]

El Ajax de la infancia de Cruyff era un club genuino como el Barça, una asociación local voluntaria que ofrecía múltiples deportes. De joven, Cruyff jugó al críquet para el Ajax en algunas ocasiones y se hizo un nombre como *catcher* y ladrón de bases[12] en la sección de béisbol del club. Trataba todos los deportes como variantes los unos de los otros. Como *catcher*, recordaba posteriormente, «tenías que saber hacia dónde lanzarías la pelota antes de recibirla, lo que significaba que debías tener una idea de todo el espacio que te rodeaba y de dónde estaba cada jugador antes de hacer el lanzamiento… Siempre estás ocupado tomando decisiones sobre espacio y riesgo en fracciones de segundo».[13] Más tarde resumió esta necesidad de anticipación en uno de sus aforismos: «Antes de cometer un error, no cometo ese error».[14]

El pequeño Jopie era un futbolista brillante que siempre jugaba en equipos cuyos futbolistas tenían más años que él. Manus bromeó una vez con un director del Ajax: «¡Algún día ese Kleine te costará cincuenta mil florines!».[15] Pero una noche de verano, cuando Johan tenía doce años, Manus murió de un ataque al corazón; tenía cuarenta y cinco años. Lo enterraron en la parte del cementerio que daba al estadio para que pudiera escuchar al público celebrar los goles del Ajax.[16] Cada vez que Johan pasaba por allí en bici hablaba con su padre. Hasta bien entrada la madurez, siguió manteniendo conversaciones con el espíritu de Manus.

La muerte del padre sumió a la familia en la precariedad. La tienda cerró y la madre del chico, Nel, tuvo que ponerse a limpiar los vestuarios del Ajax. (Más tarde se casó con el encargado del campo, a quien su hijo ayudaba cuando era un niño.) Johan, desamparado sin Manus, abandonó la escuela al inicio de su adolescencia. En retrospectiva, Johan dijo que la muerte de su padre le dejó con la sensación de que necesitaba tener más seguridad. «Más adelante, deseo poder darles a mis hijos todo lo que quiera.»[17]

En aquel momento no parecía que el fútbol pudiera proporcionársela. El Ajax de principios de los sesenta no era más que el club de barrio del este de Ámsterdam, y el fútbol holandés era una ocupación de media jornada. Los jugadores ganaban poco más que bonificaciones por partido. Cuando entrevisté a Cruyff en el año 2000, recordaba la adoración que tenía en su niñez por clubes ingleses como el Manchester United y el Liverpool: «El fútbol inglés, cuando yo era pequeño, estaba muy por encima de todo lo demás. Ellos ya eran profesionales cuando nosotros ni siquiera sabíamos que la pelota era redonda, por así decirlo».

Como fue un niño que vivió en un mundo de hombres, tuvo que encontrar alguna forma de adaptarse. Descubrió que su debilidad física era una fortaleza: le obligaba a pensar. Como era pequeño, tenía que reaccionar más rápido que cualquier otro.

Ya desde la infancia, Cruyff contaba con el control absoluto de la pelota para no tener que mirarla. Jugaba con la cabeza levantada, oteando todo el campo. Siempre creyó que la habilidad con la que superaba a los otros jugadores era su capacidad para leer el partido. «El fútbol es un juego que se juega con la cabeza»,[18] decía.

Con diecisiete años, en noviembre de 1964, Cruyff debutó oficialmente con el primer equipo del Ajax. Enseguida empezó a irritar a los veteranos internacionales diciéndoles hacia dónde tenían que correr. Nunca se limitó a hablar solo con los pies. Se sentía autorizado a decir lo que pensaba, en parte porque entendía mejor el juego que los demás, en parte porque poseía la típica creencia holandesa calvinista de que la jerarquía no era sinónimo de tener razón.

En la temporada 1964-1965, el Ajax luchaba para evitar el descenso. Dos meses después del debut de Cruyff, despidieron a su entrenador inglés, Vic Buckingham. Su sustituto fue un antiguo delantero del Ajax de treinta y seis años llamado Rinus Michels, que trabajaba como profesor de gimnasio para niños sordos. El Ajax lo había contratado para dar tres sesiones de entrenamiento nocturnas a la semana. Michels llegó al pequeño estadio en un Škoda de segunda mano y le dijo a un periodista: «Tenemos que empezar de cero».[19]

El nuevo entrenador tenía un plan descabellado: aquel club de barrio con dificultades iba a conquistar Europa.[20] Michels y su delantero de dieciocho años se pusieron a hablar de tácticas. Descubrieron que compartían ese anhelo por innovar que Cruyff describiría *a posteriori* como típico de los sesenta.[21]

Michels podía ser un tipo gracioso y alegre a quien le gustaba cantar arias en las fiestas, pero raramente mostraba esa faceta ante sus jugadores. Al principio le llamaban «el Toro», por su aspecto físico y su comportamiento, y más tarde le llamaron «*De Generaal*». (Una vez dijo que «el fútbol de élite es como la guerra».)[22]

«Michels era el padre, y nosotros, sus hijos. Nos educaba con mano dura», concluía un huérfano Cruyff. El entrenador pensaba que sus jugadores eran unos blandengues. A menudo los acusaba de tener «una mentalidad típicamente holandesa», en el sentido de que no eran ambiciosos, no estaban dispuestos a sufrir y no daban suficientes patadas a sus oponentes. Cada pretemporada les ponía tres sesiones de entrenamiento al día seguidas de un partido amistoso por la noche. De Generaal quería acelerar el lento juego holandés. La pelota tenía que moverse mucho más rápido, como los jugadores. En caso de que necesitaran energía extra, el médico del equipo, John Roléis (él mismo consumidor de anfetaminas), les proporcionaba un surtido de píldoras sin nombre. (En aquel momento, no había test de drogas en el fútbol holandés.)[23]

Muchos jugadores del Ajax de los sesenta trabajaban de tenderos, maestros o instructores de conducción.[24] Durante un tiempo, Cruyff transportó fardos de tejidos en un almacén. Michels quería que sus hombres fueran futbolistas profesionales a tiempo completo para que pudieran entrenar con mayor asiduidad. La transición fue costeada, en parte, por el grupo variopinto de patrocinadores del club: algunos empresarios judíos que habían sobrevivido a la guerra y encontraron en el Ajax una especie de familia sustituta, y por los hermanos Van der Meijden, unos contratistas conocidos como los «constructores de búnkeres» que habían ganado un buen dinero trabajando para los ocupantes alemanes durante la guerra y ahora limpiaban su reputación a través del fútbol.

En aquella época, la mayoría de los entrenadores holandeses tenían una relación personal con los jugadores, muchos de los cuales eran miembros del club de toda la vida. Incluso en 1973, después de que Michels se hubiera marchado a Barcelona, no había nadie en el Ajax que se atreviera a decirle al envejecido extremo derecho Sjaak Swart que tenía que cederle el puesto a Johnny Rep. Finalmente, llegaron a un acuerdo típicamente holandés: Swart jugaría la primera mitad de los encuentros, y Rep, la segunda. En aquel momento, el Ajax era campeón de Europa y del mundo.

Michels, en cambio, no tenía nada de sentimental. Cada temporada, después de que el Ajax fuera eliminado de la competición europea, se deshacía de los jugadores más flojos, aunque normalmente sin atreverse a decírselo en persona. Cruyff era todavía más duro. En los partidos de seis contra seis que jugaban en los entrenamientos, él y el otro capitán se turnaban para elegir a los jugadores, igual que en el fútbol callejero. De esa forma, cada futbolista recibía un recordatorio diario del lugar que ocupaba en el equipo.

Igual que sucedía con Lennon y McCartney, la relación Michels-Cruyff era a la par inspiradora y tensa. Cruyff volvía loco a Michels. El chaval desobedecía siempre sus órdenes tácticas, les gritaba a sus compañeros de equipo, fumaba demasiado, salía hasta tarde y, en aquellos primeros años, fallaba con frecuencia en los partidos importantes. Michels sospechaba además que se inventaba lesiones.[25] Pero nada de aquello impidió que Cruyff y Michels crearan algo extraordinario en el Ajax. A principios de los setenta, habían desarrollado un nuevo estilo de fútbol revolucionario, un estilo que ayudaría a dar forma a aquel deporte durante los siguientes cincuenta años, especialmente en los Países Bajos y en Barcelona. La gente del Ajax no tenía ningún nombre para aquel estilo, pero la gente de fuera lo llamaba el «fútbol total».

«Fútbol total» quería decir que todos los jugadores atacaban y defendían. Los futbolistas del Ajax cambiaban de posición con tanta fluidez que incluso se hizo difícil hablar de posiciones. El juego del Ajax evolucionó hacia lo que Cruyff llamaba «un caos controlado».[26] Cada jugador tenía que pensar por sí mismo constantemente y ajustar su posición en función de dónde se encontraba el otro jugador. El ideal de un equipo de fútbol totalmente fluido se remontaba al «Torbellino del Danubio» del Wunderteam austriaco de los años treinta. El Ajax lo había reinventado comenzando una nueva era.[27]

El estilo dominante de los sesenta había sido el defensivo *catenaccio* italiano. El Ajax adoptó el enfoque opuesto: jugaban en campo rival, pasando la pelota al primer toque a máxima velocidad, y con los jugadores cambiando de posición en todo momento. Se colocaban de modo que el hombre que tenía la pelota tuviera siempre por lo menos dos pases en diagonal para elegir. Un oponente puede leer fácilmente un pase directo hacia delante, mientras que un pase en horizontal suele ser inútil y resultar fatal si se intercepta. Pero ningún jugador contrario puede bloquear dos diagonales a la vez. De modo que el Ajax hacía triángulos, una prefiguración de los grandes equipos del Barcelona del propio Cruyff y de Pep Guardiola.

Cruyff veía el fútbol como si fuera geometría, una cuestión de espacio. Cuando el Ajax tenía la pelota, ensanchaban el campo: decía que los extremos debían tener «tiza en las botas». Cuando el Ajax perdía la posesión, contraían el espacio: varios jugadores «presionaban» al rival sobre la pelota con el objetivo de recuperarla enseguida. Aquel era el momento perfecto, porque un equipo que acababa de hacerse con la pelota solía estar desorganizado, con sus jugadores fuera de posición. Si podías robársela, tenías el camino despejado hacia la portería. Y si tus rivales no tenían la oportunidad de crear juego, se desmoralizaban.

Presionar, o «cazar», como lo llamaban en el Ajax, requería una coordinación prácticamente militar. Cada jugador tenía que ocupar exactamente el lugar adecuado, y todo el mundo debía sumarse a la presión. Los delanteros del Ajax eran los primeros defensas. Y viceversa, el portero era el primer atacante, empezando las jugadas con pases incisivos. Jugaba como los «porteros delanteros» del fútbol callejero, patrullando por su mitad del campo como si fuera un defensa con guantes. Esto implicaba que el Ajax usaba a sus once jugadores, mientras que los otros equipos jugaban solo con diez.

«Nadie había dado la vuelta a los códigos del fútbol como hicimos nosotros»,[28] decía Cruyff con posterioridad. Arrigo

Sacchi, entrenador de «il Grande Milan» de los años 1987-1990, hizo la siguiente observación: «Solo ha habido una gran revolución táctica, y sucedió cuando el fútbol pasó de ser un juego individual a un juego colectivo. Sucedió con el Ajax».[29]

Cruyff alineaba a la tropa. Podía pasar la pelota en cualquier dirección porque era, en palabras de su gran biógrafo Nico Scheepmaker, «cuadrúpedo»:[30] usaba el interior y el exterior de ambos pies, dándole efecto a la pelota como un jugador de billar. Con un vistazo se daba cuenta de qué pie había plantado el defensa en el suelo y aceleraba para superarle por ese lado. Siempre decía que la velocidad no tenía que ver con correr rápido, sino con saber cuándo correr, una afirmación que no reconocía su increíble capacidad de aceleración.

Sobre el campo, Cruyff estaba en todas partes. Los característicos cambios de posición en el Ajax eran, en parte, una adaptación a su tendencia a deambular. Era una versión extrema de lo que ahora conocemos como «falso nueve»: un delantero centro que abandonaba su posición constantemente, bajando al centro del campo, a la banda o incluso al centro de la defensa, dejando atrás a sus marcadores para encontrar espacios y oportunidades. Una vez explicó: «Si no me siguen, soy libre. Si me siguen, tienen un hombre menos en defensa».[31] Los centrocampistas del Ajax irrumpían en el espacio que él dejaba vacío. Su número de camiseta distintivo, el catorce, resumía este papel inclasificable, a pesar de que lo había cogido casi al azar tras volver de una lesión.[32]

Michels elegía a los jugadores y escribía las tácticas sobre la pizarra. Sobre el campo, era Cruyff quien, minuto a minuto, dirigía el espectáculo. Algunas veces se giraba hacia el banquillo y pedía una sustitución. «¡Rep tiene que entrar!»[33] Cruyff explicaba que el fútbol era como Hollywood: había estrellas (Pelé y Eusebio, Richard Burton y Brigitte Bardot) y había papeles secundarios. Añadía: «A menudo, los papeles secundarios están mucho mejor interpretados, tanto en el fútbol como en el cine».[34] Él mismo hacía siempre el papel principal y además dirigía la película. Posteriormente, dijo: «Por lo común, cuando ves a grandes equipos sabes que todos son buenos futbolistas, pero como mucho hay uno que ve algo».[35]

Pero ver era una responsabilidad terrible. Más tarde, Cruyff hacía la siguiente reflexión: «Eso fue lo peor de mi carrera: que lo ves todo y entonces tienes que seguir hablando».[36] Tanto dentro como fuera del campo, Cruyff siempre hablaba (antigramaticalmente) con la boca, con las manos, con los hombros y con todo su frágil cuerpo. Les decía a sus compañeros hacia dónde tenían que correr incluso mientras esquivaba las botas en movimiento de sus adversarios.

Arsène Wenger, admirador del Ajax de los setenta, me dijo que el sistema de aquel equipo era imposible de replicar porque requería tener a Cruyff en el campo, haciendo de entrenador en movimiento como no podía hacerlo ningún técnico desde el banquillo. Un buen futbolista controla su zona sobre el campo; Cruyff ejercía el control del campo entero. Podía decirles a dos centrocampistas que intercambiaran sus posiciones, y quince minutos más tarde pedirles que las volvieran a cambiar. Siempre intentaba determinar qué jugador del Ajax no funcionaba aquel día y necesitaba que lo «escondieran», y qué jugador rival era el eslabón más débil, el hombre al que debían dejar solo para que recibiera la pelota (y luego presionarle). Cualquiera podía jugar bien si le daban el tiempo suficiente con la pelota. Había que dejar que los jugadores malos jugaran mal.[37]

Algunas veces, Michels le gritaba porque había cambiado sus tácticas: «Maldita sea, Cruyff, ¿quién te ha pedido que te entrometas?».[38] Cuando ya estaba retirado, Michels admitió: «A veces utilizaba la estrategia de la confrontación. Mi objetivo era crear un campo de tensión y mejorar el espíritu del equipo».[39] Cruyff terminó copiando esta teoría del conflicto, subiendo el dial a once. Cuando años más tarde le preguntaron por su relación con Michels, Cruyff sostuvo un puño contra el otro.[40]

Aquel club de barrio siguió mejorando. En 1971 derrotaron al Panathinaikos 2-0 en Wembley y ganaron la Copa de Europa. Las aspiraciones del Ajax empezaron a crecer. Durante los primeros años, ganar había sido su único objetivo. La belleza era un resultado colateral no buscado.[41] Pero Cruyff empezó a detectar que la gente de fuera percibía la belleza. Se sentía halagado cuando los artistas interpretaban sus fintas como creaciones artísticas. «Es muy bonito. Es inspirador, muy inspirador.»[42] El mimo francés Jacques Tati le dijo: «Eres un artista. Tu forma de jugar se parece muchísimo a la mía. Somos dos personas que intentamos reaccionar instantáneamente a situaciones que no hemos iniciado nosotros».[43] El bailarín de *ballet* Rudolf Nureyev le dijo que debería haber sido bailarín (aunque, tal como señaló su mujer, Danny, Cruyff era un bailarín espantoso).[44]

Una de las cosas que más le gustaban del sistema del Ajax es que nunca tenía que correr grandes distancias. Pasaba la mayor parte de los partidos a menos de veinticinco metros de la portería rival; cuando el Ajax perdía la posesión, no tenía que volver hacia atrás: los delanteros mantenían las líneas y presionaban. El truco era dar un paso o dos adelante para eliminar la línea de pase del adversario o para que tu equipo gozara de una nueva diagonal de pase. «La diferencia entre el acierto y el error no suele estribar en más de cinco metros»,[45] decía. Correr solo servía si corrías en la dirección correcta.

Este tipo de juego le iba bien a Cruyff, por un lado, porque tenía la capacidad de ver cuáles eran los pasos acertados y, por el otro, porque era un fumador empedernido que no podía correr demasiado lejos. En el documental biográfico *Nummer 14*, de 1972, hay una escena en la que el pelotón del Ajax corre cuesta arriba en el bosque. Cada jugador lleva un chándal de una marca y un color diferente. Cruyff, con un chándal Puma de color marrón claro, se queja ante una cámara: «No hay ningún elemento de juego en esto. En este momento, lo veo como una profesión, en absoluto como un *hobby*». Al llegar a la cima de la colina, a la cola del pelotón, camina los últimos pasos y exclama: «¡Jesús!». Se agacha con las manos sobre las rodillas, jadeando y tosiendo. Puede sentirse cómo le queman los pulmones. Otros jugadores se desparraman sobre los bancos, sin articular palabra. Es como una escena de castigo en una película carcelaria.

Llevaban a cabo este ritual varias veces por semana.[46] En ocasiones, Cruyff se escondía en el bosque y se unía a sus compañeros de equipo en la última vuelta. Si Michels lo pillaba, tenía que levantarse temprano a la mañana siguiente y correr solo.[47] Si lo dejaban a su aire, Cruyff se movía lo mínimo posible. Un sastre inglés que solía hacer ropa para futbolistas y que midió una vez a Cruyff tras un entrenamiento explica que fue el único jugador al que jamás había visto salir del campo sin una gota de sudor.[48]

Pero para jugar como Cruyff en los sesenta y los setenta hacía falta valor. En aquellos tiempos, las faltas se consideraban una parte integral, incluso admirable y viril, del fútbol. Así comentaba Kenneth Wolstenholme de la BBC la final de la Copa de Europa de 1969 entre el Milán y el Ajax, cuando una falta de los italianos echó a perder un regate de Cruyff: «¡Oooh! ¡Y ha recibido una preciosa zancadilla de Malatrasi, el barrendero! Le ha dado de lleno en el tobillo… Le ha dado de lleno, ¡en plena carrera! Hace falta ser un genio para hacerlo». Un año después, el exdefensa del Ajax Frits Soetekouw (que había cambiado de equipo sin moverse de Ámsterdam) lesionó a Cruyff deslizándose hacia él con una pierna levantada; en la televisión holandesa dijo que «también es un poco culpa suya. (Supera a) tres, cuatro hombres, un eslalon. Lo está pidiendo un poco a gritos, ¿no creéis?».[49]

Por aquel entonces, Michels se había trasladado a Barcelona. Los jugadores del Ajax eran *baby boomers* de posguerra, demasiado impacientes para escuchar a gente mayor diciéndoles lo que tenían que hacer. De Generaal se había vuelto excesivamente estricto para ellos.[50] El Barça le había ofrecido una buena suma de dinero y, como dijo Michels décadas más tarde, él nunca había despreciado los billetes.[51]

Su sustituto en Ámsterdam fue Stefan Kovács, exentrenador del equipo del Ejército de Rumanía. Cruyff, a quien su mujer, Danny, había transformado de hijo de tendero con el pelo peinado hacia atrás a un icono de moda de los setenta, le preguntó a Kovács qué pensaba del pelo largo. Aquel hombre del otro lado del telón de acero respondió: «Por lo que a mí respecta, puedes dejártelo incluso más largo; no estoy aquí para ser tu peluquero».[52]

Bajo las órdenes de Kovács, floreció la primavera en Ámsterdam. Aquel amable rumano concedió libertad a los jugadores sobre el campo; por aquel entonces, además, ya tenían la madurez para saber qué hacer con ella. En 1972 volvieron a ganar la Copa de Europa. En la grabación de su regreso a casa, se ve a los jugadores viajando en coches abiertos por las líneas de tranvía de Ámsterdam Este, el antiguo barrio de Cruyff, donde un par de filas de personas resiguen las calles del suburbio.[53]

Si uno mira el vídeo del Ajax derrotando al Independiente en la final de la Copa del Mundo de aquel año, hay una cosa sorprendente: medio siglo después, su juego no se ve vergonzosamente antiguo. El ritmo, los *sprints* sin pelota y los carrileros que oxigenan el juego desde la banda recuerdan al fútbol moderno. Michels y Cruyff habían inventado el futuro. En 1973, el Ajax ganó su tercera Copa de Europa consecutiva.

Todavía entonces, en Ámsterdam, se veía a los jugadores como chicos de casa. Aquellos Países Bajos tan igualitarios no tenían una categoría para superhéroes. Se esperaba de las estrellas que actuaran como gente normal. Muchos conciudadanos se sentían con el derecho de parar a «Cruijffie» por la calle y discutir con él sobre fútbol durante media hora. Él mismo compartía tal expectativa. «La gente de Betondorp no tiene humos», explicaba. Su mujer se quejaba de que, si un niño llamaba y le pedía a Cruyff una entrevista para la revista del colegio, su marido le dedicaba toda la tarde.[54] Por mucho que él agradeciera cualquier oportunidad para hablar, resultaba agotador. Se había convertido en algo demasiado grande para los Países Bajos.

Y tampoco le pagaban como a un superhéroe. Los partidos de liga del Ajax muchas veces atraían a poco más de diez mil personas, la mayoría de las cuales llegaban con el Tranvía 9 o en bici. Cruyff, que en aquel momento era considerado el mejor futbolista del planeta, ganaba 95 000 florines brutos al año (el equivalente hoy a unos 180 000 dólares estadounidenses, ajustados por la inflación). El Estado holandés se llevaba el setenta y dos por ciento. Una vez, en una recepción, Cruyff intentó influir en la reina Juliana para que bajara los impuestos (el único posicionamiento político que parece haber tenido jamás). «Usted es la reina y quizá puede conseguirnos algo», le sugirió, mientras Michels se alejaba tratando de contener la risa. «Señor Cruyff —respondió Juliana—, debería hablar con mi ministro de Hacienda.»[55]

Los conflictos de Cruyff con los compañeros de equipo y los directivos del Ajax también lo desgastaban. Dirigir a un montón de *baby boomers* calvinistas antiautoritarios era agotador. Cruyff tenía el don de despertar la irritación y los celos en los demás y, con el paso de los años, los jugadores del Ajax acumulaban demasiado tiempo juntos.

En julio de 1973 las cosas salieron de madre. Durante un *stage* de preparación en un hotel rural al este de los Países Bajos, los jugadores decidieron someter la capitanía a votación. En la reunión, en la sala de juegos del hotel, Cruyff, el capitán titular, recibió siete votos. Su viejo amigo y mentor Piet Keizer recibió ocho. Cruyff abandonó la sala. El centrocampista del Ajax, Gerrie Mühren, comparó el momento con la ruptura de los Beatles, que había tenido lugar tres años antes.[56]

Cruyff cogió un teléfono de la pared del pasillo del hotel, llamó a Coster, su suegro a la par que agente, y le dijo: «Llama al Barcelona».[57] Aquella votación había cambiado el futuro de dos grandes clubes.

3

F. C. Barcelona: basado en una idea original
de Johan Cruyff

Cruyff y el Barça habían estado coqueteando durante años. Inglaterra era su amor de juventud, pero no admitía a jugadores extranjeros; además, el dinero estaba en el fútbol español. Él y Danny habían empezado a ir de vacaciones a la Costa Brava y a Mallorca a finales de los sesenta, cuando España se puso de moda entre los turistas del norte de Europa. Las vacaciones eran algo nuevo para él, y el clima español le pareció cautivador.[1] En junio de 1970, la *Revista Barcelona* publicó una exclusiva de diez páginas sobre la visita de la pareja a la ciudad. La guinda era una fotografía de Cruyff posando sobre el césped del Camp Nou con la equipación del Barcelona. Danny le dijo a la revista: «Es una ciudad maravillosa, nos ha gustado muchísimo todo cuanto hemos visto. Y nos gusta especialmente que tenga el mar tan cerca».[2]

En aquel momento, en España todavía gobernaba Franco, pero Cruyff no le veía ningún problema al hecho de irse a vivir a una dictadura. Dijo en un periódico de Ámsterdam que «en España seré rico dentro de dos años y millonario dentro de cuatro».[3] Su biógrafo, Scheepmaker, escribió que su tasa de impuestos bajaría hasta el diez por ciento.[4]

Michels seguía en Barcelona y, a pesar de todo, estaba ansioso por reencontrarse con su altivo exalumno.[5] Tras la apertura de las fronteras españolas a futbolistas extranjeros en mayo de 1973, y después de que Cruyff perdiera la capitanía del Ajax en julio, el Barcelona fue a por él.

El Real Madrid intentó torpedear el acuerdo tal y como

había hecho veinte años atrás con Alfredo Di Stéfano, pero Cruyff rechazó la oferta del Madrid, en parte para fastidiar a la junta del Ajax, que ya la había aceptado. Las cuotas de miembro de los *socis* le proporcionaban al Barça unos ingresos inigualables en el fútbol del norte de Europa, y el club las incrementó un veinticinco por ciento durante dos años para cubrir el traspaso récord en el mundo: 2,3 millones de dólares estadounidenses por Cruyff.[6] La suma era tan alta que, para poder superar las regulaciones de importación, el Barcelona lo registró como bien semimoviente, es decir, como ganado.[7] El salario que le pagaron sigue siendo un misterio. Cuando su asesor de negocios, Harrie van Mens, lo comprobó años más tarde, explicó: «Me encontré tres o cuatro versiones distintas del contrato de Johan: una para los impuestos, una para la prensa, una para el propio Johan...».[8]

A las 15.05 de la tarde del 22 de agosto de 1973, Cruyff aterrizó en el pequeño y destartalado aeropuerto de Barcelona en el vuelo 254 de KLM, sin saber que pasaría la mayor parte del resto de su vida en Cataluña. En aquel momento es posible que ni siquiera supiera qué era Cataluña.

Desde el autobús que los llevaba a la terminal, Danny señaló a la multitud de gente que había dentro:

—¿Qué pasa? —le preguntó.

—Ni idea —respondió Johan.

Lo estaban esperando a él. «¡Cruf!» gritaban, con una admiración muy poco holandesa, alargando los brazos a través del cordón policial para intentar tocarlo.[9] En el vídeo de la escena, parece como si un emisario de los setenta (pelo largo, cara huesuda de fumador, collares y camisa de solapa ancha, que sin duda había elegido Danny) aterrizara en los cincuenta. Cruyff venía de lo que el escritor Manuel Vázquez Montalbán llamaba «la Europa del norte, la Europa de primera clase»,[10] el continente moderno, rico y democrático al que aspiraban unirse los catalanes.

En términos futbolísticos, Cruyff también estaba dando un paso atrás: el mejor jugador del mundo estaba cambiando el mejor equipo del mundo por un club de perdedores en una ciudad provincial decrépita, en una liga rezagada y en una dictadura empobrecida.

A diferencia del Ajax, los nuevos compañeros de equipo estaban reconfortantemente encantados de tenerlo cerca, pero eran tipos anacrónicos que hacían pases lentos en horizontal. Michels estaba asombrado de que un club tan rico tuviera un equipo tan ignorante tácticamente y tan indisciplinado. Además, tampoco tenía un campo adecuado para entrenar; tuvo que tomar prestado un campo de golf de la zona.[11]

La España de Franco no tenía ni siquiera un lenguaje para analizar el fútbol. «Apenas tenía una palabra: furia. Que ni siquiera es un concepto futbolístico, sino un estado de ánimo»,[12] recordaba el argentino Jorge Valdano, que llegó a España en 1975 para jugar con el Alavés en segunda división. (Valdano se convertiría más adelante en campeón del mundo junto a Maradona, luego en entrenador, en director técnico del Real Madrid y en un maravilloso escritor de fútbol.) Solo se esperaba que los españoles jugaran con furia; cualquier otra cosa se consideraba una filigrana ilustrada. Sin embargo, el rendimiento internacional de los equipos españoles indicaba que eso no era suficiente.

El Barça se vio eternamente desfavorecido con Franco. En los años cincuenta, superaron con frecuencia al Real Madrid en la liga española, pero se vieron eclipsados por las cinco Copas de Europa consecutivas del Madrid. En los sesenta entraron en declive. Cuando Cruyff aterrizó, el club llevaba catorce años sin ganar la liga española. Los *culers*, que se habían educado en un victimismo derrotista después de décadas bajo el yugo del Caudillo, tomaban su asiento en el estadio murmurando: «*Avui patirem*» («Hoy sufriremos»).[13] El espíritu que reinaba en el club era la *madriditis*, una obsesión desesperada hacia el Madrid.

Pero en 1973 Franco tenía ochenta años y se estaba muriendo. Mientras los catalanes esperaban «el hecho biológico», se preparaban para el autogobierno. Aquel octubre detuvieron a ciento trece miembros de la Asamblea de Cataluña, entre los que había sindicalistas, miembros de partidos políticos, estudiantes y empresarios. Muchos de ellos escucharon el debut de Cruyff contra el Granada el 28 de octubre apiñados alrededor de un transistor en la cárcel, e incluso aquellos a quienes no les gustaba el fútbol celebraron los cuatro goles del Barça.[14]

En aquellos últimos años del franquismo, el Camp Nou se había convertido en una arena política, llena de *senyeres* (banderas de Cataluña) prohibidas, con proclamas en catalán.[15] En 1971, Franco convocó al presidente del Barça, Agustí Montal, y a miembros de la junta a su palacio, el Pardo, para decirles que moderaran el catalanismo.[16] Pero los catalanes ya no eran tan obedientes. En 1973, Montal fue reelegido con el eslogan «Más que un club».

En general, toda esta agitación pasó desapercibida para Cruyff. Su prioridad era encontrar casa. En aquella época, Barcelona era una ciudad sucia y destartalada con barrios marginales que llegaban hasta el paseo marítimo, y no había playas. Era conocida como «la Barcelona gris».[17] Los promotores inmobiliarios (como, por ejemplo, el futuro presidente del Barça Josep Lluís Núñez) se habían hecho ricos sustituyendo edificios antiguos por edificios nuevos, feos y baratos.[18] Cruyff y Danny soñaban con vivir en Castelldefels, cerca de la playa, pero les dijeron que el pueblo estaba lleno de pesados turistas holandeses en verano. Así pues, la pareja y sus dos hijas pequeñas terminaron en Barcelona, en un gran apartamento con piscina y con un precio que les sorprendió. Los Michels también vivían en Pedralbes, tras haberse mudado desde su primer apartamento en la avenida del Generalísimo Franco (hoy llamada Diagonal).[19] Cuando Cruyff jugaba fuera, la mujer de Michels, Wil, se quedaba con Danny para hacerle compañía.[20]

En Barcelona, los Cruyff siguieron siendo holandeses igualitarios: su empleada doméstica española comía con la familia.[21] No obstante, Cruyff aprendió rápido que los españoles otorgaban privilegios a los superhéroes. Aquí no tenía que ser normal. La gente de la calle lo trataba con más respeto que en Ámsterdam. Descubrió que, si alguna vez necesitaba un coche, podía pedírselo prestado a cualquier barcelonés deslumbrado por su fama. El Barça pronto le consiguió un número de teléfono privado, que terminó con las incesantes llamadas de los aficionados y de la acosadora que siempre se le presentaba a Danny como «la prometida de tu marido».[22]

Cruyff valoraba mucho su vida familiar tras haber aprendido a los doce años que podía romperse en cualquier momento. En el Barça, recuperó su antiguo papel como representante de Michels sobre el césped, de forma más armoniosa que en su época del Ajax. El entrenador, interesado en mantener las distancias, insistía en que le llamara «míster Michels».[23] Juntos les explicaban a los demás jugadores que el fútbol era un juego que se jugaba con la cabeza. Cruyff pasaba el resto de su tiempo anunciando licores, gafas de sol, vaqueros, aparatos de televisión y botas Puma.[24] En la cuestión comercial iba una generación por delante del fútbol español. Podría decirse que sustituyó su nombre de familia, Cruijff, por una marca internacional, Cruyff, porque la «y» funcionaba mejor fuera de los Países Bajos.

Aprendió español en meses. «El español es un idioma sencillo, porque se escribe como se pronuncia. Aunque yo no sé escribirlo», reflexionaba décadas después.[25] Su «logisch» en holandés (la palabra que utilizaba para rematar un argumento, normalmente enfatizándola con una encogida de hombros) se convirtió en «lógicamente», pronunciada todavía con acento de Ámsterdam. Jamás dominó los géneros en español ni muchas otras reglas gramaticales, aunque tampoco lo hacía en holandés.[26] «Hablar —cavilaba una vez sin ironía—, ojalá se me diera todo tan bien como hablar.»[27]

En un inicio, parecía dar por hecho que Barcelona era una ciudad cualquiera de España, sin particularidades regionales. «No quiero involucrarme en su política —dijo en marzo de 1974—. Tampoco lo hacía en los Países Bajos.»[28] En aquellos primeros meses, hablaba afectuosamente de los aficionados del Barça como «españoles», y no hizo el más mínimo esfuerzo por aprender catalán, ni entonces ni más adelante. Se dice que una vez le pidieron que dijera algo en catalán y respondió: «Hola». Incluso cuando hizo de entrenador para la selección nacional de Cataluña unos años antes de su muerte, dio su charla de vestuario en español.[29] Cuando los nacionalistas catalanes de la era pos-Franco se quejaron, él dijo: «Yo también vengo de un país pequeño y no pido que el mundo entero hable holandés».[30]

La dictadura de Franco no le molestaba. «¿Qué es fascista?», se preguntaba en su libro de memorias *Boem*, publicado durante los últimos meses del mandato de Franco.

> ¿Qué es la falta de libertad? Dicen que hay más de cien países en los que no hay libertad de prensa. ¿Por qué entonces toda esta queja constante sobre mí en relación con España? Una cosa es segura: la gente aquí en España es mucho más alegre, se queja menos y es menos infeliz que en los Países Bajos.[31]

A pesar de su apatía política, su personalidad lo convirtió en el símbolo de una nueva Cataluña asertiva y antifascista. Era un anuncio andante de la modernidad europea y de la libertad de expresión, un contestatario nato que discutía con los árbitros incluso en una dictadura. Josep Carreras, el cantante de ópera catalán y aficionado del Barça y que se hizo famoso como uno de los Tres Tenores con su nombre español, José, dijo: «Tenía la suerte de venir de una democracia y se mostraba como [demócrata]... Ha hecho posible que creamos en nosotros mismos».[32]

«Era el menos espontáneo de los grandes genios», dijo Valdano, que admiraba a Cruyff como futbolista.[33] «Gobernaba los partidos. Influía sobre los compañeros, los adversarios, el árbitro, los periodistas, el público, la pelota, las banderas de córner y los vendedores de Coca-Cola.»[34] Si un jugador de cualquiera de los dos equipos caía lesionado, Cruyff lo examinaba y, si lo consideraba necesario, llamaba al fisio, como si el árbitro no existiera. En una ocasión, el terreno de juego estaba embarrado y entorpecía los esfuerzos del Barça por hacerle llegar la pelota, así que Cruyff se puso como líbero (defensor libre) y reestructuró el equipo sin pedirle permiso al entrenador. «Por cierto, fue el mejor líbero que había visto en mi vida», dijo Valdano, que lo diagnosticaba como «un caso de autoconfianza cuasi patológico».[35]

Durante la primera temporada de Cruyff con el Barça, Danny estaba embarazada de su tercer hijo. Dado que el nacimiento debía ser por cesárea en Ámsterdam, Michels lo programó para el 9 de febrero, ocho días antes del partido Real Madrid - Barcelona. (El 9 de febrero también era, casualmente, el cumpleaños de Michels.)

Los Cruyff llamaron al bebé Jordi, la versión catalana de Jorge, en honor a su nuevo hogar. No tenían ni idea de que Jordi era el patrón de Cataluña, un símbolo nacionalista y un nombre prohibido con Franco. «Simplemente, pensamos que era un nombre bonito», admitió Cruyff después.[36] Al regreso de la familia a Barcelona, el recién nacido fue recibido por otra multitud en el aeropuerto. Luego desapareció brevemente hasta que Michels, que no tenía hijos, fue descubierto haciéndolo botar sobre sus rodillas en el coche.[37] De Generaal siguió teniendo afecto durante toda su vida por los hijos de Cruyff (más que por su padre) y siguió la carrera de jugador de Jordi como un aficionado más.[38]

Cuando Cruyff fue a registrar a Jordi al Ayuntamiento de Barcelona, el empleado le dijo que debía ponerle Jorge, la versión española de su nombre. Solo se permitían nombres castellanos. Cruyff se negó. No le preocupaba especialmente cómo el Estado español llamaba a su hijo, puesto que ya había registrado a Jordi en los Países Bajos. Finalmente, el empleado del registro cedió.[39] «Mi hijo fue el primer Jordi registrado como tal en Cataluña», presumía Cruyff.[40] Jordi creció y terminó jugando al fútbol en el Barcelona, en el Manchester United y en la Oranje, y considerándose a sí mismo catalán.[41]

La historia del registro de su nombre fue rápidamente distorsionada y convertida en un mito catalán, con Cruyff en el papel de héroe nacionalista. «Cosas así cambian el curso de tu vida, te traen suerte. Por eso fui tan popular aquí al principio. Y sigue siendo así.»[42]

El 17 de febrero de 1974, en el Bernabéu, Cruyff jugó el mejor partido de sus años en España: el Barça machacó al equipo de la capital de Franco por 0-5. Vázquez Montalbán escribió: «1-0 por Barcelona, 2-0 por Cataluña, 3-0 por Sant Jordi, 4-0 por la democracia, 5-0 contra el Madrid».[43] El periódico afín a Franco *Solidaridad* compartía infelizmente ese análisis: «Se ahí que los cinco goles supongan mucho más que cinco goles. Suponen, en definitiva, el triunfo sobre el centralismo».[44]

Hasta ese día, el Real Madrid-Atlético de Madrid había sido siempre el partido más importante en el calendario español. A partir de ese momento, el Madrid-Barça pasó a ser conocido en España como el clásico.[45] Aquella primavera, el Barcelona (que iba cuarto por la cola cuando Cruyff hizo su debut) ganó su primer título desde 1960, con su versión del fútbol de presión holandés. Eran tan buenos que ni siquiera los árbitros podían detenerlos, dijo Michels posteriormente.[46]

«Nunca había visto al Barça ganar nada», recordaba el futuro presidente del club, Joan Laporta, que en aquel momento tenía once años.[47] Toda una generación de niños catalanes que más adelante dirigirían el club o trabajarían en él se enamoraron del fútbol de Cruyff y de su pelo largo. En la canción de 1974 *Botifarra de pagès*, el grupo cómico catalán La Trinca croó un panegírico como si de un ejército de ranas se tratara:

> Cruyff,
> Cruyff, Cruyff, Cruyff,
> Cruyff, Cruyff, Cruyff,
> Cruyff, Cruyff, Cruyff,
> cual vulgar coro de ranas
> ensalzamos tus patas.

Cruyff se marchó entonces a Alemania Occidental para jugar el Mundial. La Oranje, la selección holandesa, solo había jugado dos partidos en aquella competición: uno en 1934 y otro en 1938, y ambos se saldaron con derrota. Tampoco se esperaba mucho de ellos esta vez.

Michels entrenaba a la Oranje, pero se pasó gran parte de la competición yendo y viniendo de Barcelona, donde el equipo se estaba preparando para la semifinal y la final de la Copa. Esto dejó a Cruyff, que estaba en la cúspide de su poder, con un papel todavía más destacado, dando instrucciones y eligiendo el equipo. Antes de un partido de preparación, le dijo a Arie Haan, que siempre había sido centrocampista, que en Alemania Occidental jugaría como último defensa. «¿Estás loco? ¿Es una broma?», le preguntó Haan.

Los Países Bajos tenían en Jan van Beveren un gran portero. Pero su estilo era poco cruyffista, ya que raramente abandonaba la línea de meta para unirse al juego. Igualmente importante era que él y Cruyff no se llevaran bien. Le dieron

SIMON KUPER

el puesto al paisano de Cruyff Jan Jongbloed, propietario de
una tienda de puros y un clásico portero delantero. «Tuve la
impresión de que mi elección fue principalmente idea de
Johan», dijo Jongbloed.[48]

En Alemania, incluso los holandeses se sorprendieron al
descubrir lo buenos que eran. También se llevó una sorpresa
el defensa uruguayo que se había estado paseando tranquilamente con la pelota y de repente se vio atacado por cinco
camisetas naranjas. Para los telespectadores de todo el
mundo, fue como ver al dodo extinguirse a tiempo real.
Cruyff señaló más tarde que casi todos sus adversarios parecían confusos: «Hacían cosas que nosotros habíamos dejado
de hacer hacía cinco o seis años».[49]

Energizado por cartones de cigarrillos Camel sin filtro,[50]
brilló hasta la semifinal. Pero el día antes de la final contra
Alemania Occidental en Múnich, el tabloide alemán *Bild*
publicó una noticia titulada «Cruyff, champán y chicas des-
nudas». En ella, un reportero encubierto narraba su infiltra-
ción en un baño en cueros a altas horas de la noche en la que
participaron Cruyff, algunos otros jugadores holandeses y
sus *groupies* en su campo de entrenamiento en Hiltrup. (Fue
una decepción que la fotografía que acompañaba la noticia
mostrara una piscina vacía.)[51] Cruyff se pasó gran parte de
las horas previas a la final en la única cabina telefónica del
hotel jurándole a una iracunda Danny en España que *Bild* se
lo había inventado todo. La doble vida que había llevado
desde hacía tiempo como adúltero discreto[52] y hombre de
familia devoto estuvo a punto de desmoronarse.

Empezó la final con una carrera en solitario de casi cuarenta metros que dio a los holandeses un penalti en el primer
minuto (aunque, en realidad, había recibido la falta justo fuera
del área). Johan Neeskens anotó un penalti atronador. Pero,
después de aquello, en palabras de su hermano, Henny, Cruyff
«jugó como un trapo», esperando apático en el centro del
campo. El gol del empate de Gerd Müller rebasó a un inmóvil
Jongbloed, y Alemania Occidental ganó 2-1.

Cruyff se alegró de que todo terminara. Para él, la familia
siempre había sido más importante que el fútbol, y consiguió
seguir casado con Danny toda su vida. El enfado de su mujer

fue probablemente la razón principal por la que no fue al Mundial de 1978 en Argentina. Que boicoteara el campeonato como protesta por el régimen militar argentino es un mito. Una vez dijo, con acierto: «La gente siempre me ha asociado con ideas de libertad y rebelión, pero nunca he buscado ni una cosa ni la otra».[53]

El periodista alemán Ulfert Schröder dijo de Múnich que había sido «el cénit melancólico» de la carrera de Cruyff.[54] Sin embargo, la realidad es que la derrota holandesa no fue especialmente trágica. Los pequeños Países Bajos estaban orgullosos de haber quedado segundos del mundo (lo volverían a ser en 1978 y 2010).

Cruyff terminó explicando la derrota como una victoria moral.[55] Esto suponía un nuevo nivel para un hombre que hacía trampas en el dominó y en el Monopoly para ganar a sus hijos,[56] pero la noción de victoria moral marcaría desde aquel momento su forma de pensar para siempre. Llegó a argumentar que, en realidad, los holandeses habían ganado el Mundial porque jugaban un fútbol bonito que la gente recordaba. «Imagínate, aquella derrota nos hizo más famosos de lo que hubiera podido hacerlo una victoria».[57]

Resultó que la belleza en el fútbol no era solo un hecho colateral, sino una forma de ganar incluso cuando se perdía. La belleza que le importaba a Cruyff era colectiva, el fútbol como una coreografía más que los trucos individuales con la pelota. Él no era, por naturaleza, una persona de «uno para todos y todos para uno», como el Liverpool de Bill Shankly. Cruyff simplemente creía que la máxima expresión del fútbol era el juego de equipo. De 1974 en adelante, se transformó en un «profesional idealista»[58] decidido a ganar de forma bonita.

Como tantas de las creencias idiosincrásicas de Cruyff, la idea de victoria moral terminó arraigando en Barcelona. Laporta recuerda que, durante su primer mandato, les dijo a Platini y a Franz Beckenbauer: «Creo que ganar es importante, pero con el Barça principalmente quiero ser el mejor, como los Países Bajos en 1974».[59]

Aquel Mundial fue la última vez que Cruyff jugó en un gran equipo. Su Barcelona no volvió a ganar otro título de liga y le sacaban constantemente tarjetas blancas (en España todavía no eran amarillas). Los incontables cigarrillos se cobraron su peaje. Fumaba discretamente en el vestuario durante la media parte, y hubiera fumado sobre el terreno de juego si hubiera podido. Un amigo de Ámsterdam que vino a visitarle una vez lo convenció para salir a correr. «Después de cincuenta metros, Johan dijo: "Estás mal de la cabeza". Y paró de golpe.»[60] A sus veintitantos años, Cruyff estaba en declive físico.

El acontecimiento más importante de sus últimas cuatro temporadas con el Barça ocurrió el 20 de noviembre de 1975. Un conserje entró en la sede del club interrumpiendo una reunión entre altos directivos y anunció: «Señores, el Caudillo ha muerto». Jaume Rosell, el secretario del club (y padre del futuro presidente del Barcelona, Sandro Rosell), recordaba: «Hubo dos reacciones: los que dijeron "Abramos una botella de cava" y los que se quedaron en silencio y estaban acojonados». Ese día, más tarde, el secretario jefe del Barça cogió el busto de Franco que solía estar en el despacho de Montal y se lo lanzó a Rosell. El busto le pasó de largo y se rompió en pedazos. «Mierda», dijo Rosell (citado en el libro de Jimmy Burns *Barça: la pasión de un pueblo*). «Pensábamos que era tan sólido que jamás se rompería, ¡y ahora resulta que no es más que yeso de mierda!» Aun así, Montal envió sagazmente una serie de telegramas mostrando lealtad, declarando al club «lleno de tristeza por la irreemplazable pérdida del jefe del Estado».[61]

Un mes después, cuando el Real Madrid visitó Barcelona, cientos de banderas catalanas entraron ilegalmente en el Camp Nou.[62] En las calles de la ciudad, la policía no tardó en empezar a aporrear manifestantes que pedían autonomía para Cataluña. El futuro de España pendía de un hilo. Si se le hubiera preguntado a la gente a mediados de los setenta, cuál de estos dos países, España o Yugoslavia, se convertiría en una democracia europea próspera y cuál sería destruido por una guerra civil entre regiones hostiles, muchos habrían dado la respuesta equivocada.

La prohibición de la lengua catalana se había ido suavizando en las últimas décadas de Franco. Después de su muerte se acabó. En 1976, periódicos y emisoras de radio de la región empezaron a cubrir el Barça en catalán. Como no había vocabulario futbolístico en su idioma, se inventaron uno.[63] Cruyff fue el primer capitán del Barça en llevar la bandera catalana en su brazalete. Pero él tenía la cabeza en otros asuntos. Pasó los meses posteriores a la muerte de Franco liderando la resistencia contra el nuevo entrenador del Barcelona, Hennes Weisweiler. El alemán quería que pasara más tiempo en el centro del ataque, incluso en los partidos fuera de casa, donde los árbitros daban licencia a los adversarios para agredirle. Cruyff prefería quedarse en el centro del campo y proteger sus piernas.[64] La muerte de Franco supuso la liberación de Cataluña, pero la marcha de Weisweiler cuatro meses después trajo la de Cruyff. Weisweiler llegó a la conclusión de que entrenar al Barcelona no era tan difícil, pero «trabajar con Cruyff era imposible».[65] Michels volvió para sustituir al alemán en dos temporadas sin demasiados éxitos.

Cruyff se quedó en el Barça lo suficiente como para ayudar a Josep Lluís Núñez a ganar las primeras elecciones presidenciales democráticas después de Franco en 1978: el holandés amenazó con marcharse si Ferran Ariño, uno de sus enemigos, llegaba a ser presidente. De hecho, en aquel momento ya había decidido dejar de jugar, con solo treinta y un años. «Ya no lo disfrutaba», explicó después.[66] Para Cruyff el fútbol resultaba agotador, porque él era siempre conflictivo. También tenía miedo de fracasar en el campo; sabía que cuando su juego decayera, sus enemigos se abalanzarían sobre él.

Además, su familia estaba perturbada por un intento de secuestro. En 1977, un hombre entró en su apartamento, apuntó a Cruyff a la cabeza con una pistola y le hizo tumbarse en el suelo. Cruyff, siendo como era, intentó hablar con él, preguntándole si quería dinero. Cuando el intruso lo ató, Danny salió corriendo para pedir ayuda. El hombre la siguió y lo cogieron. Pero después de aquello la familia vivía con miedo.[67]

Cruyff se marchó del Barça en el mismo momento que Michels, en verano de 1978. Ante las décadas en blanco que se avecinaban, quería demostrar que podía sobresalir en algo más. Decidió que era «ante todo un hombre de negocios», como su padre y sus antepasados en los mercados callejeros de

Ámsterdam.[68] En aquella época, Cruyff y Danny conocieron a un fantaseador francés de origen ruso llamado Michel-Georges Basilevitch, un exmodelo que iba por Barcelona en un Rolls-Royce alquilado. Danny decía de él que era «el hombre más guapo del mundo». Por aquel entonces, Cruyff seguía teniendo a su suegro Coster como representante de negocios. «La única cosa que Cruyff puede hacer sin mí es ir a mear», dijo Coster en una ocasión.[69] En una revuelta edípica, Cruyff abandonó a Coster por el nuevo amigo de la pareja.

Basilevitch persuadió a Cruyff para que le dejara invertir el dinero que tanto le había costado ganar en varios proyectos. El más desastroso de ellos fue una granja de cerdos.[70] Mirando atrás, en 2015, la víctima se reía de sí mismo: «¿Quién podía imaginar que Johan Cruyff se había metido en la cría de cerdos? Acabé diciéndome: "Deja los cerdos. Lo tuyo es el fútbol"».[71]

Cruyff se retiró y se arruinó casi al mismo tiempo, así que tuvo que empezar a jugar de nuevo. Se fue de España sin pagar todos sus impuestos y deudas,[72] y se unió a Los Ángeles Aztecs de Michels en 1979, para luego marcharse a los Washington Diplomats.

Los años americanos de Cruyff se suelen desestimar como si fueran un paréntesis en su historia, pero fueron trascendentales en un aspecto, tal y como señala Pieter van Os, que escribió un libro sobre ellos: en Estados Unidos, Cruyff se dio cuenta de que no era un hombre de negocios nato, sino un profesor nato. Redescubrió los placeres del fútbol y encontró uno nuevo: explicarlo a los demás.

La North American Soccer League tenía la misión de hacer el fútbol atractivo para los estadounidenses. A diferencia de la mayoría de las viejas estrellas europeas que buscaban ganarse un último sueldo, Cruyff se lo tomó en serio. Se pasó horas dando cursos de fútbol a niños y apareciendo en programas de televisión. Le encantaba el trabajo: «Cada vez hablando y demostrando, hablando y demostrando».[73]

Quizá las únicas personas en Estados Unidos que no lo querían escuchar eran sus compañeros de equipo en los

Diplomats. Washington supuso el único momento de su vida en el que se sumergió en la cultura del fútbol británico y fue un auténtico choque. El entrenador de los Diplomats, Gordon Bradley, y la mayoría de los jugadores venían de los puestos más bajos de la liga inglesa. Les gustaba la cerveza y no les gustaba que Cruyff hablara por los codos sobre táctica.[74] En una ocasión, después de que Bradley diera una charla antes del partido y abandonara la sala, Cruyff se levantó, borró las tácticas que el entrenador había escrito en la pizarra y dijo: «Evidentemente, vamos a hacerlo de forma totalmente distinta».[75] Aquello ofendió la idea de jerarquía de los jugadores británicos. Llegó un momento en el que Cruyff estaba tan desesperado con sus compañeros de equipo que anunció que dejaría de organizar y se limitaría a marcar goles, cosa que hizo.[76]

Con treinta y cuatro años, en 1981, regresó con su familia a los Países Bajos. Ahí fue cuando le descubrí. En aquel momento, yo era un niño de doce años loco por el fútbol que vivía en Leiden, una pequeña localidad al sur de Ámsterdam, justo después de la edad de oro del fútbol holandés. Los fines de semana, cuando los partidos de mi club *amateur* se anulaban por la lluvia (un momento de gran desolación en casa de los Kuper), nos pasaban vídeos de los Mundiales de 1974 y 1978 en la sede del club. Era un ritual de alcance nacional: un amigo me dijo que cuando el equipo de sus hijos miraba de nuevo el penalti de Neeskens golpeando la red, todos saltaban y lo celebraban, aunque supieran cómo terminaba el partido.

El conocimiento del fútbol total se había perdido, igual que se perdió el conocimiento de cómo obtener agua limpia en las ciudades tras la caída de Roma. Luego Cruyff fichó por el Ajax, en 1981, con su salario vinculado de nuevo a las veces que jugara. Atosigué a mi padre para que nos llevara a mi hermano y a mí a ver el partido de vuelta de Cruyff, contra el Haarlem, el 6 de diciembre. Los aficionados holandeses estaban ilusionados, pero también eran escépticos. Cruyff tenía treinta y cuatro años y un cuerpo roto. Pensaban que seguramente «el Lobo del Dinero» era un saldo en busca de un último sueldo.

Llamé al Ajax y pregunté si se agotarían las entradas para el partido. «Nunca se agotan», me aseguró una mujer.

Cuando llegamos al estadio aquel domingo, no quedaban entradas. Lloré. Vimos el resumen en el programa *Studio Sport* del domingo por la noche, como de costumbre. En el minuto veintidós de partido, Cruyff le arrebató el balón a un compañero, se deshizo de dos defensas y, desde fuera del área, batió al portero del Haarlem, Edward Metgod. Aquello terminó con el debate. En el pequeño estadio del otro lado de la calle del hogar de infancia de Cruyff, los años se habían esfumado y volvía a ser 1972.

Aquella noche, en *Studio Sport*, Cruyff explicó las cuentas que había preparado. Sabía que su excompañero de equipo Jan Jongbloed era el entrenador de porteros de Metgod, y que Jongbloed creía que un portero tenía que cubrir el palo corto. Cruyff se aseguró al principio de que Metgod lo hiciera y luego dirigió su globo hacia el palo largo.[77]

A partir de entonces, los estadios de todo el país se llenaron para ver a «Cruijffie» una última vez. Los árbitros y los defensas contrarios lo convirtieron en un tesoro nacional demasiado valioso para ser pateado.

Cruyff siempre dijo que había jugadores más habilidosos que él,[78] pero, desde niño, él siempre había visto las cosas unas fracciones de segundo antes que los demás futbolistas, y nadie veía las cosas antes que el Cruyff maduro.[79] Una vez dijo que antes de cumplir los treinta lo había hecho todo por instinto. Después de los treinta empezó a comprender por qué hacía lo que hacía.

Era capaz de colocar a un compañero de equipo ante la portería con un pase exterior tan inesperado que a veces las cámaras de televisión del momento no podían seguirlo. También era capaz de explicar el fútbol con pelos y señales a cualquier periodista que le trajera un paquete de cigarrillos. Era como leer una entrevista con Edison en la revista *Voetbal International* cada semana.

A menudo, Cruyff era ininteligible. Su inteligencia superaba su vocabulario y se saltaba pasos cruciales en sus argumentos. Pero tal como señaló Scheepmaker: «Incluso cuando Cruyff decía cosas sin sentido, eran cosas sin sentido interesantes».[80] Terminaron dándole un programa de televisión,[81] toda una recompensa en un país con solo dos canales.

Cruyff enseñó fútbol a los Países Bajos. Creó el lenguaje del juego holandés: el fútbol como geometría. «Los otros [países] siempre tienen más dinero, más espacio y más gente —decía—. Países Bajos tiene que exprimir su inteligencia.»[82]

Decía cosas que uno podía utilizar incluso en un campo lleno de baches en Leiden. «Pásala siempre al compañero más adelantado. No hagas nunca un pase en horizontal, porque si un adversario lo intercepta habrá superado a dos jugadores: a ti y a la persona a quien le pasas el balón. No la pases a los pies de un compañero, sino un metro o dos por delante de él, porque esto le obliga a correr hacia la pelota, cosa que acelera el ritmo. Pásala siempre al pie bueno. Recibe la pelota orientado hacia la portería contraria. Si tienes dos o tres adversarios encima, pásala hacia la otra banda, porque la lógica dice que allí les faltarán uno o dos hombres. Deja el peor jugador del adversario sin marcar, para que reciba la pelota, y luego presiónale. Si tu equipo pierde la concentración, haz una falta sucia para despertar a todo el mundo. Si estás jugando mal, pasa la pelota al compañero que tengas más cerca un par de veces y recuperarás la confianza. Juega a un fútbol sencillo al primer toque. Pero lo más difícil es jugar de forma sencilla.»[83] Esta última era una aparente paradoja que a Cruyff le encantaba. Podía hablar eternamente sobre «el tercer hombre»: si el jugador 1 está a punto de hacerle un pase al jugador 2, ¿cómo debería moverse exactamente el tercer hombre en el espacio? Casi todo lo que sé de fútbol lo aprendí de Cruyff.

El 5 de diciembre de 1982, se ofreció para tirar el penalti contra el Helmond Sport. En lugar de chutar a portería, hizo un pase repentino a su izquierda. Jesper Olsen apareció para devolverle el pase a Cruyff (habían pasado horas ensayando en secreto), y Johan golpeó para marcar a portería vacía. El portero y los defensas del Helmond vieron toda la secuencia con el paso cambiado, demasiado sorprendidos como para moverse. Cruyff había deconstruido el penalti. Su mensaje: hay que replantear todas las convenciones del fútbol desde cero.

Al terminar nuestros partidos, mis compañeros de equipo y yo nos sentábamos en la cafetería del barrio y manteníamos debates al estilo Cruyff sobre lo que había salido mal:

«Estabas jugando diez metros demasiado adelantados». Cuando regresé a Inglaterra a los dieciséis años, me di cuenta de que los futbolistas ingleses no debatían sobre fútbol. Se limitaban a animarse unos a otros diciendo: «¡Imponte en los remates aéreos!», «¡Vamos, Blues!». Ruud Gullit me dijo en 1997, cuando estaba en el Chelsea: «En un vestuario holandés, todo el mundo se cree que sabe más que el otro. En un vestuario italiano, todo el mundo también se cree que sabe más que el otro, pero nadie se atreve a decírselo al entrenador». «¿Y en un vestuario inglés?», le pregunté. «En un vestuario inglés, simplemente se hacen unas risas.»

Los holandeses que más aprendieron de Cruyff fueron los talentos incipientes de entre diecisiete y veinte años que jugaron a su lado tras su regreso al Ajax: Frank Rijkaard, Ronald Koeman, Gerald Vanenburg y Marco van Basten. En el campo de entrenamiento, en el vestuario y durante los partidos, Cruyff los atosigaba con consejos. Era informal y estaba encantado de discutir con adolescentes, pero su método pedagógico se basaba demasiado en el abuso (*kankeren*, o «provocar un cáncer», como él lo llamaba en argot holandés). Las peores víctimas eran los chavales en los que veía una promesa; no perdía el tiempo «provocando un cáncer» a los mediocres. Casi nunca ofrecía elogios, y discrepaba compulsivamente de casi todo lo que decía todo el mundo. Para él, el debate era un deporte de competición igual que el fútbol. Creía que sabía más que los demás en todo, desde la ubicación correcta de los semáforos en Ámsterdam hasta la forma idónea de abrir una bebida con gas.[84] Una vez hizo llorar a Van Basten.[85] Dijo en una entrevista que Vanenburg nunca sería un líder porque tenía la voz demasiado chillona. Vanenburg me dijo, años después, que lo que había aprendido de Cruyff era «cómo no hacer las cosas».

A Cruyff le daba lo mismo. Había empezado a reunir a una guardia personal de periodistas leales de por vida (un par de ellos eran prácticamente taquígrafos) que actuaban como perros de presa contra los compañeros de equipo o los directivos que cometían algún error. Siempre creyó en la teoría del conflicto que había aprendido de Michels: el conflicto era productivo porque daba a ambas partes algo que demostrar.

Es probable que tal argumento no fuera más que una justificación de su propia personalidad.

Ganó la liga con el Ajax en 1982 y 1983. Luego el club de su infancia se negó a prorrogar un contrato demasiado caro, de modo que, a sus treinta y seis años, fichó inesperadamente por su archienemigo, el Feyenoord, donde encontró otro alumno prometedor (un Gullit de veintidós años), pero quedó asombrado de la ignorancia táctica de sus compañeros de equipo. A veces tenía que dar instrucciones gritando a seis jugadores en dos segundos.[86] Eran como niños: cuando se hacían con la pelota, todos corrían hacia delante y cada uno de ellos esperaba poder marcar un gol. Cruyff era el único que se quedaba atrás, arrastrando su cuerpo de mediana edad por el campo para llenar los agujeros en defensa, anticipándose a los contraataques. Había que organizar la defensa antes de perder la pelota porque después era demasiado tarde. Este era el juego invisible, eran las posiciones que había que ocupar los ochenta y ocho minutos en los que no se tenía la pelota. Nadie te felicitaría por ello, pero ganaba partidos. Cruyff enseñó que un futbolista podía jugar un gran partido sin tocar la pelota. El defensa del Feyenoord, Sjaak Troost, dijo que había aprendido más durante su única temporada con Cruyff que durante sus primeros cinco años como profesional.[87]

La trayectoria de una carrera es como conducir un coche, explicaba Cruyff en 1984: «Al principio piensas con mucha concentración sobre todo lo que haces... Luego viene un periodo de automatismo. Y luego hay una tercera fase: cuando miras más allá, dos o tres coches por delante».[88] No es que viera tres jugadas más allá en el campo, como dice el tópico sobre los grandes futbolistas, sino que entendía que cada ataque es un castillo de naipes siempre a punto de derrumbarse, y él podía intuir las probabilidades de por dónde caerían los naipes.

No iba a correr al bosque con el Feyenoord («excepto por el café y tarta de después»),[89] pero en su única temporada con el equipo ganó el doblete holandés de liga y Copa. Con treinta y siete años, lo votaron el jugador holandés del año. El 13 de mayo de 1984 a las 16.06 de la tarde en el último partido de su carrera (contra el PEC Zwolle) fue sustituido. Suspiró con resignación cuando dos compañeros de equipo insistieron en levantarle y llevarlo a hombros. Por suerte no duró mucho y pronto un responsable del club con vaqueros caídos lo acompañó hacia el túnel para abrir el vestuario. El biógrafo de Cruyff, Nico Scheepmaker, observó esta última salida desde la tribuna de prensa. «Plegué mi mesa de escribir —documentó en su fenomenal *Cruijff, Hendrik Johannes, fenomeen*— para poder levantarme y aplaudir por un instante al hombre que, en los últimos veinte años, había hecho mi vida más agradable y rica de lo que hubiera sido sin él.»[90] Yo me sentía igual.

4

El coreógrafo

*L*a carrera de entrenador de Cruyff en el Ajax y en el Barcelona duró tan solo once años, y terminó con Cruyff destrozando su propio despacho en el Camp Nou. Como entrenador nunca disfrutó tanto como de jugador. «Cuanto más lejos del campo, peor», le dijo con posterioridad a Xavi.[1] Es probable que no fuera tan buen entrenador como Guardiola o Louis van Gaal. Pero ellos eran cruyffistas (aunque Van Gaal jamás lo admitiría): Cruyff era el original. Sin él no hubiera existido Guardiola y posiblemente tampoco Messi, Xavi o Iniesta.

Tras retirarse como jugador, se tomó un descanso de un año y luego se convirtió, en 1985, en entrenador del Ajax. En aquel momento, el fútbol holandés había perdido su identidad. El «fútbol total» de los setenta se había olvidado en los ochenta. Cruyff lo resucitó. Fue ahí, en Ámsterdam a mediados de los ochenta, donde desarrolló el estilo que luego se convertiría en marca de Can Barça. Su Ajax iba al ataque, porque Cruyff no quería aburrirse en el banquillo. Los espectadores tenían que abandonar el estadio riéndose y silbando.[2] No estaba dispuesto a ceder, ni siquiera en las derrotas: «Tienes que morir con tus propias ideas».[3]

La primera cosa que hizo fue que todos los equipos del Ajax, desde los benjamines hasta el primer equipo, jugaran con el mismo sistema: 4-3-3. Explicó que con ese esquema se creaban triángulos de pase en todo el campo, mientras que el 4-4-2 creaba cuadrados y rectángulos.

Pero no necesitaba cuatro hombres en defensa permanentemente. La regla de Cruyff era que, en defensa, solo necesitabas un jugador más que la delantera del adversario. Puesto que la mayoría de los equipos holandeses de la época jugaban con dos delanteros, tres defensas eran suficientes. Esto dejaba libre a un central (normalmente Ronald Koeman, en Barcelona) que avanzaba hasta el centro del campo siempre que fuera posible, convirtiendo la formación en un 3-4-3. Esto conservaba los triángulos sobre el terreno de juego y otorgaba al Ajax una superioridad en el centro del campo, un requisito del dogma de Cruyff, ya que el equipo que dominaba el centro del campo controlaba la posesión.

Si jugar con tres defensas no era ya lo bastante aterrador, Cruyff los colocaba además sobre la línea de medio campo. Su objetivo era tener a diez hombres permanentemente en el campo rival. Igual que en los setenta, cuando el Ajax perdía el balón, el equipo entero presionaba para recuperarlo. Si la distancia entre el último defensa del Ajax y su delantero más avanzado era, como máximo, de treinta y cinco metros, el adversario no tendría espacio para jugar. Además, una formación compacta les ahorraba a los delanteros el esfuerzo de tener que retroceder. «Conmigo, un delantero solo tiene que cubrir quince metros, a menos que sea estúpido o esté dormido», dijo Cruyff.[4]

Del portero del Ajax, Stanley Menzo, se esperaba que patrullara él solo toda su mitad del campo, actuando por delante de la zona de penalti como si fuera un portero delantero del fútbol callejero. «¿Y si alguien me lanza un globo desde la línea de medio campo?», preguntó Menzo. «Entonces, aplaude», respondió Cruyff.

Ningún jugador del Ajax había jugado nunca con un sistema como este. Cruyff no podía tomar las decisiones sobre el campo por ellos, de modo que instauró un «proceso de aprendizaje» para crear futbolistas autónomos afines a su estilo. En uno de los primeros partidos, un defensa corrió hacia el banquillo para pedir instrucciones. «Resuélvelo tú mismo», le dijo Cruyff. Obligaba a sus jugadores a ser libres. Recibía con agrado sus iniciativas, incluso las malas.[5] «Todo el mundo dice que una táctica sale del entrenador —dijo—, pero como mucho la empieza. Lo demás es de los jugadores, son ellos quienes piensan cómo llevarla a cabo.»[6] Para Cruyff era importante ganar, pero era más importante enseñar. A veces, cuando estaba en el banquillo, se olvidaba del marcador.

Era un entrenador intuitivo, sin reglas escritas. Cuando intentaba exponer una gran teoría, muchas veces tropezaba con su limitado vocabulario o se distraía con el conflicto del momento. Los métodos de entrenamiento tampoco eran lo suyo. No tenía ni un solo ejercicio de entrenamiento escrito.[7] Como detestaba el trabajo físico, dejaba que se encargara de ello un ayudante. Muchas veces, Cruyff preparaba la sesión de entrenamiento de aquel día en el trayecto que iba del vestuario al campo.

Todo lo que enseñaba lo sacaba de su propia experiencia. Sus sesiones de entrenamiento eran cortas, pero requerían una concentración total por parte de los jugadores. Pasaba gran parte del tiempo haciéndoles hacer un ejercicio que se ha convertido en básico en el F. C. Barcelona y en clubes de todo el mundo: el rondo. Cruyff no se lo inventó, pero lo llevó a la excelencia.

Un rondo es básicamente un juego de patio de colegio. Varios jugadores se pasan la pelota unos a otros mientras los que defienden tienen que interceptarla. Normalmente, hay cuatro o cinco pasadores contra dos defensas, pero los números pueden variar. Se puede reducir el área de pase para hacer el juego más difícil. Puede haber jugadores «comodín» que se pasan al equipo que tiene la pelota. Se puede incluso jugar al rondo con pelotas de *rugby*, para enseñar a los jugadores a responder ante la imprevisibilidad. Se pueden poner las reglas que uno quiera. El rondo devolvía a Cruyff a sus juegos de infancia en la calle. Para él, este ejercicio contenía la esencia de su deporte: tiempo, espacio y pase; el fútbol como geometría.

Johan creía que un jugador que era bueno en los rondos era bueno jugando al fútbol. En ambos juegos, uno ganaba situándose donde su compañero de equipo pudiera alcanzarle con un pase en diagonal. Había que colocar el cuerpo para poder ver la mayor cantidad de espacio posible. La pelota nunca se podía mover sin rumbo; detrás de cada pase tenía que haber una reflexión. El mejor de todos era el balón cruzado, «el pase vertical», que atravesaba una línea defensiva. Y si uno alternaba pases cortos y largos, y se movía de un lado del área de juego al otro, los adversarios tenían que ir hacia delante y hacia atrás siguiendo la pelota y perdían su organización.

En los rondos, igual que en los partidos de verdad, el equipo defensivo ganaba la posesión superando en efectivos alrededor de la pelota al equipo atacante. Si podía cortar todas las líneas de pase excepto una, sabía dónde iría la pelota. Aunque no ganara la posesión con la primera entrada, desviaría el pase y probablemente ganaría el rechace.

Lo mejor de todo era que, en los rondos, no había que correr, así que Cruyff podía participar incluso después de retirarse. Algunas veces se quedaba en la posición incorrecta a propósito y esperaba a ver si alguien le corregía.[8] «Nunca me sentí entrenador. Siempre me sentí futbolista», decía.[9] Para ser más exactos, había jugado al fútbol como un entrenador y ahora entrenaba como un futbolista.

Naturalmente, Cruyff convirtió el Ajax en un club de debate. Su interminable bombardeo de dogmas cuasi lógicos (rara vez explicaba anécdotas) agotaba a los jugadores, muchos de los cuales ya habían sufrido el tormento de jugar con él. Koeman recordaba: «No podía aguantar las ganas de decirle: "¡Cierra la boca!"». Pero cada día Cruyff les ofrecía nuevas perspectivas. Rijkaard, centrocampista, le diagnosticó una «incesante necesidad de crear».[10] Cruyff trajo a una cantante de ópera para enseñar a los jugadores a respirar. Introdujo estrategias que hoy en día siguen siendo parte del repertorio cruyffista: por ejemplo, si tu equipo está bajo presión, no metas a otro defensa; saca a un delantero, pues obligará al rival a retrasar a alguien.

Y, mientras tanto, iba buscando a un Cruyff sobre el campo, alguien que asumiera la responsabilidad de dirigir el partido minuto a minuto como había hecho él para Michels. Finalmente le asignó el papel a Rijkaard, el mejor jugador del Ajax. No era capaz de ver que aquel chico —un alma amable y observadora, un psicólogo por naturaleza— no tenía ningún deseo de ser Cruyff.

Cruyff utilizaba sus métodos pedagógicos habituales (la intimidación, el «cáncer», la exhortación para tener el control) hasta que un día Rijkaard dijo basta. Arrojando su peto de entrenamiento, gritó: «¡Ojalá cojas el cólera, con tanta crítica!».[11] (La mayoría de los insultos tradicionales holandeses invocan enfermedades espantosas.) Y luego se marchó. Cruyff, que no se lo esperaba, tuvo que cederlo al Real Zaragoza.

Johan era consciente de lo inadecuado que era su propio temperamento para la gestión de personas en el día a día. A veces cavilaba que un club tenía que dirigirlo un dúo formado por un genio y un organizador.[12] Era una disyuntiva que nunca resolvió: en las estructuras que él dirigía, siempre tenía más peso la genialidad que la organización.

Sin embargo, a largo plazo, su cáncer funcionaba. En 1987, su joven Ajax ganó la Recopa de Europa, el primer trofeo continental para un equipo holandés desde los setenta.

En 1988, sus prodigios —Van Basten, Rijkaard, Ronald Koeman, Gullit, Vanenburg y Jan Wouters—, entrenados por Michels, levantaron el único trofeo de la Oranje, la Eurocopa. Casi todos aquellos jugadores ganaron también Copas de Europa con sus clubes. Sin Cruyff, jamás habrían llegado a ser tan buenos. Koeman dijo: «Él me ayudó a comprender los millones de detalles que determinan por qué algunos partidos se pierden y otros se ganan».[13]

Rijkaard, que jugó con frecuencia contra Maradona, en Italia, posteriormente dijo que Maradona podía ganar un partido él solo con un regate, pero Cruyff era el único que podía ganar moviendo a dos compañeros de equipo hacia nuevas posiciones. En el año 2000 me dijo: «Yo crecí con los jugadores de los setenta. Y más adelante yo también jugué a cierto nivel, con muchos grandes futbolistas a mi alrededor, pero siempre se siguen idolatrando los setenta… Yo lo disfruto mucho, esas verdades del fútbol, ese razonamiento lógico… Leer un partido: "Si tú estás aquí y yo estoy aquí"…, el razonamiento».

Sobre Rijkaard, Cruyff me dijo con aire triunfal: «Tenía unas peleas tremendas con él porque quería darle esa mordacidad. Cuando jugaba en el Milan la consiguió». Cruyff rara vez guardaba rencor a los jugadores con los que se había peleado, quizá porque disfrutaba de aquellas disputas.

Durante sus últimos meses en el Ajax, en 1987, grabó un extraordinario documental de televisión.[14] La idea era simple:

Cruyff y Rudi van Dantzig, el líder artístico de la compañía nacional holandesa de *ballet*, se visitaban mutuamente en su lugar de trabajo y hablaban sobre sus oficios. A Cruyff le impresionó lo duro que entrenaban los bailarines de *ballet*: «Sangre, sudor y lágrimas».

Cuando Van Dantzig le devuelve la visita en el Ajax, ambos están de pie bajo el sol, en el estadio vacío, viendo cómo entrenan los jugadores. Cruyff dice que se imagina que la danza de élite se basa en los detalles:

CRUYFF: Mira, a tu nivel, todos pueden ponerse de puntillas, eso es evidente.

VAN DANTZIG: Sí.

CRUYFF: Pero no se trata solo de eso. Se trata de dónde lo haces. ¿Lo haces de frente o girando noventa grados [gira las rodillas hacia Van Dantzig] para poder hacer también el siguiente movimiento?

VAN DANTZIG: ¿También tenéis este tipo de detalles?

CRUYFF: ¡Sí! Hablamos de esas cosas.

Luego hace una demostración sobre el césped de algunos de los detalles de su fútbol. Si un compañero tiene el balón en su pie malo, tienes que colocarte cerca para que pueda darte un pase. Si vas a pasarle el balón al tercer hombre, debes mirar hacia él. Cruyff da un pase imaginario sin mirar, de lado: «Esto no sirve, porque no tienes visión». Si no puedes ver al tercer hombre, tienes que pasarle la pelota a un compañero que sí pueda. «Luego vas un paso más allá, cuando obligas a alguien a correr hacia tu campo de visión.» Van Dantzig le pregunta: «Entonces, ¿es una especie de coreografía?». «Sí, eso es», responde Cruyff.

Cuando le preguntaron al terminar el documental qué había aprendido, contestó: «Chicos, hagáis lo que hagáis, siempre es lo mismo. De vez en cuando hay algún detalle diferente, pero en general es igual».[15] Él siempre vio los trucos del ciclismo, la equitación y todos los deportes de pelota como diferentes versiones de los problemas que plantea el fútbol.[16]

En enero de 1988, Cruyff aterrizó de nuevo en el aeropuerto de Barcelona y tomó el autobús de Iberia hasta la terminal con todos los demás pasajeros. Acababa de abandonar el Ajax tras una nueva pelea. El presidente del Barça seguía siendo el diminuto Josep Lluís Núñez, el hombre al que Cruyff había ayudado a llegar al cargo una década atrás. Nacido bajo el nombre castellano de José Luis Núñez, el último presidente no catalán en dirigir el Barça había emigrado a Barcelona con su familia cuando tenía siete años. Más adelante se incorporó al negocio de la construcción de su suegro y luego empezó por su cuenta.[17] A Núñez no le gustaba Cruyff, pero lo contrató antes de que sus adversarios en las elecciones presidenciales del año siguiente hicieran de la llegada del holandés su promesa de campaña.[18] Cruyff dijo después que lo habían fichado como «la foto para ganar las elecciones».[19] Núñez accedió a pagar las deudas de Cruyff de su anterior etapa en España.[20] Tonny Bruins Slot, la mano derecha de Cruyff, recordó más tarde: «Íbamos a probar en el Barça por un año… "Ya veremos", dijo Johan».[21]

En la presentación de Cruyff en el Camp Nou, dijo ante la prensa que volvía a su «segundo hogar». Prometió «solo espectáculo»,[22] no títulos, y remarcó que solamente él haría las alineaciones (cosa que no podía darse por hecha en la institución política bizantina que era el Barça).

Durante su primera temporada dijo: «Nunca tomo decisiones muy reflexionadas ni calculadas porque, si no, probablemente, no hubiera empezado esta aventura en Barcelona».[23] Ayudaba el hecho de que su familia pudiera vivir cerca del estadio y de la playa y comer al aire libre incluso en enero.[24] El novio de su hija Chantal, Danny Muller, un jugador de la cantera del Ajax, había venido con ellos, y Cruyff le buscó un sitio en el Barça B.

Años después, mirando con perspectiva el club del que se hizo cargo, Cruyff dijo: «No había nada».[25] Exageraba solo un poco. El Barça antes de Cruyff (a. C.) «nunca había tenido un estilo de juego distintivo ni consistencia», señalaba Guardiola posteriormente.[26] Solo habían ganado dos ligas en veinticinco años (una de las cuales en 1974, gracias a Cruyff). En 1986, el Barça estaba tan convencido de que ganaría la final de la Copa de Europa contra el Steaua de Bucarest en Sevilla que había preparado un banquete pospartido para trescientas personas. Pero el encuentro acabó en los penaltis y todos sus lanzadores fallaron (el banquete se celebró igualmente, aunque no fue demasiado divertido).

Los aficionados del Barça estaban amargados con tanta decepción. Durante la temporada anterior a la llegada de Cruyff, algunos partidos en casa habían atraído tan solo a veinte mil personas.[27] Hubo un momento en que los jugadores se reunieron en el hotel Hesperia de la ciudad para escribir un manifiesto pidiendo la dimisión de Núñez: «Hemos perdido toda la confianza en el presidente. Nos sentimos totalmente engañados por el presidente». Núñez respondió deshaciéndose de catorce jugadores aquel verano.[28]

El delantero inglés Gary Lineker, uno de los pocos supervivientes, se reía años después: «Me alegré un poco de no estar allí cuando todos firmaron la carta. Yo estaba de vuelta en Inglaterra en aquel momento». ¿Cuáles fueron las primeras impresiones de Lineker sobre Cruyff? «Lo describiría un poco como sabelotodo. De hecho, "un poco" no. Lo describiría como un sabelotodo. Era el tipo de persona que se sentaba detrás del conductor del autobús cuando nos llevaba a los partidos y le decía cuándo tenía que girar a la izquierda, cuándo tenía que apretar un poco el pedal, etcétera.»

Cruyff no había venido simplemente a entrenar el Barça. Quería revolucionarlo, desde el primer equipo hasta los benjamines. Daba por hecho que cualquier club que él dirigiera iba a ser grande. Haber pasado toda su vida en el Ajax —desde ser asistente preescolar del encargado del campo pasando por niño prodigio e hijo de la señora de la limpieza hasta llegar a campeón de Europa— le había dejado además con la sensación de que un club era un universo. Cada vez que entraba en el vestuario del Camp Nou, era consciente de que había personas que lo limpiaban.[29]

Intervenía en todos los ámbitos del club. «Lo primero que hice cuando llegué fue elegir un material [y no es que yo sepa de materiales] del que pudieras decir: "Oye, cuando alguien suda quiero verlo". Y quise que la segunda camiseta fuera naranja, para que cuando fuéramos a algún sitio nadie dijera:

"¿Quiénes son estos tíos?". Somos nosotros.» Además, el naranja era el color de los Países Bajos.

Contrató a su antiguo compañero de equipo Charly Rexach —que era hijo de un empresario catalán y había nacido a pocos centenares de metros del estadio— como ayudante, además de navegante por los pantanos políticos del Barça (a Rexach le gustaba decir que se «había pasado la vida entera dentro de un kilómetro cuadrado»).[30] Cruyff encontró a su preparador físico, Seirul·lo, en la sección de balonmano del Barça.

Él pensaba que el Barça tenía demasiados *directius*, sobre todo teniendo en cuenta que no entendían de fútbol y que se dejaban caer por el vestuario a su antojo.[31] Cruyff les prohibió a todos la entrada al «jardín secreto» de los jugadores, excepto a Núñez y a sus dos vicepresidentes, cuya presencia solo se desaconsejó.[32] No le preocupaba ofender a las personas que tenían el poder de despedirle; creía que un entrenador debía tener la suficiente independencia mental y económica para hacer lo que quisiera. Si no, el «desagradable» trabajo de entrenador[33] y sus «mil y un problemas de cada día»[34] no valían la pena.

También se propuso librar al Barça, y de hecho a Cataluña, de su autoimagen derrotista. Recordaba, mucho más adelante:

> La mentalidad catalana seguía estando muy marcada por el franquismo. Había que ser discreto y trabajador, pasar desapercibido... El color de moda en Barcelona era el azul marino. Un color neutro que impedía ser distinguido de los demás, que impedía ser visto... El deporte puede provocar un cambio muy rápido en la imagen que la gente tiene de sí misma. Aquello cambió la mentalidad de los catalanes. Yo fui solo un catalizador.[35]

Para acabar con la cultura victimista del Barça trajo un cargamento de jugadores vascos, entre los cuales destacaban Ernesto Valverde, Txiki Begiristain y José Mari Bakero. Durante sus años de jugador en España, Cruyff había llegado a la conclusión de que los vascos eran «valientes». Explicaba que «es algo así como psicología mezclada con antropología, pero es parte del trabajo de entrenador».[36]

Explicó su revolución ante salas repletas de periodistas en

las ruedas de prensa casi diarias que el Barça organizaba en aquellos días. Su español seguía teniendo acento de Ámsterdam, pero era fluido; cuando no encontraba las palabras adecuadas, utilizaba una de sus frases dilatorias preferidas: «en un momento dado».

Muchas veces seguía siendo ininteligible, cosa que le convenía. «Si yo hubiera querido que me entendieras, me hubiera explicado mucho mejor»,[37] le dijo a un periodista. Tras un partido contra el Deportivo de La Coruña, su análisis fue: «Es lógico, en principio. Ellos luego tienen cinco y nosotros tenemos seis porque siempre hay dos libres».[38]

Xavier Sala i Martín, profesor de economía en la Universidad de Columbia en Nueva York y tesorero del Barça durante un tiempo, hacía la siguiente observación: «Sus ruedas de prensa eran siempre una lección. No solo enseñaba fútbol a sus jugadores, sino sobre todo a los medios de comunicación y a la gente».[39] Cruyff puso en marcha el mismo proyecto educativo nacional que ya había llevado a cabo en los Países Bajos.

Cambió la orientación del fútbol catalán del físico a la posesión. «No puedes ser una víctima y ser el mejor; entonces, debes tener el control. Y para hacer esto en el fútbol necesitas la pelota.»[40]

Los rondos se convirtieron en un ritual diario. Eran al mismo tiempo calentamiento y entrenamiento para los partidos, de modo que el Barça no perdía el tiempo corriendo ni haciendo estiramientos. En aquella época, las sesiones de entrenamiento tenían lugar en un campo al lado del Camp Nou que era demasiado pequeño incluso para practicar los córneres. La gente que pasaba por la calle les gritaba a través de la verja. Siempre había periodistas mirando las sesiones de entrenamiento, así como aficionados y aspirantes a entrenador como Albert Capellas, que solía acercarse en moto desde la universidad. Capellas aprendió que se podía deducir si un rondo iba bien solo por el sonido: dabas la espalda al campo de entrenamiento, cerrabas los ojos y escuchabas el «pum, pum» rítmico de la pelota pasando de un jugador a otro. Cuando Capellas empezó a entrenar a adolescentes en una escuela de la ciudad, descubrió que los ejercicios de Cruyff funcionaban en todos los niveles del fútbol.

Todos los jugadores que llegaban al Barça tenían que empezar en el centro del rondo. Cruyff, Rexach y un par de jugadores veteranos se pasaban la pelota tan rápido que el recién llegado podía estar varios minutos sin tocar la pelota. «Bienvenido al Barça», era el mensaje.[41] Incluso el portero, Andoni Zubizarreta, tenía que participar en los rondos; Cruyff lo ponía a veces de centrocampista en los partidos amistosos para mejorar su pase.

El rondo definía la vida en el Barcelona. Desde fuera, se juzga a los equipos de fútbol por los partidos, pero, dentro de un club, las sesiones diarias de entrenamiento pueden determinar el ambiente. Empezar cada día con rondos era más divertido que hacerlo con una serie de *sprints*. Después del entrenamiento, los jugadores iban en ocasiones a tomar café juntos a una cafetería cercana y a hablar con los señores mayores que jugaban al dominó.

En otros clubes españoles se burlaban: «En el Barça no entrenan bien. Solo hacen jueguecitos».[42] A Cruyff no le importaba. «Las sesiones de entrenamiento son maravillosas», dijo. «Poder chutar un balón yo mismo…, en realidad lo hago por eso. A veces tengo celos de los jugadores; estoy sentado en el banquillo mientras ellos se divierten jugando al fútbol.» Amenazó con dejar de entrenar cuando fuese demasiado mayor para entrenar con ellos.[43]

Pero participar en el rondo era su mejor herramienta didáctica. Daba ejemplo de cómo colocarse. Le gustaba decir que él era prácticamente el único entrenador que les decía a sus jugadores que corrieran menos.[44] Afortunadamente, decía, los jugadores del Barça se dejan enseñar: «No son holandeses que empiezan a decir "sí, pero…" en cuanto tomas aire».[45]

Lineker recordaba lo siguiente:

> Siempre era el mejor jugador en el entrenamiento. Lo hacía a su manera, presumiendo, pero lo que decía tenía sentido. Hacía mucho fútbol de posesión, siete contra cinco, nueve contra siete, cuatro contra dos. Todo se basaba en mantener la posesión y, cuando la tenías, en hacer el campo lo más grande posible. Y ahora se ve, en el juego moderno, que muchos entrenadores lo han adoptado, especialmente Pep Guardiola.

Para un jugador que llegó el verano de 1988 y estuvo allí siete años, Eusebio Sacristán, descubrir a Cruyff fue el mayor placer de su carrera. Tomando el té con un tímido, pequeño y rechoncho Eusebio en el hotel Princesa Sofía, uno no diría que es un ganador de la Liga de Campeones. Como jugador no era ni fuerte ni rápido y rara vez marcaba. La única cosa que había hecho bien desde su infancia era pasar. Pero antes del Barcelona siempre había jugado en «sistemas desordenados».

Cruyff generaba orden sobre el campo. «Las múltiples posibilidades se hacían visibles —me dijo Eusebio—. Era algo nuevo para mí, para mis compañeros, para todo el fútbol español, y creo que para todo el fútbol en general. Vimos algo de la esencia que yo había tenido en la cabeza desde niño: cómo disfrutar el fútbol a través de la técnica, a través del pase.»

Cruyff hizo que todos los equipos de la Masia (la academia del club) jugaran y entrenaran como el primer equipo. La historia de su descubrimiento de Guardiola tiene versiones distintas incluso en el propio relato de Cruyff, pero la más habitual es que Cruyff necesitaba un centrocampista y preguntó: «¿Quién es el mejor de la Masia?». «Guardiola», respondieron los entrenadores del fútbol base. Cruyff fue al Miniestadi, al lado del Camp Nou, donde entrenaban los equipos juveniles e intentó tomar asiento sin que lo vieran. Echó un vistazo al campo y vio que el chico ni siquiera jugaba.

—¿Por qué no está aquí?

—Físicamente es demasiado flojo —le respondieron.

Ciertamente, Guardiola era lento, flacucho y no sabía hacer entradas. Cruyff lo subió al segundo equipo. Décadas más tarde, durante una comida en un restaurante con Xavi, le explicó cómo le había enseñado a Guardiola a esconder sus puntos débiles: «Tienes que saber lo que no sabes hacer. Si yo tengo que defender este restaurante, estoy perdido. Pero si solo tengo que defender esta mesa, soy el mejor de todos. Es una cuestión de distancia, nada más».[46] Guardiola dijo posteriormente: «Yo no sabía nada de fútbol hasta que conocí a Cruyff».[47]

Pep («Pepe» en el campo) encontró su amarradero justo delante de la defensa, en una posición que Cruyff denominaba el «número cuatro». No necesitaba hacer entradas porque entendía cómo tenía que organizar el centro del campo para hacer el espacio más pequeño cuando el adversario tenía la posesión. Y cuando el Barça atacaba, el hombre más lento del campo era el que movía la pelota más rápido.

Seirul·lo, el entrenador físico, dijo una vez en una conferencia:

> Si os digo que el jugador más rápido del F. C. Barcelona no es otro que Guardiola, ¿me creéis o no? Yo organizo una sesión de «velocidad» cada semana y Pep es el jugador más rápido teniendo en cuenta las condiciones específicas que impongo. Mirad, en cinco o veinte metros, Sergi [Barjuan] es mucho más rápido. Pero si en este espacio creo una situación que requiere un cálculo en la toma de decisiones, como por ejemplo evaluar la colocación de varios compañeros antes de cambiar la dirección, Guardiola es el primero.[48]

En el fútbol de Cruyff, la velocidad era una cualidad intelectual.

Guardiola se convirtió en lo que Cruyff llamaría «un aglutinador»: un centrocampista que aglutinaba al equipo cerrando los huecos entre líneas y no perdiendo nunca la pelota. Albert Capellas dice que hay tres tipos de futbolistas: los irresponsables generan problemas a su propio equipo con pases que botan o que van por detrás de las espaldas de sus compañeros; los jugadores responsables, como Javier Mascherano, pueden resolver estos problemas; pero el futbolista ideal prevé los problemas.

Cuando Cruyff era joven, Michels le dijo: «Si un compañero de equipo comete un error, tú deberías haberlo evitado». Guardiola era un jugador que evitaba errores. Igual que Cruyff cuando jugaba para Michels, él entrenaba de forma dinámica sobre el campo como no podía hacerlo un entrenador desde el banquillo. Se sumó a una larga lista de «aglutinadores» de estilo Cruyff (posteriormente conocidos en Barcelona como pivotes) que iba desde Gerrie Mühren en los setenta, pasando por Jan Wouters en los ochenta y hasta Sergio Busquets en los 2010.

Es posible que Guardiola solo hubiera podido tener éxito en el fútbol de Cruyff. A sus treinta años, tras un periodo de diecisiete años en el Barça, estuvo en la cocina de Arsène Wenger en el norte de Londres presionando para fichar por el Arsenal. Pero Wenger no le necesitaba.[49] Guardiola fue a calentar el banquillo de la Roma, bajó al pequeño Brescia y luego se fue apagando como jugador en Catar y México.

Cruyff decía que Guardiola era el hombre más equilibrado y previsor al que jamás había entrenado, junto con Dennis Bergkamp: «Podías pedirles consejo porque sabían pensar en los problemas de los demás».[50] Guardiola comprendía los problemas de Cruyff: «Si no hay conflictos, los buscará. Realmente hay personas que lo ven más claro cuando están en un caos controlado».[51] La única parte de la herencia cruyffista que todos sus discípulos han rechazado es «la teoría del conflicto».

En el Barça, Lineker pronto empezó a frustrarse con Cruyff. Era un delantero centro goleador y pensaba que el 4-3-3 estaba hecho para que él jugara en el centro. En cambio, Cruyff lo hacía jugar de extremo derecho.

Le pregunté a Lineker si era posible que Cruyff intentara ser contraintuitivo, demostrar al mundo que aquel inglés, que todos pensaban que era un delantero centro, era en realidad un extremo.

Lineker respondió: «Hacía cosas así en los partidos, y veo lo mismo con Pep. A veces, aplica ciertas tácticas que te hacen pensar que solo quiere hacerse el listo». Aun así, cree que la razón por la que Cruyff lo puso de extremo fue para forzar su salida. En aquella época, a los clubes españoles solo se les permitía tener a dos jugadores extranjeros, y Johan quería elegir al suyo. Lineker cree que Cruyff tenía miedo de ponerlo de delantero centro:

> Por si lo hacía demasiado bien y luego era más complicado deshacerse de mí, porque no tengo la menor duda de que hubiera hecho un montón de goles y hubiera dado muchas asistencias.
>
> De modo que no teníamos una relación demasiado cordial, pero yo lo respetaba totalmente. Solo me hubiera gustado que hubiera venido, me hubiera hablado de hombre a hombre y me hubiera dicho: «Mira, yo quiero tener a mis propios jugadores, te conseguiremos

un buen traspaso», y yo no hubiera tenido ningún problema. Pero él se limitó a marearme durante toda la temporada. Como persona, he conocido a gente más admirable.

Aquella primera temporada con Cruyff, el Barça venció a la Sampdoria en Berna y ganó la poco prestigiosa Recopa de Europa. Tras el disgusto contra el Steaua de tres años atrás, el club no se había atrevido a planear una comida para después del partido. Cuando los jugadores lo supieron, «ya eran más de las diez de la noche y todo estaba cerrado. No había adónde ir, así que nos fuimos todos a la cama. Suiza, amigos».[52]

Esa temporada y la siguiente, el Real Madrid ganó la liga española. Núñez podría haber despedido a Cruyff, pero vio que le convenía mantenerlo. El holandés captaba tanta atención que los malos resultados se le atribuían a él más que al presidente.

Aun así, Cruyff siempre sospechó que Núñez terminaría yendo a por él. «Todo presidente tiene una lista negra. Todo está ahí. Los presidentes de clubs como el Barcelona son gente especial. Están acostumbrados a que todo el mundo haga lo que ellos dicen. En esa lista negra se apuntan todo lo que les haces.»[53] Evidentemente, Cruyff tenía su propia lista negra.

Mientras tanto, su nuevo equipo iba cogiendo forma. Transfirió a Lineker al Tottenham y complementó su columna vertebral vasco-catalana trayendo a Ronald Koeman, a Michael Laudrup (un falso nueve de estilo Cruyff) y a Hristo Stoichkov. El delantero búlgaro hizo una sola petición innegociable durante las conversaciones para cerrar su contrato: debía tener un coche deportivo rojo.[54]

En la era del fútbol defensivo, Cruyff estaba formando un equipo desconcertadamente ofensivo. Su hijo Jordi dijo: «Yo miraba las alineaciones y me preguntaba si se había vuelto loco. Era muy atrevido».[55] Koeman y Guardiola, sin ser defensas ninguno de los dos, formaron la combinación defensiva central más lenta del fútbol. Además, se turnaban para avanzar hasta medio campo. Muchas veces, Koeman tomaba el control del campo con miedo a ponerse en evidencia,[56] especialmente por el hecho de que los carrileros del Barcelona eran delanteros por naturaleza. Pero una de las máximas de Cruyff era:

«Solo hay un balón. Si lo tenemos nosotros, ellos no lo tienen». Con Koeman y Guardiola en el centro de la defensa, el Barcelona solía tenerlo. Johan había inventado un nuevo concepto: defender con la pelota.

Se cansó de que le preguntaran: «¿Y si sale mal?». «¿Qué diferencia hay?», respondía.[57] En cualquier caso, argumentaba, es posible que su forma de defender fuera la más segura. Si podías mantener a veintiún jugadores en el campo del rival, estabas muy lejos de tu área. Él no creía en intentar marcar al adversario para dejarlo fuera del partido. Si un goleador rival era demasiado bueno para marcarlo, entonces era mejor no marcarlo e intentar cortar sus líneas de suministro.

Lo cierto era que Cruyff se estaba radicalizando. En ese punto de su carrera, con cuarenta y pocos años, tenía que pensar constantemente en nuevos retos para mantener su interés en entrenar. Michel Platini, una exestrella como él, lo entendía: «La única vocación de un niño que se convierte en futbolista es serlo hasta los treinta y dos años. Y, después…, jamás vuelve a ser lo mismo».[58] Envuelto normalmente con una gabardina beis que le quedaba grande, Cruyff irradiaba una indiferencia zen en el banquillo. Incluso se quedó sentado e impasible ante una pelea multitudinaria que estalló a dos metros de él durante un clásico: «¿Por qué intervenir si no está pasando absolutamente nada interesante?».[59] De todos modos, poco podía hacer un entrenador durante un partido. Cruyff jamás tomaba ningún apunte desde el banquillo. En una ocasión en la que el Barça llegó a la media parte con un 2-0 en contra, él se limitó a irse a buscar un café y a bebérselo poco a poco en silencio durante diez minutos. Habló solo cuando sonó el timbre para empezar la segunda parte: «Ahora salid y arreglad lo que habéis estropeado».[60]

Sus jugadores le pusieron el mote de «Dios». Sus caminos eran ciertamente inescrutables. Animó a Koeman a mudarse a una casa al lado de la suya, a veces cuidaba a sus hijos pequeños,[61] y después dejó de contar con él. Le dijo a Stoichkov delante de todo el equipo que era «un desastre», y luego se fue a comer con él.[62] Antes de un partido le prometió al búlgaro cien mil pesetas si marcaba dos veces en el primer tiempo. Cuando Stoichkov marcó el primero, Cruyff lo sustituyó inmediatamente, riéndose.[63] Su franqueza, extrema incluso bajo estándares holandeses, resultaba chocante para los españoles.

En febrero de 1991, la historia estuvo a punto de terminar antes de tiempo. Cruyff empezó a sentir dolores en el estómago, en el pecho y en la espalda. Tenía cuarenta y tres años; su padre había muerto a los cuarenta y cinco. Danny le hizo ir al hospital, donde le diagnosticaron enfermedad coronaria y decidieron que tenían que hacerle un doble baipás. Un médico le dijo: «Si hubieras respirado tres veces más, estarías muerto».[64]

Antes de la operación, pidió un café y un cigarrillo; le dijeron que se acabó. Durante la intervención de casi tres horas, su corazón estuvo parado durante treinta minutos. El cirujano, Josep Oriol Bonim, bromeó posteriormente diciendo que Cruyff hubiera preferido someterse a la operación sin anestesia, para poder verla con sus propios ojos, pero tuvo que conformarse con interrogar previamente con detalle a Bonim. El holandés era un aficionado a la cirugía a quien le gustaba asistir a las operaciones de rodilla de sus jugadores y que una vez había visto una operación de cerebro.[65]

Los baipases lo cambiaron. En el banquillo, su cigarrillo de siempre fue sustituido por un Chupa Chups (mantuvo la gabardina). Incluso protagonizó un anuncio antitabaco para la televisión catalana. También fue consciente de que no trabajaría para siempre (Danny y sus hijos se lo prohibirían) y empezó a pensar más en su legado. El fútbol ya no se trataba solo de ganar el siguiente trofeo y hacer callar a sus enemigos. Quería dejar tras de sí un estilo de juego que lo sobreviviera. Jordi dijo: «Mi padre nunca se fijaba en el resultado final de los noventa minutos. Mi padre se fijaba en el resultado final de los muchos años que estaban por venir».[66]

El 10 de abril de 1991, tras dos meses de convalecencia, Cruyff regresó al banquillo. Un mes después, su equipo ganó finalmente la liga española.

No obstante, las presiones dentro del Barça nunca amainan. El 1 de abril de 1992, Cruyff estrenó un concepto que hoy en día se sigue utilizando dentro del club: «el entorno». Como era habitual en su lenguaje, Cruyff redefinió esa palabra. Con el entorno se refería a las cosas que rodeaban específicamente el Barça: los *socis*; los seguidores ultras que se acercaban a casa del presidente para amenazarle; los periodistas que vivían del club; las interferencias de políticos del país, patrocinadores, *directius* actuales, antiguos *directius* y empleados que intentaban volver al club; y la oposición, que intentaba derrocar a la junta.

«Hay un entorno que influye, y si no fuera así, el Barcelona ganaría muchos más títulos», dijo en una conferencia de prensa. Reprodujo las preguntas que siempre se hacían desde el entorno: «¿Por qué no ha funcionado el sistema? ¿Por qué los jugadores no saben más? ¿Por qué no ha entrado el balón? El entorno repercute en mis hombres... Si se continúa así, es difícil que este club tenga éxitos en el futuro».[67]

Enseguida desmintió su propia predicción. Seis semanas más tarde, el Barça jugó la final de la Copa de Europa contra la Sampdoria en Wembley. Antes del comienzo del partido, sus jugadores se sentaban apiñados en su minúsculo vestuario llevando la equipación que él había elegido (de un color naranja que daba dolor de cabeza) y teniendo *in mente* la derrota en Sevilla de hacía seis años. Sentían que jugaban para conseguir un trofeo que el Barça estaba condenado a no ganar nunca. Y en ese momento Cruyff pronunció las palabras que se le siguen recordando en Cataluña: «Salid y disfrutad».

Los jugadores no lo hicieron especialmente. Tras un partido tenso y sucio, el marcador seguía 0-0 en la prórroga cuando Koeman se ofreció para chutar una falta. El holandés disparaba con la fuerza de un caballo. Cruyff siempre le decía que bombardeara la primera falta del partido directamente contra la barrera. Eso enseñaría a sus rivales a no cargar hacia delante para intentar bloquear sus disparos.[68] Esta vez, tres valientes italianos salieron corriendo de la barrera sin tenerlo en cuenta, pero Koeman coló su disparo por el agujero que dejaron. Cruyff, con rostro impasible, se apresuró a salir del banquillo y, en una imagen que todos los aficionados del Barça de cierta edad recuerdan, saltó de manera torpe por encima de una valla publicitaria aparentemente para dirigir el juego. Quince minutos después, el Barça había ganado su primera Copa de Europa. Seirul·lo se había convertido, extraordinariamente, en campeón de Europa de fútbol y de balonmano.

En 1992, casi todos los seguidores del club aún vivían en Cataluña. El día después de la final, se congregaron para felicitar a sus héroes en la plaza Sant Jaume de Barcelona. Al mirar el vídeo, uno tiene la sensación de que Cruyff está allí solo por educación. No tenía interés en disfrutar de lo conseguido ni en celebrarlo; siempre desconectaba después de una victoria, inmediatamente. Hablaba poco con la prensa, desaparecía con discreción y dejaba que sus jugadores se llevaran todo el mérito. «Cerraba la puerta y todo terminaba», decía Koeman con admiración.[69] Lo que le interesaba a Cruyff era el trayecto.

Pero cuando se acercó al micrófono del balcón de la Generalitat, la multitud empezó a corear su frase marca de la casa: «¡En un momento dado!». Jordi Pujol, el presidente de la Generalitat, estaba de pie a su lado y le dijo que la gente no pararía hasta que dijera las palabras mágicas. Cruyff fue complaciente: «Como he dicho ya muchas veces… en un momento dado…». La plaza medieval entró en erupción.[70] Un par de semanas después, en la última jornada de la temporada, el Real Madrid perdió en Tenerife y el Barcelona fue campeón por un punto de diferencia.

El año 1992 fue el *annus mirabilis* de Barcelona, el año en el que la ciudad pasó de oruga a mariposa. Una vez limpia y «abierta al mar» con nuevas playas, la capital catalana organizó su puesta de largo mundial: los Juegos Olímpicos. La Generalitat financió una campaña publicitaria internacional con el eslogan: «¿Dónde está Barcelona?» (respuesta: «En Cataluña, por supuesto»). El equipo de baloncesto de Estados Unidos, el Dream Team, se convirtió en la imagen de los Juegos. El Barça de Cruyff le robó el apodo.

Su Dream Team era brillante, falible y afortunado. Ganó tanto gracias al talento individual como al método de Cruyff. Es posible que hubiera ganado más con una buena defensa, un tema que, según recordaba Eusebio Sacristán, rara vez se comentaba dentro del equipo: «El fútbol no había evolucionado defensivamente tanto como hoy en día».[71]

El Dream Team ganó cuatro ligas españolas consecutivas por primera vez en la historia del Barça. Como por arte de magia cruyffista, tres de aquellos cuatro títulos se decidieron en la última jornada, en «un final de infarto».[72] El Barcelona se había convertido al fin en rival del Real Madrid, en lugar de ser su víctima.

Los goles venían del dúo búlgaro-brasileño que formaban Stoichkov y Romário. Ambos eran personas imposibles a quienes les gustaba dar la bienvenida al amanecer en las noches que salían juntos. Stoichkov era prácticamente la única persona del equipo a quien Romário había dirigido la palabra,[73] hasta que se pelearon. Cruyff elogiaba la «mala leche» de Stoichkov,[74] su vena desagradable, y decía de Romário que tenía «un carácter negativo», pero también que era el mejor jugador al que había entrenado jamás.[75] Aquel brasileño bajito nunca entrenaba duro, ni siquiera cuando se dignaba a presentarse, pero Cruyff creía que los grandes futbolistas seguían sus propias reglas.

En los partidos, Romário pasaba largos ratos sin moverse. Parecía que se entregaba totalmente a su afición diurna de dormir la siesta. Cuando bajaba el hombro y se orientaba hacia la portería rival, sus compañeros de equipo sabían que había visto el momento y les estaba dando la señal para que se la pasaran enseguida.[76] Era un ejemplo de lo que siempre decía Seirul·lo: el pase es comunicación, un tipo de lenguaje.

No obstante, la era de Cruyff estaba llegando a su fin. George Orwell decía que «en muchos casos, el impulso creativo dura unos quince años: en un escritor de prosa, estos quince años se dan seguramente entre los treinta y los cuarenta y cinco años, más o menos».[77] Podría estar hablando de Cruyff, que en 1992 tenía cuarenta y cinco años. Tras la victoria en Wembley, dejó de pensar.

Su suerte terminó el 18 de mayo de 1994 contra el AC Milan en la final de la Liga de Campeones, en Atenas. La lenta defensa central de Koeman y Miguel Ángel Nadal (tío del jugador de tenis, Rafael), complementada por un lento Guardiola en el centro del campo, sucumbió ante la presión milanesa y perdieron por 4-0. Cruyff dijo: «No es que hayamos jugado mal, es que no hemos jugado».[78] En un equipo cruyffista, cuando las cosas van mal, a veces van muy mal, porque hay muy pocas salvaguardas defensivas. Guardiola explicaba que Cruyff era un genio, «y si un genio lo hace bien, que es casi siempre, el resultado es perfecto. Pero si un genio hace algo mal, sale tan increíblemente mal que quieres asesinarlo. Solo los genios toman estos riesgos».[79]

El 4-0 no fue un accidente. Los entrenadores del Milan, primero Arrigo Sacchi y luego Fabio Capello, habían creado una versión más organizada del fútbol de presión de Cruyff. Lo preocupante fue que los milaneses no solo parecían más rápidos que el Barça, sino que parecían estar más en forma. Barcelona se había convertido en una ciudad de clubs de playa y de tentaciones por todas partes. Los rondos por sí solos no lo podían compensar. Como cualquier innovador en el fútbol, Cruyff había sido superado.

Aquel verano de 1994 tenía que haber entrenado a la selección de Países Bajos en el Mundial. La federación holandesa le hizo una oferta. Su presidente, Jon Staatsen, dijo posteriormente algo interesante sobre aquellas negociaciones interminables: tuvo la sensación de que el Cruyff persona quería hacerlo, pero que el Cruyff empresa no. Cuando Johan salió por televisión para explicar su rechazo, aburrió hablando sobre el dinero hasta que su antiguo compañero de equipo, Piet Keizer, que estaba sentado a su lado, le interrumpió con una pregunta de fútbol: «Dime, Johan, tú de repente empezaste a jugar con el exterior. ¿Por qué?».

Cruyff debería haber dejado Barcelona tras la paliza de Atenas. Por desgracia, aguantó dos años más. Con Laudrup volvió a escenificar el conflicto que había tenido con Rijkaard: quería que fuera Cruyff en el campo, dirigiendo el espectáculo, pero al apacible Laudrup no le entusiasmaba la idea. «Usted era Cruyff, y yo soy yo.»[80] El entrenador se quejaba de que aquel danés de clase media-alta no alcanzaba la excelencia porque le faltaba el «instinto de la calle».[81] Al final, Cruyff lo dejó ir al Real Madrid. En 1995, Laudrup fue protagonista de la paliza que el Madrid le dio al Barça por 5-0.[82]

Además, el holandés empezó a tratar el club como si fuera una extensión de su mansión familiar. Subió a su hijo Jordi al primer equipo, explicando que quería proteger al chico: «Hay más gente mala que buena en el fútbol. Él es un buen jugador, así que pensé que sería mejor tenerlo con nosotros».[83] Rexach, su ayudante, le aconsejó que no lo hiciera: el chico podía convertirse en el blanco de las críticas de aquellos que querían atacar a su padre desde el entorno. Cruyff respondió: «Si alguien utiliza algún día a Jordi para atacarme…, vendré con dos pistolas, porque dos cuchillos no serán suficiente».[84] Estaba decidido a ser el padre que él nunca tuvo para protegerlo en la jungla del fútbol. Pero Jordi, que fue suplente de los grandes Romário y Stoichkov sin estar preparado, se convirtió efectivamente en objetivo de las críticas.

Peor aún resultó que uno de los porteros suplente, alguien dudosamente cualificado, fuera su yerno: Jesús María Angoy. El portero titular, Carles Busquets, con una altura de solo 1,78, estaba igual de cuestionado. Era un portero delantero cruyffista en su máxima expresión, una versión española de Jongbloed, bueno con los pies, pero, como admitió incluso el propio Cruyff, no tanto con las manos.[85] Cruyff insistía en seguir con él después de cada metedura de pata, tal vez precisamente porque todo el mundo le decía que no lo hiciera. Radicalizándose todavía más, pensó en poner a un defensa en la portería. Su familia tuvo que convencerle de que no lo hiciera. La mayor contribución de Busquets al club fue sin duda su hijo, el centrocampista Sergio, también bueno con los pies.

Con el presidente Núñez siempre al acecho, Cruyff necesitaba seguir ganando. Sin embargo, ganar ya no parecía importarle demasiado. Antes de los cuartos de final de la Liga de Campeones en el estadio del Paris Saint-Germain en 1995, estaba de pie mirando las gradas junto al entrenador parisino Luis Fernández y comentó: «Son cincuenta mil, y les haremos disfrutar. Esto es el fútbol».[86] Después de que el Barça perdiera por 2-1 y cayera eliminado, Cruyff dijo: «El ciclo ha terminado».[87]

Seguía amando enseñar (solo hay que ver el vídeo de Cruyff enseñándole a saltar a la cuerda a un confundido Stoichkov en 1995; incluso a sus cuarenta y siete años, Cruyff saltaba como la mejor niña del patio).[88] Pero en 1996 ya había fracasado lo suficiente como para que Núñez pudiera echarlo con tranquilidad. La mañana del 18 de mayo, el viejo amigo de Cruyff, Joan Gaspart, vicepresidente del Barça, lo fue a ver al vestuario. Cruyff sabía lo que le esperaba. Las páginas de deportes de aquel día habían abierto con la noticia de que Gaspart había conocido al sucesor de Cruyff, Bobby Robson.

«¿Por qué intentas darme la mano, Judas?», le preguntó Cruyff a Gaspart.[89] Cuando el vicepresidente le confirmó su despido, el entrenador destrozó una silla y gritó: «¡Dios es justo y habrá un día que pagaréis por esto! Ya ha empezado a castigar».[90] Al parecer, se estaba refiriendo a la muerte del nieto de Núñez; Cruyff tendía a pensar en Dios como si fuera su sicario personal.

Johan dio por hecho que su amigo Rexach abandonaría el Barça por solidaridad con él, pero Charly no lo hizo y el holandés no volvió a dirigirle la palabra.

Cruyff les dijo a los jugadores: «Si os he hecho daño, perdonadme». Algunos de ellos lloraron.[91] Según el comentarista de la televisión holandesa Sierd de Vos, Cruyff fue directo del Camp Nou hasta el Port Olímpic, donde tenía que participar en una regata. El rey Juan Carlos lo vio y lo llamó con su voz profunda: «¡Johan! ¿Cómo estás?». «Bueno, me han echado», le respondió. «¿Se han vuelto completamente locos?», preguntó el rey. Navegaron y cenaron en el restaurante del puerto La Barca del Salamanca.[92]

(Por cierto, un apunte sobre Gaspart: terminó convirtiéndose en presidente de un Barça desastroso entre 2000 y 2003. Entre lo más destacable está su cameo como recepcionista de hotel en la película de Antonioni de 1975 rodada en Barcelona, *El pasajero*. Gaspart era hotelero en su vida real. De joven, cuando trabajó de camarero del Connaught Hotel de Londres, en una ocasión le estaba sirviendo salmón pasado por agua en agua hirviendo a la princesa Grace de Mónaco cuando el plato se desequilibró. Lo equilibró de forma que el agua cayó sobre él y no sobre ella, se desmayó de dolor, pasó tres días en el hospital y, como recompensa, lo nombraron empleado del mes del Connaught.)[93]

5

Cruyff: mi papel en su declive

*E*l resumen que hizo Cruyff de su reinado como primer entrenador del Barça fue: «Cuando empecé aquí, yo era tres veces más famoso que el Barcelona. Ahora estamos más o menos al mismo nivel».[1] Aunque cuando le echaron solo tenía cuarenta y nueve años, no volvió a entrenar a ningún otro club. Sus ocho años como primer entrenador (que siguen siendo un récord en el club) lo habían agotado. «No hay que empezar nada nuevo», reflexionaba más tarde. «Después de haber triunfado en el Ajax y en el Barcelona, ¿qué más se puede hacer?»[2]

Muchos *baby boomers* holandeses de la generación de Cruyff se jubilaron más temprano que nunca en la historia, dejando de trabajar a los cincuenta y pocos años para hacer «cosas divertidas». Cruyff, que ya había vivido más que su padre y su abuelo, no daba nada por hecho en la vida, especialmente tras haber sido hospitalizado brevemente por obstrucción arterial en 1997. Empezó a jugar más al golf y al fútbol, a llevar a sus nietos al zoo y a dar cenas de Navidad en su mansión para sus hijos, sus parejas y sus exparejas. En pocas palabras, se convirtió en un miembro jubilado de la *burgesia* de Barcelona.

Siguió moldeando el pensamiento holandés sobre fútbol como columnista de un periódico y como comentarista en la televisión pública. En 1998, en Francia, vio los partidos de la Oranje en el Mundial desde una plataforma de televisión en la esquina de cada estadio. Su delgada figura dibujada contra el cielo tenía un efecto alegórico: el padre del fútbol holandés observando su creación desde arriba. En la televisión de los Países

Bajos, su dicción de clase trabajadora de Ámsterdam de los cincuenta, perfectamente conservada (una curiosidad anacrónica en un país cada vez más educado), lo convirtió en una figura de culto. Surgió una pequeña industria de imitadores de Cruyff.

Una vez jubilado, iba a ver jugar al equipo de fútbol americano de la ciudad, los Barcelona Dragons, donde su yerno, Angoy (que había tenido dificultades para encontrar otro equipo de fútbol después del Barça), se había convertido en un exitoso pateador. Cruyff se percató de que los pateadores chutaban con la cabeza gacha. No era la forma correcta de hacerlo, según le dijo a un miembro del personal de los Dragons. Este le respondió que los pateadores del fútbol americano han chutado así durante cien años. Seguía siendo incorrecto, dijo Cruyff.

También se dedicaba a la Fundación Cruyff, que ayudaba a niños con y sin discapacidad. Fundó institutos Johan Cruyff, academias y universidades Cruyff —principalmente en los Países Bajos— donde los deportistas podían recuperar la educación formal que habían dejado cuando eran jóvenes.[3] Vivió para ver a miles de sus estudiantes graduarse cada año. Él no se molestó en hacerlo. Hacia el final de su vida, dijo: «El único certificado que tengo es un diploma de natación que conseguí cuando tenía ocho años».[4]

En sus visitas a Ámsterdam, se sumaba a las filas de ancianos que pasaban sus días merodeando por el Ajax. Un día, allá por el 2000, Sjaak Swart, extremo derecho del equipo de los setenta, entró en la cantina del recién construido y modernísimo estadio del Ajax, en las afueras de Ámsterdam, y se encontró con el antiguo falso nueve, Cruyff, y el extremo izquierdo Keizer en una mesa. «¡Han vuelto, la gran línea de ataque!», gritó Swart.

A principios del siglo xx, yo escribía una columna de fútbol en el periódico *The Observer*. El editor de deportes, Brian Oliver, me dijo que estaba buscando un experto holandés para escribir una columna especial durante la Eurocopa 2000 que se celebraba en los Países Bajos y Bélgica. «¿Quién es la persona más interesante del fútbol holandés?», preguntó.

De modo que el *Observer* se puso en contacto con la Fundación Cruyff. Una noche Brian me llamó:

—¿Puedes volar a Barcelona mañana por la mañana para entrevistar a Johan Cruyff?

Toda mi vida me había estado preparando para ese momento.

—De acuerdo —dije.

El *Observer* y la Fundación Cruyff habían llegado a un acuerdo: yo tendría una conversación telefónica con Cruyff cada semana durante la Eurocopa 2000 y escribiría una columna con su nombre. A cambio, el *Observer* se comprometió a recaudar una enorme suma de dinero de sus lectores para la fundación. Si el periódico no podía recaudar toda la cantidad, debería pagar la diferencia. Cuando el editor del *Observer* fue informado del trato, no pudo dormir durante una semana y no hizo más que sudar, pero finalmente accedió. Mi tarea en Barcelona era hacer una primera entrevista larga con Cruyff para presentarlo a nuestros lectores menos familiarizados con él.

—¿A qué hora tengo que encontrarme con él? —le pregunté a Brian.

—Lo sabrás cuando llegues —dijo Brian—. Tú solo coge el primer avión.

Llegué al mostrador de Iberia del aeropuerto de Heathrow a las seis de la mañana. Todavía les quedaban billetes. Sobre las diez de la mañana y con sobredosis de café, aterricé en Barcelona y llamé a la hija de Cruyff, Chantal.

—¿Puedes llamarme dentro de un momento? —me preguntó.

Después de llamarla durante varias horas, en las que su número comunicaba todo el rato, conseguí hablar con ella.

—Mi padre está en Murcia hoy —dijo—. Te llamará cuando vuelva. ¿Cuál es tu número?

Cogí un taxi hasta la cafetería donde me encontré con mi fotógrafo catalán, Txema. Puse mi teléfono móvil —un trasto barato y pesado con tendencia a quedarse sin batería— en medio de la mesa. Sonó al cabo de unos minutos. Tosí un par de veces, lo cogí y dije un «hola» nítido, aunque educado en holandés.

—Soy Philippe —dijo un amigo mío de los Países Bajos—. Pregúntale a Cruyff si se acuerda de mí.

Colgué al instante. Aquella tarde, cada vez que sonaba mi teléfono, Txema y yo pegábamos un bote, pero siempre era alguien con tiempo libre que intentaba gastarme la batería.

Cerca de las seis de la tarde, mi teléfono volvió a sonar. Era un número británico. No podía ser Cruyff. Descolgué y grité impacientemente:

—¿Hola?

—Simon —dijo una voz de Ámsterdam.

Y luego, con esa inconfundible y retorcida sintaxis doblemente holandesa, añadió:

—Con Johan Cruyff al habla.

Me explicó que acababa de regresar de Murcia y que tenía que ir al fisioterapeuta.

—Pero —dijo con lógica— esto no puede tomarme más de media hora.

Me explicó que la cafetería donde yo estaba quedaba a cinco minutos de su casa, en el barrio de la Bonanova. Me llamaría en cuanto hubiera terminado con el fisioterapeuta y ya podría acercarme. Lo había descrito todo con tanta calma y claridad (como si no se tratara de ningún gran acontecimiento en su vida o en la mía, sino de un encuentro sin más entre personas razonables de buena fe) que me tranquilicé.

—De acuerdo —dije.

Mi móvil no había muerto todavía. Cruyff se aseguró una vez más de que yo había entendido el plan y luego se despidió.

Volvió a llamar una hora más tarde: «Simon, con Johan Cruyff al habla».

Cinco minutos después llamábamos a la puerta de madera de una mansión cuadrada con pilares blancos cerca del pie de la montaña del Tibidabo. Abrió Chantal. De repente («si intentan seguirme a un ritmo normal, entonces llegan demasiado tarde») desapareció y un hombre de negro vestido como un diseñador italiano se materializó en lo alto de las escaleras. Cruyff nos dio la mano muy sonriente.

Nos dijo que había planeado ver la Liga de Campeones aquella noche. «¿Qué partido?», pregunté. Todos a la vez, usando su mando a distancia. Me señaló un pequeño sofá y él se sentó en una butaca de enfrente, mientras Txema se arrastraba por el suelo como hacen los fotógrafos. Nos separaba una mesa de café de cristal con libros sobre Rembrandt y Vermeer. En las paredes había pinturas contemporáneas de niños.

Estaba un poco colocado. Había estado bebiendo café todo el día, no había dormido y ahora me encontraba en una situación de ensueño. Cruyff casi no sabía nada de su trato con el *Observer* y me pidió que se lo explicara. Más tarde descubrí que el avance de la tecnología lo había dejado perpetuamente desinformado: jamás se compró un teléfono móvil ni tuvo una dirección de correo electrónico ni aprendió a usar Internet, de modo que cuando todo el mundo empezó a funcionar en línea, él se bajó del carro.

Mi entrevista se centró en Inglaterra y el fútbol inglés. A lo largo de los años, me había percatado de que Cruyff era un anglófilo que siempre hablaba de los ingleses con amor, no con la condescendencia de muchos holandeses. Había aprendido inglés de niño sentándose a la hora de comer con los entrenadores británicos del Ajax, Vic Buckingham y Keith Spurgeon. Rememoró conmigo sus primeras vacaciones en el extranjero, al final de su adolescencia, cuando él y el futuro presidente del Ajax Michael van Praag se fueron a Inglaterra en un pequeño coche.

«Fue a Norwich, ¿verdad?», le pregunté. Pero por lo visto yo conocía mejor que él los detalles de su vida. Cruyff no se acordaba. «Ni que me mates», dijo.

Miraba el fútbol inglés desde su mansión a través de la cadena británica Sky TV, gracias a una artimaña opaca que no se me permitió compartir con mis lectores. Una vez jubilado, le encantaba visitar *bed-and-breakfasts* en pueblos ingleses.

Seguía siendo un profesor nato. En un momento de la entrevista, se levantó de su asiento para enseñarme cómo se chuta con el pie malo: «Mira, tanto si chutas con la derecha como con la izquierda, la cuestión es que te apoyas sobre una pierna. Y si te apoyas sobre una pierna, te caes. De modo que tienes que equilibrarte, y la única forma de hacerlo es con el brazo». Chutó un balón imaginario con su pie izquierdo, alzando su brazo derecho. (Juro que, en mi partido de cinco contra cinco en Londres de la semana siguiente, mi pie izquierdo había mejorado.)

Él intentaba todo el rato llevar la conversación hacia su fundación, y yo seguía desviándola de nuevo hacia el fútbol. Tras dos horas muy agradables, le di las gracias. Dijo: «Voy a ver la segunda parte. Real Madrid», y empezó a darse prisa para salir de la habitación. Txema se lo impidió. Sin quejarse, Cruyff se puso en situación y empezó a posar, mientras yo fisgoneaba por la sala de una forma que pude ver que le resultaba irritante.

Nos acompañó de vuelta hasta el recibidor y cogió nuestros abrigos del armario. Vi que intentaba ponerme el mío, como si fuera un *maître*. Aquello fue demasiado. Le cogí el abrigo, nos dimos las manos, él desapareció y, dos segundos después, Txema y yo estábamos en una calle amplia y vacía. Yo estaba encantado. Cruyff había sido amable y yo no había quedado como un completo idiota. Pero pensándolo después me di cuenta de una cosa: él no había sido brillante ni original, no había sido un hombre que cambiara tu forma de ver las cosas. El tipo que conocí era más como el vecino de al lado, viajado, inteligente y amable. Como muchos semijubilados, Cruyff había dejado de pensar con profundidad.

A la mañana siguiente, me fui de Barcelona en un vuelo tempranero. Cuando aterricé, tenía un mensaje nuevo en mi teléfono: «Simon, con Johan Cruyff al habla otra vez. Después de lo que hablamos ayer acerca de la fundación, he encontrado una carta que lo explica, sale todo». Luego procedió a leer prácticamente la carta entera en mi contestador automático. La fundación hacía algo en Perú, «y en Bolivia, Tanzania, Brasil, etc.». Me dio los nombres de las personas a las que podía llamar en la fundación. Incluso me leyó sus números de teléfono. Lo más conmovedor fue que yo ya disponía de toda esa información.

Un par de semanas después me llamó Brian Oliver. «El acuerdo con Cruyff se ha cancelado.» Al parecer, la fundación había dicho que habíamos malinterpretado las condiciones: yo tendría que escribir la columna bajo su nombre durante el campeonato sin hablar con él cada semana. El *Observer* se echó atrás.

—Es una lástima —dijo Brian—. Podrías haber entrevistado regularmente a tu héroe de la infancia.

—En realidad, no me importa —dije honestamente.

El *Observer* publicó mi entrevista con Cruyff, como creíamos que habíamos acordado. Inmediatamente llegó una carta de la fundación diciendo que habíamos incumplido el trato y pedían más dinero. Algunos meses después de la Eurocopa 2000, relaté con admiración la experiencia de haber conocido a mi ídolo en la revista literaria de fútbol holandesa *Hard Gras*. Cuando Cruyff lo vio, se puso furioso. Pensó que me estaba haciendo rico a su costa por haber escrito sobre la entrevista una segunda vez (mi tarifa de *Hard Gras* fueron unos quinientos dólares estadounidenses). Dijo que debería haber pagado otra vez a la fundación (y ahora estoy escribiendo de nuevo sobre la entrevista). Sus lacayos de la prensa holandesa escribieron que yo era un plagiario que había acusado a Cruyff de fraude (en mi defensa, estas acusaciones eran falsas). Si hay alguien que haya tenido una experiencia más desagradable con su héroe de la infancia, no quiero oírla.

Algunos meses después del conflicto, me encontré con un excompañero de equipo de Cruyff, una leyenda que había disputado dos finales de la Copa del Mundo. Le dije lo que había sucedido. La leyenda asintió comprensivamente. Me explicó que veía muy poco a Cruyff, ya que se relacionaba más con su camarilla de periodistas predilectos que no con sus antiguos compañeros de equipo. Pensé que era un comentario inofensivo, pero luego una mirada de terror invadió el rostro de la leyenda y me suplicó: «¡No escribas que he dicho esto! ¡Johan puede ir a por mí!».

Creo que mi experiencia con Cruyff me ha ayudado a escribir sobre él con mayor distancia.

Desde su mansión al pie de la montaña, el padre del Barça moderno se había convertido en el padrino del «entorno» del que se había quejado en su momento. Cruyff pasó a ser una especie de ruido permanente entre bambalinas.[5] Utilizaba sus columnas en periódicos de Cataluña y de los Países Bajos para atacar a sus enemigos, especialmente, a Núñez y a Louis van Gaal, el entrenador del Barcelona entre 1998 y 2000. No le importaba que Van Gaal fuera prácticamente su hermano perdido: era cuatro años menor que Cruyff, un pensador obsesivo del fútbol, del este de Ámsterdam y cuyo padre también había muerto joven. En los sesenta, cuando era un adolescente, Van Gaal había estado en la banda viendo cómo Michels entrenaba al gran Ajax. Como jugador, era una copia inferior de Cruyff, sin ritmo (descrito de forma célebre como «corriendo como si se hubiera tragado un paraguas»). Se pasó años en el segundo equipo del Ajax antes de hacer una larga carrera en clubs menores. El Barça lo fichó como entrenador precisamente porque lo veían (sin equivocarse) como un cruyffista, pero un cruyffista que imponía restricciones más rígidas a sus jugadores. Después de que Van Gaal aceptara el cargo, Cruyff lo atacó salvajemente todas las semanas.

En 2003, un fanático de Cruyff llamado Joan Laporta, abogado y el hombre más carismático de Cataluña, fue elegido presidente del Barça. Le preguntó a Cruyff a quién debía poner de entrenador. Cruyff no tenía ningún interés en volver a trabajar, pero quería usar su poder para promocionar a otros a su imagen y semejanza: ex grandes jugadores, no «maestros de escuela» con ordenadores portátiles como Van Gaal. Cruyff recomendó a Frank Rijkaard, el hombre que se había marchado del Ajax después de pelearse con él y que, como entrenador, acababa de llevar al Sparta de Róterdam de la primera división holandesa al descenso. Al ser el único candidato de la lista de finalistas del Barça dispuesto a aceptar el salario que se ofrecía,[6] Rijkaard consiguió el puesto. Cruyff también designó a Txiki Begiristain, un discípulo de su Dream Team, como director deportivo.

Cuando Michels murió, en 2005, a los setenta y siete años, Cruyff dijo: «Jamás he conocido a nadie que me haya influido tanto. Muchas veces he intentado ser como él».[7] Cruyff no había hecho más que «seguir los principios de Michels».[8] Exageraba su falsa modestia, pero es cierto que Michels, al que la FIFA nombró mejor entrenador del siglo XX, merece que se le reconozca como el abuelo del Barça de hoy.

Rijkaard triunfó en el Camp Nou y ganó la Liga de Campeones en 2006 (hablaremos más de ello en el próximo capítulo). En diciembre de 2007, después de que empezara a perder, Laporta le pidió a Cruyff que volviera como entrenador para lo que quedaba de temporada, asistido por el entrenador del Barça B, un tipo de treinta y seis años llamado Pep Guardiola. Una vez terminada la temporada, Guardiola podría hacerse cargo él solo.

Cruyff respondió: «Pep está listo. No me necesita. Deberías elegirlo a él».[9] En otras palabras, Cruyff formó y luego designó a los dos entrenadores que, entre 2003 y 2012, ganaron tres de las cinco Ligas de Campeones de la historia del Barcelona. «Todas nuestras decisiones deportivas estaban validadas por Cruyff», explicó Laporta con posterioridad.

Lo nombró «presidente honorario» del Barça, pero siempre mantuvo a su héroe bajo control. Jamás le dio un trabajo oficial, diciendo que «lo habría polarizado todo a su alrededor». Era mejor tener a Cruyff como genio fuera de la organización y poder descartar sus ideas más descabelladas discretamente.[10]

El vínculo de Cruyff con el Barça se rompió para siempre cuando uno de sus enemigos, Sandro Rosell, se convirtió en presidente en 2010. Cruyff puso sus energías en el Ajax, donde lideró un golpe en 2011 y puso a exjugadores como Marc Overmars y Edwin van Der Sar a dirigir el club. Una creencia muy de los sesenta —el talento debe dirigir el negocio— degradada a una estrategia para darles trabajo a tus amigos.

Pero sin teléfono en Barcelona, Cruyff perdió la pista de lo que hacían sus designados. Era peor cuando aparecía por el campo del Ajax. A un compañero de junta, el exjugador Edgar Davids, le dijo: «Solo estás aquí porque eres negro»; y a otra, la abogada Marjan Olfers, que solo había sido nombrada por ser mujer.

Cruyff terminó rompiendo relaciones con el Ajax, con su hermano, Hennie, y con la televisión holandesa porque pensaba que los presentadores cuestionaban sus puntos de vista. Se convirtió en un jubilado que veía los partidos en casa con el sonido apagado para poder hacer de comentarista para sus amigos. La sentencia de cárcel para Núñez por fraude fiscal en 2014, a sus ochenta y tres años, fue un consuelo tardío.[11]

Cuando no había nada por lo que luchar, Cruyff podía ser un hombre encantador. En aquel momento, se quitó lo que él llamaba «su armadura»[12] y se paseaba por su barrio de Barcelona o por Ámsterdam frecuentando pequeños negocios, porque recordaba las dificultades de sus padres para competir con los supermercados. Hablaba con cualquier persona con la que se cruzaba; podía decirle a una mujer que fumaba en bicicleta que el tabaco era perjudicial o dar consejos erróneos a los operarios que arreglaban una calle.[13] Una holandesa a la que conozco estaba sentada en las escaleras de la entrada de su casa una mañana en Ámsterdam cuando Cruyff pasó por delante en bicicleta. Al ver una cara familiar, ella dijo «¡Hola!» de forma automática, y luego se dio cuenta de que solo le conocía de la televisión. Cruyff se percató al instante de lo que había sucedido, sonrió y le devolvió el «¡Hola!». Al cabo de quince minutos regresó de donde había estado; al verla todavía en las escaleras, dijo en voz alta: «¡Aquí estoy otra vez!».

Su fundación recaudaba dinero para instalar «Cruyff Courts» —pequeños campos deportivos artificiales— en barrios urbanos de todo el mundo. La idea era reproducir el fútbol callejero de su niñez, ese que se había perdido. Se dice que, al inaugurar una pista en su Betondorp natal en 2014, le cayó una inusual lágrima.[14] También pasaba muchas horas entrenando a niños con discapacidad. Hay un vídeo en el que se le ve lanzando un penalti con suavidad a un portero con síndrome de Down. Cuando el chico lo para, Cruyff le quiere chocar la mano, pero el chaval pasa por su lado corriendo para celebrarlo con sus compañeros de equipo, que están igual de eufóricos. Es el mejor momento del día para cualquier persona.

En febrero de 2016, mientras Cruyff recibía tratamiento por su cáncer de pulmón, Messi homenajeó su penalti de 1982 contra el Helmond Sport. El argentino lanzó el penalti contra el Celta de Vigo haciendo un pase a la derecha, donde se suponía que tenía que aparecer Neymar. Luis Suárez llegó primero y marcó.[15]

Cruyff murió el 24 de marzo de 2016, con sesenta y ocho años y rodeado de su familia. Sus cenizas están enterradas en el jardín de su casa de verano en El Montanyà, en las montañas catalanas.[16] A mí me había dicho: «Siempre seré holandés, por una razón muy sencilla: tengo mentalidad holandesa». Pero Cataluña se había convertido en su casa.

Su antigua gabardina de entrenador —fea, beis y andrajosa— se exhibe ahora en el museo del Barça. Uno puede imagi-

narse lo encantada que estaría su mujer de deshacerse finalmente de ella. En 2019, el club presentó una estatua que está
en las afueras del Camp Nou en la que se reproduce la figura
de Cruyff señalando mientras regatea (una postura mucho
más característica que el giro de Cruyff). Al pie se pueden leer
sus famosas palabras: «Salid y disfrutad».

Vida después de la muerte

Una vez que Cruyff había muerto y había dejado de ser imposible, el Ajax rebautizó el estadio con su nombre. El segundo
estadio de Barcelona, donde juegan los equipos del fútbol base,
el segundo equipo y el equipo femenino, se convirtió en el
estadio Johan Cruyff. Las paredes que lo rodean están pintadas
con máximas suyas: «El fútbol es un juego que se juega con el
cerebro»; «Si tú tienes el balón, el adversario no lo tiene»; «En
mis equipos, el portero es el primer atacante, y el delantero es
el primer defensa».[17] Javier Fernández, el jefe de analítica del
deporte del Barça, me dijo que muchas veces empieza y termina sus charlas con uno de los aforismos de Cruyff: «Tenía una
capacidad increíble para sintetizar lo esencial con frases muy
cortas». Aquel fracasado escolar de Ámsterdam intuyó el sistema que los analistas de datos del club con doctorados siguen
intentando comprender cincuenta años después.

Cruyff reconstruyó el Barça a su imagen y semejanza.
Dejó como legado un lenguaje de triángulos: «tercer hombre»,
«entre líneas» o «superioridad numérica». Xavi dijo: «Llegó
un hombre llamado Johan Cruyff que cambió el método y la
filosofía del fútbol. Queriendo ser protagonista, manteniendo
la pelota, controlando el partido, jugando fútbol de ataque
atractivo. Y es lo que hemos estado haciendo los últimos veinte, treinta años».[18] Guardiola señala que pocos proyectos en el
fútbol duran tanto tiempo.

Cruyff también dio la vuelta a la balanza de poder del fútbol español. Antes de su regreso en 1988, el Barcelona había
ganado diez ligas españolas, mientras que el Real Madrid
había ganado veintitrés; entre 1989 y 2020, el Barcelona ganó
dieciséis y el Madrid once. Además, también con Cruyff, el
Barça se convirtió en uno de los principales clubes europeos:

121

nunca habían sido campeones de Europa hasta 1992 y lo fueron cinco veces desde entonces. Con ello, las actitudes cambiaron. «De haber sido un club víctima, ahora el Barça no está lejos de la arrogancia», dijo Valdano.[19]

Y Cruyff cambió el fútbol propiamente dicho. Una vez, Fabio Capello identificó «los tres grandes legados en la historia moderna del fútbol: la escuela holandesa, la era Sacchi [en el Milan] y la era del Barça [de Guardiola]».[20] Todos estos equipos de pase rápido y mucha presión estuvieron inspirados por Cruyff.[21] Su momento cumbre fue la final de Cruyff contra Cruyff del Mundial de 2010, España contra Países Bajos. Siete de los jugadores españoles que disputaron el encuentro habían pasado un tiempo en la Masia de Cruyff; siete de los jugadores holandeses venían de la academia cruyffista del Ajax. Aquella noche, Cruyff iba a favor de España, porque era más fiel a su estilo.

Según el escritor alemán Dietrich Schulze-Marmeling, muchos de los elementos del «fútbol total» de Cruyff que en su día fueron revolucionarios se han convertido en habituales en el juego de hoy en día: defensas con vocación ofensiva, una línea defensiva que empuja hacia delante, presión intensa en campo rival, transiciones rápidas de la defensa al ataque, énfasis en la posesión y demás.[22] Jürgen Klopp le pidió una vez a un ayudante suyo que montara un vídeo de grandes equipos ejerciendo presión: empieza con la Oranje de Cruyff de 1974 y termina con el Liverpool del propio Klopp.[23]

De todas las posiciones, la que ha estado más marcada por Cruyff es la de portero. Manuel Neuer y Marc-André ter Stegen son los futbolistas con guantes con los que había soñado antes de que esos chicos nacieran. Los porteros pasadores se han convertido en la norma. En Inglaterra, el sitio web Stats Perform informa de lo siguiente:

En 2000/01, no había ningún portero de la Premier League con un porcentaje de pases completados de más del 62 % (y esto incluye a Ed de Goey del Chelsea, criado en los Países Bajos de Cruyff) [...] en 2019/20, trece porteros tienen un porcentaje de pases completados más alto que el que tenía De Goey hace diecinueve años.[24]

Capellas, exentrenador del fútbol base del Barcelona, destaca que ahora incluso se ven equipos de la liga inglesa que hacen pases en triángulo desde el portero. Probablemente, no fueron influidos directamente por Cruyff, pero sí indirectamente, por entrenadores a quienes Johan influyó, una estirpe que empieza con un Van Gaal que de adolescente veía las sesiones de entrenamiento del Ajax en los años sesenta. Van Gaal y Guardiola formaron más tarde al equipo del Bayern de Múnich que se convirtió en el núcleo del equipo de Alemania que ganó el Mundial en 2014.

Incluso Mourinho es una oveja negra del rebaño cruyffista. Los últimos cuatro años antes de convertirse en primer entrenador, entre 1996 y 2000, fue ayudante de Bobby Robson y de Van Gaal en Barcelona.[25] El Barça fue el primer equipo profesional que dirigió en una sesión de entrenamiento, y de vez en cuando entrenaba al segundo equipo y a los sub-19. Cuando Mourinho se marchó de Barcelona, dijo que «solo entrenaría al Real Madrid para destruirlo. Jamás dejaré de ser *culer*».[26] Se impregnó de la visión cruyffista del fútbol como una danza por el espacio. No obstante, mientras que Cruyff estaba obsesionado en crear espacio, Mourinho se preocupaba más por cerrar el del adversario.

Hombres como Van Gaal, Guardiola y Seirul·lo hicieron lo que Cruyff nunca fue capaz de hacer: convertir sus intuiciones en un sistema y luego pensar en métodos para enseñarlo. El fútbol evolucionó en aspectos que dejaron rezagado a Cruyff; murió indignado con el hecho de que los diestros jugaran en el ala izquierda, y los zurdos, en la derecha. Pero sus principios predominaron. Tal como señalaba Guardiola, «de un modo u otro, todos somos seguidores suyos: entrenadores, directores deportivos, comentaristas».[27] Lineker dijo: «De ahí viene el juego moderno, de las ideas puestas en marcha por Johan Cruyff».[28]

TERCERA PARTE

La era dorada, 2008-2015

6

Los bajitos del internado:
más que una academia juvenil

*E*n 2001, visité la academia de un club inglés de la Premier League. Había ido con una organización de trabajo social especializada en resolver conflictos en lugares de trabajo. Nos había invitado el nuevo director de la academia. Reunimos a chicos de entre dieciséis y dieciocho años y a sus entrenadores en una sala, y les preguntamos sobre sus experiencias, cosa que desató el infierno. Los chicos empezaron a decir a gritos que los entrenadores siempre eran desagradables: jamás los elogiaban y tenían por costumbre dar «rapapolvos» individuales delante de todos los demás.

Los entrenadores reaccionaron ante aquel arrebato con desprecio. Su punto de vista era: «Es un juego de hombres. Acostumbraos». A ellos también les habían gritado durante su formación, así que gritar a los niños debía de ser el método correcto. Parecía que no habían recibido ninguna influencia ajena al fútbol británico. Así es como siguen funcionando muchas academias de fútbol: selección a través de la crueldad. Los chicos sensibles abandonan, aunque sean muy buenos jugadores.

Les preguntamos a los chicos sobre su trabajo académico, que recientemente se había convertido en un componente obligatorio en las academias inglesas. Al parecer, todos ellos, listos o no, estaban haciendo el mismo curso: una calificación profesional en ocio y turismo. Más tarde descubrí que era el curso más demandado en las academias de la Premier League de aquel momento. Aquellos chicos habían generado tanto caos en clase que todos los demás alumnos lo habían dejado. A ellos les daba lo mismo. Se convertirían en futbolistas profesionales de todos modos.

Me anoté sus nombres en una libreta, con la intención de comprobar algún día qué había sido de ellos. Lo hice casi veinte años después, en Google. De los dieciocho chicos que había en la sala aquel día, que habían sobrevivido en una de las principales academias como mínimo hasta los dieciséis años, parecía que solo siete habían jugado al fútbol profesional, entre los cuales había uno que solo jugó siete partidos con el Kidderminster Harriers y luego encontró otra salida profesional como imitador de David Beckham. Otro recibió una tarjeta roja en su debut en divisiones inferiores en el segundo cincuenta y nueve de partido. De varios de ellos no había ni rastro en Google. Solo uno de los dieciocho, un defensa central, había jugado algunas temporadas en la Premier League, en un club de los que subían y bajaban de categoría. Dos décadas después de haberlos conocido, esos chicos tenían ahora treinta y tantos años y, la mayoría de ellos, un currículo mísero. Me pregunto si el sufrimiento de sus años de academia había valido la pena.

Lo que vi aquel día fue algo disfuncional, pero también bastante común. La mayoría de los niños son infelices en las academias de fútbol, no aprenden demasiado ni sobre fútbol ni acerca de cualquier otra cosa y no llegan a convertirse en profesionales.

La academia del Barcelona, la Masia, es diferente. En el lapso de unos pocos años alrededor del cambio de siglo, produjo la mejor generación de cualquier academia de fútbol de la historia: el núcleo duro del equipo español campeón del Mundial en 2010 más Lionel Messi. Y lo que es más importante: trajo consigo ideas revolucionarias sobre la altura, la cordialidad y la esencia del fútbol. La Masia cambió la forma en que los clubes de todo el mundo eligen, cuidan y entrenan a los jugadores jóvenes.

Cuando Cruyff era un niño y jugaba en las categorías inferiores del Ajax, la mitad de los futbolistas del primer equipo veían sus partidos. «Yo sentía que venían especialmente por mí, ya que los conocía desde hacía mucho tiempo.»[1] Algunas veces, su equipo hacía de telonero en el estadio antes del partido del primer equipo, y su madre, desde las gradas, escuchaba cómo los espectadores a su alrededor se maravillaban: «¡Ese pequeño será futbolista!».[2] La gente del Ajax pensaba que podía llegar a ser uno de los mejores jugadores de los Países Bajos.

Echando la vista atrás en su carrera, Cruyff comentó en cierta ocasión que «la mejor época fue desde luego en el Ajax, de los doce a los diecisiete años […] Quizá porque todavía no había nada en juego. Tal vez porque todavía te ayudaba todo el mundo».[3]

En 1973, cuando llegó a Barcelona, ya había empezado a pensar en nuevas formas de entrenar a los niños. No era el único. El entrenador del fútbol base del Barcelona, Laureano Ruiz, que reivindicaba haber inventado el rondo en 1957,[4] ya intentaba que toda la Masia jugara al «fútbol total» con un esquema 4-3-3.

El ojeador jefe del Barça en aquellos días era Oriol Tort, un representante de productos farmacéuticos en su vida civil. Algunas veces, podía llegar a ver hasta veinte partidos de niños en un día, y registraba todos los nombres prometedores con su máquina de escribir. Su regla para encontrar talentos era: «La primera impresión es la que cuenta, porque, después, cuanto más ves a un jugador, más defectos le encuentras».[5]

Directivos del club como Nicolau Casaus soñaban con un primer equipo mayoritariamente catalán.[6] Sin embargo, el Barça siempre había encontrado su mejor talento en el extranjero. Su cantera no tenía muy buena reputación. Para ampliar la capacidad de captación del club, Tort decidió crear algo que no existía en el fútbol español: una residencia para albergar a niños talentosos de fuera de la ciudad. En 1979, la Masia abriría sus puertas a jóvenes jugadores.[7]

Desde un inicio fue más que una academia de fútbol. Muchos de los niños reclutados en Cataluña eran hijos de socis; la mayoría eran probablemente seguidores del Barça. Los empresarios que dirigían el Barça aspiraban a reconvertir a esos niños a imagen y semejanza de su clase burguesa.[8] Había un maestro de escuela asignado a cada equipo.[9] Hay una grabación de un alumno precoz, un Pep Guardiola adolescente que iba a la escuela a cien metros del Camp Nou, escribiendo una ecuación algebraica en una pizarra.[10] Era el hijo de un albañil de un pueblo pequeño que crecería y se convertiría en un miembro ejemplar de la *burgesia* catalana, en consumidor de literatura y de cine serio.

Guardiola entró en la Masia de Tort solo porque cumplía el requisito de altura. Un día, en el municipio catalán de Santpedor, volvió a casa corriendo para decirle a su madre: «El médico dice que mediré 1,80, ¡así que puedo ser futbolista!».[11] Ruiz recordaba, seguramente hablando metafóricamente, que «había una nota en la puerta de la sala de entrenadores que decía: "Si nos ofreces un jugador que mida menos de 1,80, date la vuelta y vete a casa"».[12] Un escáner óseo, «la prueba de la muñeca», descartaba a los niños con pocas probabilidades de alcanzar la altura mágica.[13] Durante décadas, clubes en todo el mundo estuvieron tomando decisiones similares. En Belfast, en los sesenta, los ojeadores del Glentoran, los Wolves y el Manchester City dejaron escapar a un extremo adolescente de 1,60 con pinta de tísico antes de que el Manchester United finalmente apostara por él; su nombre era George Best.[14]

Alrededor de 1980, cuando la Masia empezaba a ponerse en marcha, en Estados Unidos Cruyff intentaba, sin éxito, que los Washington Diplomats crearan segundos y terceros equipos para jóvenes jugadores estadounidenses.[15] Más tarde, en Ámsterdam, se convirtió en padre de futbolista y llevaba a Jordi a los entrenamientos y a los partidos de las categorías inferiores del Ajax, visitando los campos donde él mismo había jugado en su momento.[16]

Como entrenador del Ajax en 1985, Cruyff reformó el fútbol base. Los técnicos de las categorías inferiores del Ajax siempre se jactaban en la cantina de las victorias de sus equipos; esto sigue ocurriendo en muchos grandes clubes. Pero Cruyff estipuló que el objetivo de la academia no era ganar campeonatos juveniles, sino producir buenos futbolistas; para hacerlo, muchas veces había que perder. Si un chico de doce años era demasiado bueno para su categoría, Cruyff no dejaba que se quedara ahí para ganar la liga, sino que lo subía al equipo sub-15. Esto fastidiaba al entrenador de los chicos de doce años, porque perdía a su mejor jugador, y también al del equipo sub-15, porque le endosaban un retaco. Pero el chico mejoraba. Las entradas trituradoras de los chicos mayores desalentaban ponerse a regatear demasiado. El propio Cruyff siguió el mismo camino de pequeño. «Los buenos jugadores tienen que desarrollarse pasando vergüenza y cometiendo errores», dijo.[17]

En la academia del Ajax todo era un proceso de aprendizaje. Algunas veces, Cruyff ponía a prometedores delanteros en la defensa para que pudieran entender cómo pensaban los zagueros. Dennis Bergkamp recibió tal tratamiento, supervisado personalmente por Cruyff: el primer entrenador entrenó a su equipo de niños en una ocasión.[18] Ya de mayor, Cruyff tenía un amigo que le enviaba por fax los resultados de las categorías inferiores del Ajax.[19]

En los ochenta, el fútbol callejero que Cruyff tanto amaba había desaparecido en favor de los coches. Pensando en formas de reproducir la experiencia, sugirió hacer sesiones de entrenamiento en el aparcamiento del Ajax. Le dijeron que los chicos podían hacerse daño si caían sobre el hormigón. «Entonces que no se caigan», respondió. Mantenerse en pie era una de las habilidades que se aprendían en la calle.[20]

Tras hacerse cargo del Barça en 1988, envió a su ayudante Tony Bruins Slot a explicarles a los entrenadores del fútbol base los nuevos métodos de entrenamiento. Bruins Slot dibujó algunos ejercicios de pase sobre una pizarra, y luego dijo con su español de turista: «Esto es juego posicional. La base es tocar la pelota una vez, máximo dos». Los entrenadores del fútbol base se miraron entre sí. Finalmente, alguien se atrevió a preguntar: «¿Eso es todo?». Eso era todo; había que olvidarse de los detalles.

La Masia se convirtió en una universidad del pase. Intercambiar pases con los compañeros de equipo era una especie de conversación, como un conjunto de *jazz* en una *jam session,* que se comunica sin palabras. En función del peso que se le daba al pase, el balón podía decir «muévete a la derecha», «hagamos una pared» o «acelera el tempo». La velocidad de la pelota enviaba su propio mensaje, tal y como explicaba Xavi: «Si estás preparando un chute a portería, tienes que golpear el balón con más fuerza para que tu compañero pueda aprovechar la velocidad de la pelota [...] Tienes que anticipar si tu compañero jugará al primer toque o si tiene tiempo de controlar la pelota. Si es más probable que juegue al primer toque, la golpeo con firmeza».[21] Cada jugador tenía que saber leer un pase.

Los rondos enseñaban a los niños el lenguaje del Barça: el pase en diagonal, romper las líneas del oponente y buscar al tercer hombre. «Rondo, rondo, rondo. Todos los días», le dijo Xavi al periodista Sid Lowe. «Pum-pum-pum-pum, siempre un toque. Si estás en el medio, es humillante. Los otros aplauden y se ríen de ti.»[22]

Los chicos de la Masia aprendían que una serie de pases era como una frase coherente, no eran palabras al azar. En el momento en que se hacía un pase, había que colocarse en la posición correcta para crear un nuevo triángulo y recibir el siguiente pase. «Toco y me voy», dicen en el Barça.

Nada de esto se explicaba con detalle hasta los primeros años de adolescencia. No hacía falta. Si leías mal la gramática cruyffista del pase, te tocaba en el medio. Si llegabas a dominarlo en el estrecho espacio de un rondo o en un partido de diez contra diez en un campo pequeño, los espacios abiertos de un campo de fútbol de verdad te parecían fáciles. Capellas lo compara con Superman: al haber nacido bajo una gravedad mucho más fuerte en Krypton, su planeta natal, en la Tierra puede pasar volando por encima de los rascacielos.

Casi todas las sesiones de entrenamiento de la Masia se hacían con balón. Cruyff abolió el entrenamiento de fuerza y las carreras de fondo para jugadores menores de dieciséis años.[23] Messi comentaba que los métodos de la Masia suponían «un contraste con la experiencia que había tenido en Argentina, donde todo era mucho más físico». También le sorprendió que en la Masia fuera más importante mejorar que ganar.[24]

Sin embargo, el secreto de la Masia no era el entrenamiento, sino el *scouting*. Si encuentras a niños con talento, hay mucho menos que enseñarles. A Cruyff le gustaba reclutar a jugadores de ataque porque solían ser los futbolistas más habilidosos. Siempre se estaba a tiempo de enseñarles a ser defensas o simplemente ponerlos detrás, como Cruyff hizo con Guardiola, y Guardiola haría luego con Mascherano. Enseguida aprenderían un trabajo más sencillo. Seirul·lo explicaba que, en los partidos de entrenamiento, Iniesta era «el mejor defensa del equipo, mucho mejor que cualquiera de nuestros defensas, porque no solo sabe recuperar la pelota, sino que, además, empieza la jugada para crear algo».[25]

Los ojeadores de la Masia buscaban a niños que recibieran la pelota mirando en la dirección correcta y que jugaran con la cabeza levantada, examinando el campo, cosa que, según Cruyff, era la marca de los mejores futbolistas. Él explicaba que era como conducir un coche: tenías que mirar la carretera, no el salpicadero y el cambio de marchas. Xavi dijo: «La primera lección que aprendí en Barcelona fue a jugar con la cabeza levantada […] He recibido grandes consejos a lo largo de mi carrera, pero aquel primer consejo sigue siendo el más importante».[26] Sea cual sea el nivel en el que juegues, la forma más rápida de mejorar tu juego es examinar más el campo. En un campo de fútbol, la información es oro, y esta se recoge con los ojos. Un jugador que siempre esté corriendo se pierde mucho de lo que sucede a su alrededor.

No obstante, la innovación más importante de Cruyff respecto al *scouting* fue su actitud en cuanto al tamaño. Su política era básicamente «lo pequeño es bello». Dijo: «En nueve de cada diez ocasiones, por muy extraño que parezca, alguien pequeño termina teniendo ventaja». Él lo había vivido en su propia piel. Con quince años no tenía la fuerza para hacer llegar un lanzamiento de esquina hasta la portería. «De modo que en cada momento tenías que adaptarte —explicaba—. Si eres pequeño y no eres rápido, tienes que reaccionar antes. Si eres rápido, no tienes que prestar atención, porque, si empiezas a correr, serás más rápido de todos modos.»

Una vez comentó que Xavi, Iniesta y Messi eran «técnicamente perfectos, tienen una gran velocidad de acción, simplemente porque lo necesitaban cuando eran pequeños».[27] Xavi explicó que sus carencias físicas le habían obligado a pensar a «doscientos kilómetros por hora».[28] Siempre tenía que seguir moviendo la pelota antes de que el niño grande se le echara encima.

Además, un niño pequeño podría acelerar, parar y girar más rápido que uno con extremidades más largas y un centro de gravedad más alto. Al llegar a los dieciocho, cuando el tamaño empieza a ser menos importante, el pequeño habrá aprendido más. Según el aforismo de Cruyff que resume una verdad general sobre la vida: «Cada desventaja es una ventaja».[29] Los científicos del deporte ahora lo llaman, con menos elegancia, el «fenómeno de compensación»: un deportista que tenga una carencia en un ámbito desarrollará fortalezas compensatorias.[30]

Durante la época de Cruyff como primer entrenador, los equipos del fútbol base seguían jugando al lado del Camp Nou. Él pasaba regularmente por la cantera, en parte para ver a Jordi, pero también para ver a los demás. En los ocho años que dirigió el Barça, unos treinta chicos pasaron de la Masia al Camp Nou. Canteranos talentosos como Guillermo Amor (1,75), Albert Ferrer (1,70) y Sergi Barjuan (1,70) jugaron en su Dream Team junto con fichajes como Romário (1,68) y Eusebio Sacristán (1,70).

Si alguien argumentaba que los jugadores pequeños eran vulnerables en los saques de esquina y las faltas, Cruyff respondía: «Por eso no tenemos que ceder ninguno».[31] La altura del equipo condicionaba la táctica.

Cruyff había identificado un hueco en el mercado de talento del fútbol. Algo parecido estaba a punto de ocurrir en el béisbol estadounidense. Billy Beane, el director general de los Oakland A's y héroe del libro de Michael Lewis *Moneyball*, descubrió en los noventa que los *scouts* del béisbol tenían todo tipo de «prejuicios basados en la vista». Discriminaban a los tipos gordos, a los delgados y pequeños, o a los «*pitchers* bajitos y diestros» y sobrevaloraban a los deportistas guapos y fuertes del estilo del propio Bean a sus diecisiete años. Tanto los A's como el Barcelona explotaron una ineficiencia del mercado casi idéntica.

A los *socis* del Barça les gusta ver a *la gent de la casa* («la gente de la casa») en el primer equipo. A los trabajadores que toman café en la cafetería de la pista de hielo también. Para los entrenadores de la Masia, el debut de un chico podía ser la recompensa por una década de trabajo en la sombra. El propio

Cruyff lo vivía igual. Tras el debut de Iván de la Peña (1,69), decía: «Recuerdo a aquel niño de once años y a sus padres, con quienes yo mismo había tenido conversaciones».[32] Además, era más fácil para un primer entrenador inculcar un sistema revolucionario complejo en el primer equipo si la mitad de sus jugadores se habían educado en él desde su infancia.

El despido de Cruyff en mayo de 1996 apenas afectó a la Masia. La primera generación de futbolistas educados en el cruyffismo ya había empezado a tomar forma.

Cuatro meses después de la salida de Cruyff, la familia Iniesta se subía a su Ford Orion sin aire acondicionado y conducía quinientos kilómetros desde su pueblo, Fuentealbilla, para dejar a su pequeño de doce años y rostro pálido en la Masia. El propio Tort había reclutado al pequeño Andrés. Pero cuando llegó el momento de decir adiós, según recoge la biografía autorizada *The artist: Being Iniesta*, a su padre José Antonio le embargó el remordimiento y quería llevarse a Andresito de vuelta a casa. El sueño futbolístico del padre había roto la familia.

Iniesta se pasó su primera noche en la Masia (y muchas noches más después) llorando. Había dejado su hogar familiar por una litera con una pequeña mesa, una caja fuerte y un cajón, en una habitación llena de chicos enormes que jugaban al baloncesto. Por suerte, chicos mayores de la Masia, como Carles Puyol (con dieciocho años) o el portero Víctor Valdés (con catorce), se ofrecieron a hacer de hermanos mayores. Luego, cuando Puyol subió al primer equipo, le legó a Iniesta su colchón. Como en cualquier internado, los alumnos de la Masia se hacían amigos para siempre.

Los niños de la Masia que vivían en la ciudad tenían más suerte, porque podían seguir viviendo en su casa. Gerard Piqué (conocido como «el Jefe» ya desde que era un pequeño defensa central) creció a cinco minutos de la Masia. Desde los trece años jugó en el «Baby Dream Team» de niños nacidos en 1987 junto con otro barcelonés llamado Cesc Fàbregas y a un niño argentino diminuto que había migrado con toda su familia. El entrenador de esos críos fue durante un tiempo Tito Vilanova.

Ni Messi ni Piqué ni Fàbregas se imaginaban que acabarían todos en el primer equipo. Después de cada temporada, entre ocho y diez jugadores de cada equipo eran expulsados y sustituidos por nuevas incorporaciones. Un niño dura, de promedio, tres años en la Masia. Lo que suele suceder en la reunión en que el Barcelona se deshace de un jugador es que el padre pregunta por qué, y la madre y el niño simplemente lloran.[33] Los jugadores que sobreviven se quedan con la incertidumbre de cuándo les llegará su turno. Valdés, que llegó al Barça con ocho años, recordaba que, hasta los dieciocho años, «había tanta presión en mi vida que no podía encontrar la paz. El mero hecho de pensar en el partido del domingo me horrorizaba».[34]

Piqué vio desaparecer a tantos compañeros de equipo que ni siquiera se permitió soñar en el primer nivel hasta que llegó a los diecisiete. Fue en el momento en que se marchó de Barcelona para ir al Manchester United, mientras que Fàbregas se fue al Arsenal porque no veía el camino hacia el primer equipo del Barça. Desde entonces, los ojeadores extranjeros no han dejado de asolar la Masia: una vez descubrieron que un espectador que grababa un partido de adolescentes con una cámara de vídeo trabajaba para el Liverpool.[35]

En Manchester, Piqué se compró un conejo para que le hiciera compañía. «Estaba más solo que la una», recordaba después.[36] El animal se abrió camino a bocados en el apartamento alquilado para consternación de su casero, el mismísimo *sir* Alex Ferguson.

La soledad en un país extranjero ha arruinado los sueños de muchos jóvenes futbolistas e, incluso, ciertas oportunidades en la vida. En la Masia lo han aprendido por las malas. En treinta años, solo dos de sus graduados venidos de fuera de España han llegado a ser jugadores habituales del primer equipo: Messi y Thiago Alcántara, y ambos vivían con sus padres. El padre de Thiago, Mazinho, campeón del mundo con Brasil en 1994, se retiró como jugador en España, y posteriormente cerró su escuela de fútbol en la ciudad gallega de Vigo para mudarse a Barcelona y supervisar las carreras de sus dos hijos.[37] En 2021, Thiago jugaba en el Liverpool y su hermano, Rafinha, en el Paris Saint-Germain.

Los padres de Iniesta vivían en España, pero aun así le costó aguantar los seis años en la Masia sin ellos. José Antonio solía viajar en coche los fines de semana para verle jugar. Con dieciséis años, Iniesta empezó a entrenar con el primer equipo, en parte porque tenía buen comportamiento y nunca faltaba a la escuela. Los exalumnos de la Masia que estaban en el equipo, Guardiola y Xavi, que siempre estaban interrogando a sus antiguos entrenadores sobre los nuevos talentos, ya habían oído hablar de él un año antes. «Este nos retirará a los dos», dijo Guardiola para fastidiar a Xavi.[38] En *The artist*, Lorenzo Serra Ferrer, el que entonces era director del fútbol base del Barça, explica cómo fue la primera sesión de entrenamiento de Iniesta con el primer equipo: «Si tenía que acelerar el juego, lo hacía. Si tenía que ralentizarlo, lo hacía [...] Entendía el juego y la filosofía del Barcelona. Era imposible que saliera mal».[39] Pronto, aquel adolescente fue elegido director de juego por delante del caro fichaje argentino Juan Román Riquelme. Mientras estaba en el primer equipo, Iniesta —hijo de un albañil, como Guardiola— también iba a la universidad.

A principios de los 2000, salieron de la Masia suficientes chicos a la vez como para formar un bloque poderoso. Hacia el año 2003, cuando el club pasaba por un mal momento, se sentaron y decidieron dejar de tolerar estrellas egoístas. Gestionarían el vestuario ellos mismos. Cuando Ronaldinho y Deco se descarrilaron unos años después, quedaron sentenciados.

Puede parecer inevitable que jugadores como Xavi, Iniesta o Messi terminen en el primer equipo, pero no lo era: es posible que nunca lo hubieran conseguido en otro club grande. Xavi ha afirmado que él lo consiguió en el Barça solo porque Cruyff había bendecido a los bajitos.[40] Antes del holandés incluso lo tuvo difícil para entrar en la Masia: un ojeador del Barça había querido reclutarlo cuando tenía seis años, en la era de los escáneres de huesos, pero la preocupación por su talla retrasó su llegada hasta los once años, cuando Cruyff estaba al mando.[41] Luego, durante mucho tiempo, a algunas personas en el Barça les preocupaba que Xavi fuera demasiado pequeño, e Iniesta tardó años en convertirse en un habitual del primer equipo. Ni siquiera la Masia pudo disipar siempre las dudas sobre los jugadores bajitos: a principios de los 2000 pasó por otra breve fase de discriminación por altura.

Otros clubes puede que incluso hubieran descartado al diminuto Messi de trece años, dado el elevado coste de sus tratamientos hormonales y de trasladar a su familia. Solo hay que mirar hacia Francia, donde un Antoine Griezmann adolescente fue rechazado en seis academias juveniles profesionales por ser demasiado pequeño. En 2005, con catorce años, el futuro líder de los campeones del mundo tuvo que emigrar a España para aprovechar una oportunidad en la academia de la Real Sociedad. Otros franceses pequeños como Franck Ribéry, Nabil Fekir o Mathieu Valbuena también fueron rechazados o expulsados de academias francesas. N'Golo Kanté (1,69) fue completamente ignorado por los clubes profesionales hasta que firmó un contrato *amateur* con el modesto U. S. Boulogne con diecinueve años. Un indicador de la excepcionalidad del Barça es que, en los años 2010, el equipo tenía el promedio de altura más bajo entre los cuarenta y dos principales equipos europeos.[42]

Muchos futbolistas pequeños han sido rechazados, aunque muchos de los mejores futbolistas del mundo son pequeños. Si se combinan estos dos hechos, se puede deducir que un jugador pequeño con el suficiente talento como para superar la discriminación por altura tiene una probabilidad desproporcionadamente alta de alcanzar la excelencia. Si tal forma de discriminación termina algún día, los jugadores bajitos podrían dominar el fútbol.

Un día de 2009, cuando el primer equipo del Barcelona todavía era campeón de Europa, entré en la Masia a pie desde la calle. Si había un guardia de seguridad, yo no lo vi. La academia todavía tenía la sede en la antigua casa de campo de piedra (una masía, *masia* en catalán) junto al Camp Nou. Sobre la fachada había un número grabado, año 1702, y un reloj de sol.

Dentro de la masía, la decoración espartana recordaba a un seminario. El edificio de dos plantas estaba casi vacío, pues los chicos estaban en la escuela. Una mujer con un gorro de cocina preparaba las mesas de madera del comedor,

que se llenaba de los olores de la comida casera. Un reparti-
dor llevaba un jamón enorme a la cocina. Cuando un alma
caritativa me ofreció un café en la barra, comencé a darme
cuenta: en realidad, el Barça es un club pequeño.

Fui para encontrarme con Albert Capellas, que en aquel
momento era el coordinador de la Masia, con el jefe de ojeadores Pep Boada y con el entrenador de categorías inferiores a la
vez que maestro de escuela Ruben Bonastre. Me guiaron por
las fotos de las generaciones anteriores de la Masia que ador-
naban las paredes encaladas del comedor. Boada, ahora canoso,
señaló a un adolescente de pelo largo y rizado en la foto de
1979: era él. «Nostalgia», suspiró. En la foto de 1988, en un
mar de peinados ochenteros, identificamos al primer entrenador del Barça, Guardiola. Otros dos chicos de la foto, Tito
Vilanova y Aureli Altimira, se habían convertido en sus ayudantes. Como en una familia, uno pertenece al Barça de por
vida, aunque su papel vaya cambiando.

Esta era la primera diferencia con la academia inglesa que
había visitado. Por lo que yo sabía, los entrenadores de categorías inferiores del club inglés no habían pasado por la academia
como jugadores. Eran exprofesionales a los que habían fichado
de algún otro sitio. Y ninguno de ellos dirigiría jamás el primer equipo ni tendría el poder de subir a los chicos a los que
había entrenado. Desde 2001, aquel club ha ido quemando
entrenadores a un ritmo de uno por año. La mayoría han sido
grandes nombres; varios de ellos, extranjeros. Durante sus
breves ejercicios, los entrenadores no habrían tenido tiempo
de conocer la academia; en cualquier caso, tenían que ganar
enseguida para que no los despidieran. Tenían todos los incentivos para alinear a profesionales maduros y caros.

Un jugador de la academia de un club grande solo tendrá
más opciones de entrar en el primer equipo si es un genio o
si el primer entrenador ha apostado personalmente por él.
Por suerte, en las dos grandes eras del Barça —con Cruyff y
con Guardiola—, los vínculos entre la Masia y el primer
equipo eran fuertes.

Solo hay que ver las trayectorias profesionales de Sergio
Busquets, un centrocampista lento y desgarbado, y de Pedro,
un delantero pequeño y poco brillante. Ninguno de los dos era

una apuesta clara para llegar a la cima. Cuando Guardiola aceptó su primer trabajo como entrenador para dirigir al Barça B en 2007, con Vilanova como ayudante y con el equipo en tercera división, heredó a Busquets. Capellas lo resumió como jugador: «Busi no parece el mejor jugador, pero, en cuanto empiezas a entrenarle, te das cuenta de que es una estrella». Busquets (igual que Xavi, Iniesta y Fàbregas antes que él) creció tomando como modelo al creador de juego del Dream Team, el propio Guardiola.[43]

Pedro, que tenía veinte años en 2007, jugaba a un nivel todavía inferior, en el Barça C. Capellas decía más tarde: «Todo el mundo sabía que era un jugador fantástico, pero, por alguna razón, no rendía en los partidos del equipo C». El chaval parecía destinado a abandonar el club. Capellas lo recomendó a su antiguo club, el C. F. Gavà, que estaba jugando en cuarta división en un pueblo de playa en las afueras de Barcelona. Guardiola dijo: «Pedro puede ir al Gavà, pero tiene que quedarse con el Barça B las primeras dos semanas de pretemporada hasta que tengamos más jugadores». Durante la pretemporada, Capellas fue varias veces a preguntar si Pedro podía marcharse, y Guardiola siempre le decía que esperara. Finalmente, decidió quedarse con él.

La temporada 2007-2008, el equipo B de Guardiola con Pedro y Busquets logró ascender a segunda B. A mitad de temporada, Pedro debutó en el primer equipo como jugador veterano de la cantera, en una paliza por 4-0 al Murcia. El Camp Nou, que siempre estaba encantado de recibir a un chico de la Masia, le gritaba un largo «¡Olé!» cada vez que tocaba la pelota. Cuando Guardiola subió al primer equipo el verano de 2008, se llevó a Pedro con él. Busquets siguió al principio con el Barça B, pero, cuando Luis Enrique, su nuevo entrenador, lo dejó en el banquillo, Guardiola también lo subió al primer equipo. Guardiola sabía, por experiencia propia, que un cuerpo poco normativo a veces escondía a un futbolista brillante, y que un entrenador pertinaz puede proporcionarle una carrera a un jugador. Busquets y Pedro debutaron en la liga en un deprimente empate en casa contra el Racing de Santander: 1-1 en septiembre de 2008. Veintidós meses después, habían ganado la liga española, la Liga de Campeones y el Mundial.

De pie en la entrada de la Masia, en 2009, en plena etapa mágica, Capellas me dijo: «Necesitas tener a alguien ahí arriba que te diga: "Pasa"». Dibujó un círculo en el suelo con el pie: Guardiola había pasado por la Masia y había acabado siendo entrenador del primer equipo, y recurría a la Masia. Como primer entrenador, conocía a todos los chicos prometedores del club. Pep y sus asistentes preguntaban constantemente a los entrenadores del fútbol base cómo iba tal o cual chico, y qué jugador de dieciséis años podría ocupar una vacante en el entrenamiento del primer equipo al día siguiente.

En 2009, Guardiola ya estaba pensando en quién estaría listo para el Camp Nou al cabo de tres años. Igual que Cruyff, solo intentaba comprar jugadores que estuvieran entre los diez primeros del mundo o que jugaran en posiciones que la Masia no podía ocupar. Bajo la dirección de Guardiola, el círculo era completo.

Andreu Cases Mundet llegó a la Masia en 2009; tenía doce años y jugaba como portero. Once años después, lo localicé en la Santa Clara University, en el norte de California, donde estaba estudiando gracias a una beca futbolística. «Cuando llegué al Barça —recordaba—, sentía que todo el mundo en el club, desde el nivel más alto hasta el más bajo, creía en la Masia. Era lo que nos distinguía de todos los demás.» En aquella época, cuando el Barça estaba intentando fichar a un chaval, podían llevarlo al vestuario del primer equipo, donde exalumnos de la Masia como Puyol o Xavi le chutarían alguna pelota; sabían que jamás olvidaría aquella experiencia. El propio Carles Mundet había llegado a entrenar con Víctor Valdés.

Por aquel entonces, el paso que había que dar para llegar al primer equipo era sorprendentemente pequeño; en ciertos aspectos, era más fácil para un chico de la Masia que para una estrella veterana de Brasil o del Reino Unido. Un chaval de la casa ya conocía a algunos de los jugadores del primer equipo, había jugado con el sistema del Barça desde niño y era poco probable que se sintiera intimidado por aquel estadio enorme, pues vivía literalmente en su interior, en un hueco detrás de las gradas, ya que el número de dormitorios había superado en poco tiempo la capacidad de la Masia. Por supuesto, en aquel momento, tampoco había margen de error para el primer entrenador ni tiempo para enseñar a los jugadores una vez que llegaban al primer equipo. Pero es que los entrenadores de la Masia habían invertido ese tiempo cuando esos jugadores eran jóvenes.

Bonastre, el entrenador del fútbol base, me dijo: «A los jugadores de la Masia, el primer equipo les parece fácil, porque es más sencillo jugar con Xavi e Iniesta que con jugadores de la cantera». Xavi siempre proporcionaba a sus compañeros de equipo el pase preciso en el momento idóneo, y al pie bueno.

El chico nuevo tendría que empezar en el medio del rondo del primer equipo, persiguiendo la pelota arriba y abajo para interceptar pases, pero podría contar con el amiguismo de la Masia. Cuando subía un chico nuevo, los entrenadores del fútbol base podían decirle a Iniesta: «Andrés, cuídale», e Iniesta respondería: «No os preocupéis, los tratamos lo mejor que sabemos».

No es algo que pueda decirse en todos los clubes. Cuando el joven sudafricano Mark Byrne hizo una prueba en el Portsmouth hace algunas décadas, tuvo que marcar al exdelantero de Inglaterra Paul Mariner en un entrenamiento. Byrne acabó con cuatro puntos en la frente y tres en la espinilla. «Joder, si no puedes aguantar esto, vete a la puta mierda.» A Byrne le impresionó la respuesta, digna de un verdadero profesional.[44]

Cuando empecé a escribir este libro, pensaba que la suerte podía decidir si un jugador de segunda clase conseguía hacer carrera como profesional, pero creía que todas las estrellas lo conseguían fueran cuales fueran las circunstancias. Ahora ya no lo creo. Al parecer, incluso las carreras de algunos jugadores excelentes tienen éxito o fracasan en función del lugar y el momento en el que dan el salto al fútbol de primer nivel. Imaginemos qué hubiera sucedido con Pedro y Busquets en aquel club inglés en el que el entrenador del primer equipo no hubiera conocido sus nombres. Busquets, como el propio Guardiola, estaba hecho para triunfar en el fútbol cruyffista. Podría haberse hundido en un pequeño club de fútbol poco sofisticado que persiguiera el balón y lo lanzara en largo.

Según Capellas, sin Guardiola, Pedro podría haberse pasado la carrera en la segunda división española (igual que, sin Cruyff, es posible que Guardiola hubiera tenido éxito en otra profesión). Solo los entrenadores más valientes dicen: «Nadie cree en este chico, pero yo sí. Lo voy a poner en lugar de una estrella contrastada que valga veinte millones de dólares».

¿Cuántos Busquets y Pedros se han perdido en el Real Madrid? Capellas decía que, en los clásicos de categorías inferiores, los jugadores del Madrid eran tan buenos como los del Barcelona; sin embargo, nunca terminaban en el primer equipo. En Madrid, no parecía que el círculo fuera completo.

La otra diferencia que percibí entre la Masia y la academia inglesa fue la amabilidad. Durante nuestra conversación, tardé un rato en darme cuenta de que Boada, Capellas y Bonastre me recordaban a... madres católicas anticuadas. No se veían a sí mismos como gestores de minifutbolistas profesionales. Estaban criando hijos. «Tratamos a nuestros cincuenta niños como familia», dijo Boada. Bonastre aseguró que lo más importante era que los chicos fueran felices, que conocieran a gente fuera del fútbol y que tuvieran cosas que hacer en su tiempo libre. La mayoría de los empleados de la Masia hacía años que trabajaban allí, y en muchos casos trazaban vínculos estrechos con los niños. Los llevaban al cine, a bailar y a museos. Un empleado había invitado a tres internos cameruneses a su casa para pasar la Nochevieja. Algunos niños eran más felices criándose en el Barça de lo que habrían sido en su casa. Para ellos, la Masia se convertía en su familia sustituta: abrazaban al cocinero, al entrenador o al recepcionista.

Algunos chicos fichados para la Masia decían que no querían estudiar, que solo deseaban jugar al fútbol (Messi había sido uno de ellos). Sin embargo, en 2009, el Barça ya no lo permitía. Todo el mundo tenía que aprender algo, aunque fuera solo informática o inglés. El día de mi visita, arriba, en la sala de juegos, el futbolín y el billar estaban cubiertos con telas, porque la escuela era lo primero. El entrenamiento diario era de máxima intensidad —cada pase y cada elección de posición eran importantes—, pero duraba solo unos noventa minutos.

La Masia no quería a adolescentes pensando en fútbol todo el día. De todos modos, la mayoría de ellos no llegarían a hacer carrera como futbolistas. Todas las academias fichan a algunos chicos solo para cumplir con los números: se necesitan unos dieciocho jugadores para llenar el equipo sub-16, aunque todos los entrenadores sepan que hay varios de ellos que nunca llegarán a acercarse al Camp Nou. Un estudio preparado en 2015 por la escuela de negocios de Harvard cuantifica esta alta tasa de fracaso. Hasta aquel verano, habían estado por la Masia más de quinientos treinta futbolistas. El 14 % había hecho su debut en el primer equipo del Barça, mientras que otro 33 % había jugado profesionalmente en otros clubs (muchos de ellos no lo hicieron más de una o dos temporadas).[45]

La Masia intentaba preparar a los chicos para una vida más allá del fútbol. Los animaban a hablar educadamente y les desaconsejaban hacerse tatuajes, teñirse el pelo o llevar botas relucientes, porque solo tenían que destacar sobre el terreno de juego. Incluso estaba mal visto ponerse demasiada leche en los cereales. El Barça prefería pagar salarios modestos a los chicos, en parte por avaricia, pero en parte, también, porque demasiado dinero hacía que otros chicos estuvieran celosos y envenenaba el ambiente. En aquel momento, en 2009, la Masia había perdido interés en el prodigio danés Christian Eriksen por las demandas de su agente.

Los chicos de la Masia que se convertían en estrellas solían seguir siendo amigos de sus antiguos compañeros de habitación que terminaban siendo ciudadanos corrientes. Capellas dijo: «Messi e Iniesta ya no viven aquí, pero esta es su casa, vienen a comer. Si tienen algún problema, vienen a hablar con nosotros como lo harían con una madre o un padre. Para nosotros no son estrellas. Son Leo, Bojan o Andrés. Andrés es humilde. Nosotros le decimos: "Eres un buen hombre, eres una persona increíble, no pierdas tus valores"». Bonastre dijo: «Messi, Iniesta o Víctor Valdés son chicos normales. Conocemos sus glorias y sus desgracias. Tenemos psicólogos que pueden suavizarlas».

Además, los jugadores que se conocían desde que eran internos seguían ayudándose entre sí. En 2009, Iniesta estaba pasando por una crisis personal desde hacía meses, un mal momento que parecía una depresión. De hecho, aquel chico de veinticinco años les pidió a sus padres si podía dormir con ellos en su cama.

El Barça le ofreció apoyo incondicional. Guardiola le animó a marcharse del entrenamiento siempre que lo necesitara: «No pidas permiso, vete. Tú eres lo importante, tú y solo tú». Iniesta aceptó la oferta en muchas ocasiones y desaparecía sin decir palabra hacia los vestuarios. El entrenador expresó el respeto que había en el club hacia el conocimiento profesional: «Yo no sé cómo hay que tratar esto, pero necesitamos a un especialista». El Barça envió a Iniesta a una psicóloga, Inma Puig, a quien visitó durante meses; llegaba diez o quince minutos antes de cada sesión para poder prepararla.[46] También mantuvo largas conversaciones con el exalumno de la Masia Bojan Krkić, que había sufrido ataques de pánico cuando empezaba como profesional.

Con toda seguridad, en aquella época había clubes de fútbol que mostraban menos comprensión hacia las enfermedades mentales. Pero Guardiola y sus ayudantes conocían a Iniesta desde niño. Confiaban en él. Y lo que es más importante: lo querían.

En Johannesburgo, en 2010, la Masia ganó la final del Mundial. Entre la multitud de españoles que celebraban el gol de la victoria de Iniesta en el minuto 116, había dos que se abrazaban entre lágrimas: el hombre decisivo de aquel partido y un portero suplente en chándal. Víctor Valdés sabía por todo lo que había pasado su hermano de la Masia para llegar hasta allí.

En ese momento, la gente que dirigía el Barça sucumbió a la arrogancia. Se puede entender. Sentían que habían descifrado el secreto para criar a futbolistas. «El Madrid compra Balones de Oro. Nosotros los hacemos», presumía el que hacía poco había dejado de ser presidente del club, Joan Laporta.[47] El objetivo interno del Barça era obtener el cincuenta por ciento de jugadores del primer equipo de la Masia, pero había debate sobre si había que incrementarlo al sesenta por ciento. Por aquella época, le pregunté a Joan Oliver, el director general del club, si el Barcelona había tenido suerte. Seguramente no podrían producir un Messi, un Xavi y un Iniesta en cada generación. Oliver me respondió: «Sí, la buena suerte siempre existe en el mundo. Tal vez no puedas sacar siempre al mejor jugador del mundo de tu academia. Pero nosotros sacamos seis o siete jugadores del primer equipo».

El 25 de noviembre de 2012, el Barça ganó por 0-4 contra el Levante. Cuando Martín Montoya sustituyó al lesionado Dani Alves tras catorce minutos de juego, los once jugadores del Barcelona que había sobre el terreno de juego habían pasado por la Masia (o como en el caso de Puyol y Pedro, habían pasado allí por lo menos un año). Incluso el entrenador de aquel día, Tito Vilanova, era exalumno de la Masia. Uno de los entrenadores veteranos de la academia, Pere Gratacós, me dijo que, en el fútbol, uno siempre mira hacia atrás con nostalgia o espera un futuro mejor, pero aquel partido contra el Levante fue el punto álgido de la Masia. Ya no se podía aspirar a nada más.

Soy un periodista cínico y curtido, pero, aun así, salí de aquella casa de campo en 2009 predispuesto a creerme las historias de atención pastoral que Capellas, Boada y Bonastre me habían contado. Esto se debía, en parte, a que yo mismo había sentido la calidez del Barça. Igual que casi todos los empleados del club que he conocido a lo largo de las décadas, los tres fueron amables conmigo. Dentro de la institución, jamás me he encontrado con la arrogancia y las puertas cerradas habituales en otros clubes profesionales de poca monta.

Pero cuando empecé a escribir este libro me preguntaba si me había dejado seducir por la palabrería y la hipocresía. ¿Era la Masia un hogar lejos del hogar que además producía grandes futbolistas? ¿O era una jungla igual que el club inglés que había visitado, solo que con sonrisas más amables? Intenté buscar más pruebas de ello.

Desde luego, era cierto que los chicos de la Masia recibían una educación más ambiciosa que ocio y turismo. En 2015, el director de la Masia de aquel momento, Carles Folguera, dijo a Harvard: «Entre los demás clubes europeos de primer nivel, tenemos la tasa más alta (un cincuenta por ciento) de jugadores de dieciocho y diecinueve años estudiando en niveles universitarios. A diferencia de la mayoría de otros clubes, nos va bien con más horas de estudio que de gimnasio».[48] Esta tradición viene de lejos. Gratacós, que había jugado en las categorías inferiores del Barça en los setenta, incluso antes de que abriera la Masia, explicó que el club le había pagado dos títulos universitarios que su familia jamás hubiera podido permitirse. Los chicos de la Masia suelen parecer más de clase media que sus compañeros extranjeros.

También es cierto que la mayoría de los jugadores de la Masia que se convierten en estrellas se han comportado siempre de forma bastante modesta. Solo hay que fijarse en cómo viste Messi. Xavi dijo: «Yo solo soy un alumno de la escuela del Barça. No soy nada más que eso».[49] En cuanto a Iniesta, con veinticuatro años seguía viviendo con sus padres y su hermana. Incluso a los aficionados del Barça les parecía tan soso que un periódico de deportes de la ciudad notaba que se desplomaban las ventas cuando él salía en la portada. En el programa de televisión satírico *Crackòvia*, siempre lo interpretaban detrás de una madre campesina que llevaba una cesta de la compra y chorizo.[50] Estas estrellas humildes eran exhibidas como ejemplos para los chicos de la Masia. Si uno alcanzaba un estatus elevado, pero se comportaba con normalidad, la gente siempre quedaba impresionada.

A Zlatan Ibrahimović no le gustaba esta sencillez del Barça, pero pudo comprobar que era real. Después de su paso por el club entre 2009 y 2011, decía con asombro: «Barcelona era un poco como estar en la escuela o en algún tipo de institución [...], ninguno de los chicos actuaba como una superestrella, lo cual era extraño. Messi, Xavi, Iniesta, toda la pandilla..., eran como niños de escuela. Los mejores futbolistas del mundo estaban ahí con las cabezas bajadas, y yo no entendía nada. Era ridículo». A Ibrahimović no le sentó bien que Guardiola le dijera una vez: «Aquí en Barcelona no llegamos al entrenamiento con Ferraris o Porsches».[51] El propio Guardiola siguió con su VW Golf de segunda mano varios años después de llegar al primer equipo. En el fondo seguía siendo un chico de la Masia.[52]

Cierto tiempo después, conseguí hablar con la madre de un chico de catorce años de la Masia. El Barça no nos había puesto en contacto, era la amiga de una amiga. Me contó su historia por Zoom (estábamos en el pico de la pandemia del coronavirus y en Cataluña estaban muriendo miles de personas).

Cuando la familia se trasladó a Barcelona por trabajo, su hijo se unió a un club de la ciudad. El Barça vigila todo el fútbol de categorías inferiores de Cataluña y la familia no tardó en percatarse de que había entrenadores vestidos con ropa del Barça viendo sus partidos. Solo se dio cuenta del alcance del interés del club por su hijo cuando empezó a recibir la enhorabuena de gente que tenía a su alrededor. El chico entró en el Barça, pero, como la mayoría de los jugadores de la ciudad, siguió viviendo en su casa, no en la Masia.

Volvía eufórico de sus primeras sesiones de entrenamiento. Decía que no le importaba lo que pasara a partir de entonces; por lo menos había tenido esa oportunidad. Los empleados del club elogiaban su juego, pero nunca mencionaron una posible carrera profesional. El mensaje del Barça era: «Este es un lugar para entrenar y desarrollarse».

Al chico le sacaron una tarjeta roja en su debut con el Barcelona por protestar al árbitro tras el final del partido. Los entrenadores le dieron mucha importancia, lo regañaron, pero también trataron el asunto como una oportunidad de aprendizaje. Acabó pidiéndole perdón al árbitro. «Aquí es una prioridad máxima: el respeto», dijo su madre. En 2016, después de que su equipo sub-12 ganara a un equipo japonés en el World Challenge, él y sus compañeros consolaron a sus rivales, que estaban llorando.

Los trabajadores del Barça que hacían de enlace con los padres enviaban regularmente a la familia información sobre los deberes, la alimentación y los hábitos de estudio, y controlaban cómo les iba en la escuela. Todas las personas del club con quien se relacionaba aquella madre eran agradables, decía. «Cada vez que pregunto algo, obtengo una respuesta de inmediato y suele ser considerada.»

Al principio, el niño entrenaba tres días a la semana y, a partir de los catorce años, cuatro. Jugaba uno o dos partidos por semana. «No entrenan demasiado —comentaba la madre—. El entrenamiento dura una hora y media, y nadie espera que entrenen más que eso. Para mí es totalmente razonable. Esto me sorprendió un poco, es como un negocio familiar.»

—Entonces, ¿ganar no es tan importante? —le pregunté.

Se rio.

—Es importante. Pueden decirte: «No ha sido tu mejor partido», pero eligen los momentos para decirlo. Tal vez no te lo digan cuando estás jugando realmente bien, pero, cuando no es así, te corrigen.

Dijo que el Barça también se aseguraba de que los padres se comportaran. No se les permitía ver los entrenamientos ni gritar a los árbitros. «Lo que me encanta —añadió— es que los padres les dan a sus hijos un gran abrazo y un beso después de los partidos, y luego a lo mejor se van a comer a casa de los abuelos.» Algunas veces, la gente también abrazaba al hijo de otro; había poca competitividad evidente entre familias. Algunos chicos llevaban años en la Masia, de modo que los padres se habían hecho muy amigos.

Ella había oído decir a padres cuyos hijos no habían podido continuar que estaban contentos de que sus chicos hubieran tenido una oportunidad en el Barça. En cualquier caso, que no los elijan para seguir rara vez llegaba por sorpresa: la señal de aviso habitual era la disminución del tiempo de juego del niño.

A su hijo le ha ido bien. Ella cree que es feliz jugando y algunas veces ha sido capitán de su equipo. Cuando tenía once o doce años, la familia empezó a recibir propuestas de empresas de ropa deportiva, de otros clubes y de agentes del Reino Unido, España y Estados Unidos. La familia todavía no ha contratado a un agente, aunque muchos de sus compañeros de la Masia ya tienen uno. Me dijo: «Sinceramente, nos parece alucinante». Su hijo ha bloqueado a agentes que contactaron con él por Instagram.

Alguien le aconsejó: «No dejes que un agente se siente a tu lado en los partidos». De modo que intenta no hacerlo. Aun así, se lleva bien con algunos agentes. Una agencia española (una empresa pequeña) enviaba comentarios a la familia después de los partidos y los mantenía informados sobre las idas y venidas de la selección catalana en su categoría. Unas seis agencias se comunican con ellos regularmente y mantienen contactos mensuales «respetuosos». «Han sido muy amables», dice. Cuando hablamos, la familia se estaba planteando contratar a un agente una vez que el chico cumpliera los quince años. Ella le dice a su hijo: «Sigue soñando. Tus sueños se están haciendo realidad».

Los agentes le han dicho que los dieciséis son el punto de inflexión. A esa edad, algunos chicos suben a la categoría de juveniles de la Masia, mientras que otros es posible que se marchen a jugar a otro país.

«¿Qué pasa si se lesiona?», le pregunté. A lo que ella me respondió: «Si se lesiona, habrá tenido una experiencia increíble, y luego puede hacer otras cosas increíbles en la vida».

Vale la pena detenerse un instante a comparar la filosofía de la academia de fútbol más prestigiosa del mundo con casi cualquier equipo juvenil de nivel de cualquier deporte en Estados Unidos. Algunos padres estadounidenses con hijos deportistas contratan a terapeutas deportivos por doscientos veinticinco dólares por hora, les gritan a sus hijos durante los partidos, acosan a los árbitros después y, cuando el niño llega a la escuela secundaria, si todavía no ha sucumbido a las lesiones por exceso de práctica, pagan a agentes para que lo promocionen en los programas de deporte de las universidades.[53] Algunos de estos niños no son especialmente atléticos y no tienen ninguna posibilidad de convertirse en profesionales, pero sufren de cansancio crónico al jugar siete días a la semana. Los pocos adolescentes que obtienen becas deportivas para ir a la universidad suelen conseguirlas parcialmente, lo que rara vez permite pagar las deudas que sus familias han acumulado por el camino.

Un ejemplo de ello fue Jennifer Sey, que se convirtió en campeona nacional de gimnasia en 1986, y todo lo que necesitó fue casi toda su infancia, frecuentes fracturas de huesos, «incontables cajas de laxantes», semiinanición y una relación disfuncional con su madre, que basó su identidad en la carrera de su hija. Cuando Sey quiso dejar el deporte, su madre le dijo: «¡No te dejaré comer! ¡Cerraré los armarios! No vas a tirarlo todo por la borda después de todo el tiempo y el dinero que hemos invertido».[54]

Michael Lewis hizo la siguiente observación en un libro sobre la profesionalización del deporte juvenil:

> Si quieres ver a gente volviéndose loca de verdad, tienes que ir allá donde estén viendo a sus hijos jugar a algo. Hace que los problemas entre demócratas y republicanos parezcan insignificantes

[...] El deporte juvenil, el negocio que hay alrededor, es mayor que el de todos los deportes profesionales juntos, en términos de dólares gastados por consumidores estadounidenses.[55]

La propia hija de Lewis, que jugaba al *softball* juvenil, pasó treinta y siete noches en hoteles en 2019. Contó que su itinerario parecía el de un representante de una multinacional.[56]

Por el contrario, el Barça parece tratar a los jóvenes futbolistas como niños. El club no lo hace solo por amabilidad. La humanidad en el fútbol también ofrece ventajas competitivas. En primer lugar, los padres están más contentos al enviar a sus hijos a una academia cuyo amigable ojeador viene a cenar a la casa familiar, se comporta como un ser humano y mantiene el contacto. En segundo lugar, la amabilidad reduce el riesgo de perder a chicos con talento por culpa del acoso. En tercer lugar, si puedes recordarles a los niños que son seres humanos y no estrellas, es posible que eviten las tentaciones de la fama.

Por último —y esto puede parecer palabrería—, la humanidad es esencial porque un jugador del Barcelona tiene que llevar consigo al campo toda su personalidad. Lo que la gente llama el «sistema del Barça» en realidad no es un sistema, sino un juego de individuos autónomos y pensantes. Los jugadores no pueden limitarse a seguir las órdenes de sus entrenadores. El fútbol es demasiado dinámico para eso. De hecho, los buenos jugadores del Barcelona casi no necesitan entrenador, pues aprenden a tomar sus propias decisiones de pase y de colocación. Seirul·lo me dijo: «El jugador es social, afectivo, emocional, coordinado y, por último, expresivo, creativo. Se trata de seres humanos con intenciones libres».

7

¿Cómo lo hace? Desmontando a Lionel Messi

*U*na noche de 2015 me senté junto a un responsable del club a ver un partido entre el Barça y el Atlético de Madrid en el Camp Nou. Cuando el partido empezó, me dijo: «Observa a Messi».

Fue algo extraño. Desde el inicio, Messi se paseó por la defensa rival, aparentemente, ignorando el balón. «Los primeros minutos solo camina por el campo —me explicó el responsable—. Está observando a cada adversario, viendo dónde se coloca cada uno y cómo se sincroniza la defensa.»

Messi almacenaba sus observaciones en la memoria visual. Hubo un momento, en los primeros minutos de juego, que el defensa central del Barça, Javier Mascherano, le dio un pase y Messi se limitó a dejar que la pelota lo tocara. Todavía no estaba listo para jugar. Lleva a cabo la misma rutina en cada partido. Su exentrenador, Guardiola, lo explica: «Al cabo de cinco, diez minutos, tiene el mapa en los ojos y en el cerebro para saber exactamente dónde está el espacio y cuál es la panorámica».[1]

Messi es un futbolista que, curiosamente, se pasa por alto. Ha sido previsiblemente brillante durante tanto tiempo que hemos acabado dando por hecho su talento, como si pudiera explicarse con una frase. Es un «futbolista de PlayStation», dijo Arsène Wenger; «Como un dibujo animado», dijo Samuel Eto'o; «¡Un mago!», gritan los comentaristas. Voy a intentar aportar algo de luz a la magia.

Una soleada mañana de febrero en la ciudad deportiva Joan Gamper, con la sensación de que era injusto que alguien pudiera tener un trabajo estimulante en una ciudad tan para-disíaca, vi cómo Messi pasaba por mi lado para entrar en el aparcamiento de los jugadores, encaramado en el asiento del todoterreno de lujo de su patrocinador, presentándose un día más a la oficina. Me hizo pensar en cómo el Barça ha gestionado a Messi a diario y cómo él hace lo que hace, semana sí, semana también, desde que debutó con el primer equipo en 2004. ¿Cómo transformó el Barcelona a un solista en un jugador de equipo? ¿Y cómo lo mantuvieron a bordo durante tanto tiempo? La estrategia del club respecto a Messi —que implicó conformar todo el lugar de trabajo alrededor del empleado número uno— fue, durante quince años, probablemente el proyecto de gestión de personal a largo plazo más exitoso de la historia del fútbol. Pero funcionó también porque la carrera de Messi ha coincidido con la era futbolística más agradecida con las estrellas. Este capítulo recoge su historia hasta aproximadamente 2015. El periodo posterior, en el cual el F. C. Barcelona degeneró en F. C. Messi, viene en el último capítulo de este libro.

No entrevisté a Messi. Procuré no agotar mi banco de favores con el Barça y era consciente de que pedir quince minutos con él hubiera implicado sobrepasar el límite, aun suponiendo que el club fuera capaz de proporcionármelos (en el club nadie le dice a Messi lo que tiene que hacer).

Además, probablemente tampoco habría valido la pena. Messi cumplió los treinta sin haber dicho una frase interesante en público. Mi colega John Carlin, que lo había entrevistado en dos ocasiones, dijo que si le ofrecieran una tercera oportunidad la rechazaría. Incluso ahora que Messi habla algunas veces, sigue demostrando muy poca predisposición a hacerlo de su arte o de su poder dentro del Barça. No está claro si es capaz de hacerlo. En su lugar, he intentado comprender a Messi observándolo de cerca y escuchando a gente que lo ha observado aún más de cerca.

La aparición de Messi me la predijo un hombre de su ciudad natal, Rosario. En octubre del año 2000, tomé un café en Buenos Aires con un pequeño y alegre loco del fútbol llamado

Roberto Fontanarrosa, dibujante y novelista. Me explicó la creencia argentina de que Maradona solo podía haber salido en su país. Según la historia de Fontanarrosa, Maradona era un estereotipo argentino que se remonta a la década de los veinte (o incluso antes): el *pibe* del *potrero* que gana los partidos con sus regates. Fontanarrosa admitió que él mismo albergaba la creencia absurda de que Argentina produciría otro Maradona, y vivió lo suficiente para ver cómo sucedía. Murió en 2007 y la procesión por su funeral se detuvo junto al estadio local de su querido Rosario Central.

Mientras Fontanarrosa y yo nos tomábamos nuestro café, un chico de trece años de Rosario y su padre esperaban impacientemente en Barcelona a que el club lo fichara. Lionel Andrés Messi Cuccittini medía entonces 1,40 (la altura de un niño de nueve años), pero solo había necesitado aproximadamente cinco minutos en una sesión de entrenamiento con chicos mayores para que el director deportivo del Barça, Charly Rexach, exclamara: «¿Quién es ese?», y luego: «Dios, tenemos que ficharlo ahora mismo». Cuando alguien hizo el comentario de que el niño parecía un jugador de futbolín, Rexach dijo: «Entonces traedme a todos los jugadores de futbolín porque los quiero en mi equipo».[2]

Solo unos meses más tarde, en diciembre de 2000, Rexach garabateó un acuerdo de principios en una servilleta de papel ya legendaria.[3] El Barça accedió a financiar los tratamientos con hormonas de crecimiento para Messi. Sin ellos, no hubiera alcanzado ni siquiera su discreta altura adulta de 1,69. Como tantas personas de países más pobres, probablemente hubiera terminado siendo físicamente no apto para el deporte de élite. Puede que, en el fútbol, lo pequeño sea bello, pero lo diminuto no.

Si uno mira vídeos de Messi desde que tenía cinco años, se ve que llegó al Barcelona como un *pibe* casi perfecto, un regateador que veía venir a los rivales como a cámara lenta. En un vídeo, un niño diminuto con el pelo peinado hacia atrás, más carismático de lo que cabría esperar, sonríe a cámara y dice: «Mi nombre es Lionel Messi, tengo trece años. Me gustaría jugar en el Barcelona. Creo que es el mejor equipo de fútbol del mundo»[4] (entonces todavía no lo era).

De forma muy poco habitual, el Barça pagó para que los padres y hermanos de Messi se trasladaran con él. El salario del niño, de ciento veinte mil euros al año —probablemente sin precedentes en la Masia—, servía para mantener a toda la familia.[5] Los Messi mantuvieron su estructura familiar a costa de invertirla: el hijo más pequeño, de trece años, se convirtió en el inmigrante que mantiene a la familia. Igual que Cruyff con doce años tras la muerte de su padre, el argentino experimentó el final abrupto de su niñez y el comienzo de la responsabilidad. Todos los Messi lloraron en el taxi hacia el aeropuerto de Rosario, según recordaba él mismo,[6] pero llevarse a la familia con él puede que marcara la diferencia. Tener que vivir en una residencia estudiantil al otro lado del océano lejos de sus padres y teniendo que inyectarse hormonas de crecimiento todos los días probablemente no lo hubiera superado.

A diferencia de muchas familias de la Masia, los Messi se mantuvieron unidos y se resistieron a perseguir el dinero rápido. Esperaron pacientemente a que su chico madurara en Barcelona. Un empleado del club que tiene una relación cercana con él me dijo: «Messi tenía una estructura. Buena o mala, pero la tenía». Pero el hermano mayor de Messi, Rodrigo, admitió con posterioridad que «no nos adaptamos demasiado bien. Estábamos unidos, pero una persona hacía algo y el resto no hacíamos nada. Así que todos sufrimos de distinta forma».[7]

Messi es una figura más moderada y disciplinada que otros grandes del pasado, principalmente porque ha sido deportista profesional desde su adolescencia. Mientras que Maradona y Cruyff son productos de Argentina y de los Países Bajos calvinistas, Messi creció prácticamente al margen de la sociedad, como la creación conjunta de una familia y una academia de fútbol.

Hasta que llegó al primer equipo del Barcelona con diecisiete años y se encontró con compañeros de equipo que le pedían el balón, no necesitaba pasar, según recordaba Pere Gratacós, que le había entrenado en la Masia. Como Messi también recordaba, siempre se le «olvidaba» pasar: «Poco a poco, conseguí jugar más para el equipo, pero no fue nada fácil porque siempre he sido muy testarudo».[8]

El Barça tuvo que enseñarle a un talento nato a jugar al fútbol colectivo. En dos ocasiones, los entrenadores lo relegaron al banquillo por quedarse con la pelota demasiado tiempo, pero la Masia no llegó a convertirlo en un jugador de conjunto al estilo Cruyff. En el Baby Dream Team, Messi marcaba los goles él solo. Aquello no era un buen presagio. Ninguno de los *pibes* argentinos que tenían que ser el próximo Maradona —ni Pablo Aimar, ni Ariel Ortega, ni Marcelo Gallardo ni Javier Saviola, que fichó por el primer equipo del Barcelona en 2001— llegaron a hacer la transición completa del fútbol de la calle al juego europeo colectivo.

Además, había algo preocupantemente infantil en Messi, según explica el escritor alemán Ronald Reng. Cuando Guardiola vio por primera vez a aquel niño tímido y diminuto en la tienda de Nike del aeropuerto al lado de su padre, se preguntó: «¿Es este tan bueno como dicen?». Messi vivía prácticamente en chándal, no parecía ni que tuviera un par de vaqueros, solo había intentado leer un libro en su vida (una biografía de Maradona que no terminó) y sus compañeros de equipo lo tomaban por mudo hasta que, un día, de repente empezó a hablar durante un emocionante partido en la PlayStation.[9] «El juego era su medio de comunicación», me contó Gratacós.

Aun así, cuando tenía dieciséis años y estaba a punto de entrar en el primer equipo, el club estaba desesperado. «Tenemos una maldición», suspiraba Radomir Antić, primer entrenador del Barça por un breve periodo durante la temporada 2002-2003, en la que terminaron sextos en la liga española jugando un fútbol aburrido. «En 2003, yo era el cáncer del Barcelona», recordaba Xavi. Al parecer, su estilo de juego había quedado desfasado; la mayoría de los otros clubes grandes estaban alineando a gigantes en el centro del campo. Las deudas del Barça se estimaban en ciento ochenta y seis millones de euros, muy por encima de sus ingresos anuales. Incluso el salario de los jugadores excedía los ingresos totales. Según Ferran Soriano, que se convirtió en director general del club en 2003, el Barça era una «máquina de perder dinero» que corría el riesgo de «quedarse en una marca local pequeña», más un Valencia que un Real Madrid.[10] En aquel momento, el club solo había ganado una Liga de Campeones en toda su historia; el Madrid había ganado nueve.

Laporta había sido elegido presidente aquel verano tras la promesa de fichar a David Beckham. El inglés tenía que ser el «galáctico» del Barça, pero, comprensiblemente, Beckham prefirió unirse a sus colegas «galácticos» en el Real Madrid. El Barça también fracasó a la hora de fichar a un extremo portugués de dieciocho años llamado Cristiano Ronaldo, que se fue al Manchester United. «Pensamos que dieciocho millones de euros era un precio demasiado alto», admitió Soriano con posterioridad.[11] Imaginemos cómo hubiera sido la historia del fútbol de haber puesto a Ronaldo y Messi juntos de adolescentes.

En su lugar, el Barça se apresuró a comprar al distribuidor de juego brasileño Ronaldinho del Paris Saint-Germain, donde había tenido una trayectoria con altibajos, pasando épocas en el banquillo y otras como delantero centro de estilo inglés desfasado.

Al principio, los responsables del club tuvieron problemas para convencer al nuevo entrenador del Barça, Frank Rijkaard, de que dejara que un chaval diminuto de dieciséis años entrenara con el primer equipo. Cuando el holandés finalmente lo autorizó, un empleado recogió a Messi del apartamento de su hermano Rodrigo a pocas calles del estadio. «¿Nervioso?», le preguntó amablemente el empleado cuando el chico subía al coche. «No», respondió Messi. Después de la sesión, el empleado le preguntó a Ronaldinho si aquel niño argentino con un corte de pelo estilo maceta era lo suficientemente bueno como para entrenar con el equipo. «Ya tendría que estar jugando con el equipo», respondió el brasileño.

En noviembre de 2003, en un partido amistoso contra el FC Porto (dirigido por un joven exalumno del Barça, José Mourinho), Messi debutó con el primer equipo. «No tenía absolutamente ningún problema de nervios»,[12] recordaba el ayudante de Rijkaard, Henk ten Cate. Aquel chico, que rara vez se molestaba en mirar fútbol por televisión, no conocía los nombres de sus adversarios ni sabía mucho de historia del fútbol.[13] Nada de aquello le interesaba. Él sabía que el primer equipo del Barça era su sitio. Pero enseguida aprendió a disimular su talento para no ofender a sus compañeros de equipo famosos, que ya lo estaban pasando suficientemente mal. En diciembre de 2003, tras una derrota por 5-1 bajo la lluvia en Málaga, el *Mundo Deportivo* tuvo dificultades para encontrar un titular de portada: ¿«Vergüenza» o «Intolerable»? Ya habían rechazado «Ridículo» por ser «demasiado fuerte».[14] El Barça no empezó a cambiar el rumbo hasta principios de 2004.

Después de cada sesión de entrenamiento, el equipo iba al gimnasio. Otros jugadores levantaban pesas, pero Messi no le veía sentido a eso. Jugaba al fútbol tenis con el carrilero brasileño Sylvinho. Ten Cate dijo: «Yo veía al pequeño Messi jugar contra Sylvinho, y al principio Sylvinho no paraba de darle palizas, pero pronto Messi empezó a ganar a Sylvinho y luego a Ronaldinho». Cuando el otro ayudante de Rijkaard, Eusebio Sacristán, jugaba al fútbol tenis contra Messi, se dio cuenta de que el chico siempre intentaba ganarle por 11-0. «Tenía mentalidad de ganador —dijo Eusebio—. Los demás jugadores no eran así.»

Hay una democracia de los grandes en la que la edad y el estatus desaparecen. Ronaldinho le ofreció a Messi la taquilla que estaba al lado de la suya, en la esquina de las estrellas del vestuario. (El vestuario estaba dividido por columnas en secciones separadas, una forma que, naturalmente, creaba camarillas. A Guardiola, esto le parecía tan perjudicial que, cuando más adelante diseñó el campo de entrenamiento del Manchester City, hizo el vestuario ovalado.)[15]

El 16 de octubre de 2004, Messi debutó oficialmente como menor de edad contra el Espanyol. Un poco más de seis meses antes, aquel chico de diecisiete años se convirtió en el goleador más joven de la historia del Barcelona, contra el Albacete, con una vaselina tras un pase de su mentor, Ronaldinho. El brasileño lo celebró haciéndole el caballito. «Mirad a este jugador. Nos superará a todos», dijo Ronaldinho después.[16]

La primera vez que vi a Messi fue justo después de su decimoctavo aniversario, el 28 de junio de 2005, en la semifinal del Mundial sub-20 que enfrentaba a Brasil contra Argentina en Utrecht. Yo había ido con la expectativa de tomar notas sobre estrellas del futuro de las que pudiera hablar en mis artículos en los años siguientes.

El miembro más bajito y más joven del equipo argentino había empezado el campeonato en el banquillo, pero lo habían ascendido tras la derrota inaugural de Argentina contra Estados Unidos. En el camino hacia la semifinal, había marcado tres goles en cuatro partidos, y Laporta se había apresurado a llegar a los Países Bajos para disuadir a posibles mejores postores subiéndole el salario, multiplicándolo supuestamente por treinta.[17] Ningún otro futbolista de aquella semifinal tenía ni siquiera un contrato con un club europeo. Ojeando mi libreta de entonces, veo que presté atención a Messi desde el saque inicial: «Jugando como delantero solitario. No muy activo en el juego sin balón, se queda mucho tiempo inmóvil, con la cabeza gacha». Esta fue mi primera anotación. Pero luego:

En el minuto 7, Messi hace algo por primera vez: le pasan el balón a unos treinta metros de portería, acelera superando a su hombre y la mete por la escuadra con el pie izquierdo desde fuera del área. Brillante.

Messi es el único hombre sobre el terreno de juego que suele superar a sus oponentes regateando; el público disfruta cuando él tiene la pelota […]

Muy consistente, concentrado; no desperdicia el balón, siempre hace un pase inteligente; más maduro que los chicos más mayores que le rodean […]

Ojalá Messi se implicara un poco más en el partido, ya que no es un simple goleador, sino el mejor pasador de Argentina […]

Messi no tiene juego aéreo, prácticamente ni lo intenta.

Cuatro días más tarde regresé a Utrecht para la final, Argentina contra Nigeria. Me senté en las gradas junto a Piet de Visser, un ojeador holandés septuagenario con aspecto de pájaro que había superado varios cánceres y básicamente se había quedado sin estómago. Trabajaba para el Chelsea, cosa que intentó mantener en secreto sin conseguirlo. De Visser se pasaba la vida cruzando el planeta viendo campeonatos juveniles y conocía a todos los futbolistas adolescentes con talento sobre la faz de la Tierra; se refería a cada uno de ellos por su número de camiseta. Cuando Nigeria hizo un cambio, comentó: «Sí, con el once serán todavía más fuertes. El once es mejor que el quince».

De Visser abrió el partido con un largo elogio hacia el número siete de Argentina (el centrocampista Fernando Gago): «Es el mejor. Nunca da un balón malo este siete. Nunca da un mal pase; en un minuto, ha dado entre seis y ocho pases. Es el jefe de Boca, ¿eh? Un jugador elegante».

El capitán de Argentina, Pablo Zabaleta, impresionaba menos a De Visser: «Eso es lo que sabe hacer: control. Pero no hay que darle la pelota».

Luego le hicieron un penalti a Messi. Esperó a que el portero se moviera antes de empujar con suavidad el balón hacia la otra esquina. «Sí, es muy bueno», murmuró De Visser. Comentó que en el Mundial sub-17 de Finlandia, un par de años atrás, Messi también había sido el mejor jugador.

La calidad del partido era elevadísima. En un momento de la segunda parte, los espectadores neerlandeses, sintiendo que estaban presenciando algo especial, empezaron a aplaudir al ritmo de la acción. Pero si alguien les hubiera preguntado qué jugador acabaría siendo el mejor del mundo, probablemente muchos hubieran nombrado al centrocampista nigeriano Jon Obi Mikel. Cuando Mikel superó a tres hombres en el área, De Visser exclamó: «¡Mira, chico! No es normal, ¿eh? El rey del centro del campo. Es incluso mejor que Gago».

Aun así, cuando Gago fue sustituido por Lucas Biglia a veinte minutos del final, De Visser gritó: «¡Ese cabrón de entrenador! ¡*Buuuuuuuu!* Tendría que estar prohibido».

Hacia el final del encuentro, a Argentina le pitaron otro penalti a favor. Messi volvió a chutarlo. El comentario de Visser fue: «Cuánta sangre fría. Espera a ver qué hace el portero. Si el portero se queda quieto, [Messi] tiene un problema». De hecho, el portero se quedó quieto, pero en el momento en que simplemente echó el peso sobre la pierna derecha, Messi metió el balón por la otra esquina. Argentina era campeona del mundo sub-20. Messi ganó la Bota de Oro como máximo goleador y fue nombrado jugador del torneo. Mikel quedó segundo. Seis de los argentinos que jugaron aquel día —Gago, Biglia, Zabaleta, Messi, Ezequiel Garay y un suplente que entró en el minuto cincuenta y siete, Sergio Agüero—

participarían nueve años más tarde en la final del Mundial contra Alemania en Río de Janeiro.

Unos meses después de Utrecht, Messi se había convertido en el extremo derecho titular del Barcelona. Al principio detestaba esa posición, pues siempre había querido jugar en el centro, pero era la nueva tendencia en el fútbol: los zurdos se ponían en el ala derecha y los diestros en la izquierda, cortando hacia dentro. Aquella posición marcó el patrón para el resto de su carrera. En su primer partido como titular con el Barça, en 2005 contra el Osasuna, completó once regates.

También empezó a jugar con Argentina, empezando desde abajo en la jerarquía del equipo: tras un partido amistoso contra Croacia en Basilea, la federación argentina lo envió de vuelta a Barcelona en Easyjet.[18]

En aquellos primeros meses en el primer equipo del Barcelona, Messi iba caminando al estadio desde el apartamento de su hermano. Bebía Coca-Cola, jugaba a los videojuegos, ayudaba a cuidar a su sobrino y era protagonista en el Camp Nou.[19] Un médico del club me dijo que el jugador argentino, en aquella época, todavía se sentía invencible y creía que su talento lo excusaba de llevar una vida de deportista. No tardó en comprarse una casa en Castelldefels, el municipio de playa que los Cruyff habían descartado en 1973.[20]

En aquel momento, a Ronaldinho, que era capaz de hacer pases con la espalda, se le consideraba el mejor jugador del mundo. Messi dijo en 2005: «Tiene una capacidad para controlar la pelota que me da envidia».[21] Ronaldinho hablaba de quedarse toda la vida en Barcelona: «No hay ningún lugar en el mundo donde estaría mejor».[22] Pero ya había gente en el Barça preocupada por si no duraba. El club se sabía el argumento: viene un gran jugador al Camp Nou, brilla por poco tiempo y luego se desvanece. Esa había sido la historia de Cruyff, de Diego Maradona (que estuvo en el Barça entre 1982 y 1984) y del alemán Bernd Schuster. «Todas las estrellas abandonan el Barcelona por la puerta de atrás», dijo Schuster.[23] El brasileño Ronaldo se marchó al Inter de Milán en 1997 con solo veinte años, después de que el traspaso fuera acordado por sus agentes la misma tarde que los directivos del Barça estaban en un restaurante con el jugador celebrando la inminente renovación de su contrato. Cuando regresaron a las oficinas del club después de la comida para firmar el contrato, ya era demasiado tarde.[24]

En mayo de 2006, sin Messi, que estaba recuperándose de una lesión, el Barça derrotó al Arsenal por 2-1 en la final de la Liga de Campeones en París. Aquella noche parecía el comienzo de la hegemonía de Ronaldinho, pero resultó ser el final. El brasileño, que en aquel momento tenía solo veinticinco años, casi no volvió a jugar otro gran partido en su carrera. Por aquella época, a un periodista amigo mío lo habían convocado en Barcelona para hablar de la posibilidad de escribir la autobiografía de Ronaldinho como escritor fantasma. Se registró en el hotel y esperó. Sobre las dos de la mañana, sonó el teléfono: el brasileño y su séquito lo esperaban en un club nocturno. Mi amigo fue a encontrarse con ellos y se dio cuenta en unos minutos de que Ronaldinho jamás encontraría la concentración para sentarse y explicar su vida.

Pronto le salió barriga y empezó a llegar tarde a entrenar. Sus malos hábitos contagiaron al resto del equipo. Soriano, el director general del Barça, explica lo que otro jugador le dijo en 2007:

> En mi último equipo, los jugadores solían llegar una hora antes de que empezáramos a entrenar y el entrenador ya estaba allí. Aquí, si la sesión empieza a las once en punto, algunos llegan cinco minutos antes o incluso más tarde. Al principio, yo también llegaba bastante temprano, pero ahora llego solo cinco minutos antes, como hace la mayoría.[25]

Cruyff fijó una vez que el momento más peligroso en la carrera de un gran jugador es cuando tiene unos veinte años y la fama y el dinero le llegan de golpe, especialmente, si todavía no está casado y con hijos. Es entonces cuando corre el mayor riesgo de descarrilarse.

A esa edad, Messi tenía ventaja respecto a Ronaldinho: era introvertido y vivía con una familia, no con un séquito. Además, estaba más interesado en el fútbol que el brasileño. No obstante, resultaba preocupante que a veces acompañara a Ronaldinho en sus salidas nocturnas.

También seguía siendo un solista recalcitrante. En 2019, el sitio web StatsBomb se maravillaba de que en sus primeras tres temporadas tuviera una media de entre siete y ocho regates realizados con éxito por partido. «Todas estas cifras son mayores que las de "cualquier jugador" de las grandes ligas europeas en las últimas dos temporadas [...] a menudo se ven equipos que se pasan partidos enteros con menos regates que los que hacía el joven Messi.»[26] En enero de 2008, superó al desafortunado Clemente Rodríguez, un defensa del Espanyol, seis veces en un mismo partido.[27] Aquella temporada 2007-2008 batió un récord de ocho regates completados en noventa minutos. Pero regatear no era suficiente. Los rivales pronto descubrieron la forma de detenerle: las patadas. En un partido de la Liga de Campeones de 2006, el capitán del Chelsea, John Terry, literalmente se lanzó encima de Messi en el área, inmovilizándolo en el suelo bajo su cuerpo. El árbitro, tal vez confuso por una falta tan flagrante, no pitó penalti. Algunos jugadores del Barcelona temían que el argentino fuera demasiado egoísta para aprender a jugar en equipo. Dado su cuerpo diminuto y su estilo de vida poco profesional, una carrera larga parecía improbable. Por aquel entonces, el futuro más probable para él parecía ser el de apariciones brillantes seguidas de un temprano apagón.

Rijkaard también estaba preocupado. En marzo de 2008 lo entrevisté en «la Cueva», el despacho sin ventanas del primer entrenador en las entrañas del Camp Nou. Fumando cigarrillos y con sus largas piernas vestidas con vaqueros colgando por encima de su escritorio, parecía un héroe de película de los setenta. En aquel momento, Messi estaba sin jugar, lidiando con otra lesión muscular. El técnico holandés me dijo: «Tiene que darse cuenta de que, cuando el partido termina, empieza otro para él, y eso significa prevención, descansar, cuidar su cuerpo. Esta lesión recurrente..., va a tener que aprender a vivir con ella, para evitar en lo posible que se repita».

Rijkaard hizo una crítica al juego de Messi: «He visto partidos en los que, durante noventa minutos, parecía como si fuera uno contra once y recibía muchas patadas, pero solo ganábamos 1-0 o empatábamos 0-0 o perdíamos 1-0». Elogió de Messi que buscara variedad en su juego, que ya no regateara todo el rato, pero el informe era muy del estilo «tiene potencial, pero necesita mejorar».

Cuando hice la habitual comparación con Maradona, Rijkaard objetó: «Juzgamos a Maradona por toda su carrera. Messi tiene solo veinte años. Esperemos que vuelva a ponerse en forma, pero hay una posibilidad, dentro del desarrollo de un jugador, que diga dentro de dos años: "Ya lo he hecho todo y ahora quiero esto"». Rijkaard debía estar pensando en Ronaldinho.

Viéndolo *a posteriori*, Messi estaba pasando por un problema de dentición que es específico de los genios en cualquier deporte. No todos lo superan. Pido disculpas por presumir de nombres, pero esto lo comprendí al entrevistar a Roger Federer en su *jet* privado en 2019. Puede decirse que el suizo es el Messi del tenis, aunque su estatus global sea inferior: cuando el argentino se unió a Facebook en 2011, superó el total de 6,7 millones de seguidores de Federer en siete horas.[28]

Federer ama el fútbol; cuando le mencioné a Messi, me preguntó con excitación si lo había conocido. El suizo admitió con pesar que solo había conocido a los padres de Messi, en un torneo de tenis en Argentina. Luego dijo:

> Curiosamente, no he hablado de Messi lo suficiente. Probablemente lo que más me gusta de él es cuando coge la pelota y es capaz de girar su cuerpo hacia la portería para tener la visión completa. Entonces sabes que va a hacer un buen pase, un regate o simplemente chutar. Siempre tiene tres opciones, y es uno de los pocos que lo tiene.

El caso de Federer es similar, se dice que tiene doce *drives* distintos. Tener ese rango de opciones, dijo Federer, «es definitivamente una ventaja si llegas a ese punto. El problema cuando eres joven es saber qué usar y cuándo». Me explicó que la vida es más fácil para un jugador limitado «que solo sea muy bueno haciendo *drives* y reveses cruzados, y puede estar haciéndolos todo el día y toda la noche». El equivalente futbolístico sería el tipo que recupera el balón y lo entrega al compañero más cercano. Los jugadores limitados no tienen el problema de la elección. Messi sí lo tiene. Federer siguió:

Para nosotros [es decir, los genios polifacéticos] supone un mayor reto: «¿Qué palo de golf tengo que sacar de la bolsa para este chute o este pase?». Creo que es increíblemente apasionante y tal vez es por eso por lo que me gusta tanto este deporte actualmente. Geometría, ángulos, cuándo hacer qué golpe, ¿debería sacar y subir a bolea? ¿Debería quedarme atrás? ¿Debería cambiar todo el tiempo? ¿Debería golpear fuerte?

Igual que el tenis, el fútbol es un juego de decisiones. Cuando regateas a alguien, explicaba Cruyff en 1972, «comprendes que has superado a un hombre, que se ha creado un hueco y que ahora tienes que hacer algo. Entonces, ¿qué haces? ¿Superas a otro o la pasas primero? Sí, ¿qué haces?».[29] Guardiola dijo que si mirabas a Messi cuando tenía la pelota y apretabas el botón de pausa, siempre elegía la mejor opción posible.[30] No obstante, Messi tardó años en llegar a ese punto. Entre 2005 y 2008, su porcentaje de pases largos, pases al área y asistencias no dejó de incrementar. Luego comenzó a completar una mayor proporción de regates mientras disminuía su frecuencia. Mirando atrás, con treinta y dos años, dijo: «He aprendido a leer mejor los partidos, en qué momento y dónde tengo que ser efectivo y decisivo».[31]

Aprendió, en parte, porque tuvo la suerte de acabar en el Barça, la escuela cruyffista del pase. El hijo de Cruyff, Jordi, dice: «Creo que el Barcelona y Messi estaban predestinados. Vino al mejor club del mundo al que podía ir».[32] En el primer equipo del Barcelona, Messi se encontró con jugadores como Ronaldinho, Deco y Eto'o, que querían que les pasara el balón y devolvérselo, comunicarse a través del pase. Y Messi estaba dispuesto a aprender porque su ambición no era ser un solista, sino un ganador. Thierry Henry, que llegó al Barça desde el Arsenal en 2007, explicaba:

En el entrenamiento, si el jefe no pitaba una falta o lo que fuera, él solía decir: «¡Oh! ¿Esto no es falta? De acuerdo», y luego cogía la pelota, nos regateaba a todos y marcaba. Entonces, tú tenías la pelota. Él corría detrás de ti, recuperaba el balón y marcaba hasta que recuperaba su estado normal y se relajaba; sin darte cuenta, perdías por 3-1.[33]

En verano de 2008, casi cuatro años después de su debut, Messi había marcado un total de tan solo cuarenta y dos goles para el Barcelona. Aquel verano cumplió veintiún años —la edad a la que Federer ganó su primer Grand Slam— y maduró para convertirse en el mejor futbolista del mundo. A lo largo de las cuatro siguientes temporadas, sumaría doscientos once goles y se convertiría en el máximo goleador de la historia del club.[34]

El verano de 2008, el Barcelona entró en la era Messi. El nombramiento de Guardiola, con treinta y siete años, como primer entrenador fue importante, pero se ha sobrevalorado. Lo más significativo fue el momento en el que el Barça adoptó la estrategia Messi: la prioridad del club, en palabras de Guardiola, pasó a ser «que Messi siga sonriendo». En esa época, el argentino apenas hablaba. Juanjo Brau, su fisioterapeuta en el Barça, decía que la clave para ganarse su confianza era «respetar su espacio y su silencio».[35] Pero eso dejaba al cuerpo técnico con la única opción de adivinar lo que ocurría bajo aquella máscara. Guardiola entendió que a Messi no le importaba demasiado quién le entrenara, pero el jugador tenía que estar siempre convencido de que ninguno de los otros clubs gigantes europeos podría ofrecerle un entorno mejor. A partir de ese momento, el Barça estuvo dispuesto a sacrificar a cualquier otro jugador o entrenador por el bien de Messi. Por primera vez, un gran futbolista seguiría siendo grande en el Barça.

Inoportunamente, el paso número uno de la «estrategia Messi» fue vender a su héroe. Aunque el Barcelona entendía que Ronaldinho se había convertido en una mala influencia, Messi no lo compartía. Poco después de la marcha del brasileño, el chaval se peleó en un entrenamiento con el mexicano Rafael Márquez, de quien sospechaba que había conspirado contra el brasileño. Afortunadamente, Guardiola y su equipo se habían educado en la tradición del Barcelona de tratar a los jugadores (especialmente a los de la Masia) como seres humanos. «Leo —le dijo Guardiola después de un entrenamiento, como si ambos siguieran siendo niño y entrenador de la academia—, si hay algo que no te gusta, tienes que decirlo». En una conversación de cinco minutos, hizo que Messi sintiera que el Barça siempre le querría.[36]

Guardiola también le dio un sermón sobre llevar una vida sana.[37] Un responsable del club me dijo que Messi, en aquel momento, estaba en una encrucijada; Guardiola lo llevó por el buen camino, y él empezó a comer mejor. Como deportista adulto por fin en plena forma física, dejó de lesionarse. Siempre había sido capaz de engañar a los defensas; ahora tenía la fuerza para acelerar y después desmarcarse de ellos. Los adversarios tenían dificultades incluso para hacerle falta (si es que se atrevían). Pep Boada, el jefe de ojeadores del Barcelona en aquel momento, me dijo que Guardiola había «diseñado una estrategia Messi. Si John Terry le da una patada, el equipo entero lo protegerá».

El Barça se embarcó en el proyecto deliberado de mimar a un solo hombre. En 2007, ficharon al defensa argentino Gabriel Milito en parte porque se llevaba bien con Messi.[38] Un año después, con los Juegos Olímpicos de Pekín acercándose, el Barcelona consiguió una resolución judicial diciendo que no tenía ninguna obligación de liberar a Messi para que jugara con Argentina y luego descubrieron que, de todos modos, él había volado hasta China.[39] ¿Qué podían hacer? Guardiola lo llamó para decirle que ganara el oro.[40] Evidentemente, Messi lo hizo (junto con Agüero, Ángel Di María y Juan Román Riquelme en una delantera argentina aterradora que jamás volvería a repetirse en un torneo sénior). Guardiola también se dio cuenta de que Messi quería jugar siempre los noventa minutos, aunque el Barça ganara por 5-0. El acuerdo tácito (que se mantuvo buena parte de su carrera) era que nunca lo sustituirían.

Poco después de que el Barça fichara a Ibrahimović, en 2009, Messi le transmitió a Guardiola que no quería que un sueco descomunal bloqueara sus carreras hacia el centro. «Pon a los otros en las bandas»,[41] le dijo a su entrenador. La visión de Messi sobre el fútbol (que apenas cambiaría con el tiempo) era que un técnico debía elegir a los mejores jugadores y no preocuparse demasiado por la táctica.[42]

Cuando Ibrahimović se dio cuenta de que estaba sentenciado, se indignó y con razón: había marcado en cada uno de los cinco primeros partidos de la temporada. En cualquier otro equipo, a un futbolista que le pusiera objeciones a un fichaje de entre los diez mejores del mundo le hubieran dicho que aprendiera a vivir con ello. El sueco se lo recriminó a Guardiola, que por su carácter catalán era demasiado poco beligerante para responder a gritos. Ibrahimović confundió el saber estar del entrenador con una falta de hombría. En realidad, el sueco sobrestimaba su propio estatus. Guardiola dijo años después: «Es como si el actor secundario quisiera hacer el papel protagonista».[43] Messi se había convertido en un pequeño dictador.

La deferencia del Barcelona hacia el argentino va en contra de la tradición futbolística. Un club que satisface los deseos de un solo jugador atenta contra la idea jerárquica del juego.

Los autoritarios aciertan al pensar que dar poder a los jugadores tiene inconvenientes. A veces, los futbolistas pueden abusar de él para holgazanear en el entrenamiento (como sucedió los últimos dos años de Ronaldinho) o para que hagan jugar a un colega. En cualquier lugar de trabajo existe la misma tensión: si se da más poder a los trabajadores de planta, puede que tomen mejores decisiones o puede que metan más la pata o ambas cosas.

Sin embargo, el Barcelona había sido moldeado por Cruyff, y Cruyff creía en el poder de los jugadores desde que tenía quince años y daba órdenes a los veteranos internacionales en los entrenamientos del Ajax. El holandés argumentaba (incluso después de convertirse en entrenador) que si se daba poder a los jugadores también se les estaba dando responsabilidad. Y decía que esto era especialmente cierto en el caso de grandes futbolistas. Una de sus máximas era que, mientras que un jugador corriente es responsable solo de su propio rendimiento, un gran jugador lo es del rendimiento del equipo.

Esa era la historia de la carrera como jugador del propio Cruyff. Esta carga adicional le resultaba tan estresante que la sobrellevaba fumando compulsivamente, pero siempre la aceptó. Lo mismo le sucedía a Zinedine Zidane. Uno de sus compañeros en la selección describe cómo era Zidane en el vestuario antes de un partido: se ponía tranquilamente su equipación sabiendo que iba a salir al campo con veintiún futbolistas de primer nivel y decidiría el partido. Sentía que tenía que hacerlo.

A Messi le pasaba lo mismo. Piqué me dijo: «El sentido de responsabilidad que Messi tiene en este equipo es muy grande». Guardiola recordaba que, cuando el argentino perdía, «estaba enfadado, incluso furioso, pero se iba a casa sin quejarse jamás del entrenador ni de cualquier otra cosa».[44] Si eres el mejor jugador, el resultado depende de ti. Los días malos del Barcelona, Messi sentía que estaba en sus manos cambiar el partido. Para él, cada título de liga era como una tarea completada, un deber cumplido.

Si un gran futbolista es responsable del rendimiento del equipo, también necesita tener poder de decisión sobre el proceso. Si se le permite decidir que Ibrahimović tiene que marcharse, la carga de la prueba recae sobre él para demostrar que la decisión es correcta. Los resultados futuros son «suyos». Por el contrario, si el club ignora sus deseos, tiene una excusa para encoger los hombros y decir: «Yo solo trabajo aquí».

Joan Oliver, el director general del Barça en aquel momento, me dijo en 2009: «En cierto sentido, tienes que construir el equipo para él. Pero debes concienciarle de que necesita al equipo. Le estás ofreciendo la mayor oportunidad en el mundo del fútbol. Mientras siga así, será difícil que se marche».[45]

El Barcelona fusionó el dogma cruyffista del poder del jugador con el espíritu español o catalán de no confrontación para evitar conflictos. Le dio las llaves del club a Messi. Si le decía a un compañero de equipo durante un partido que cambiara de posición o que mutara sus patrones de pase, se daba por hecho que obedecería. Oliver dijo: «No hace gestos explícitos, pero le está diciendo a todo el mundo lo que espera de ellos sobre el terreno de juego. No es algo evidente, es muy sutil».[46]

Es cierto que a Messi no se le dio poder de veto sobre la toma de decisiones. Había demasiadas corrientes internas dentro del club para permitirlo. En 2014, por ejemplo, no se le concedió el deseo de traer a su amigo Agüero al Barcelona, vino Luis Suárez en su lugar. Aun así, las personas que tomaban las decisiones en el Barça empezaron a tener en cuenta los deseos del argentino en cada traspaso, cada decisión táctica importante y cada nombramiento de entrenador. Muchas veces, dejaba muy claros tales deseos. Nunca le ha encontrado el sentido a tener que proyectar su personalidad fuera del club, pero dentro sí que lo hace. Rosell, presidente del Barça entre 2010 y 2014, me dijo:

—No le hace falta hablar. Su lenguaje corporal es el más potente que he visto en mi vida. Lo he visto con una mirada en el vestuario que hace que todo el mundo sepa si está de acuerdo o no con una sugerencia. Y eso es todo. Es mucho más inteligente de lo que la gente piensa o de lo que transmite.

—¿Y qué es lo que quiere? —pregunté.

—Él quiere fútbol —respondió Rosell, en el sentido de que Messi quería que el Barça jugara exactamente como él deseaba.

Cruyff explicó: «Si tienes la posibilidad de ser el mejor jugador en cada partido, tienes que ser un poco como un dictador, como hace Messi, porque tu prestigio está en juego».[47]

Los equipos de fútbol profesionales suelen tener una jerarquía estricta. Muchas veces, arriba están los jugadores veteranos, los más carismáticos o los abusones. Pero en el fútbol de máximo nivel, la calidad supera a todo lo demás, y el mejor futbolista es quien manda. Un compañero de equipo de Messi dijo:

—Es mejor que tú con el pie derecho, con el izquierdo y con la cabeza. Es mejor defendiendo y atacando. Es más rápido. Es mejor regateando y pasando.

El compañero de equipo extiende las manos expresando incredulidad.

—¿Y como portero? —le preguntan.

Suelta una carcajada.

—¡Si lo intenta, también lo será![48]

Añade fuerza a este elogio que venga precisamente de Xavi. Incluso él e Iniesta aceptaron que su papel era surtir a Messi. Renunciaron a su parte de gloria.

Algunos compañeros de equipo temían al argentino. Una vez reconoció: «Soy capaz de enfadarme por cualquier cosa, normalmente cosas estúpidas. Me caliento bastante rápido, aunque no se vea en el campo».[49] El exportero del Real Madrid Jerzy Dudek recordaba: «Nadie podía imaginarse, de un tío tan tranquilo y que parecía tan agradable, las cosas horribles que les decía a Pepe y a Sergio Ramos».[50] Los árbitros lo conocen por sus quejas continuas. Así le gritaba (en inglés) el árbitro neerlandés Björn Kuipers: «¡Oye, Messi, vamos! ¡Un poco de respeto! ¡Lo haces cada vez! ¿Por qué lo haces? ¡Venga déjalo!».[51]

El crac argentino lo ha admitido: «Debería haber ido al psicólogo, pero no lo hice. ¿Por qué? No lo sé. Me resulta difícil dar ese paso, aunque sé que lo necesito. Antonela [su mujer] ha insistido muchas veces en que debería ir, pero soy una persona que se lo guarda todo para sí. No comparto las cosas. Sé que me haría bien, pero no he ido».[52]

A ningún entrenador se le ha permitido interponerse en su camino. En el pasado, Michels, Cruyff, Weisweiler, César Luis Menotti y Van Gaal fueron recibidos en el Camp Nou como posibles mesías. Sin embargo, después de que Guardiola se marchara en 2012, el Barça lo sustituyó por nombres menores. Primero por su ayudante Tito Vilanova, que había sido el entrenador favorito de Messi en las categorías inferiores. Cuando Vilanova sucumbió al cáncer de garganta, su sustituto fue un argentino desconocido, Gerardo Daniel, *Tata*, Martino, natural de Rosario, la ciudad natal de Messi y, también como él, excanterano del Newell's Old Boys. El entrenador del Barça fue degradado a personal de apoyo temporal de Messi.

También con Argentina, Messi ha ayudado a elegir el equipo y las tácticas por lo menos desde 2008,[53] aunque, en sus primeros y mudos años, sus compañeros de toda la vida Agüero y Di María a menudo tenían que interpretar sus deseos. El entrenador de Argentina en el Mundial de 2014, el inexperto Alejandro Sabella, fue nombrado precisamente por su predisposición a obedecer a Messi (aunque es posible que el míster no se diera cuenta). A Fernando Gago y Gonzalo Higuaín los incorporaron al equipo titular durante el campeonato porque Messi lo dijo.

Tanto la selección argentina como el Barcelona se moldearon en torno a lo que ha resultado ser el sorprendentemente largo pico de la carrera de Messi. A Federer le parecía asombroso: «Su constancia..., acaba de marcar su gol seiscientos.

Son cifras nunca vistas; estamos viendo lo mismo en el baloncesto, con todos los récords que se están batiendo. La gente es más consciente de ellos y creo que se esfuerzan más, son más profesionales».

Messi también encontraba su motivación compitiendo con Ronaldo por el estatus de mejor jugador del mundo. El delantero francés Kylian Mbappé me dijo que los mejores futbolistas estaban pendientes los unos de los otros, igual que se imaginaba que hacían los mejores pasteleros. Dijo: «Creo que Messi le ha ido bien a Ronaldo, y a Ronaldo le ha ido bien Messi. Para mí son los dos mejores jugadores de la historia, pero creo que uno sin el otro quizá no habrían seguido siendo los mejores a tanta distancia de los demás durante quince años. Tal vez se habrían abandonado en algún momento. Pero creo que tener a un jugador igual de bueno en el equipo rival de la misma liga es lo más motivante».

Cuando el propio Mbappé estaba compitiendo para ser el máximo goleador de Europa la temporada 2018-2019, se dio cuenta de que Messi marcaba siempre más goles que él: «Si yo marcaba dos, él marcaba tres; si yo marcaba tres, él marcaba cuatro. Era tan alucinante que hablé con Ousmane [Dembélé, el amigo de Mbappé en el Barcelona]: "¡No es posible! ¿Lo hace a propósito? ¿Comprueba cuántos goles marco?"». Y Dembélé le respondió: «¡Pues claro que te mira!». Messi terminó la temporada con treinta y seis goles, tres más que Mbappé.[54]

Entre 2008 y 2019, Messi ganó seis de los doce Balones de Oro como mejor futbolista del mundo, mientras que Ronaldo ganó cinco. Antes que ellos, ningún otro jugador había ganado más de tres. Hay un debate absurdo sobre quién es mejor, si Messi o Ronaldo (por si sirve de algo, Messi es un poquito mejor; son los dos mejores delanteros del mundo, pero el argentino es además el mejor creador de juego del mundo). No obstante, la verdadera cuestión es cómo ambos consiguieron ser extraordinarios durante más tiempo que cualquier otro grande anterior a ellos, excepto tal vez Alfredo Di Stéfano. Una posible respuesta es que, durante la década antes de que ellos entraran en escena, el fútbol se reestructuró para favorecer al superhéroe.

Antes, un gran jugador vivía como una estrella del *rock*. Le perseguían las *groupies* y esperaba que su cuerpo aguantara hasta los treinta. No ganaba una fortuna, y por eso vivía a lo grande. Después de todo, ser un genio significaba no tener que trabajar duro. Ferenc Puskás, en los años cincuenta, era un tipo gordo; George Best, en los sesenta, era alcohólico; Cruyff fumaba compulsivamente; y Maradona esnifaba cocaína. Las tentaciones del estrellato eran enormes; sucumbir era casi el objetivo.

Best a partir de 1968, y Maradona y Pelé durante la mayor parte de sus carreras en clubes, jugaron con muchos compañeros de equipo mediocres. El Pelusa, en el Nápoles, recibía muchos pases por detrás (que aplaudía con generosidad). Tanto en su equipo como en su selección, aprendió a jugar solo.

Entre estos hombres, había pocos que aspiraran a brillar cada semana. Pelé siempre estaba atravesando el planeta para jugar lucrativos partidos de exhibición. Maradona excitaba en los Mundiales, pero pocas veces en el camino que había entre las grandes citas. Y todos recibían muchas patadas. En 1966, Pelé abandonó el Mundial cojeando. Unos años después, antes de que Cruyff llegara al Barça, el presidente del Real Madrid, Santiago Bernabéu, advirtió que la liga española no le vendría bien al holandés «porque le romperán esas piernitas suyas al cabo de tres semanas».[55] Mirando vídeos de Cruyff jugando con el Barcelona puede verse que casi cada adversario le pega una patada, le hace la zancadilla, le da un codazo, le entra con los tacos por delante buscándole los pies (o por lo menos lo intenta). En su primer partido contra el Granada, sus compañeros de equipo no le dejaron entrar en el área rival en un saque de esquina: «No te metas en el área contra estos tíos».[56]

En 1983, Andoni Goikoetxea, el «Carnicero de Bilbao», le machacó el tobillo a Diego Maradona. «No se ha muerto», señalaba Goikoetxea para suavizarlo. Algunas veces, la intimidación adoptaba barrocas formas psicológicas. Un mes antes del ataque de Goikoetxea, el Barcelona recibió al Nottingham Forest en un amistoso de pretemporada. Brian Clough, el entrenador del Forest, se acercó a Maradona en el túnel antes del partido y proclamó: «Puede que tú sepas jugar un poco, pero yo siempre puedo cogerte por los huevos». Y procedió a hacer exactamente eso, según recordaba el centrocampista de Clough, Steve Hodge.[57]

Lo que transformó la suerte de las estrellas fue la televisión. Antes de los noventa, se emitían pocos partidos en directo. Pero entonces Rupert Murdoch y Silvio Berlusconi crearon canales de televisión sobre fútbol. Los clubes se convirtieron en proveedores de contenido, y las estrellas eran contenido de primera calidad. Los clubes ofrecieron a sus figuras un nuevo trato: os pagaremos fortunas si vivís como profesionales. Messi y Ronaldo aceptaron la oferta.

Las autoridades del fútbol protegieron a las estrellas aplicando mano dura contra las faltas y prohibiendo las entradas por detrás. Messi dijo en 2005: «En el fútbol profesional en realidad no pasa nada porque hay árbitros. En la escuela es donde las patadas eran patadas de verdad».[58] Una vez que se le reconoció como joya internacional, aproximadamente en 2008, recibió protección extra. Incluso si al árbitro se le escapaba una falta, el malhechor también tenía que preocuparse por si lo pillaban las cámaras. Cruyff afirmó una vez retirado: «La televisión mejoró el nivel de habilidad. Ahora los buenos jugadores están protegidos».[59] Imaginemos lo que el propio Cruyff hubiera podido hacer con tal protección.

Los campos perfectos y telegénicos también han ayudado. Messi no tuvo que abrirse camino por los mismos terrenos de juego holandeses llenos de barros a los que Cruyff se enfrentó en su juventud, cuando simplemente no caerse era todo un logro. Y Messi jamás se destrozaría la rodilla en un campo helado el día de San Esteban, como le sucedió a Brian Clough cuando era un talentoso delantero en 1962.

En la era de la televisión, los mejores futbolistas se han concentrado en pocos clubes de entre los más ricos. Messi se ha pasado toda su carrera de club jugando con compañeros de primer nivel que le permitieron alcanzar su máximo potencial. La creatividad pertenece más a los grupos que a los individuos. Del mismo modo que John, Paul, George y Ringo hacían mejor música juntos que como artistas en solitario, el Barcelona tenía a Xavi, Iniesta y Messi y, entre 2014 y 2017, contaba con la «MSN» de Messi, Suárez y Neymar. (Una particularidad de la MSN fue que encontró su forma de disponerse en el campo en medio de un partido, sin intervención aparente del entrenador.)[60]

La necesidad de Messi de contar con una buena banda se hizo patente en todos los campeonatos con la selección argentina, cuando tuvo problemas por compartir espacio con centrocampistas y defensas mediocres. Era incapaz de imaginarse cómo funcionaba un jugador que no veía una pared evidente o ejecutaba pases básicos al primer toque. En el Mundial de 2010, me fascinó un torpe extremo del Newcastle United, Jonás Gutiérrez, que imitó cómicamente a un lateral derecho argentino con muchísimas dificultades para mantenerse en pie. En el siguiente Mundial me fijé en que Federico Fernández, que era lo suficientemente astuto para saber que lo habían hecho jugar en un torneo que excedía sus capacidades, tenía tanto miedo del balón que, en el momento en que lo recibía, intentaba dárselo enseguida al compañero que estuviera más cerca.

El entrenador de una de las principales selecciones nacionales me explicó la diferencia entre el Messi del Barça y el Messi de Argentina. Con su club, decía el técnico, solía recibir el balón cerca del área rival tras una serie de pases cortos entre varios jugadores. Entonces tenía a unos cinco compañeros de equipo a menos de veinte metros, y cada uno de ellos le quitaba defensas de encima; podía elegir entre distintas opciones de pase o regatear. A menudo se encontraba en situaciones de uno contra uno y, como dijo Mourinho: «Cuando Messi tiene el balón en un uno contra uno, estás muerto. No hay forma de resolver el problema».[61] Argentina, por el contrario, es un equipo sin sistema. Pocas veces consiguen recuperar el balón cerca de la portería rival; suelen pasarle la pelota a Messi en cuanto pueden, y no tanto cuando él lo pide. Suele suceder ya en el medio del campo: es como si el plan fuera esperar que Messi recree aquel gol de Maradona contra Inglaterra. Entonces los rivales que se le acercan saben algo útil: no le queda otra que regatear.

Argentina ha obligado a Messi a jugar como un *pibe*. En el Mundial de 2014, completó cuarenta y seis regates, diecisiete más que el segundo en esa clasificación: Arjen Robben. En cambio, solo completó doscientos cuarenta y dos pases, un par menos que el portero de Alemania Manuel Neuer. Pero Messi ya no quería ser un *pibe*. Mientras que Maradona era el hombre que deseaba vencer al sistema, el Barcelona había socializado a Messi y lo había convertido en un jugador de equipo, al estilo de Cruyff. Con Argentina, sus frustraciones solían traducirse en peleas con los compañeros y los árbitros. Después de que el defensa Nicolás Burdisso fuera incapaz de pasarle un balón en condiciones durante un partido en 2011, tuvieron que separarlos, ya en el vestuario.[62] En los setenta, Cruyff disfrutaba jugando con su selección porque el nivel era más alto que en el Barça;[63] a Messi le sucedía lo contrario.

El argentino solo encontró el entorno ideal para alcanzar la excelencia en Barcelona. Una tarde, subí en el coche de una mujer que vive en Castelldefels y que pasó por delante de la casa de Messi; entonces me di cuenta de que la clave de su brillantísimo modo de jugar al fútbol era una vida aburrida. En lo alto de aquel pueblo sin nada de especial, lejos de las playas, había comprado la casa del vecino y había construido un complejo con un minicampo de fútbol. Las palmeras, las buganvillas y unas paredes blancas le proporcionaban privacidad. Vivió allí durante años sin cámaras de seguridad ni alarmas hasta que finalmente el club le instaló unas. Luego aprendió a ser imprevisible para posibles criminales, haciendo distintas rutas en distintos coches para ir a entrenar.[64] Sin embargo, incluso con estas precauciones, su tranquila vida familiar no podría estar más alejada del agitado caos de Argentina.

Antonela, su mujer (a quien conoció durante su infancia en Rosario), lo ha ayudado a aprender a distanciarse del fútbol una vez que acaba de trabajar. Messi ha explicado que, con tres niños pequeños, llega a la noche «destruido» y que se acuesta temprano.[65] Tiene un círculo pequeño de amigos. Su acento de Rosario perfectamente conservado demuestra su poca proyección externa. Lo mismo sucede con su incapacidad cruyffista de hablar catalán a pesar de haberse pasado veinte años en Cataluña (los hijos de Messi sí han aprendido el idioma, como hacen los hijos de los inmigrantes allí). Brau, su fisioterapeuta, dijo: «El centro de Leo es su familia, que siempre está con él».[66]

La experiencia de Messi con el mundo exterior es básicamente una masa de gente levantando sus móviles para grabarlo. Ha aprendido a ignorarlo. Alejado de la vida nocturna de Sitges, que está a veinte minutos por carretera, lleva a sus hijos al colegio o a sus sesiones de entrenamiento en la ciudad deportiva Joan Gamper. Por la noche, la familia come algunas veces en el reservado de un restaurante local; la gente del pueblo sabe que no debe molestarlo.

Piqué, que había jugado con Messi durante casi veinte años, me dijo: «Cuando eres pequeño, el fútbol es jugar bien en el campo. Cuando te haces mayor, ves que hay muchas otras cosas, como cuidarse a uno mismo y dormir por las noches. Creo que, en este sentido, Leo ha crecido mucho».

La rutina de Messi durante toda su vida profesional ha sido brillar en el Camp Nou y luego hacer un trayecto de veinticinco minutos de vuelta a casa por una autopista casi vacía a medianoche. Al cabo de tres días, lo vuelve a hacer.

El talento a la carta puede convertirse en algo extrañamente aburrido. Mientras que Maradona ofrecía el espectáculo de la lucha entre el futbolista y el hombre interior, la grandeza de Messi y Ronaldo ha acabado pareciendo automática. El periodista español Santiago Segurola dijo: «Maradona era Maradona a veces. Messi es Maradona siempre».[67] Años antes de lo esperado, Messi completó la transición que Cruyff decía que los grandes hacían sobre los veinticuatro o veinticinco años: de «futbolista» a «futbolista sustentador»,[68] en el sentido de un profesional que sabe que está jugando para ganarse el pan de su equipo y que, en consecuencia, siempre tiene que rendir.

A un gran futbolista «ordinario» le va bien si consigue mantenerse en la cima durante cinco años. Messi ha estado allí quince. Tuvo una media de más de un gol o una asistencia por partido durante once temporadas, hasta la 2019-2020, dos temporadas más que Ronaldo, según el periodista de datos John Burn-Murdoch, colega del *Financial Times*. En comparación, delanteros tan importantes como Robben o Henry lo consiguieron cuatro veces; Eto'o y Didier Drogba, dos.[69] Como dijo Ronaldo en un discurso improvisado en una ceremonia de entrega de premios (con Messi a su lado, evitando su mirada): «Los mismos dos tíos en el mismo escenario, cada vez».[70]

Messi se presenta como un genio perfectamente profesional, como si Claude Monet hubiera firmado un contrato para producir obras maestras dos veces por semana y lo cumpliera. Sin embargo, vale la pena sacudir nuestro embotamiento para preguntarnos: ¿cómo lo hace? ¿Cómo regatea a tres hombres y mete el balón por la escuadra como si nada? Intentar responder a tales preguntas nos ayuda a entender el fútbol, porque Messi es el máximo analista del juego. A continuación, gracias a las aportaciones de muchos expertos, presento mi interpretación de cómo juega.

Tanto con el Barcelona como con Argentina, se pasa la mayor parte del partido paseándose. En el Mundial de 2014, por ejemplo, cubrió menos terreno por partido que cualquier otro jugador de campo, excepto el defensa central del Brasil Thiago Silva.[71] Seirul·lo comentó: «Todos los estudios sobre Leo demuestran que es el que menos metros corre, el que menos esprinta y el que menos participa en el juego».[72]

Esto va en contra de todo lo que sabemos sobre el fútbol moderno. Tal como les dijo Guardiola a sus futbolistas en el Bayern de Múnich: «Si no corremos, no somos nada. Si empezamos a pedirles a nuestros compañeros que nos pasen la pelota al pie en lugar de al espacio, perderemos gran parte de nuestra excelencia».[73]

No obstante, Messi camina con un único propósito. Viéndolo en un ordenador portátil en el revelador documental de James Erskine *Wonder*, Guardiola comenta: «Él deambula, eso es lo que más me gusta. Mueve la cabeza, derecha, izquierda, izquierda, derecha»; Pep sacude su rapada cabeza de lado a lado, imitándole.[74]

Los paseos de Messi son misiones de reconocimiento. En general, cuanto mejor es un futbolista, más examina el terreno. Pero el argentino usa el tiempo en el que está exonerado de correr en defensa para examinarlo más que cualquier otro. Está dibujando los mapas de sus próximos movimientos. Lieke Martens, estrella del equipo femenino del Barcelona, lo había estudiado para mejorar su propia toma de decisiones. «Messi sabe lo que va a hacer antes de recibir el balón», me dijo.

Aprendí más cosas de David Sumpter, profesor de matemáticas en la Universidad de Uppsala, en Suecia, autor de

Soccermatics y asesor del club de fútbol Hammarby. Nos conocimos en una conferencia de análisis de datos en el Camp Nou. Tomando unas cervezas en una de las cafeterías del estadio, me dio una clase sobre Messi.

Sumpter me señaló algo sorprendente: las veces que recibe el balón sin que nadie lo marque. Siempre es la mayor amenaza atacante sobre el terreno de juego y suele ir caminando. Entonces, ¿cómo se libera cuando decide que ha llegado el momento de entrar en acción?

Algunas veces, simplemente se desplaza un metro para colocarse en la posición correcta, cosa que le proporciona a un compañero de equipo una diagonal sin obstáculos por la que le puede hacer el pase. Como decía Cruyff, no sirve de nada correr si el espacio correcto está a un paso. A veces, según apuntaba Gary Lineker, Messi encuentra espacio jugando a las estatuas: «Es increíble la cantidad de gente que huye de ti si dejas de moverte».[75] Es a lo que se refería Marcus Rashford del Manchester United cuando, en la media parte de su primer partido contra Messi, le comentó a un compañero de equipo: «No se mueve, pero está en todas partes, porque deja que todos los demás se muevan».[76] En el momento en que los adversarios se apartan de su lado, él pide el balón.

Cuando se mueve, es capaz de frenar en seco, más bruscamente que sus marcadores, en el lugar exacto donde quiere tener la pelota. No obstante, su segunda carrera es la que suele contar. Sumpter explicaba que, cuando hace la primera carrera, todavía no está pidiendo el balón, sino arrastrando a sus rivales fuera de posición. Luego —como muchos grandes delanteros— empezará repentinamente una segunda carrera. Los jugadores del Barcelona esperan a pasarle el balón en la segunda carrera; los futbolistas de Argentina puede que no tengan el balón el tiempo suficiente.

El Barça tiene como objetivo alimentarlo continuamente, en parte solo para que mantenga el interés. El veterano lateral derecho del club Dani Alves recordaba: «Pep odia estos pases [verticales] de carrilero a extremo porque no aportan progresión, pero yo solía hacerlos mucho con Messi, y él se enfadaba. Yo le dije que si Messi no tocaba la pelota cada dos minutos, desconectaba, y le necesitamos conectado; [Pep] estuvo de acuerdo».[77]

Un buen jugador recibe el balón mirando hacia la portería rival. De hecho, para Cruyff era lo que definía a un buen futbolista. Sin embargo, Messi ha llevado la colocación correcta un paso más allá: muchas veces planifica la situación para recibir el balón mientras su oponente más cercano está de espaldas a él.

Messi suele recibir el balón en el espacio entre la defensa rival y el centro del campo. Siempre ha buscado esta zona desde el inicio de su carrera, aunque la decisión de Guardiola en 2009 de ponerlo como falso nueve lo ayudó a orientarse hacia ella. Pep redescubrió la innovación del Ajax de Michels: un equipo sin delantero centro.

El falso nueve siempre ha sido especialmente desconcertante para los enormes defensas centrales ingleses, cuyo juego es ganar duelos contra delanteros centro igual de grandes que ellos. El uso arquetípico de tal táctica la encontramos en la victoria de los Países Bajos por 0-2 en Wembley en 1977, en la que Inglaterra alineó a cinco defensas centrales especializados en el marcaje al hombre y que se encontraron con que Cruyff, que jugó de falso nueve, les dejaba sin nadie a quien marcar. En el mismo campo, en la final de la Liga de Campeones entre el Manchester United y el Barcelona treinta y cuatro años después, Rio Ferdinand del United se vio buscando a Messi: «Ni siquiera se te acerca. Yo y Vidić estábamos parados en la línea de medio campo de Wembley, nos miramos entre nosotros y nos fuimos». (Ferdinand sacudía la cabeza con desconcierto). «Estábamos ahí de pie y pensando: "Es que ni he tocado a nadie".»[78]

Messi suele cambiar de dirección al recibir el balón; luego le gusta conducirlo hacia los defensas centrales, poniéndolos en el dilema que Cruyff había descrito décadas atrás: si van hacia el que tiene la pelota, dejan espacio a sus espaldas, y si no lo hacen, el jugador puede avanzar.

Messi no es increíblemente rápido, pero es igual de veloz con o sin balón. Muchas veces corta hacia dentro, frena en seco para que su marcador también tenga que detenerse y luego lo deja atrás con una aceleración. Como Cruyff, posee una segunda aceleración. Como Cruyff, ve de un vistazo cuál es el pie que el defensa tiene plantado en el suelo y lo adelanta por ese lado. De algún modo consigue seguir examinando su alrededor incluso con la pelota en los pies. «No parece tener un punto ciego», señalaba Lineker.[79] Messi es supereficiente: nunca hace una finta de más ni tampoco un truco a lo Neymar para humillar a un defensa.

Una cosa crucial es que da pasos cortos, incluso proporcionalmente a su altura. Esto le permite seguir tocando el balón y hacer algo nuevo con cada toque. Cruyff destacaba: «Ronaldo tiene dos contactos con el balón por segundo. Pero en el mismo espacio de tiempo, Messi toca la pelota tres veces [...] Sus cambios de ritmo y de posición son más rápidos».[80] Además, los pies del argentino tocan el suelo tres veces en el mismo espacio de tiempo en que algunos de sus marcadores lo tocan solo una. Seirul·lo explicó que los futbolistas más grandes pasan más tiempo corriendo con ambos pies lejos del suelo, y alguien que no está tocando el suelo no puede cambiar de dirección.[81] Messi casi siempre puede. Así es como se las arregla para sortear a los defensas como un perro que escapa de unos policías en una vieja película de cine mudo. En el documental de Erksine, Ferdinand agita el brazo en el aire: «Cuando conseguías acercarte a él..., es tan pequeño y rápido que te pasaba por debajo». No había nadie a quien «jugarle duro».[82]

El sitio web de estadísticas FiveThirtyEight calculó en 2015 que los regates de Messi superan a los defensas solo el cincuenta y cinco por ciento de las veces, pero eso equivalía a la mejor tasa de éxito de cualquier regateador.[83] Incluso cuando le hacen una entrada y el balón queda suelto, suele recuperar el equilibrio más rápido que sus marcadores y se lleva la bola.

Sumpter interpreta los regates de Messi como una especie de geometría. Su vídeo favorito del argentino es uno de 2015 en el que rompe la defensa del Athletic de Bilbao. Al principio de la carrera, Messi está rodeado por tres defensas en la línea de banda derecha. Frena y da un paso hacia el interior, dejando a los tres defensas en un triángulo perfecto a su alrededor. Sumpter explica: «De repente [...] cada uno de los jugadores a su alrededor está a la máxima distancia. Un cálculo matemático sencillo: cuanta más distancia tengas respecto de tu oponente, más espacio y más tiempo tendrás». Messi le hace un túnel al adversario central, dejando un triángulo roto a su paso.

Sumpter continúa: «La mayoría de la gente no puede pensar en más de cuatro dimensiones. Messi puede hacerlo en algunas dimensiones más que cualquier otro jugador: veintidós por dos, cuarenta y cuatro, más las dimensiones espaciales: cuarenta y ocho dimensiones». No aspiro a comprender el razonamiento de Sumpter, pero la idea clave es que Messi es un intérprete sin parangón del espacio según Cruyff.

Hay algo curiosamente impredecible sobre el juego de Messi. Normalmente, se sabe hacia dónde se dirige. Él no se plantea: «¿Cuál es el lugar más fácil para recibir la pelota?». Tampoco piensa: «¿Dónde quiero terminar?». Su destino favorito es el espacio más valioso del campo, uno que visita más que habita: el semicírculo del borde del área rival. Cuando da un pase (casi siempre a su izquierda) suele estar intentando colocar a un compañero de equipo en ese espacio. A lo largo de los años, el mayor beneficiario fue Suárez.

«No soy un goleador típico —ha dicho Messi—. Me gusta entrar desde atrás, hacerme con el balón y crear. También me gusta marcar, pero no vivo para ello.»[84] Sumpter me dijo que Agüero, y tal vez Harry Kane y Mo Salah, pueden considerarse tan buenos finalizadores como Messi, pero ellos no se colocaban repetidamente en las mismas posiciones de chute que él.

He formulado este análisis en fríos términos analíticos, pero parémonos a pensar lo que Messi hace por la felicidad del planeta. Parafraseando al biógrafo de Cruyff, Scheepmaker, ha hecho que nuestras vidas sean más ricas de lo que hubieran sido sin él. Vivimos en la era de Messi, y muchas veces parece que la mejor forma de pasar esta época es viéndole. Un amigo que ha tenido problemas de salud mental me dijo que, durante años, intentaba ver casi todos los partidos que Messi jugaba con el Barcelona: «Para mí, verlo jugar tiene algo de terapéutico. Es básicamente un genio accesible semanalmente por el precio relativamente bajo de una suscripción anual».

Messi puede generar ese efecto incluso en los rivales durante un partido. El delantero francés Djibril Cissé recordaba: «Me sorprendí a mí mismo mirándole, dejando el partido de lado y convirtiéndome en espectador».[85]

Es extraordinario incluso cuando juega para su país. Si el Messi de Argentina parece decepcionar algunas veces es porque lo comparamos con el del Barça y con el Maradona del Mundial de 1986. De hecho, según el estadístico del deporte Benjamin Morris, el Messi del Barcelona y el Messi de Argentina han sido probablemente «los dos mejores jugadores del mundo».[86] Recordemos que, entre 2007 y 2016, Messi ha llegado a cuatro finales con Argentina, tres en la Copa América y la final del Mundial de 2014. Las perdió todas, pero tres de ellas por un margen estrechísimo. Si Higuaín hubiera marcado en su uno contra uno con Neuer al principio de la primera mitad en el estadio de Maracaná en 2014, es posible que Messi fuera reconocido ahora en su país como un Maradona más fiable, un salvador de la patria que hizo campeones del mundo a unos compañeros de equipo poco agraciados. Argentina perdió aquel partido por un gol de Mario Götze en la prórroga y las finales de la Copa América de 2015 y 2016 en los penaltis, en ambas ocasiones contra Chile. La mejor explicación para estas derrotas tan ajustadas probablemente sea el azar.

Estos resultados no menoscaban su grandeza, solo menoscaban su leyenda. También le han causado un dolor que es difícil de valorar. Una vez bromeó hablando del gol de la victoria de Iniesta con España en la final del Mundial de 2010: «¡Qué suerte tiene Andrés de conseguir marcar estos goles en los momentos más cruciales!».[87] Es cierto que, en Argentina, Messi nunca significará lo mismo que Maradona, que vivió la mayor parte de su vida allí, que venció a Inglaterra cuatro años después de la guerra de las Malvinas, que ganó un Mundial, que tenía una personalidad barroca y que llegó primero.

Sin embargo, en el Barça, Messi se ha convertido en un paraguas para toda la organización. Antes que él, el club solía estar en un presente inacabable en el que el siguiente partido era la siguiente crisis. Entre 2005 y 2019, hizo que dirigir al Barça fuera relativamente fácil. Cuando ganas la Liga de Campeones tres veces en seis años (dos veces más que en medio siglo anterior), la ansiedad y la lucha entre facciones se desvanecen. Los pañuelos blancos desaparecieron del Camp Nou. No se despidió a ningún entrenador a mitad de temporada entre 2003 y enero de 2020.

Día tras día durante aquellos años, la presencia de Messi hacía desaparecer el drama habitual del fútbol. El ambiente en el Camp Nou era más el de una ópera que el de una competición deportiva. Los nuevos fichajes tenían tiempo para situarse porque nadie necesitaba que fueran mesías. A la mañana siguiente de la victoria del equipo contra el Real Madrid por 2-6, todos los empleados del club pueden llegar a la oficina relajados y con una sonrisa.

Messi hacía que las decisiones dudosas de la junta parecieran buenas. Soriano argumenta que el Barça duplicó los ingresos durante su etapa como director general entre 2003 y 2008 «porque invertíamos en el producto que estábamos ofreciendo (el equipo de fútbol) y dirigíamos el club con la máxima profesionalidad y las mejores herramientas de gestión disponibles». Formar «un equipo campeón […] no tiene absolutamente nada que ver con la suerte», insiste.[88] Aun así, sospecho que tuvo algo que ver con Messi.

Hasta 2020, el club tampoco tuvo que preocuparse demasiado por su marcha. Casi ningún otro club tuvo el coraje de hacer una oferta por él. El Manchester City lo hizo en 2008, pero fue un accidente, después de que un alto ejecutivo tailandés con un fuerte acento dijera (mientras le daban un masaje en una *chaise longue* durante un momento de pánico por un traspaso): «*Very messy, it's getting messy*». Entonces alguien de las oficinas del club lo malinterpretó como «Tenemos que conseguir a Messi» e hicieron una oferta de setenta millones de libras esterlinas. Se dice que el Barcelona llamó para preguntar si era real.[89]

Al parecer, el propio Messi solo consideró seriamente una oferta de traspaso durante los años 2013-2014, en los que tuvo la tentación de marcharse por sus problemas con las autoridades fiscales españolas. En junio de 2013, Íñigo Juárez, el abogado encargado de los asuntos de Messi, le mandó un mensaje de correo electrónico a Jorge Messi para decirle que se había reunido con representantes del Real Madrid que estaban dispuestos a comprar el jugador por doscientos cincuenta millones de euros. El Madrid incluso se ofreció a involucrar al entonces presidente español, Mariano Rajoy, para que ayudara a hacer desaparecer el problema fiscal. Juárez escribió: «Me dicen que ejercerían presión sobre Rajoy para encontrar una solución para su hijo que sea lo más ventajosa posible».[90]

Madrid hizo una oferta ganadora: incluso si Messi la rechazaba, como era de esperar, una oferta del archienemigo le ayudaría a hacer un agujero todavía más grande en el presupuesto salarial del Barcelona. En mayo de 2014, el Barcelona le concedió otro gran aumento de sueldo,[91] uno de los nueve que recibió entre 2005 y 2020.[92] La cláusula del contrato que le permitía marcharse sin pagar un traspaso al final de cada temporada daba incentivos al club para mantenerlo contento.

El problema fiscal dejó a Messi y a su padre con antecedentes penales, después de que un tribunal español los condenara por evasión de impuestos en 2016 y los sentenciara a veintiún meses de cárcel. El Barça compensó a Messi por la multa y no se les obligó a cumplir la condena, ya que no tenían antecedentes. Aun así, fue una señal de alarma de que los asuntos empresariales de Messi se habían gestionado de forma poco profesional.

La sentencia apenas afectó a su reputación. A pocos aficionados al fútbol les preocupan los asuntos extradeportivos de Messi. Sobre el terreno de juego, él es Ronaldinho mejorado. De hecho, ha llegado a ser inimaginablemente bueno. El seleccionador de críquet de Inglaterra, Ed Smith, argumentaba en su libro *What sport tells us about life* (2008) que el jugador más importante en cualquier deporte en toda la historia era el jugador de críquet australiano Don Bradman. Entre 1928 y 1948, «el Don» anotó una media de 99,94 carreras por entrada. Hasta 2021, la siguiente media de bateo más alta en alguien que hubiera jugado más de veinte partidos la tenía Steve Smith, de Australia, con 61,80. Bradman existía en un universo aparte del resto.

«Jamás habrá otro Bradman», escribió Ed Smith en 2008. Argumentaba que era imposible estar tan por encima del resto en cualquier deporte moderno, simplemente porque el nivel general de los rivales había mejorado. En todos los deportes, los contrarios más débiles se habían hecho más competentes, habían aprendido a defender y tenían más información sobre sus rivales estrella (gracias a los vídeos, los análisis de datos, los ojeadores, etc.). Así pues, según Smith, en nuestra era más profesional, el mejor dotado seguía estando en la cima, pero la distancia ya no era enorme.

Hay pruebas de sobra que apoyan su teoría. En el béisbol, por ejemplo, ningún otro bateador ha logrado una media de 400 en una temporada desde Ted Williams en 1941. En el fútbol, la mejora en defensa de los equipos más flojos ha ido reduciendo el número de goles. La distancia que separa a los grandes del resto se ha reducido.

Aun así, tenemos a Messi. Es imposible hacer una comparación estadística entre un gran jugador de críquet y un gran futbolista, pero en el gráfico de John Burn-Murdoch de los mejores goleadores desde los años setenta hay un hombre que parece vivir en un universo separado al del resto:

Uno de ellos no es como los demás

Coeficiente goleador con y sin penaltis en todas las competiciones *seniors* de los 194 máximos goleadores del fútbol de élite desde la década de los setenta.*

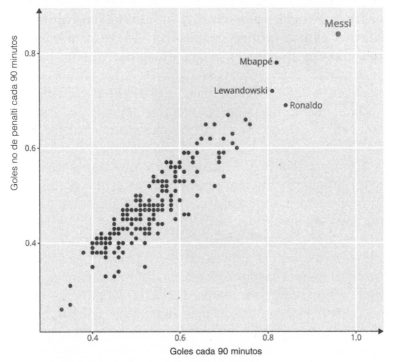

*Jugadores con un mínimo de 50 apariciones en las competiciones de primer nivel de Inglaterra, España, Alemania, Italia y Francia.
Fuente: Worldfootball.net, actualizado el 3 de diciembre de 2020.
Autor: John Burn-Murdoch, *Financial Times*.

Messi es otro Bradman: no hay nadie más como él. Ian Graham, el director de investigación del Liverpool, comentó en cierta ocasión que un futbolista de primer nivel consigue cinco puntos más para su equipo en una temporada que uno corriente en la misma posición. «Y si soy el Barcelona... —añadió Graham—, hay un jugador allí —señaló a lo lejos a su derecha— que consigue muchísimo más que cinco puntos.»

Mbappé, que queda en segundo lugar en el gráfico de Murdoch y al que se le considera el mejor jugador del mundo de su generación, me dijo que sabía que no era tan bueno como Messi o Ronaldo. «No soy el único que lo sabe —declaró entre risas—. Todo el mundo lo sabe. Decirse a uno mismo que serás mejor que ellos va más allá del ego o la determinación; es falta de conocimiento. Estos jugadores son incomparables. Han roto todas las estadísticas.»

No es de extrañar que el Barça le diera las llaves del club a Messi. Durante quince años, la elección valió la pena y lo mantuvo implicado y a bordo. La contrapartida, no obstante, fue que el club se volvió perezoso. Si Messi estaba en el campo, el Barça no necesitaba pensar tanto.

8

El mejor estilo (2008-2012)

*E*n 2012, Guardiola dimitió como entrenador del Barça. Estaba agotado tras cuatro años dirigiendo al mejor equipo de fútbol que muchos hemos visto. Unos meses después, en una conferencia empresarial en México, le pidieron que revelara el secreto de su equipo. Respondió: «Solo hay uno: a los jugadores les encantaba jugar al fútbol… Algunos ya lo habían ganado todo, pero sabían que si perdían esa pasión otro jugador ocuparía su lugar».[1]

A la mayoría de los futbolistas profesionales no les apasiona jugar al fútbol. Lo perciben como un trabajo estresante. Siempre están atentos a los posibles peligros. No es divertido lidiar con las lesiones, las suplencias, las amenazas de los hinchas, las críticas de los medios de comunicación, las preguntas sobre el futuro o el miedo a salir al campo cuando te enfrentas a Iniesta o Messi. Mehdi Lacen, que jugaba habitualmente contra el Barcelona en clubes españoles más pequeños, dijo que su gran temor era que un vídeo de Messi pasando el balón entre sus piernas fuera tendencia en Twitter durante quince días.[2]

Pero, en cambio, es divertido ser Iniesta o Messi, o jugar con ellos.

Incluso mientras los futbolistas de Guardiola estaban viviendo la experiencia, muchos de ellos sabían que estaban jugando el mejor fútbol en el que jamás participarían. Mucho tiempo después de que aquel equipo se disolviera, aquello siguió en sus cabezas. Henry recordaba que a menudo, cuando el árbitro pitaba el final, se sentía sorprendido y decepcionado:

«¿Ya está? Estoy disfrutando».[3] Xavi decía que se sentía «absolutamente feliz» siendo el «protagonista», tocando el balón más de ciento veinte veces por partido.[4] Abidal, en el campo, se decía a sí mismo: «¡Qué bonito es el fútbol! No es fácil, pero es bonito».[5] Ese placer ayudó a los jugadores a seguir adelante, a mantenerse en la cima durante más tiempo que casi cualquier otro equipo moderno. Jürgen Klopp, que durante esa época entrenaba al Borussia Dortmund, comentó: «Celebran cada gol como si nunca hubieran marcado».[6]

Sin embargo, la respuesta de Guardiola en México no fue del todo fiel a la verdad. De hecho, su equipo tenía muchos secretos, incluidos algunos de su propia invención. El papel del entrenador se suele exagerar en las conversaciones sobre fútbol, pero Pep es una de las raras excepciones, un entrenador que sí marca la diferencia. En el Barça heredó grandes jugadores, y luego ayudó a convertirlos en un gran equipo. Durante cuatro temporadas, lo ganaron todo. Incluso más que el propio Dream Team de Cruyff, el equipo de Guardiola fue la máxima expresión del estilo del holandés. ¿Cuáles fueron los secretos? ¿Cómo llegó ese equipo a ser tan bueno?

Durante un almuerzo en el Camp Nou en marzo de 2008, una directiva del Barça me dijo que esperaba que el club eligiera a Pep Guardiola, de treinta y siete años, como su próximo entrenador. «¿De verdad?», pregunté sorprendido. El responsable del Barça B aún no había entrenado ni un minuto de fútbol de élite. Respondió: «Hicimos a Víctor Valdés portero cuando no era el mejor del mundo, y aprendió de la experiencia. Deberíamos dar una oportunidad a los catalanes». Descarté tal posibilidad tomándola como una fantasía nacionalista. Guardiola podría ser algún día entrenador del Barcelona, pero no como su primer trabajo, pensé.

Pocos clubes grandes habrían contemplado siquiera su nombramiento. Pero la gente del Barça se conoce bien entre sí, han estado juntos décadas, y el presidente Laporta, Cruyff, el directivo Evarist Murtra y el entonces secretario técnico Txiki Begiristain consideraban que Guardiola era especial.

Sin embargo, el candidato obvio para sustituir a Rijkaard en 2008 era el entrenador más exitoso del mundo en ese momento. Mourinho, que acababa de dejar el Chelsea, tenía la ventaja adicional de ser un viejo trabajador de la casa. Estaba ansioso por entrenar al equipo más talentoso del fútbol. Algunos de los responsables del Barça estaban deseando fusionar la marca global de su club con la suya. El agente de Mourinho, Jorge Mendes, presionó a los directivos del Barça. En una entrevista de trabajo secreta en Lisboa, Mourinho hizo una magnífica presentación.[7] Después de la entrevista de trabajo de Guardiola, él mismo preguntó al director, Marc Ingla: «¿Por qué no contratan a Mourinho? Sería más fácil para ustedes».[8]

Casi cualquiera en 2008 habría apostado por que el portugués ganaría más trofeos que Guardiola. El problema es que no habría ganado a la manera del Barça. Los responsables del club habían elaborado un documento de nueve puntos sobre los criterios que debía cumplir el nuevo entrenador. Uno de los apartados, sobre el trato del entrenador con los medios de comunicación, decía:

- Debe actuar con cautela en todo momento.
- Respetar a los adversarios, a los árbitros y a las demás instituciones en general. Juego limpio.[9]

Mourinho era demasiado vulgar para representar al club de los empresarios catalanes. Tampoco sus equipos jugaban un fútbol cruyffista. Xavier Sala-i-Martín, el economista de la Universidad de Columbia que entonces era presidente de la Comisión Económica del Barça, me envió un correo electrónico más tarde diciendo que «este principio nos guio cuando, en contra de TODAS LAS RECOMENDACIONES, ofrecimos el puesto de entrenador a Pep Guardiola cuando todo el mundo recomendaba a Mourinho».[10] Cuando el portugués se enteró, le dijo a Laporta que el Barcelona había cometido un terrible error.[11]

La coronación de Guardiola fue el momento arquetípico del Barça, un retablo del club como familia: Laporta le ofreció el puesto en una visita a una clínica de maternidad local, donde acababa de nacer la hija de Guardiola. Como la mayoría de las escenas familiares, fue menos idílica de lo que parecía: Guardiola había apoyado a uno de los rivales de Laporta en las elecciones presidenciales de 2003. Sin embargo, seguían siendo familia.

En términos futbolísticos, Guardiola es hijo de Cruyff, criado dentro de la catedral que Johan construyó. Además, ha tenido muchas otras influencias: Guardiola se llama a sí mismo «ladrón de ideas», y se las roba a cualquiera, a personas con o sin estatus. Pero su ideología básica siempre ha sido cruyffista: jugar con pases a un toque en el campo contrario, atacar, presionar, obsesionarse con el espacio y morir con tus propias ideas. En su primera temporada como entrenador, en el Barça B, se dejaba caer regularmente por la mansión de Cruyff para tomar cervezas y pedir consejo. Cuando empezó a entrenar al primer equipo, siguió pasándose por allí, ahora sobre todo para mostrar su gratitud.[12]

Guardiola dijo durante su mandato: «Soy el entrenador del Barça, pero del Barça que dejó Cruyff».[13] Sin embargo, también comprendió que el fútbol evolucionaba semana tras semana. Los entrenadores se habían profesionalizado desde la época de Cruyff, habían aprendido más tácticas y se habían convertido en «protagonistas», afirmó Eusebio Sacristán, que jugó con Guardiola en el Dream Team de Cruyff. Las piezas de la catedral de Cruyff habían sido construidas de mala manera. Guardiola quería renovarlas.

Siempre restó importancia al papel del entrenador. Una vez se comparó a sí mismo con un *caddie*, que entrega a los jugadores los palos adecuados en el golf. Había algo de verdad en ello. Sin embargo, César Luis Menotti, exentrenador del Barcelona y de la selección argentina, resopló: «Dice que tiene buenos jugadores, pero eso solo lo creen los imbéciles».

Entonces, ¿por qué Guardiola siguió diciéndolo? Menotti respondió: «¿Qué va a decir? ¿Que era el mejor? Pero mira dónde estaba Piqué antes de Guardiola, dónde estaba Pedro, dónde estaba Busquets. Incluso Iniesta no era titular». Menotti dijo que Guardiola era «uno de los pocos entrenadores del mundo que abre la puerta del vestuario, dice: "Buenas tardes", y todo el mundo sabe cómo tiene que jugar».[14]

El 29 de junio de 2008, la noche antes de que Guardiola comenzara oficialmente en su nuevo cargo, una impresio-

LA COMPLEJIDAD DEL BARÇA

nante selección española con cuatro antiguos chicos de la Masia derrotó a Alemania por 1-0 en Viena y se proclamó campeona de Europa. Luis Aragonés, entrenador de la Roja, había decidido escoger a todos los centrocampistas que la cantera del Barcelona y sus imitadores españoles seguían produciendo. «Les dije a los jugadores que teníamos que dejar la furia, porque lo mejor era simplemente jugar bien al fútbol», recordaba Aragonés en 2013, tres meses antes de morir. Finalmente, España había encontrado un estilo, llamado «tiqui-taca» o «juego de toque».

Los aficionados catalanes han despreciado históricamente a la selección española. España no juega partidos en Cataluña por miedo a un recibimiento hostil: su último partido en el Camp Nou fue en 1987. Para la Eurocopa de 2008, el Ayuntamiento de Barcelona se negó a instalar pantallas gigantes para proyectar la final contra Alemania. Sin embargo, tras el partido, los barceloneses llenaron las calles de vítores, muchos de ellos ondeando banderas españolas. Las encuestas mostraban que la mayoría de los habitantes de la ciudad habían apoyado a la Roja. Al día siguiente de la victoria, Xavi apareció ante una plaza abarrotada de Barcelona gritando: «¡Viva España!».

Esto no significa que él o los aficionados rechacen su identidad catalana. Más bien, como la mayoría de los catalanes, se sentían catalanes y españoles a la vez. Se trataba de un nuevo tipo de nacionalismo español mixto, que Franco no habría entendido.[15]

Los españoles de entonces tenían muchas razones para tener un sentimiento nacionalista. Llevaban viendo la televisión con asombro y entusiasmo desde junio de 2005, cuando el joven Rafael Nadal, de diecinueve años, ganó el Roland Garros en Francia y luego acercó sus manos sudorosas a la grada para saludar al rey Juan Carlos. Nadal, al igual que Xavi, hablaba catalán, pero se identificaba con el Estado autonómico español. El piloto español de Fórmula 1 Fernando Alonso y la selección española de baloncesto se proclamaron campeones del mundo. Entre 2006 y 2009, los ciclistas españoles triunfaron en el Tour de Francia.

Guardiola lo observó todo con fascinación. Al igual que Cruyff, buscó inspiración en otros deportes. Su propia mano derecha, Manuel Estiarte, había sido «el Maradona del water-polo», y Pep, cuando era un joven futbolista, había entrenado ocasionalmente con el equipo de balonmano del Barça, poniendo a punto su cuerpo a las órdenes de Seirul·lo.

Sabía que muchos deportes iban por delante del fútbol en tácticas y métodos de entrenamiento. El Camp Nou era un buen lugar para poner en práctica sus ideas. Una vez que Guardiola asumió el cargo, los principales equipos deportivos del Barça fueron entrenados por catalanes: el equipo de fútbol sala por Marc Carmona, el de hockey sobre patines por Ferran Pujalte, el de baloncesto por Xavi Pascual y el de balonmano por otro Xavi Pascual (increíble, realmente tienen el mismo nombre). Los cinco equipos utilizaron los métodos de Seirul·lo, *el Druida*: entrenar con el balón, comunicarse mediante pases y animar a los jugadores a tomar sus propias decisiones. Los cinco catalanes empezaron a reunirse con regularidad en comidas terapéuticas, para discutir los problemas comunes a todos los entrenadores, incluidas cuestiones peculiares del Barça, como la forma de enfrentarte al directivo o al ejecutivo que supervisa tu trabajo.

Carmona, el entrenador de fútbol sala, me dijo: «Pep es una persona muy curiosa. Quiere saber cómo trabajan los demás. Hablábamos durante horas. Creo que todos aprendimos mucho, pero Pep hacía las preguntas: ¿cómo haces esto?, ¿cómo haces lo otro? Era bastante innovador en los saques de esquina, en la colocación, introduciendo el bloqueo, que es común en el baloncesto, el balonmano y el fútbol sala». Es cierto que el Barça de Guardiola fue uno de los primeros equipos de fútbol en utilizar el bloqueo organizado en acciones a balón parado, impidiendo que los jugadores llegaran al futbolista designado para recibir el balón.

Inevitablemente, Guardiola eligió a Seirul·lo, su antiguo mentor, como preparador físico. Era «un preparador físico que no cree en el entrenamiento físico», escribió el periodista francés Thibaud Leplat. Rechazaba el dogma futbolístico del ejercicio físico extenuante: carreras contra el viento y por el bosque como sacrificios para apaciguar a los dioses y a los aficionados. No permitía a los jugadores correr más de tres minutos seguidos, y solo en los entrenamientos de pretemporada. Cualquier ejercicio físico se convertía en algo social: un jugador podía intentar salir corriendo mientras era sujetado por la cintura por un compañero.[16] En los entrenamientos, Seirul·lo me dijo: «El 98,93 % del tiempo buscamos la forma de pasar el balón».

Creía que, dado que el fútbol consistía en la toma de decisiones a gran velocidad y en la destreza con los pies en espacios reducidos, eso era lo que debían practicar los jugadores. Lo llamaba «preparación futbolística», en contraposición a la «preparación física». Al parecer, Guardiola había interiorizado este diálogo del diario *Marca* entre el Druida y el entrenador argentino Ángel Cappa:

> *Cappa*: Recuerdo que un día Diego Maradona y yo estábamos viendo un partido de Michael Jordan. Yo le dije: «Qué gran jugador es ese Jordan, ¿no te parece, Diego?», y él me contestó: «Sí, es genial, yo también lo admiro, pero nunca olvides que ese tipo juega con las manos, ¿eh?».
>
> *Seirul·lo*: Esa es toda la dificultad del fútbol: los pies. Y esto conlleva un montón de obligaciones en la función motora que también complican las relaciones interpersonales del deportista. Muchas veces los jugadores me dicen: «Paco, ¿por qué no entrenamos nunca la velocidad?». Y yo les respondo que lo hacemos todo el día, porque eso es el fútbol: la velocidad, la aceleración. Nunca se corre en el vacío. Se corre para adaptarse al adversario o al balón. El fútbol consiste en jugar el balón a la velocidad necesaria y en la dirección que se quiere.[17]

Con Seirul-lo y Guardiola, los jugadores del Barcelona se entrenaban jugando al fútbol.

En definitiva, Guardiola comenzó su andadura con una nueva versión del estilo de Cruyff, con un toque del español Luís Aragonés, un filósofo cruyffista a su lado e ideas sacadas de otros deportes. La otra pieza del telón de fondo fue la crisis financiera mundial: el 15 de septiembre de 2008, dos días después del primer partido de Guardiola en el banquillo del Barça, el banco estadounidense Lehman Brothers entró en quiebra. A principios de 2009, uno de cada seis españoles estaba en el paro. Guardiola solía instar a sus jugadores a pensar en el aficionado que no tenía suficiente para comer y que había gastado treinta y cinco euros para verlos jugar.[18]

Piqué, durante los años de la crisis, me dijo: «La gente siempre piensa que los futbolistas vivimos en una burbuja, que estamos desconectados del mundo exterior. Pero la gente debería darse cuenta de que tenemos hermanos, familiares, amigos que están pasando por esta crisis. Obviamente, por mucho que intente ponerme en la piel de una persona que está sufriendo, nunca voy a sufrir como ella. Pero sí sabemos dónde estamos y qué está pasando». Más aún que los anteriores equipos del Barcelona, el de Guardiola sentía que tenía una misión moral. Para hacerlo patente, durante la mayor parte de su época jugaron con el logo de Unicef en el pecho.

Rijkaard había dejado atrás un equipo maravilloso que se había descarrilado. Guardiola vendió a Ronaldinho y a Deco, los dos principales alborotadores, y planeó deshacerse también de Samuel Eto'o, pero después de que este realizara una brillante pretemporada, los capitanes del Barça le convencieron para que se quedara con él.[19]

Descartar a dos grandes jugadores fue un movimiento valiente de un entrenador novato. También lo fue poner al joven Pedro en lugar de Thierry Henry. Guardiola estaba dando al entorno todos los argumentos que necesitaba si los resultados iban mal. Pero quería morir con sus propias ideas.

Al principio parecía que iba a morir con ellas. El Barça abrió la temporada con una derrota en el campo del Numancia, y luego con un empate en casa contra el Racing de Santander. Guardiola no estaba demasiado preocupado. Tenía el don de evaluar el proceso de su equipo, no los resultados. Xavi Pascual (el del balonmano) me dijo: «Puedes jugar de forma correcta y perder, y a veces ocurre lo contrario: has ganado un partido y el procedimiento es un desastre». Iniesta reforzó la confianza de Guardiola, apareciendo en su despacho del sótano para decirle que no cambiara nada.[20] En sus siguientes veintiún partidos, el Barça sumó sesenta y un puntos.

Pep sometió a sus jugadores a una disciplina inaudita. Rijkaard había sido un adulto que trataba a sus jugadores como adultos. Cuando le pregunté al holandés por qué no hacía entrenamientos intensivos antes de los partidos para evitar que ciertos jugadores se fueran de fiesta, me dijo: «Asumo que puedo contar con la integridad y la profesionalidad del grupo, de los deportistas». Guardiola no contó con la integridad de nadie. El lateral izquierdo del Barça, Éric Abidal, se maravilló ante el periodista Leplat: «Tiene los números de casa de todos, pone muchas normas sobre el uso de los polos del club, no llegar tarde a los entrenamientos, estar en casa a las doce de la noche entre semana, etc. Todos firmamos un documento que nos llevamos a casa».

A veces, Guardiola le decía a un jugador durante una comida de equipo: «Levántate y explica por qué tienes que pagar una multa». «¿Qué multa?», preguntaba el jugador, y Guardiola le decía, delante de todo el mundo: «El día tal, estuviste en tal sitio a tal hora».[21]

En esta etapa más fanática de su carrera como entrenador, Guardiola intentó microgestionar la dinámica social de los jugadores. Desesperado por acabar con los grupitos que habían asolado a la plantilla de Rijkaard, prohibió a Abidal y a Henry hablar en francés entre ellos.[22]

La disciplina en el campo era igual de estricta. Cada jugador debía permanecer en su zona y esperar a que el balón le llegara, en lugar de desorganizar al equipo yendo a buscarlo. En uno de los primeros partidos contra el Sporting de Lisboa, Henry, que había jugado bien y había marcado, fue sustituido por infringir esa norma.[23]

Después de que Cesc Fàbregas se reincorporara a su club de origen desde el Arsenal en 2011, comentó:

> El Barça tiene un sistema muy específico y todo el mundo tiene que adaptarse a él. Todo está estudiado al milímetro. En mis primeros partidos tuve que adaptarme de verdad. Estaba muy acostumbrado al Arsenal, donde podía recorrer todo el campo sin preocuparme de nada. Aquí es muy diferente. Todo el mundo tiene su propia posición y nunca puedes perderla de vista. Tuve que volver a mis días de juventud en el Barça para dominar de nuevo los principios básicos.[24]

Sin embargo, a pesar del rigor de Guardiola, el Barça de su época seguía siendo un lugar de trabajo amigable. Varios de sus jugadores se conocían desde los dormitorios de la Masia. El propio estilo de juego del club era «hablar» entre ellos a través de los pases, cosa que fomentaba su intimidad. Xavi, en un mensaje público a Iniesta, dijo que le encantaba «hablar contigo de forma futbolística, sin hablarte».[25] La sociabilidad es parte del sentido del fútbol del Barça, me dijo Seirul·lo: «Por eso nos pasamos mucho el balón, para que todos los jugadores participen». Eamon Dunphy, en *Only a Game?*, de 1976, lo remarcó aún más:

Aunque solo estéis pasándoos un balón en un campo de entrenamiento, se desarrolla una relación entre vosotros. Es una forma de expresión: te comunicas tanto como si hicieras el amor con alguien. Si tomamos a dos jugadores que trabajan juntos en el centro del campo, por ejemplo, se conocerán a través del fútbol tan íntimamente como dos amantes. Eso sería aplicable a Giles y Bremner, por ejemplo. Es una relación muy estrecha la que se establece cuando se resuelven problemas juntos, cuando se intentan crear situaciones juntos. Es una relación tácita, pero tus movimientos hablan, tu juego habla. El tipo de balón que os dais, el tipo de pases que os dais, el tipo de situaciones que creáis juntos, hablan por vosotros. No os acercáis necesariamente en un sentido social, pero desarrolláis un estrecho entendimiento tácito.[26]

Imagina la carga emocional de llevar a cabo juntos algo así, desde la adolescencia y durante una década o más, y hacerlo mejor que nadie en el planeta.

Guardiola mantenía una plantilla reducida, para minimizar el número de segundones y reservas descontentos, y para preservar la armonía. (Cruyff siempre había desconfiado de la armonía.) El único jugador claramente inferior a la primera clase mundial era el portero suplente José Manuel Pinto, que sobrevivió en el Barça de 2008 a 2014 en gran medida porque era cercano a Messi.

Al personal de apoyo, como los utilleros y los fisioterapeutas, se le trataba como miembro de pleno derecho de la plantilla. Asistían a las barbacoas del equipo que organizaba Abidal, donde todos podían charlar y bromear tranquilamente. (En los hoteles, antes de los partidos fuera de casa, los camareros siempre estaban tratando de escuchar la conversación.)[27]

Piqué suavizó el ambiente. El catalán había regresado a

casa en 2008, con veintiún años, tras cuatro años en el Manchester United. Con su barba, su andar desgarbado y su desparpajo con el balón, parecía un hípster relajado disfrutando de un domingo en el parque. Su objetivo era jugar «con una sonrisa», como su héroe Magic Johnson.

A gusto en su hábitat ancestral, Piqué fue una presencia ruidosa desde el principio. Se había traído del United el humor, a menudo infantil, de un vestuario inglés. Le quitaba la batería al teléfono de Messi, y este, inocente por naturaleza, no sospechaba del delito. Piqué y su compañero en el centro de la defensa, Carles Puyol, tenían conversaciones durante el partido como esta:

> *Puyol*: ¡Geri, Geri, Geri!
> *Piqué*: ¿Qué?
> *Puyol*: Nada. Solo quería asegurarme de que estabas concentrado.

Guardiola sospechaba que Piqué había engordado y se estaba cuidando algo menos después de conocer a Shakira, y que a veces se había relajado de más en partidos contra clubes pequeños. Pero el central contribuía a mejorar el ambiente en las interminables horas que los jugadores pasaban juntos. Aportó equilibrio emocional a un vestuario en el que el entrenador y la mayoría de los jugadores eran «obsesivos».[28]

El manual de juego de Pep

El entrenamiento diario con Guardiola y Seirul·lo era intenso, más mental que físicamente. Al igual que en el Dream Team de Cruyff, el mejor jugador de los rondos era el entrenador, incluso a sus treinta y tantos años y con la espalda maltrecha.[29] En los entrenamientos, observó Henry, «si el balón no se queda junto a tu pie, lo pierdes».[30] El desprecio de Seirul·lo por los entrenamientos sin balón significaba que el Barça entrenaba unos diez minutos menos cada día que otros grandes clubes.[31] A largo plazo, eso ayudaba a mantener fresca a la plantilla.

Guardiola fue el primer entrenador del Barça que prohibió la entrada de periodistas en los entrenamientos;[32] desde entonces no han vuelto. Libre de ojos ajenos, aplicó con un conjunto de

reglas que darían al cruyffismo un nuevo rigor. Cruyff prioriza-
ba el ataque: «Prefiero ganar 5-4 que 1- 0».[33] Guardiola quería
ganar 5-0. Aunque hablaba de atacar, estaba igualmente obsesionado con la defensa. Reforzó los pilares de la catedral de Cruyff.

En el Barça de Guardiola se percibía una espontaneidad alegre. A menudo era genuina, pero los jugadores también estaban
tan entrenados como un equipo de fútbol americano. Conocían
tan bien sus funciones que, a diferencia del Ajax de Cruyff de
los años setenta, podían jugar en silencio. Cuando Kelvin
Wilson se enfrentó a ellos con el Celtic, observó: «No se dicen
dónde y cuándo quieren el balón. Simplemente lo saben».[34]

Jorge Valdano dijo: «Cruyff inventó la fórmula del Barça,
pero fue necesario que Guardiola pusiera un método detrás de
la fórmula».[35]

Estas son algunas de las reglas del manual de juego de
Guardiola:[36]

LA REGLA DE LOS QUINCE PASES. En el baloncesto, las fases de ataque y defensa son distintas: en un momento dado, un equipo
está atacando mientras el otro se concentra frente a su canasta
para defender. Pero el fútbol no tiene una división clara entre
defensa y ataque. Un adversario puede aparecer por la espalda
en cualquier momento, «con malas intenciones», bromea
Seirul·lo. El ataque puede convertirse en defensa en un segundo.
Así que el ataque ideal construye simultáneamente la defensa
de tu equipo. Guardiola lo diseñó: la acumulación de quince
pases. Cada vez que su equipo tenía el balón, insistía en que
completaran al menos quince pases antes de intentar marcar.

Guardiola llamó al método «salir en corto». Sus jugadores
enviaban el balón de arriba abajo y de derecha a izquierda
como quien rellena un crucigrama. Mientras avanzaban en
formación compacta por el campo, alcanzando su cuota de
pases, planificaban con tres segundos de antelación: estaban
construyendo la defensa para el momento en que perdieran la
posesión. Siempre intentaban superar en número a sus adversarios en torno al balón, para, cuando lo perdieran, poder recuperarlo rápidamente.

Incluso Cruyff se aburría a veces viendo la interminable
construcción, pero la apreciaba: «¿Sabes cómo recupera el Barça

el balón tan rápido? Es porque no tienen que correr hacia atrás más de diez metros, porque nunca pasan el balón más de diez metros».

LA POSESIÓN ES NUEVE DÉCIMAS PARTES DEL JUEGO. Para Guardiola, la posesión era un fin en sí mismo. Su Barça aspiraba a tener el balón unos dos tercios del juego. En la temporada de liga 2011-2012, su tiempo de posesión alcanzó un máximo de más del setenta y dos por ciento.

La lógica era doble. En primer lugar, por la sentencia de Cruyff: «Solo hay un balón. Si lo tenemos, el otro equipo no puede marcar». El equipo de Guardiola, que no destacaba por sus entradas, tenía que defender con el balón. A menudo, tras tomar ventaja, mataban el partido con rondos interminables.

En segundo lugar, si el Barça tenía el balón, sus rivales se extenuaban y perdían su estructura persiguiendo los pases, sobre todo porque el Barcelona rara vez les daba un respiro dejando que salieran al toque. El tiempo de juego efectivo —el número de minutos que el balón estuvo en juego— fue excepcionalmente largo en sus encuentros. El entonces entrenador del Bayer Leverkusen, Robin Dutt, se maravilló después de una derrota: «Cuando por fin tienes el balón, todo el equipo ya tiene el pulso a doscientos».[37] Eso también hacía más difícil rechazar la siguiente oleada de presión del Barcelona. Y la posesión era un arma psicológica: provocaba el optimismo del equipo, sobre todo si conseguías marcar.

El dicho dentro del Barça era que había dos tipos de equipos: los que se organizaban en torno al balón y los que se desorganizaban persiguiéndolo.

ROMPER LAS LÍNEAS DEL ADVERSARIO. Las líneas del adversario eran como alarmas que había que evitar. Los jugadores de Guardiola se liberaban para recibir el balón colocándose «entre las líneas». Messi, por ejemplo, solía situarse entre los centrales rivales y el mediocentro defensivo.

Los mejores pases superaban la línea del rival: pensemos en Piqué deslizando el balón por delante de los delanteros contrarios hacia Busquets, o en Xavi dejándolo caer por detrás de los centrales contrarios para que Pedro corriera hacia él.

SOBRECARGAR EL CENTRO DEL CAMPO. Mientras que Cruyff había preferido el juego por las bandas, Guardiola priorizó el centro del campo, la vía más rápida para llegar a la portería. Los análisis de datos confirman que el centro es la zona más valiosa del fútbol, dice David Sumpter, profesor de matemáticas. Messi lo sabe instintivamente, por eso casi nunca pasa por la banda derecha.

Guardiola dijo que aprendió «la importancia de atacar a los centrales» viendo jugar a Iniesta. Y añadió: «Nadie lo hace. Pero observa y lo verás. Si el central tiene que salir, todo se abre; toda la defensa se desorganiza y aparecen espacios que antes no existían».[38] Messi, Iniesta y Xavi dieron al Barça el control del centro.

En comparación, los laterales del Barça eran meros espectadores. Su trabajo consistía en pegarse a las líneas de banda, manteniendo la amplitud del campo. No debían recibir el balón hasta que el ataque llegara al área rival y quedaran libres para recortar hacia dentro.

Cuando Guardiola entrenó más tarde al Bayern de Múnich y al Manchester City, solía empujar a sus laterales al centro del campo. Muchos otros entrenadores, dijo, «quieren a la mayoría de sus hombres en el lateral. No digo que mi manera sea mejor. Es solo mi manera».[39] Su influencia fue tal en la concentración en el mediocampo que pronto muchos otros entrenadores lo imitarían.

LA REGLA DE LOS CUATRO (O CINCO) SEGUNDOS. Los equipos de Cruyff habían presionado de forma bastante espontánea y desestructurada (y Romário ni siquiera se había molestado al respecto). El equipo de Guardiola presionó de forma programada. Tal vez ningún equipo en el fútbol intervino antes en la construcción de la jugada del rival.[40] En el momento en que el Barça perdía el balón, pasaba cuatro segundos cazando en manada para recuperarlo de nuevo. Perdían el balón en contadas ocasiones, así que estos agotadores esfuerzos eran poco frecuentes. Y los cuatro segundos de esfuerzo les ahorraban tener que retroceder cincuenta metros.

Se esperaba que todos los jugadores del equipo de Guardiola cumplieran con su deber en la presión. Klopp comentó: «Creo que Lionel Messi es el que más recupera el balón cuando pierde la posesión... Los jugadores presionan como si no hubiera un mañana, como si lo más divertido del fútbol fuera cuando el otro equipo tiene el balón... El mejor ejemplo que he visto en el fútbol».[41]

Al igual que la regla de los quince pases, la regla de los cuatro segundos tenía un título lo suficientemente sencillo como para que Guardiola pudiera recordársela a sus jugadores en una charla en el descanso o incluso con un grito desde el banquillo.

La idea que subyace a la regla de los cuatro segundos es que la pérdida del balón le da al Barça una oportunidad. El oponente que acababa de ganar la posesión es vulnerable. Para hacer su entrada o interceptación, ha perdido de vista el panorama del campo y se ha fatigado. Necesita dos o tres segundos para recuperar la visión y la energía. El Barça le robaba el balón antes de que pudiera pasarlo a un compañero mejor situado.

Si el Barça conseguía recuperar el balón rápidamente, el rival se frustraría, y es difícil manejar la frustración en un partido de fútbol. Seirul·lo creía que un equipo dejaba de correr en un partido no tanto porque se cansara, sino porque se desanimaba.[42]

Si el rival seguía teniendo el balón después de cuatro segundos, y estaba construyendo un ataque peligroso, el Barça solía parar el juego con una falta. De lo contrario, se replegaba, montaba un muro de diez hombres y decía a sus rivales, en efecto, «Intenta pasar por aquí». La distancia entre el delantero del muro (normalmente Messi) y su último defensor (Piqué, por ejemplo) era de solo veinticinco o treinta metros. Pocos oponentes podían atravesar un laberinto tan compacto.

Mientras tanto, el Barça se daba un tiempo para recuperarse de sus cuatro segundos de esfuerzo máximo. Esta regla se basaba en la fisiología *seirul·liana*.

SEÑALES DE PRESIÓN. Una vez que el Barcelona había construido su muro, esperaba las señales preestablecidas para empezar a presionar de nuevo. Una de ellas era cuando un adversario perdía el control de un balón. Si el balón rebotaba en su pie, tenía que mirar hacia abajo para localizarlo, perdiendo la visión del campo. El Barcelona le acosaba al instante.

Otro indicador era si el jugador contrario con el balón se giraba hacia su propia portería. Ahora ya no podía pasar hacia delante. Los jugadores del Barça le presionaban, obligándole a dar un pase atrás, y así ganaban territorio.

LA «REGLA DEL 3-1». Guardiola la aprendió en Italia. Si un jugador contrario recibía el balón cerca del área de penalti del Barcelona, un defensa avanzaba para interceptarlo, mientras los otros tres defensas construían una segunda capa de protección formando un anillo a dos o tres metros por detrás del primer defensa.

SIN SORPRESAS. Cuando el Barcelona se hacía con el balón, pasaba algo inusual: no intentaba atacar inmediatamente. Normalmente, el jugador que había perdido de vista el campo al ganar la posesión se limitaba a pasar el balón al compañero más cercano, y la acumulación de quince pases podía reiniciarse.[43]

La mayoría de los equipos importantes (sobre todo el de Mourinho) consideran decisivo el momento en que el balón cambia de pies: el cambio de posesión, como se llama en baloncesto. En ese momento, tus rivales suelen estar fuera de posición. Si puedes contraatacar rápidamente, tienes una buena oportunidad de marcar.

El Barça solo lo hacía si se hacía con el balón cerca del área de penalti del rival. En ese caso, el jugador que había ganado la posesión iba directo a la portería. Ahí es donde aparecía el genio de Messi. Sus reflejos eran tales que a veces recuperaba el balón una fracción de segundo después de perderlo. Pero a menos que la ruta hacia la portería fuera corta y abierta, el Barça entraba en su rutina de quince pases.

Mourinho se quejó de que renunciar al contraataque era una estupidez. Los contraataques eran la forma más fácil de marcar, argumentaba: si el equipo contrario había perdido el balón con varios jugadores en su campo, su defensa quedaba abierta. Sin embargo, el método del Barça también parecía funcionar, o al menos lo hacía gracias a la calidad de sus jugadores.

Trabajo diario: ver DVD

Cruyff nunca dedicó mucho tiempo a observar a los rivales; lo dejaba en manos de su ayudante Bruins Slot. Al principio, el plan era que su ayudante transmitiera sus descubrimientos a Cruyff, que los explicaría al equipo, pero, como Johan siempre se equivocaba en los detalles, Bruins Slot acabó informando directamente a los futbolistas. Apenas importaba. Cruyff no estaba muy interesado en el rival. Su Barça iba a lo suyo.

Guardiola era diferente:

> Cuando era jugador, lo que más pánico me daba era tener que jugar un partido sin saber qué... iba a hacer el rival. Así que desde mi primer día con el Barça B siempre intentaba decirles antes del partido: «Señores, esto es lo que va a pasar hoy. Si hacemos esto, ganaremos».[44]

De hecho, podría decirse que Guardiola era más analista de vídeo que entrenador. En un día típico de trabajo, podía pasar noventa minutos entrenando a sus jugadores y seis horas en la Cueva (su despacho en lo más profundo del Camp Nou) viendo varios DVD de los rivales.[45] (Había instalado una lámpara y una alfombra para hacer la habitación menos deprimente.) Miraba, dijo al Parlamento catalán en 2011, hasta que...

> Por fin llega el momento brillante, maravilloso, que da sentido a mi profesión. Créanme, si soy entrenador es por este momento; todo lo demás es un añadido y hay que lidiar con ello... El momento puede durar un minuto veinte segundos, un minuto treinta, a veces solo un minuto. En ocasiones incluso tengo que ver dos partidos enteros de nuestro siguiente rival antes de que... llegue el instante en que diga: «Ya está, lo tengo. Hemos ganado».[46]

En ese instante había detectado el punto flaco del adversario. El más famoso es el que descubrió la tarde del 1 de mayo de 2009: el espacio delante de los centrales del Real Madrid que Messi, como falso nueve, podía ocupar.

Guardiola podía explicar sus ideas a sus jugadores mucho mejor que Cruyff. Piqué dijo:

> Te hacía entender el deporte en sí. Analizaba al rival y luego explicaba que teníamos que hacer esto porque ellos hacen aquello, y entonces conseguíamos espacio en tal o cual sitio. Y así ocurría en el partido —que es lo más difícil—, y él se sentía muy orgulloso porque había acertado. Creaba el juego antes de jugarlo.

Con Guardiola, el estilo del Barça se volvió más cerebral que nunca. Cuando le cité a Piqué la frase de Cruyff («El fútbol es un deporte que se juega con la cabeza»), me contestó: «Quizá llevamos esa frase a su máxima expresión». Al igual que el holandés, Guardiola llevó a sus futbolistas a un «proceso de aprendizaje», enseñándoles a convertirse en fríos analistas del juego en tiempo real. Le dijo a su estresado portero Valdés: «Si sigues así, un día se acabará tu carrera y no habrás disfrutado ni un día de esta maravillosa profesión. Mira el fútbol en la televisión y trata de analizar el juego: ¿por qué se mueve el delantero hacia la izquierda? ¿Qué pase está a punto de dar el mediapunta? Cuanto más entiendas el fútbol, más te gustará».

El entrenador catalán solía idear una formación específica para explotar un defecto fatal del rival. El Barça a menudo cambiaba a esta formación a los diez minutos de empezar el partido, lo que dificultaba la reacción del otro equipo.[48] A veces, el defecto que había descubierto era un detalle: por ejemplo, que el extremo derecho rival no tenía pie izquierdo. El lateral izquierdo del Barça, Éric Abidal, le cubría el pie derecho, obligándole a girar siempre hacia dentro y dar un pase corto hacia atrás con la izquierda. Con todo el equipo del Barça anticipando ese pase, era fácil interceptarlo. Durante gran parte de la época de Guardiola, el peor defecto del Real Madrid era que su delantero Cristiano Ronaldo no bajaba a defender, por lo que el Barça intentaba terminar sus ataques por su banda. «Este equipo no era más que cientos de pequeños detalles como ese», dijo Abidal.[49]

Sala-i-Martín comparó a Guardiola con la empresa española de «moda rápida» Zara, que puede sacar una nueva colección una vez cada quince días, más rápido que cualquiera de sus rivales. El economista dijo: «Cada partido sorprende al rival con pequeños cambios en la táctica. Pep es una innovación constante».[50]

El colofón: un estallido de fútbol callejero

«El estilo del Barça es el peor del mundo», dijo Ricardo Moar, cuando era director deportivo del Deportivo de La Coruña.[51] Guardiola negó a sus propios delanteros el espacio y el elemento sorpresa. Para cuando el Barça había completado sus quince pases, el rival solía reagruparse en una especie de «defensa de balonmano»: todo un equipo vigilando su portería. Moar tenía razón. Entonces, ¿cómo marcaban los hombres de Guardiola?

A veces empleaban jugadas ensayadas a balón parado: Xavi se la pasa a Messi en el espacio entre el lateral izquierdo y el central, mientras el tercer hombre, Abidal, aceleraba por la banda izquierda preparado para el pase cruzado de Messi. Abidal dijo más tarde: «Siempre me recordó a la táctica de un equipo de baloncesto. ¿Saben cuándo tienen el balón y empiezan a hacerse señales para intentar una determinada jugada? Fue un poco así».[52]

En general, decía Guardiola, el secreto para marcar en cualquier deporte que se juegue con balón es sobrecargar una banda, atraer al rival para que envíe refuerzos allí, y luego cambiar el balón al otro lado.[53] Su regla era: «Si empiezas por la izquierda, acabas por la derecha». Abidal le dijo a Leplat: «Puedes mirar todos los goles que marcamos, siempre es lo mismo: empezamos por una banda y terminamos por la otra».[54]

Pero una vez que el equipo de Guardiola trasladaba el balón a través del campo, en los últimos veinticinco metros más o menos pasaban de la estructura organizada al fútbol callejero. El ataque ideal situaba a Messi (o a Henry, o a Eto'o) en un uno contra uno contra un rival, cerca de la portería. Una vez hecho esto, la creatividad individual del delantero sustituía al manual de jugadas. Guardiola no le iba a decir a Messi cómo superar a un defensa. Si un delantero empezaba a regatear, los demás jugadores del Barça se alejaban de él para dejarle espacio. En otras ocasiones, la creatividad podía ser la interacción espontánea de tres o cuatro jugadores: Messi, Henry, Eto'o... y el gol.

Cruyff había captado que se necesitaba un solista imprevisible: «Un equipo de fútbol está formado por diez personas y un extremo izquierdo». A medida que las defensas se fueron organizando, los solistas cobraron aún más importancia.

Ellos eran lo que distinguía al Barcelona de la selección española de su época. España hacía pases como el Barcelona, presionaba como el Barcelona y construía muros como el Barcelona, pero no marcaba como el Barcelona, porque no tenía los mismos solistas. Ganaron el Mundial de 2010 tras marcar solo ocho goles y encajar dos, en siete partidos.

La magnífica procesión

El punto culminante de la primera temporada de Guardiola como entrenador se produjo en el minuto noventa y tres del Chelsea-Barça, el 6 de mayo de 2009, cuando un gol de Iniesta con el exterior de la bota llevó al Barça a la final de la Liga de Campeones. Exactamente nueve meses después de ese gol, la tasa de natalidad del Barcelona, casi invariablemente estable, se dispararía un dieciséis por ciento.[55]

La noche anterior a la final contra el Manchester United en Roma, el hotel del Barça estaba repleto de los hijos, las esposas y los acompañantes de los jugadores. Henry se maravilló más tarde: «Estaba en mi habitación, ¡a medianoche! Mi novia, mis amigos, estaban hablando, tomando una taza de café, relajándose. Si juegas en cualquier otro equipo es como: "No hagas esto, no hagas aquello, no, tienes que concentrarte"».[56] Guardiola sabía cuándo sus jugadores tenían que ser obsesivos y cuándo no.

Tres de los defensas del Barça faltaron para la final, lo que supuso un estimulante reto intelectual para el entrenador. Lo resolvió colocando al mediocentro Yaya Touré en el centro de la defensa. Guardiola asumió que sus jugadores eran lo suficientemente buenos como para jugar en cualquier posición.

A los diez minutos del partido, el pase con efecto de Iniesta a Eto'o para abrir el marcador habló en el idioma del Barça; le dijo al camerunés cómo superar su marcaje.[57] El segundo gol del Barça —en el que Messi se elevó por encima de Rio Ferdinand, de 1,90, para cabecear un centro de Xavi por encima del portero del United, Edwin Van der Sar, de 1,97— fue una declaración sobre la altura en el fútbol.

En su primera temporada como entrenador, Guardiola había ganado el triplete: Liga, Copa del Rey y Liga de Campeones. «Este es el final de mi carrera, ya lo he ganado todo», bromeó medio en serio.[58]

Asistí al partido con los responsables de la UEFA; mientras tomaban unas copas después del encuentro, comentaron las estadísticas con alegría: ocho de los trece jugadores del Barça en el partido habían pasado por la Masia. Se trataba de un modelo de fútbol europeo, una vuelta a los tiempos en que el Ajax de Cruyff ganaba Copas de Europa con un equipo de barrio.

La temporada siguiente, 2009-2010, el Barça se proclamó campeón de España con un récord de noventa y nueve puntos. La mitad del equipo se fue directamente a Sudáfrica para ganar el Mundial. Cuando le pregunté a Piqué cómo se había adaptado emocionalmente a ser campeón del mundo a los veintitrés años, me dijo:

> Todo sucedió tan rápido que me pareció que ganar era lo normal. Cuando empecé a perder fue cuando comencé a entender todo lo que había ganado. Ibas a jugar una competición como la Copa del Mundo, o la Liga, y sabías que ibas a ganar. Empiezas a ganar todo y piensas: «Eres el mejor y debes ganar. No puedes desperdiciar esta oportunidad». Porque íbamos a tal ritmo que ganábamos a cualquier equipo que se nos pusiera por delante.

El equipo de Guardiola tuvo suerte hasta con su rival, el Real Madrid de Mourinho. El portugués había sido contratado por el Madrid como el antídoto contra el Barça, pero en realidad se convirtió en su enemigo perfecto: un villano de cómic. Se cebó con Guardiola en las ruedas de prensa, jugó a la defensiva en los clásicos, le metió el dedo en el ojo a Vilanova y abofeteó a un desprevenido Carles Puyol en el túnel antes de un partido. No eran simples juegos psicológicos: Mourinho no había superado el rechazo de lo que él consideraba un Barcelona pretencioso y moralista.

El placer de ganarle 5-0 en noviembre de 2010 fue mayor para aquellos que pudieron situar el resultado dentro de la historia del Barça: una rememoración de las victorias por 5-0 sobre el Madrid en 1973 y 1994. (Cada vez que el equipo de Guardiola salía al campo, los fantasmas del de Cruyff se posaban sobre sus hombros.) En el partido de 2010, Piqué levantó cinco dedos a los seguidores del Barça, y estos le devolvieron los cinco: era la manita, que tradicionalmente marcaba estos momentos.[59] De vuelta al vestuario, los jugadores del Barcelona se regalaron a sí mismos una ovación de un minuto.[60]

Sin embargo, necesitaban al Madrid. El equipo de Mourinho era lo suficientemente bueno como para obligarlos a ser grandes cada semana, no solo para ganar al Madrid, sino también para derrotar a todos los demás equipos españoles, porque el Madrid rara vez perdía puntos. Gracias a esa rivalidad, un país mediano en crisis económica podía acoger a los dos mejores equipos del mundo.

A mediados de marzo de 2011, a Abidal se le diagnosticó un cáncer de hígado. Pidió a Guardiola que diera la noticia a la plantilla. Pep visitó al lateral izquierdo en el hospital después de cada una de sus dos primeras operaciones, y lo encontró con quince kilos menos y con un aspecto «amarillo como un teletubby».[61] Cuando Abidal volvió a casa, le costaba levantarse del sofá. Sin embargo, a principios de mayo volvió a jugar. El 28 de mayo, cuando todavía pesaba cinco kilos menos, Guardiola lo puso de titular en la final de la Liga de Campeones contra el Manchester United en Wembley.

El United se ensañó inevitablemente con Abidal: en los primeros minutos, su extremo Antonio Valencia le superó dos veces; le hizo tres faltas. Sin embargo, poco a poco, el Barcelona logró una posesión casi constante. Guardiola diría de los veintitrés minutos iniciales de la segunda parte, en los que su equipo marcó dos goles: «Fue la ilustración perfecta de cómo queríamos que jugaran. Éramos un grupo joven de entrenadores que intentaba convencer a un grupo único de jugadores para que hicieran algo diferente, y funcionó bien durante cuatro años».[62]

Ese partido fue probablemente el mejor espectáculo futbolístico que he visto nunca.[63] Al final, los indefensos jugadores del United que perseguían el balón maldecían a sus oponentes.

La victoria del Barcelona por 3-1 fue el tercer triunfo europeo de Cruyff en Wembley, después de la victoria del Ajax sobre el Panathinaikos en 1971 y la del Barça sobre la Sampdoria en 1992. Después, Puyol entregó a Abidal el brazalete de capitán y el superviviente al cáncer levantó la copa al cielo.

Había sido una noche tan perfecta que me preocupaba que Alex Ferguson la estropeara quejándose del árbitro; sin embargo, mientras subía los treinta y nueve escalones de Wembley para recibir su medalla de perdedor, sonreía. «Nadie nos ha dado una paliza así —dijo después—. Es el mejor equipo al que me he enfrentado.»[64] A las doce y media de la noche, el utillero del Barça caminó desde el estadio hasta el autobús, con un montón de carpetas en una mano y el trofeo de la Liga de Campeones en la otra.

Cuando el cáncer de Abidal reapareció diez meses después, el lateral derecho del Barça Dani Alves le ofreció una parte de su propio hígado para un trasplante. El suplicio del francés, con su final feliz, ayudó a unir a la plantilla.

Sin embargo, cuatro años es mucho tiempo para mantener esa intensidad. En 2012, tras haber ganado catorce trofeos, Guardiola había perdido casi todo el pelo y se sentía agotado. Los jugadores se habían cansado de su constante perfeccionismo. Con los directivos peleando entre sí, también tenía que ejercer a menudo de portavoz del club. Laporta había dejado de ser presidente en 2010, ahora lo era un antiguo aliado, su compañero de equipo en el fútbol *amateur* de la adolescencia Sandro Rosell. Guardiola sospechaba que el nuevo presidente no le cubría las espaldas.[65] El propio Rosell estaba lidiando con envidiosos externos, incluidos, según cuenta, la FIFA, la UEFA y la Federación Española de Fútbol. Me dijo: «A nadie le gusta que alguien gane siempre. Y estoy de acuerdo: para hacer grande el deporte, hay que hacer que otros ganen».

Cuando Guardiola dejó el cargo, Rosell pidió a Vilanova que lo sucediera. Vilanova, al igual que Guardiola cuatro años antes, solo había sido entrenador en la tercera división española. El nombramiento molestó a Pep, que parecía esperar que su viejo amigo dejara el Barça con él. Él y Vilanova se pelearon. En la única temporada de Vilanova en el cargo, la 2012-2013, el Barcelona ganó la liga con un récord de cien puntos. Sin embargo, a Vilanova se le diagnosticó un cáncer. A mediados de la temporada voló a Nueva York para someterse a un tratamiento de varias semanas. Guardiola, que se encontraba de año sabático en Manhattan, solo le visitó una vez. La familia de Vilanova estaba consternada. Tras la muerte de Vilanova en 2014, a los cuarenta y cinco años, su viuda prohibió a Guardiola asistir al funeral.[66]

Las rupturas entre viejos amigos son una historia eterna en el Barça: Cruyff y Rexach, Rosell y Laporta, Pep y Tito. Más que en otros clubes, en el Barcelona lo profesional es personal. Las amistades de toda la vida, la ambición individual y las relaciones umbilicales con el Barça acaban enredadas. «El poder divide», suspiraba Rosell.[67]

Sin embargo, lo que Guardiola y Vilanova dejaron atrás es el recuerdo de uno de los más grandes equipos de fútbol: «El mejor equipo de los últimos veinte o treinta años», según Mourinho.[68]

Cuando le preguntaron a Guardiola en la conferencia de México si había perfeccionado las ideas de Cruyff, respondió: «No lo sé, pero esto va más allá del fútbol: personalmente, soy mejor que mis padres en muchos ámbitos, porque me he beneficiado de otras posibilidades, como de la posibilidad de viajar. Y mis hijos serán mejores que yo. Es normal. Además, los entrenadores del futuro me superarán, sin duda».[69] Guardiola superó a Cruyff y, de paso, confirmó que el Barça es un club poco común con un estilo propio perdurable: el estilo cruyffista. Pep completó la catedral de Cruyff. El genial artesano se hizo cargo de la obra, y luego dejó de escuchar a los arquitectos que le sucedieron.

CUARTA PARTE

Conoce el talento

9

Define «talento»

$\mathcal{D}$urante el tiempo que pasé en Barcelona, me interesé por una cuestión que iba más allá de equipos y épocas concretas: ¿qué significa ser un gran futbolista, dentro y fuera del campo? ¿Qué tipo de persona es un buen futbolista? ¿Qué es lo que los diferencia del resto? ¿Cómo se relacionan con sus clubes? ¿Cómo consiguen integrarse cuando se trasladan? ¿Y qué diferencia hay entre ser un gran jugador en el Barcelona y en cualquier otro lugar? En los cuatro capítulos que siguen trato de responder a estas preguntas, basándome, en parte, en entrevistas con empleados del club y con jugadores del Barça, antiguos y actuales.

Lo más cerca que he estado de entender lo que se necesita para jugar al fútbol de primera división fue sentado frente a un antiguo ordenador en Kiev en 1992. Había conocido a un científico, el profesor Anatoly Zelentsov, que había programado las pruebas informáticas que utilizaban el Dinamo de Kiev y la selección nacional soviética para elegir a sus jugadores. Se me quedó grabada la prueba más difícil: un punto trazaba una complicada trayectoria a través de un laberinto y había que reconstruir el camino de vuelta utilizando una palanca de mando. Pero yo era incapaz de recordar la ruta, y el laberinto era tan estrecho y tortuoso que no paraba de chocar con las paredes. Era, por supuesto, una prueba de memoria visual y de coordinación entre el ojo y la mano. Eso me hizo dar cuenta del don que tienen los grandes futbolistas. Ni siquiera después de años de práctica podría haber resuelto ese laberinto.

La mayoría de los grandes futbolistas dan por sentadas sus cualidades. Cruyff era uno de los pocos que podía explicar a la gente en qué consistía lo que hacían. Imagina, dijo una vez, que eres un jugador que recibe un pase en un partido de primera división:

> Un adversario se acerca a ti..., el balón está botando o viene con una trayectoria curva, y tienes que pasarlo a otro jugador, que tiene una determinada velocidad de carrera y debe recibirlo en el momento justo. Un ordenador no puede hacer en dos minutos lo que ese futbolista de primera tiene que hacer en centésimas de segundo. Así que los cerebros de los jugadores tienen que funcionar de manera excepcional. Creo que eso es inteligencia. Pero la gente suele confundirla con el aprendizaje.[1]

Jugar al fútbol de primera división es algo así como jugar al ajedrez con los pies moviéndose tan rápido como un Fórmula 1. Exige un extraordinario dominio de la geometría en movimiento. No hay más que ver a Valverde en el campo de entrenamiento del Barcelona antes de un partido contra el Espanyol, mostrando a sus defensas qué espacios deben ocupar en función del jugador contrario que tenga el balón, y en qué direcciones deben forzar al contrario a pasar el balón.[2]

Sin embargo, los mejores futbolistas son capaces de registrar el frenético movimiento que los rodea sin perder el control. El entrenador portugués Carlos Queiroz le explicó al escritor John Carlin: «Imagínese que dos coches chocan. Para nosotros ocurre a una velocidad normal. Ellos (los grandes) lo ven a cámara lenta, captan muchos más detalles en el mismo tiempo que nosotros. Sus mentes procesan más detalles de los que usted y yo podemos ver. Por lo tanto, tienen más tiempo».[3]

El reconocimiento rápido de patrones quizá sea la cualidad más importante en el fútbol, según el antiguo director del Milan Lab del AC Milan, el médico belga Jean-Pierre Meersseman. Cuando le pregunté qué jugadores la tenían, nombró al brasileño Ronaldo.

Un club no puede hacer mucho para desarrollar esta cualidad, y menos en jugadores adultos. Los analistas de datos del

Barça no pudieron enseñar a Busquets a atraer a un rival hacia él y luego, en el último momento, pasar el balón por detrás de su espalda. De hecho, ocurrió lo contrario: para entender cómo funciona el fútbol, los analistas del Barça estudiaron el juego de Busquets y Messi. Cuando empezaron a utilizar modelos informáticos para identificar los espacios de alto valor en el campo, se sorprendieron al descubrir la frecuencia con la que los futbolistas del Barcelona accedían a esos espacios con carreras o pases. «Tengo que decir que los grandes jugadores analizan el juego mejor que yo», me dijo Valverde, que añadió:

> En lugar de analizar, yo diría que durante el partido interpretan la jugada. El fútbol es un deporte continuo en el que el entrenador apenas influye, o al menos mucho menos que en el baloncesto: solo tenemos tres sustituciones; el juego nunca se detiene por tiempos muertos. Una vez que empieza el partido, si le grito a un jugador que tengo lejos, no me oye, y el que tengo al lado tampoco me oye. El fútbol pertenece casi únicamente a los jugadores.

Pregunté por qué decía «casi», y Valverde se corrigió a sí mismo: «No casi. El fútbol es de los jugadores. Durante cuarenta y cinco minutos seguidos, sin parar, cada jugador toma sus propias decisiones». En el campo, los jugadores resuelven continuamente rompecabezas por sí mismos: ¿debo avanzar cinco metros? ¿A quién debo pasarle el balón? ¿Quién cubrirá al hombre libre?

Valverde siempre informaba a su equipo sobre el próximo rival, pero daba poco valor a sus propios consejos. Admitió que «el comienzo de un partido siempre es una sorpresa, porque no sabes lo que tiene preparado el rival. El otro día contra el Athletic de Bilbao, por ejemplo, esperábamos una presión muy alta, y en realidad no fue para tanto. Así que, Dios mío, al principio estábamos un poco desubicados».

El fútbol es un juego de futbolistas. Uno de los analistas de datos del Barça me confesó que no creía haber ayudado nunca al equipo a ganar un partido. (En ese caso, ¿por qué no renunció?, se preguntó el director de investigación del Liverpool, Ian Graham, tras leer la cita.) Cuando presioné al analista, admitió que sí pudo haber aportado algo: «el 0,01 por ciento».

El reconocimiento de patrones, la toma de decisiones y la habilidad con los pies se acercan a la definición de talento en el fútbol. Pero un jugador de primera clase también necesita las cualidades psicológicas adecuadas. ¿Cuáles son las más importantes? Inma Puig, que trabajó para el Barça como psicóloga durante quince años, me dijo: «Los grandes jugadores viven la presión como un reto, mientras que el jugador corriente la vive como una amenaza. Esa es la diferencia».

Cada pocos días, un futbolista entra en el Coliseo romano y tiene que volver a demostrar su valía. Los jugadores que triunfan son los que disfrutan con ese desafío interminable. El defensa francés Lilian Thuram me lo contó en 2008, durante su etapa en el Barça:

> Lo bonito del fútbol es la permanente puesta en cuestión de uno mismo. Olvidar el partido que acabas de jugar. Hay un momento mágico, cuando los dos equipos se alinean uno al lado del otro, y entran en el campo y saludan al público, y el árbitro hace sonar su silbato, porque en ese momento podemos escribir un nuevo partido. Creo que por eso el fútbol es fascinante.

Pero también es aterrador. En los vestuarios, antes de cada partido, algunos jugadores vomitan o van al baño varias veces. «¡Floop!», dice un médico del Barcelona, imitando la diarrea que recorre los intestinos. A veces, un equipo no puede salir al campo hasta que un jugador afectado por esta cuestión haya terminado. Los futbolistas de primera categoría sienten el miedo como cualquier otro. Lo que les distingue es que lo utilizan para motivarse. Sus talentosos compañeros que no pudieron soportar el miedo cayeron por el camino, tal vez al debutar en un equipo nacional juvenil. Citando al pianista estadounidense Charles Rosen: «Esto es lo que distingue al aficionado del profesional: ambos tienen miedo escénico, pero el aficionado lo muestra y el profesional lo oculta».[4]

Otro elemento del talento es la concentración. Los jugadores de primera clase pueden concentrarse en su tarea durante noventa minutos como si el público no existiera. Los únicos sonidos que penetran en su conciencia son las voces de sus compañeros de equipo. Meg Rapinoe, que fue abucheada por el público estadounidense durante un tiempo después de arrodillarse durante el himno nacional, dijo: «Resulta que el sonido de diez mil personas mandándote a la mierda puede... mezclarse en una masa sólida que es posible ignorar».[5] Thuram contó que cuando un partido terminaba, siempre sabía qué equipo había ganado, pero no siempre sabía el resultado. A veces borraba de su mente los goles que había marcado su equipo, porque eran irrelevantes para su tarea. Estaba concentrado.

Existe la creencia generalizada de que los futbolistas de primera clase necesitan un entrenador que les inspire para llegar a lo más alto. El cómico británico Peter Cook solía interpretar a un entrenador de fútbol que, con un lúgubre acento del norte de Inglaterra, revelaba el secreto de su oficio: «¡*Moootivación, mooootivación, moootivación!* Las tres M». La motivación sigue siendo una obsesión para muchos en los medios de comunicación futbolísticos. La idea es que el jugador es un niño influenciable, al que el entrenador infunde motivación, idealmente a través de un discurso eclesiástico antes del partido.

Pero la verdad es que casi nadie en la élite juega para el entrenador.

Cualquier motivación externa que se necesite surge del equipo, no del entrenador. En el vestuario del Barça, justo antes de salir al campo, los jugadores y el entrenador se juntan en un corrillo y gritan: «¡Uno, dos, tres, Barça!». Y la motivación esencial de los grandes futbolistas es interna. Se trata de personas que no necesitan motivaciones externas. Gerard van der Lem, segundo entrenador de Van Gaal en el Barça, comparó su semana de trabajo con una olla de presión: «El lunes los jugadores entraban, y la olla se iba calentando poco a poco cada día. Cuando se retiraba la tapa el domingo, salían veintidós asesinos. La intensidad de esos partidos era increíble».[6]

Arsène Wenger, entrenador durante treinta y cinco años, me dijo:

A los veintitrés años, los mejores jugadores se distinguen del resto. Son los futbolistas que van más allá, en la consistencia de su motivación, en su deseo de superarse a sí mismos. Y el dinero no es demasiado relevante para ellos. Tienen una motivación intrínseca que los empuja a ir tan lejos como les sea posible. No existen demasiados así.

Cuando le pregunté hasta qué punto el papel del entrenador era importante en la motivación, Wenger respondió:

> Está sobrevalorado... Si cada semana tienes que motivar a los jugadores para que jueguen el sábado, olvídalo. En ese nivel, los futbolistas tienen un objetivo, quieren ser estrellas, y tú estás ahí para ayudarlos. Si no les gusta, si no quieren, mándalos a casa; perderás tu tiempo. Por supuesto, a veces sí les motivas, porque pueden pasar por malos momentos, pero, en general, los jugadores de ese nivel están motivados.

El entrenador italiano Carlo Ancelotti está de acuerdo: «Nuestro trabajo no es motivar a los jugadores. Nuestro trabajo es que no pierdan la motivación, y para eso debemos proporcionarles los retos y objetivos que su talento necesita».[7] Si un jugador percibe que la gestión de su club es de segunda categoría, puede decidir irse a triunfar en otro lugar.

Guardiola, reflexionando sobre su salida del Barcelona en 2012, dijo: «Lo que pasó en el Barça no es que no consiguiera motivarlos. No, ¡no conseguí seducirlos!».[8]

Un entrenador tiene que seducir a los jugadores para que acepten sus ideas. Mientras que motivar a los jugadores implica una relación jerárquica, la seducción conlleva una entre iguales. El entrenador contemporáneo es más un director de cine que un general militar. El autoritarismo se ha desvanecido aún más rápido en el fútbol que en la mayoría de los lugares de trabajo de alta cualificación. La sentencia Bosman de 1995 facilitó la salida de los jugadores descontentos en sus clubes. Desde entonces, la tendencia es que los futbolistas acumulen cada vez más poder. Esto ha sucedido más a menudo en el Barça que en otros clubes, pero ha pasado en casi todos: el poder de los jugadores es la queja habitual en las comidas previas a los partidos entre los directivos de los clubes rivales.

¿Cómo se puede seducir a los futbolistas? Puig ha llegado a la conclusión de que quieren las mismas cosas que cualquier otro trabajador: amor y reconocimiento. «Además, ¡es gratis!», dice entre risas. El gesto definitivo de reconocimiento fue la reverencia de Rijkaard a sus jugadores después de que el Barça ganara la liga de España en 2005.

Un jugador de primera división tiene un objetivo impulsado por el ego: quiere triunfar por sí mismo, por vocación, para proyectar su carrera. A menudo se asume que el ego es perjudicial para un equipo, y a veces realmente lo es. Guardiola dijo: «Casi la totalidad de los problemas que pueden afectar a un equipo vienen de los egos».[9] De hecho, algunos de ellos han sido consecuencia del propio ego de Guardiola. Pero el impulso egoísta de los futbolistas de alto nivel también los ayuda a triunfar. El delantero francés Kylian Mbappé asegura que siempre se dice a sí mismo: «Soy el mejor», aunque sabe que Messi y Cristiano Ronaldo son mejores. Explica que es su ego lo que le hace desear superarse a sí mismo y le impide ponerse límites.

> Es importante porque cuando las cosas son difíciles, nadie, excepto tú mismo, te empuja. Tienes que convencerte de que puedes mover montañas… Solo estás tú.[10]

Incluso, si un jugador deja temporalmente de lado su ego y se sacrifica por el bien común (jugando fuera de su posición o sentándose incómodamente en el banquillo), querrá el reconocimiento individual de su entrenador.

La estructura de la carrera de un futbolista —breve, con frecuentes traslados y altibajos personales— fomenta el egoísmo. Pero los jugadores más egoístas suelen ser los mejores. Queiroz explicó: «Los mejores futbolistas tienen una profunda conciencia de su excepcionalidad, de su talento único, que va más allá de la arrogancia».[11] Un entrenador que solo quiere trabajar con soldados obedientes se hará la vida más fácil, pero se perderá a algunos de los mejores talentos.

Un técnico realista acepta que sus jugadores están en esto por su propio beneficio y que ven a sus compañeros como rivales. Guardiola siempre asumió que los suplentes querían que el equipo perdiera, porque así podrían salir del banquillo. En una ocasión comentó: «La gente que dice "¡todos luchamos juntos!", bueno, queda bien como imagen, pero en un vestuario nadie se lo cree».[12]

Los compañeros de equipo deben tener una buena relación de trabajo, pero no es necesario que sean una hermandad, y rara vez lo son. Thuram afirmó: «Sería difícil si exigieras que todo el mundo te quisiera. Un brasileño no va a pensar como un italiano. Hay diferencias culturales». Los jugadores son libres de caerse mal. Solo tienen que confiar en el talento de cada uno.

Para casi todos los jugadores, el fútbol es un trabajo, y su club una empresa. Las personas ajenas al club que crecen como hinchas y luego entran a formar parte de este mundo —periodistas y directivos del club, por ejemplo— suelen sufrir un desencanto duradero cuando se dan cuenta de esto. Un directivo del Barça que había pasado por esa experiencia me dijo que, tras dejar el cargo, se comprometió a no revelar el lado oscuro del fútbol porque no quería que los aficionados fueran conscientes de él. «No hablo de cosas ilegales», añadió. Se refería a la venalidad cotidiana.

Cuando empecé a escribir este libro, pensé que la mayoría de los futbolistas de primera división eran como los empleados altamente cualificados de otras disciplinas: que se relacionaban con su club de la misma manera transaccional que la mayoría de los cirujanos, banqueros o académicos se relacionan con sus empleadores. Los futbolistas, pensé, querían trabajar para una empresa en la que pudieran encontrar satisfacción profesional, un salario alto y reconocimiento. Si su club actual no podía dárselos, no querrían pertenecer a él. No querrían saber nada de los aficionados. No estarían comprometidos con el escudo del club, ni con su entrenador, ni con sus compañeros.

Al escribir este libro, he llegado a creer que la relación es aún más transaccional que eso: de hecho, la mayoría de los jugadores son como contratistas independientes. Se reúnen en un club concreto para ejecutar un proyecto a corto plazo con otros contratistas, como los actores que hacen una película juntos. Alquilan sus servicios al club durante unas tres horas al día, a la vez que trabajan para sus patrocinadores, su selección nacional y sus organizaciones benéficas, y quizá construyen sus marcas personales.

Lo mejor que puede hacer un entrenador es convencer a los jugadores de que su proyecto a corto plazo satisfará sus ambiciones egoístas. Mbappé me contó que había aprendido de su padre, que fue entrenador de fútbol local en las afueras de París, a pensar como un entrenador, pero que la mayoría de los jugadores no eran capaces de hacerlo. Dijo: «Si eres un jugador, generalmente solo piensas en ti mismo, en tu carrera. El fútbol es el más individual de los deportes colectivos».

Un futbolista que quiera sobrevivir en la élite necesita el paquete completo: automotivación, habilidad con los pies, reconocimiento de patrones y concentración.

El futbolista inglés Phil Neville tenía las cualidades psicológicas, pero le faltaba la habilidad con los pies y el reconocimiento de patrones. Y a la inversa, algunos jugadores con talento carecen de la parte psicológica. Recuerdo a un talentoso centrocampista de los años noventa que, descansando junto a una piscina en la Riviera francesa, preguntaba retóricamente, mientras se quejaba sobre sus colegas obsesivos: «¿Al final de qué se trata? Se trata de ser feliz con tu familia». Este hombre fracasó en el Barça, pero tuvo una buena carrera en un nivel inferior.

Algunos futbolistas pierden la ambición durante su carrera. Tal vez, como muchos otros trabajadores, extravían la pasión por su trabajo con la edad. Tal vez han ganado demasiado y han perdido el hambre. Ronaldinho, por ejemplo, perdió su ambición casi en el momento en que se convirtió en el mejor jugador del mundo, en la temporada 2005-2006. Cuando descubrió todos los placeres de la ciudad de Barcelona, renunció a esa ambición. Su entrenador de entonces, Rijkaard, aseguró en 2008 que el brasileño volvería a ser el mejor solo cuando estuviera dispuesto a dedicarse en cuerpo y alma a ese objetivo. «Podría pasar —dijo Rijkaard—, pero es la motivación interna la que tiene que surgir para conseguirlo.» Hay un elemento de evasión en todo esto: el

Barcelona perdió a Ronaldinho. Pero, sobre todo, Ronaldinho se perdió a sí mismo.

Un caso reciente de un futbolista brillante al que le faltó la determinación necesaria para llegar a la cima es el de Mario Balotelli. Su agente, Mino Raiola, cree que Balotelli se distraía a menudo de los objetivos porque se enamoraba: «Balotelli ha elegido —inconsciente o conscientemente— no poner el fútbol en el centro de su vida. Así que siempre había fenómenos sentimentales que influían en sus actuaciones. A Zlatan no le ocurre eso, ni a Pogba ni a Nedvěd».

Le sugerí a Raiola que muchos futbolistas talentosos no anhelaban especialmente llegar a la cima. ¿Por qué habrían de hacerlo? Podían ganar millones jugando en clubes ligeramente inferiores, sin someterse a esa presión inhumana.

—Así es —me respondió—. Por eso, últimamente le hago una pregunta importante a todos los jugadores: ¿por qué juegas al fútbol? ¿Cuál es tu motivación?

—¿Y qué responden?

—Bueno, la mayoría ni se lo ha planteado. Entonces los mando a su casa y les digo que piensen en ello.

Un futbolista que posee toda la gama de habilidades y cualidades mentales no necesita ser un superhombre físico. Las cualidades físicas extraordinarias —como la velocidad, la fuerza o el tamaño— siempre han sido menos importantes en el fútbol que en otros deportes. En el ciclismo, o en ciertas posiciones del fútbol americano o del rugby, un atleta motivado con un cuerpo perfecto que se alimenta bien y se esfuerza todos los días (y que toma drogas para mejorar el rendimiento) puede compensar en cierta medida la falta de talento. Eso no funciona en el fútbol de primera división. De hecho, hasta hace poco, un jugador que tuviera el resto del paquete, desde el reconocimiento de patrones hasta la habilidad con los pies, podía triunfar haciendo menos esfuerzo físico y viviendo de manera menos profesional que los demás. El ejemplo más claro fue Cruyff, que era un fumador empedernido. Y otro importante ejemplo en su equipo era Romário, que casi nunca daba el cien por cien en los entrenamientos o en los partidos menores. Las prioridades del brasileño eran el sexo, los clubes nocturnos y las fiestas en Río de Janeiro. Cruyff siempre le defendía de las quejas de los jugadores más trabajadores, y Romário entendía la otra cara del asunto: en los partidos importantes, debía rendir.

Hay casos similares en el baloncesto, que también se basa en la habilidad. Allen Iverson se negó a levantar pesas durante su carrera porque «esa mierda pesaba demasiado».[13] Y sus entrenadores no podían hacer mucho al respecto. Seguía siendo Allen Iverson, el mejor jugador del equipo.

En la élite del futbol, el talento es insustituible. Es posible que nadie más en el mundo pueda desempeñar el papel de un determinado jugador tan bien como él. Incluso si lo hay, ficharlo podría costar cien millones de euros solo en concepto de traspaso y, además, podría no adaptarse al Barça. El tópico «ningún jugador es más grande que el club» puede ser cierto en los equipos medianos o humildes, donde la entidad puede reemplazar a un delantero problemático por alguien con un talento similar. Pero en la élite no se puede aplicar.

Un club de fútbol de primera división es el lugar de trabajo más meritocrático que existe. Nadie llega a jugar en el Barcelona por nepotismo o por el lugar donde ha estudiado. A sus compañeros de equipo no les importa el color de su piel, ni posiblemente su sexualidad, ni siquiera sus habilidades sociales, siempre que cumpla con sus estrictas normas de rendimiento.

Thuram, que después de su carrera se convirtió en un activista antirracista, dijo: «Sinceramente, nunca he conocido a una persona racista en el fútbol. Tal vez lo fueran, pero yo no lo vi. ¿Saben por qué? Porque la gente que es racista tiende a no conocer al otro. En el fútbol, compartimos cosas. Y en el fútbol es más difícil que haya discriminación, porque se nos juzga en función de actuaciones muy específicas».

Los mejores futbolistas sienten que son los ganadores de una meritocracia semanal. A menudo son desobedientes (porque pueden permitírselo) y contestatarios (porque «interpretan» el fútbol mejor que el entrenador). Cuando miran al resto de los mortales, nos ven como a unos gordos deformes que se pasan décadas en trabajos mediocres y sin adrenalina. No es de extrañar que a veces les cueste ocultar su desprecio.

Cruyff señaló: «En la cima encuentras a gente muy especial: gente con las más altas cualidades, gente muy orgullosa y gente superinteligente. Estas son las personas a las que hay que tratar de persuadir... Los futbolistas talentosos de trato fácil apenas existen, porque los otros jugadores talentosos acaban imponiéndose».[14]

10

Las reglas del talento

*E*l lunes 20 de diciembre de 1999, el delantero brasileño Rivaldo se despertó en el Princesa Sofía, el hotel situado en las cercanías del Camp Nou que era el centro de negocios no oficial del Barça y la casa de huéspedes. Su familia había volado a Brasil para pasar las vacaciones de Navidad, y él no quería estar solo en la gran casa.[1]

Tenía que llegar al club a las nueve de la mañana. Después de que Louis van Gaal, el entrenador, terminara de analizar la victoria de la noche anterior por 2-1 frente al Atlético de Madrid, Rivaldo pidió permiso para hablar:

—Escuche —dijo en su español teñido de portugués—, tengo mucho respeto por la figura del entrenador y por todos los que trabajan aquí, pero no volveré a jugar por la banda izquierda.

—De acuerdo —dijo Van Gaal tranquilamente—. ¿Alguien tiene algo que añadir?

Siguió una ligera sesión de entrenamiento, tras la cual Rivaldo dio una rueda de prensa. Una veintena de periodistas, que aún no sabían lo que había ocurrido, lo interrogaron sobre la votación del Balón de Oro.

La revista *France Football* concede el premio desde 1956. El jugador que lo gana se convierte en una leyenda.

—Sin comentarios —dijo Rivaldo—. Todavía no se conoce el resultado de la votación.

Sin embargo, todo el mundo sabía que sería el ganador.

Más tarde se dirigió al aeropuerto para recoger a Iñaki, jugador de balonmano y yerno del rey Juan Carlos. Esa tarde celebraron un acto benéfico. Rivaldo y su agente, Manuel Auset («No soy su agente, soy su amigo»), me pidieron que no escribiera sobre ello. Rivaldo no hacía estas cosas por su reputación.

Con tres horas de retraso, vestido de negro, el exhausto brasileño llega a la decimonovena planta del Princesa Sofía. El vuelo de Iñaki se ha retrasado y el acto benéfico se ha demorado. Rivaldo gime al ver mi larga lista de preguntas, pero se sienta y trata de responder. En un momento dado me dice: «He jugado en la banda durante un tiempo y ahora quiero volver a jugar en el centro. Llevo años haciendo cosas para el equipo y no hago nada para mí. Quiero disfrutar más, jugar en mi propia posición».

Cuando terminamos, posa para las fotos de su patrocinador de botas. Mientras tanto, su teléfono Nokia no deja de sonar, así que se lo entrega a Manuel. Todo el mundo lo llama para felicitarlo, porque muchos medios de comunicación están informando de que ha ganado el Balón de Oro. «No estoy aquí», dice Rivaldo, posando con un balón.

—¿Ya es oficialmente el mejor jugador del año? —le pregunto a Manuel.

—Pues no lo sé —responde Manuel—. No hemos oído nada.

—Llama a *France Football* —sugiere Rivaldo.

Buena idea. Manuel teclea el número y el teléfono suena durante mucho tiempo. Finalmente, alguien en París contesta.

—¡Vincent! —dice Manuel.

Rivaldo se acerca y escucha. Vincent confirma a Manuel que Rivaldo ha sido elegido el mejor futbolista que juega en Europa del año 1999.

—Vale, vale, vale —dice Rivaldo.

Le damos la enhorabuena.

—Gracias —responde.

Entonces, le quita el teléfono a Manuel y sale a la azotea. Solo, mira a través de la ciudad hacia la oscura montaña del Tibidabo. Justo delante de él hay una sucursal de El Corte Inglés, los grandes almacenes. El reloj del exterior del edificio marca las 19.23 horas. A partir de ahora, Rivaldo es oficialmente una leyenda.

—¿Sabía ya que había ganado?

—Sí —responde Manuel con una sonrisa —Tuvo que posar para una foto con el Balón de Oro.

—¿Y no lo ha celebrado?

—¿Celebrar? Hoy ni siquiera ha comido. Ha estado muy ocupado.

Rivaldo le devuelve el teléfono a Manuel y vuelve a posar. Manuel me enseña el aparato. La pantalla informa constantemente de que hay tres llamadas en espera. Cada vez que cuelgan, entra inmediatamente una nueva llamada.

Rivaldo se sienta durante una hora en una sala pequeña, calurosa y sin ventanas, bajo un bombardeo de luces, para conceder entrevistas a la televisión. La gente entra y sale para conseguir una foto con él, un autógrafo, un beso. Todos los que se dan cuenta de su agotamiento le hacen una pequeña broma o un comentario de ánimo. A eso de las nueve de la noche llega por fin al vestíbulo del hotel, donde se abre paso entre un grupo de periodistas. Casi ha caminado a toda velocidad hacia su Mercedes cuando el conserje del hotel lo abraza. Los periodistas lo alcanzan. Rivaldo entra con dificultad en su Mercedes, pero ellos se paran frente a él. Tras una breve algarabía de varios minutos, finalmente, lo dejan conducir hasta su casa vacía. En la bañera tendrá la oportunidad de pensar sobre su día.

Al día siguiente, Van Gaal lo sacó del once titular por negarse a jugar en la banda. Pero, sin Rivaldo, el Barça empató, y la opinión pública se puso de parte del jugador. Guardiola, el capitán, se dirigió a Van Gaal para pedirle que dejara jugar a Rivaldo con el número diez. El holandés aceptó de mala gana. Años después, refunfuñó al periodista Jonathan Wilson: «Entonces jugó de diez y ya no ganamos nada porque era un caos».[2]

Van Gaal se marchó al final de esa temporada tras múltiples conflictos con sus jugadores brasileños, y sin ningún título. Había aprendido lo que ocurre en el fútbol moderno cuando el talento choca con el club: siempre gana el talento.

A muchos aficionados les resulta incomprensible. Siguen esperando que un entrenador dirija a sus jugadores como el director de un reformatorio de los años cincuenta. Pero, en realidad, un entrenador agresivo que intente doblegar la voluntad de los jugadores, o que intente «motivarlos» con mano dura, provocará una fuga de cerebros. Los clubes modernos han abandonado la fantasía de dominar a sus volubles, multinacionales, multimillonarios y casi insustituibles futbolistas, la mayoría de ellos armados de egos, agentes y sicofantes periodísticos. En un negocio impulsado por el talento, el dominio de este es inevitable. El expresidente del Barça, Sandro Rosell, me lo dijo:

> Es una actividad que depende de once personas. Y no es una máquina. Estas once personas tienen que rendir perfectamente para que tú seas o no seas un buen presidente. No se puede cambiar a once personas, pero se puede cambiar al entrenador.
>
> Se trata de una situación muy extraña donde el mandamás, es decir, el presidente, apenas tiene un sueldo y el director deportivo uno inferior al de su empleado, el entrenador. Además, el salario del entrenador es más bajo —ahora mismo ya no ocurre siempre así— que el de sus empleados, los futbolistas. Este es el único lugar del mundo en el que cuanto más alto es el cargo, más bajo es el salario. Es una locura. Si trabajas en Volkswagen, ¿el tipo que fabrica el coche gana cien veces más que el director general? Explícame…, ¿cómo puede ocurrir esto?

El dinero es el mejor indicador del poder de los futbolistas. Los grandes clubes gastan entre el cincuenta y el setenta por ciento de sus ingresos en los sueldos de los futbolistas, y otro veinte o cuarenta por ciento en gastos de traspaso, calcula Ian Graham, del Liverpool. En otras palabras, el talento es capaz de acaparar hasta el noventa por ciento de los ingresos de los clubes.

El Barcelona utiliza un sistema de remuneración en función del rendimiento, introducido por Cruyff cuando era entrenador.[3] En 2015, Raúl Sanllehí, director de fútbol del Barça, explicó en Harvard:

> Alrededor del sesenta por ciento del salario es fijo. Si un jugador está disponible para ser titular en el primer equipo y no está lesionado, añadimos un diez por ciento. Si el equipo alcanza un determi-

nado nivel de éxito en la Liga de Campeones, añadimos otro diez por ciento. El último veinte por ciento lo reservamos para los títulos que se logran: la Copa del Rey, la Liga española y, sobre todo, la Liga de Campeones.[4]

Pero cada vez que el Barça ganaba algo, los agentes de los jugadores exigían más dinero, dijo Rosell: «Así que el club siempre es víctima de su éxito». Al fin y al cabo, los jugadores tienen el poder de negociación. El predecesor de Rosell, Laporta, había hecho el mismo descubrimiento. En el avión de vuelta a casa tras la victoria del Barça en la final de la Liga de Campeones en París, Messi, que en aquella época no hablaba nunca, agarró los micrófonos de la cabina, posiblemente envalentonado por la primera borrachera de su vida, y gritó: «Presidente, ¿hay prima o no? ¡Presi, venga a arreglar el bono! Y no más relojes, presi. Te crees que es broma, pero lo digo en serio. ¡Queremos casas, presi!».[5]

A medida que el sueldo de los futbolistas se ha disparado, se han rodeado de personal de apoyo que actúa de parapeto frente al club. Hoy en día, un jugador importante dirige una pequeña empresa que puede incluir a su agente, su gestor de redes sociales, su fisioterapeuta personal, su estilista, etc. Seirul·lo me explicó: «Antes, Johan [Cruyff] decía algo y era ley. Ahora la gente que rodea al jugador es la protagonista». Jorge Valdano se lamentaba en 2010, cuando era director deportivo del Real Madrid:

> Hace veinticinco años, el contacto entre el club y el jugador era muy directo. Todo era mucho más sencillo. Un futbolista era un empleado del club, con derechos, pero sobre todo con obligaciones. Ahora hay muchas capas entre el club y el jugador. A veces el interlocutor sigue siendo el propio jugador. Pero otras veces el interlocutor es el padre del jugador, su agente, su director de comunicación o su novia.[6]

También Arsène Wenger se quejaba de «los abogados, los agentes, los asesores que en realidad son miembros de la familia, todos esos intermediarios que se interponen gradualmente entre un jugador y su entrenador».[7]

Un club moderno tiene tan poco poder sobre sus jugadores que se verá tentado de encontrar formas ilícitas de defenderse. La junta directiva de Laporta, entre 2003 y 2010, contrató detectives privados para espiar a la plantilla del Barça,[8] al igual que la de Bartomeu fue acusada de contratar a una empresa de comunicación para atacar a sus futbolistas en las redes sociales. Sin embargo, mientras el talento aparezca en el campo, ganará la mayoría de las luchas de poder.

Adaptarse o morir

Uno de los momentos más estresantes en la carrera de un futbolista es trasladarse de un club a otro. Cuando un nuevo fichaje y su séquito aterrizan en Barcelona para las últimas conversaciones sobre su contrato, es posible que salgan a escondidas del aeropuerto por una entrada lateral. Mientras el agente negocia con el Barça, el jugador puede pasarse horas angustiado escondiéndose de los periodistas en una *suite* del Princesa Sofía. El contrato estándar prohíbe al jugador hacer parapente y esquí acuático sin el permiso expreso del club (que presumiblemente no se concede a menudo). Una vez que firme, se espera que abrace a miembros de la junta directiva. Es solo la primera de las muchas pruebas a las que se enfrentará.

Gary Lineker, que llegó al Barcelona procedente del Everton en 1986, recordaba décadas más tarde:

> Desde el momento en que bajé del avión, había cientos de fotógrafos y gente de la prensa. Eso no ocurre en Inglaterra... Luego, por supuesto, tenían eso que llaman la «presentación», que es una sesión de entrenamiento en el campo con los nuevos fichajes. ¡Pero lo hacen en el Camp Nou! Yo estaba allí con Mark Hughes (el delantero galés). Acabábamos de firmar y nos dijeron: «Hoy vamos a entrenar en el campo, es vuestra presentación al público», y nosotros pensamos: «Bueno, ¿quién va a venir? Treinta personas, quizá cuarenta». Había unas sesenta y pico mil personas allí, solo para animar a los nuevos jugadores y ver un poco del entrenamiento, así que empiezas a pensar: bueno, esto es un poco diferente.

Después viene un rito de iniciación más privado en el campo de entrenamiento del Barça. Los nuevos fichajes pasan a toda velocidad por una especie de guardia de honor formada por sus compañeros de equipo, que les dan unos golpecitos (idealmente suaves) en la cabeza. La siguiente prueba de los recién llegados es en el campo de entrenamiento: enfrentarse al rondo más exigente del fútbol. «¿Qué me está pasando?», pensó Lieke Martens tras incorporarse al equipo femenino del Barça. «Aquí un rondo va muy rápido.» Las jugadoras que no pueden controlar los balones que les llegan al pie equivocado pueden perder su reputación en segundos.

En el equipo masculino de la era de Messi, el efecto de niño nuevo en la escuela se vio reforzado por el hecho de aterrizar entre un núcleo de jugadores que se conocían desde hacía años, en algunos casos desde la infancia. Los cuatro capitanes del club en la temporada 2020-2021 —Messi, Busquets, Piqué y Sergi Roberto— eran todos de la cantera.

En cualquier club, un recién llegado es una amenaza para los jugadores veteranos establecidos: su llegada puede significar la expulsión de alguno de ellos. Así que su motivación egoísta es formar una pandilla que lo excluya. En cambio, los jugadores que hacen carrera en un club tienden a sentirse responsables de su funcionamiento a largo plazo. Esto atempera el egoísmo del futbolista estándar. Fernando Torres, el delantero español que jugó en el club de su infancia, el Atlético de Madrid, explicó: «Si desaprovechas (una ocasión de gol), te duele, porque sabes que es culpa tuya. El equipo del que eres hincha no ganó porque tú no lo hiciste bien. Cada año, como eres mejor jugador que cuando empiezas, la responsabilidad es mayor». En algunos casos inusuales, el amor se cuela en la relación jugador-club. Andrés Iniesta lloró en la rueda de prensa en la que anunció su marcha del Barça, y Carles Puyol tuvo que luchar mucho para no hacerlo.

La vieja guardia del Barça parece ser relativamente acogedora con los nuevos fichajes. Las bromas tontas de los catalanes Piqué y Sergi Roberto (esconder el móvil de un compañero es el colmo del humor futbolístico) ayudan a aterrizar a los recién llegados. Neymar cuenta que, cuando llegó a Barcelona, «era bastante tímido. Pero se portaron muy bien conmigo, bromeando desde el principio, diciendo que se estaban preparando para machacar a Brasil en el Mundial. Todo el mundo está vacilando, pero es algo saludable».

Sin embargo, incluso rodeado de compañeros de trabajo amigables, llegar a un país nuevo nunca es sencillo. Tanto si un jugador extranjero aterriza en Barcelona como en Mánchester, tiene que enfrentarse a un nuevo hogar, un nuevo vestuario, nuevas escuelas para sus hijos, posiblemente un nuevo idioma, y la pérdida de su antigua vida. Y es posible que no encuentre mucha simpatía en un lugar de trabajo, especialmente en un club como el Barça, donde los jugadores dominantes nunca han ampliado sus horizontes abandonando su ciudad natal. No es de extrañar que el Barça pague una prima en los fichajes por los jugadores que ya conocen España y su fútbol. «Al Barcelona, Dani Alves le costó más dinero que los defensas de otras ligas por el valor añadido que suponían esos cinco años que había jugado en el Sevilla», señala Soriano.[9] Seydou Keita, Adriano, Ivan Rakitić y Clément Lenglet también se adaptaron al fútbol español en el Sevilla antes de llegar al Barcelona.

Como todos los grandes clubes, el Barça ha comprado muchos jugadores extranjeros que no pasaron la prueba de la integración. Lineker fue testigo de un caso concreto: «Yo tuve un buen comienzo, y eso me ayudó: dos goles en mis primeros veinte minutos. Mark Hughes no lo hizo, y se le echaron encima rápidamente».

¿Hughes era uno de esos jugadores de los que se dice que no aguantan la presión del Camp Nou? «Podría decirse así», coincidió Lineker.

> Mark era un futbolista muy robusto. Se lanzaba contra la gente, y cada vez que lo hacía en España, le pitaban falta, algo que no habría ocurrido en Inglaterra. Creo que se frustró un poco, y el público se frustró un poco con él porque regalaba faltas.
>
> Tenía unos veintiún años por aquel entonces y no había tenido la experiencia que yo atesoraba. Creo que era un poco pronto para él. Se veía que le costaba mucho, y yo lo notaba. Yo iba a la escuela de español con mi primera esposa dos o tres veces por semana. Mark empezó la escuela de español y lo dejó después de un par de

semanas, y creo que se sintió un poco solo. Hicimos lo que pudimos, pero fue difícil. Creo que era demasiado inmaduro. Pero los niveles de expectación estaban ahí: los jugadores extranjeros que nos precedían eran el propio Cruyff y Maradona. Estaban acostumbrados a tener jugadores de primera clase. Eso es una presión añadida.

Cuando el mediapunta argentino Juan Román Riquelme fichó por el Barça en 2002, era un jugador de primera categoría que ya hablaba español. Sin embargo, Van Gaal, el entrenador, le comunicó enseguida que no había solicitado su fichaje y que no lo quería allí en absoluto. Ese no fue el mayor problema del jugador. Un empleado que le llevó a su casa un año después de su llegada se dio cuenta de que su apartamento estaba casi vacío de objetos personales, salvo un recipiente de mate argentino. Cuando el nuevo director general del club, Soriano, se enteró, decidió investigar los antecedentes de Riquelme. Descubrió que el jugador había vivido en su barrio natal, al oeste de Buenos Aires, hasta los dieciocho años, cuando fichó por Boca Juniors y se trasladó unos treinta kilómetros hacia el centro de la ciudad. Soriano cuenta:

> Los que le conocieron bien y saben de los detalles de su carrera dicen que nunca consiguió adaptarse. Echaba de menos su pequeño barrio, a sus amigos, los filetes en el patio... Así que mandó construir una casa muy bonita en El Viejo Vivero de Don Torcuato, a unos cientos de metros del lugar donde había nacido... En otras palabras, en 2002 el Barça fichó a un hombre que no había podido acostumbrarse a un barrio diferente al suyo en Buenos Aires, ¡y lo trajeron a Barcelona!... Era lógico y previsible que no funcionara... Ahora vive en Buenos Aires, probablemente en Don Torcuato.[10]

Algunos recién llegados tienen éxito en Barcelona porque se toman la inmigración como un reto. Thuram dijo: «Tener éxito en el extranjero significa tener que adaptarse a algo. Y desde el momento en que te adaptas a otra situación, a otro club, a otra vida, te haces mucho más fuerte».

Otros triunfan por no pensar demasiado en el salto que han dado. Una mañana, poco después de llegar al Barça en 1998, Boudewijn Zenden abrió las cortinas de su habitación de hotel y contempló la ciudad y el Camp Nou. «Es extraño, ¿verdad?», comentó a su compañero de habitación Phillip Cocu, su compatriota holandés que había llegado con él del PSV Eindhoven. «Aquí estamos, viviendo en Barcelona y jugando en el Barça.» Cocu le contestó que, efectivamente, era extraño, pero que así era. Luego siguió con su jornada. Cocu estableció el récord (posteriormente superado por Messi) de mayor número de partidos jugados por un extranjero con el Barça.

La siguiente prueba para un recién llegado es la marca única del fútbol del Barça. Thuram recordaba que cuando entró en el Barcelona a los treinta y cuatro años, y descubrió los principios del club, sintió por primera vez que era un verdadero futbolista. Incluso se preguntó a qué deporte había estado jugando hasta entonces.[11] Para muchos recién llegados, este descubrimiento es una mezcla de alegría y sorpresa. Pasan gran parte de su tiempo de entrenamiento en el Barça tratando de romper viejos hábitos adquiridos en sus anteriores clubes, como retroceder tras perder el balón. «Tuve que aprender este nuevo lenguaje del fútbol», dijo el ucraniano Dmytro Chygrynskiy.[12] Pero en la élite del deporte, casi no hay tiempo para aprender. Joan Oliver, en su época de director general del Barça, formuló lo que denominó la «regla del segundo»: «Si un jugador necesita solo un segundo extra para descubrir quién es el jugador que espera el balón…, bueno, esa es la diferencia entre ganar y perder».

El Barça trata de conceder un periodo de adaptación. «Si analizas el rendimiento de un jugador en su primer año de contrato, probablemente sea muy muy pobre», afirmó Oliver en 2009, poco después de fichar a Chygrynskiy. «Lo normal es que el jugador esté tratando de asimilar: "Vale, ¿cuál es mi papel en el equipo y cómo lo desempeño?". Por ejemplo, es probable que el recién llegado aún no conozca el lenguaje corporal de Messi en el campo, las señales que le indican que quiere el balón. Pero para cuando el jugador ha resuelto tales cuestiones, el entrenador, sus compañeros y el entorno pueden haber renunciado a él.» Chygrynskiy se marchó al cabo de un año.

Los recién llegados también tienen que enfrentarse a un cambio de jerarquía. Normalmente, un jugador que llega al

Barça ha sido el Lionel Messi de su anterior club, de su selección nacional y, muy probablemente, de todos los equipos en los que ha jugado desde los seis años. De repente, se convierte en el subordinado de Messi, y tiene que crear espacios para el gran maestro y hacer su trabajo defensivo. Como dijo Cruyff: «Nueve de cada diez jugadores que se compran son grandes futbolistas en un club pequeño. Pero ¿serán grandes jugadores en un club grande?».[13]

El talento para el fútbol versus *el talento para los negocios*

Muchos directivos de empresas comunes se inspiran en los entrenadores deportivos de éxito. Algunos técnicos y atletas retirados ganan fortunas en el circuito dando charlas en diversas compañías, transmitiendo ideas como: «Nos miramos a los ojos y dijimos: "No existe un yo en el equipo", y por eso ganamos la Copa del Mundo». Si diriges un departamento de *marketing* no demasiado glamuroso en algún lugar, ese es un mensaje inspirador.

Pero la verdad es que el deporte no es un modelo muy útil para las empresas. Al contrario: muchos clubes deportivos están tan mal gestionados que deberían seguir el modelo de las compañías convencionales. (La única esfera de excelencia dentro de muchos clubes es la plantilla de jugadores.)

Sin embargo, lo más importante es que un club de fútbol es un negocio muy distinto de un banco, un bufete de abogados o una multinacional petrolera. La gran diferencia es la importancia del talento.

A los directivos de las empresas les encanta pronunciar discursos sobre «el talento de nuestra gente», pero, en realidad, la mayoría de las empresas se basan en el concepto de *sustituibilidad*. Si tu director de ventas se va de la empresa, contratas a otro. Su sustituto será un poco diferente, pero ninguno necesita tener un talento extraordinario. Solo tienen que ser lo suficientemente buenos cada día (en muchos trabajos, el noventa por ciento del éxito consiste en estar simplemente ahí), e idealmente no ser una pesadilla con la que convivir en el trabajo. (El profesor de Stanford Robert I. Sutton popularizó la regla de no trabajar con idiotas.)

Un lugar de trabajo típico se basa en procesos eficientes, no en talentos extraordinarios. Una cadena de supermercados, por ejemplo, tiene que llevar los alimentos adecuados a los puntos de venta correctos de forma rápida y barata. En la mayoría de los trabajos, la creatividad y el talento extraordinario solo causan problemas. Un hospital quiere que sus cirujanos realicen operaciones de rodilla con métodos estándar validados por estudios a gran escala. Los cirujanos creativos que prefieren seguir su inspiración personal pueden poner en peligro a sus pacientes.

El sector financiero aprecia la creencia en el talento e incluso en las «superestrellas», pero un hombre llamado Robert Pickering desbarató tal pensamiento en una célebre carta en el *Financial Times* en 2014:

> Dirigí un banco de inversión durante varios años y a menudo me apuntaban con una pistola y me decían que teníamos que subirle el sueldo a fulano para evitar que se fuera (normalmente a Goldman Sachs y siempre por el «doble de lo que gana aquí»). A veces pagaba y otras no, pero el resultado a largo plazo solía ser el mismo: la gente iba y venía, el negocio atravesaba picos y valles, pero la vida seguía. En los febriles días del año 2000, mi predecesor recibió la noticia de que la propia supervivencia de nuestra empresa de más de doscientos años dependía de la continuidad del empleo de un veinteañero que llevaba unos dieciocho meses en el sector. Le ofrecimos ser socio, pero se marchó de todos modos. Unos años más tarde, le recordé a mi equipo directivo este incidente y ninguno de nosotros, incluido yo mismo, pudo recordar su nombre.[14]

Ahora compara esto con los clubes de fútbol. También ellos tienen que aumentar constantemente los sueldos de algún «veinteañero». Al igual que el banco de Pickering, el club en cuestión sobrevivirá incluso si dicho individuo se marcha. Pero a diferencia del banco, el rendimiento del club se verá afectado si pierde a sus mejores talentos. Piensa en lo que le habría pasado al Barcelona si hubiera dejado marchar a Messi, a Xavi, a Iniesta y a Busquets en su mejor momento. En el fútbol, los mejores talentos son insustituibles.

A diferencia de las empresas ordinarias, los equipos deportivos de primera categoría se esfuerzan realmente por alcanzar la excelencia cada semana. Wenger, que pasó de dirigir el Arsenal a dar charlas sobre gestión en conferencias empresariales, admitió que las lecciones del deporte no son fácilmente transferibles: «Los jugadores tienen que estar lo más cerca posible del cien por cien de su potencial para ser eficientes, lo que no ocurre en la vida cotidiana». Un equipo de fútbol necesita acercarse a la perfección humana para ganar al Real Madrid. Si un «gilipollas» puede ayudarte a hacerlo, necesitas su talento. Aunque eso le otorgue poder.

11

Cómo viven las estrellas

*E*n octubre de 2018, el padre de Gerard Piqué conduce el coche que lleva al jugador al estadio para disputar un partido: el Barça – Real Madrid. En el coche charlan sobre distintos tipos de setas. Al llegar, Piqué se dirige a una sala en las entrañas del Camp Nou donde se reúnen los jugadores para el bufé previo al partido. Hay un frutero, hay plátanos, hay ensaladas, y también jamón, menos saludable. Los jugadores acostumbran a burlarse de la indumentaria de los compañeros que van llegando.

Luis Suárez y su vecino de Castelldefels, Messi, comparten coche, como siempre; en el asiento de atrás llevan al hijo y la hija de Suárez, así como al hijo de Messi. La mujer de Suárez acaba de dar a luz a su tercer hijo. Messi, con el brazo en cabestrillo, no juega hoy. Con una sudadera con capucha para mantener el anonimato, se sienta en la grada con los hijos de Suárez. Cuando el uruguayo marca un penalti, Messi sonríe a los niños como un tío orgulloso. Luego Suárez vuelve a marcar y corre a la grada para abrazar a sus hijos.

Cuando completa su triplete, Messi pasa el brazo que tiene libre alrededor del hijo de Suárez. El Barça gana 5-1 y hay manitas de cinco dedos por todo el estadio, incluidas las del representante de la afición en el campo, Piqué. (Hizo la señal dos veces, se jacta más tarde, por si «se les pasó» la primera.)

Tras el partido, Messi y Suárez se llevan un hijo cada uno al vestuario. Los jugadores se sientan mirando sus teléfonos, viendo cómo llegan los mensajes. A continuación, Piqué acude a una cena con el patrocinador del Barça, Rakuten (el «Amazon japonés»), donde pronuncia un discurso de bienvenida en inglés. Después, recuerda con el director ejecutivo de Rakuten, Hiroshi Mikitani, la vez que pidió permiso al entrenador, Valverde, para que los jugadores asistieran a una fiesta posterior al partido en Nueva York. «¿Te acuerdas? —pregunta Piqué—. Me acerqué a él y le dije: "Oiga, señor Valverde, nos vamos de fiesta"». Hace una imitación de Valverde: «¿Por qué? ¿Por qué?». Piqué continúa, riéndose: «Tuve cinco reuniones para convencerlo de que era necesario que el equipo saliera de fiesta. No lo entendió: "No veo razones para dejaros ir de fiesta". Le dije: "¡No importa, iremos de todos modos!"».[1]

Estas escenas son de un documental, *Matchday*, realizado por el propio Rakuten. Piqué negoció el acceso a los espacios íntimos de los jugadores, sorteando las dudas del club, al igual que negoció el patrocinio de Rakuten. A pesar de la censura, ese documental ofrece una visión singular de la vida de los jugadores.

Casi todos los aficionados al deporte se preguntan: «¿Cómo es realmente ser un futbolista? ¿Cómo viven los futbolistas modernos en casa y en el trabajo? ¿Y cómo los deforman el estrés, la fama y el dinero?».

La vida en el vestuario

El vestuario del Barça se describe generalmente como un espacio de encuentro. Cuando Louis van Gaal llegó del Ajax como entrenador, en 1997, contaba: «Aquí la radio está encendida en el vestuario, se toma café. Antes de un partido hay mucho más ruido».[2] Neymar me dijo en 2014: «Me sorprendió mucho: el vestuario del Barcelona es alegre, todo el mundo charla y hace el tonto, como los brasileños. En el vestuario hay música antes y después del partido, se parece a Brasil». Boudewijn Zenden considera que el vestuario del Barça es «un lugar más cálido» que sus equivalentes holandeses: «Los jugadores se visitan unos a otros en sus casas, se reúnen entre familias, salen a cenar juntos. Se abrazan».

Una de las consecuencias de esta amabilidad es que en España los jugadores y los directivos rara vez se dicen las verdades más crudas. Van Gaal, un proveedor de críticas frontales al estilo holandés, se topó con el rechazo en el Barça. Zenden recordaba: «Si íbamos perdiendo 1-0 en el descanso y Van Gaal decía "escuchad, chicos, los extremos tienen que moverse un poco hacia dentro", [Luis] Figo ya estaba levantando la mano para decir: "¿Qué es esto? No vamos 1-0 por nuestra culpa. Solo tienen que defender mejor"».

En el Barça —y en la cultura española en general— se ha de ser cortés. No se toleran las broncas en público. Esta falta de franqueza puede ser un problema. Ayuda a explicar (junto con la naturaleza familiar del Barça) por qué nunca nadie se llevó a Busquets o a Piqué a un lado para decirles que se habían hecho viejos y que era hora de dejarlo.

«Forma parte del deporte de alto nivel que se digan y se discutan cosas», dijo Zenden. Pero en España, «si tienes un enfrentamiento abierto con un jugador, no se solucionará todo de forma natural». Cualquier crítica debe hacerse en privado y formularse cuidadosamente. Un entrenador astuto primero invertirá tiempo en construir una relación de confianza con un jugador, antes de intentar abordar temas delicados.

Hay otro aspecto importante de la vida en los vestuarios que casi nunca se menciona: la desnudez. Imagínate que, en una oficina normal o en un restaurante, todos los empleados de un mismo sexo se desnudaran y se ducharan juntos a diario. En el fútbol, la desnudez seguramente afecte a la dinámica social, pero, como es un tema tabú dentro del juego, no he podido descubrir cómo funciona.

Estrés, tuits crueles y el silencio del Camp Nou

La presión es esencial en los deportes de alto nivel, porque de lo contrario los atletas se vuelven desganados. Sin embargo, esta presión corroe incluso a los jugadores más exitosos. En el documental *Nummer 14*, realizado en 1972, Cruyff explica cómo descubrió repentinamente que los periodistas y los compañeros lo trataban peor después de un mal partido.

> Notas una actitud diferente. Luego vas a casa, pones la televisión y ves que te pitan. El lunes, en el periódico, más de lo mismo. Eso genera un sentimiento de soledad, de que todo el mundo está en tu

contra. Cuando vuelves a jugar, ese sentimiento persiste. Miras a las gradas y te preguntas: «¿Esta gente está aquí por mí? ¿Qué debo hacer, cómo debo comportarme, cómo debo jugar? ¿Tendría que correr sin parar o jugar al fútbol de verdad?».

En el mismo documental, añadía: «Eres de todos, pero en cuanto el partido termina, estoy solo y entonces conduzco a casa y…, no sé». Entonces, mira compungido al entrevistador y le dice: «En ese momento te sientes muy solo».

Cruyff lo compara con ser la reina de los Países Bajos; la gente la ve y piensa: «Mucho dinero, casa grande, me gustaría estar en su lugar». Sin embargo, nunca pudo ser ella misma ni decir lo que pensaba. Cruyff se rasca la cabeza, aparta su mata de pelo. «Es terriblemente difícil decir lo que sientes de verdad». A este nivel de ansiedad se enfrentaba en una temporada en la que ganó una segunda Copa de Europa consecutiva con el Ajax y estaba a punto de ser nombrado futbolista europeo del año por segunda vez consecutiva.[3]

Hay pocas profesiones en las que un veinteañero sea machacado regularmente en los medios de comunicación de todo el mundo. Un artículo o un tuit malintencionado pueden arruinar el día de un futbolista, incluso provocarle algún tipo de complejo. Los jugadores son especialmente sensibles a las calificaciones que los sitios web y los periódicos otorgan a sus actuaciones en los partidos. Lineker dice que todos los futbolistas miran esas calificaciones, «aunque digan lo contrario».

A veces, un futbolista estresado se sincera con un compañero, quizá con uno de los capitanes del Barça: «Necesito ayuda». Otros se apartan del equipo y buscan ayuda en su entorno. El más infeliz de todos es el jugador que acaba sentado en silencio en el vestuario, encerrado en su propio mundo. Es difícil que el médico de un club le diga a un entrenador que un futbolista no está en condiciones de jugar debido al estrés crónico, porque no se dan marcadores biológicos claros.

El Barça intenta ayudar en estos casos. Después de que el problemático Philippe Coutinho volviera a jugar mal y fuera sustituido durante una victoria contra el Espanyol en 2019, el presidente del club, Josep Maria Bartomeu, y el vicepresidente Jordi Mestre le visitaron en el vestuario para dirigirle unas palabras de consuelo. «La mayoría te apoya —le dijo Bartomeu—. Un pequeño sector te abuchea, y a mí, y a él [señalando a Mestre]. Estás en un buen equipo y eres un excelente jugador. No pienses en ello.» Y el presidente, vestido con traje, abrazó a la abatida superestrella, sin camiseta y lleno de tatuajes, y que pronto sería cedido.[4]

Las críticas pueden ser especialmente duras en el Camp Nou, donde los *socis* tienen un nivel de exigencia extremo porque centran casi toda su atención en el equipo local (el rival suele ser un mero decorado) y no son especialmente comprensivos. Cruyff habló del «problema del estadio, que crea una enorme presión, especialmente en los jugadores españoles de nuestro equipo».[5] Lineker lo vio cuando llegó, en 1985:

> No había una atmósfera increíble. Era como si tuvieras que actuar para que te aplaudieran, como en el teatro o en la ópera. Y había un silencio extraño durante la mayor parte del partido. La gente allí no era como los británicos de clase trabajadora que iban al fútbol y se tomaban unas copas y querían gritar, cantar y aplaudir. Eran tipos de clase media. Todos titulares de abonos, socios...
>
> El ambiente era diferente, más comedido. Había que animar al público para que se pusiera en pie, con la única excepción del clásico, el partido contra el Real Madrid, que era otra cosa: el ambiente desde el principio era electrizante. Pero en casi todos los demás partidos, a menos que marcaras un par de goles en los primeros minutos, solo recibías algunos silbidos y los viejos pañuelos blancos, así que podía ser duro.
>
> Te tocaba a ti animar al público, no ellos a ti. Realmente, lo único que importa es lo que haces en el campo. Si marcas goles, te quieren; si no lo haces, no les gustas en absoluto.

En el Barça no hay héroes de culto o trabajadores carismáticos. Solo hay éxitos y fracasos.

El ambiente en el Camp Nou no cambió mucho entre la marcha de Lineker en 1989 y el inicio de la pandemia en 2020. El público cantaba el decoroso himno del Barça antes y después del partido, pero, por lo demás, permanecía bastante tranquilo. Los *socis* entendían las victorias como una obligación. Cuando Zenden dejó el Barcelona por el Chelsea, comenzó su carrera en Inglaterra con un empate en casa contra el Newcastle. Después, los aficionados del Chelsea se acercaron a él en el aparcamiento para decirle: «No te preocupes, hijo, bien hecho» y «La semana que viene vamos a ganar». Estaba asombrado: «Si empataras el primer partido de liga jugando con el Barcelona, después sufrirías las consecuencias».[6]

Sin embargo, quizá los futbolistas lo tengan más fácil en Europa. En 2009, Rivaldo me corrigió cuando le sugerí ingenuamente que la presión de los aficionados del Barcelona era la mayor del fútbol mundial. «No lo creo —dijo—. La mayor presión que experimenté fue en Brasil, en el Corinthians y en el Palmeiras. Amenazan a tu familia, destrozan tu coche, y es todo un poco más complicado. Si en el Palmeiras tuvieras los resultados que estamos teniendo en el Barcelona últimamente, no podrías ir por la calle.»

Lo que hace que los aficionados del Barça sean excepcionalmente exigentes es que no basta con ganar. También exigen un fútbol bello y ofensivo como el de Cruyff. Thuram, que venía de la Juventus, decía: «En Italia, que juegues bien o mal no es lo importante. Lo que cuenta son las victorias. Aquí, si ganas 2-0 pero no hay un buen espectáculo, los espectadores no quedan satisfechos». Valdano me dijo que la afición del Madrid tenía una actitud diferente: «En el Real Madrid hay una enorme pasión por el triunfo. Aquí hay una admiración por el jugador que lo da todo. Y también hay un deseo de espectáculo. Pero ese es el orden de las cosas aquí. En Barcelona ese orden se invierte. Primero importa la jugada, luego el resultado».[7]

En el Barça no se espera que los aficionados apoyen al equipo también cuando juega mal. El Camp Nou establece las normas; el trabajo del futbolista es cumplirlas. Guardiola, que entendía a los *socis* porque él mismo era uno de ellos, le dijo al público del estadio el día que se presentó la nueva plantilla, allá en 2008: «Es un reto maravilloso para nosotros intentar convenceros».[8]

La peculiar naturaleza del público del Camp Nou —masivo, pero poco entusiasta— hace que la vida de un jugador en el Barcelona sea aún más exigente que en otros grandes clubes. Cuando Ronald Koeman dejó el Barça por el Feyenoord de

Róterdam en 1995, Cruyff reflexionó: «En cierto modo, por supuesto, se puede entender, porque a este nivel, en este clima, tienes que dar todo lo que tienes».[9] Un jugador del Barcelona ya retirado le dijo en cierta ocasión a Rosell: «Sandro, cuando me mandaban al banquillo, me alegraba, porque los días que jugaba me temblaban las piernas». Incluso Messi ha dicho: «No es fácil pisar el campo en el Camp Nou».

La única temporada completa del portero alemán Robert Enke en el Barça se vio arruinada por una desastrosa derrota ante un equipo de tercera división en la Copa del Rey. Entonces se hundió en la depresión. Tras su fichaje por el Fenerbahçe, en el verano de 2003, escribió en una hoja de papel de hotel:

> Mi año en Barcelona me ha cambiado mucho. Me ha quitado toda esa confianza en mí mismo que había acumulado en tres años en Lisboa... Siempre me alegraba cuando no tenía que jugar, incluso en los partidos de entrenamiento... En realidad, siempre estaba relajado y feliz cuando miraba desde la banda. También me asusta mucho la opinión del público, de la prensa y de los ojos de la gente. El miedo me paraliza.[10]

Seis años después, tal y como se relata en la biografía de Ronald Reng *Una vida demasiado corta*, Enke se arrojó delante de un tren. Todo suicidio tiene múltiples causas, pero, en este caso, Reng cree que el estrés del fútbol contribuyó.

Incluso el casi incomparablemente exitoso y popular Iniesta dijo tras dejar el club para irse a Japón: «Jugar en el Barça no es solo jugar un partido de fútbol. Es una presión brutal, una tensión constante, entrenar perfectamente cada día, ser el mejor en cada partido. Es difícil disfrutar al cien por cien».[11]

El séquito y la burbuja

Al margen de los partidos, los jugadores de primera clase deben aprender a vivir la vida de una superestrella. No todos lo consiguen.

La gran diferencia se encuentra entre los jugadores que viven en familia y los que viven con su séquito. Los jóvenes extranjeros suelen instalarse en una mansión en Barcelona con su agente, su fisioterapeuta, su novia de ese momento, un pariente mayor (puede que dos), algún que otro seguidor y amigos de su antiguo barrio que dependen económicamente de él. (Un futbolista de un país pobre, como el camerunés Samuel Eto'o, puede mantener a decenas de personas en su país.) Además, si el jugador no habla mucho español, existe el riesgo de que se aleje del club hacia el reconfortante círculo de su grupo de confianza y, después de cada entrenamiento, volverá a su mansión para quejarse de sus compañeros y del entrenador.

Maradona, que jugó en el Barça de 1982 a 1984, vivía con un «clan» de amigos, varios familiares, un médico privado y un entrenador en una casa del elegante barrio de Pedralbes. Un periodista local que una vez lo visitó en su casa cuando se estaba recuperando de una hepatitis recordó en 2020, tras la muerte del argentino, como «Diego estaba en una cama en el jardín, y a su alrededor había más de diez personas comiendo y bebiendo a las seis de la tarde, como si fuera una fiesta. Fue la primera vez que lo vi esnifar polvo blanco, desde la esquina de la mesa de pimpón».[12]

El entonces entrenador del Barça, Menotti, al que también le gustaba la vida nocturna, a veces en compañía de su compatriota, retrasó los entrenamientos del equipo a las tres de la tarde para que se adaptaran a sus hábitos.[13] Ronaldinho y Neymar trajeron más tarde a Barcelona versiones más tranquilas del séquito de Maradona; el de Neymar incluía a su peluquero.

No todos los séquitos se vuelcan en el éxito del jugador. Los amigos del antiguo barrio a veces tienen intereses contrarios a los del futbolista. Se pasan el día en la mansión sin hacer nada. Por la noche quieren salir, a ser posible en compañía del futbolista para conseguir bebidas gratis en la mejor mesa de la discoteca y atraer a las mujeres. El futbolista los acompaña y no nota inmediatamente un descenso en su rendimiento, pero las salidas nocturnas pasan factura a la larga.

Además, las visitas de amigos y familiares suelen ser más frecuentes en Barcelona que, por ejemplo, en Dortmund o Donetsk. Durante la etapa de Neymar en el club, «sus amigos volaban a España cada dos meses para pasar unas vacaciones en Barcelona con todos los gastos pagados, un beneficio relativamente común entre los jugadores de alto nivel», escribe el abogado especializado en fútbol Daniel Geey.[14] Algunos visitantes entienden que el jugador necesita echarse una siesta por las tardes y no puede salir con ellos todas las noches; otros no.

El Barça cree que los jugadores casados son más fáciles de gestionar. El matrimonio hace que el futbolista pase a una nueva etapa de su vida: del Ferrari amarillo al Range Rover negro, y de vivir en el centro de Barcelona a mudarse a alguna zona de playa más tranquila. Sin embargo, la desigualdad está presente en la mayoría de los matrimonios de futbolistas. Un antiguo banquero de Barcelona recuerda que un agente creó tres cuentas bancarias para un nuevo fichaje del Barça: una cuenta conjunta para el jugador y su esposa, una cuenta para sus gastos fijos, como el alquiler, y una tercera cuenta de la que no se informó a la esposa.

Una vez que los jugadores del Barça se convierten en padres, se les anima a que traten a la plantilla del primer equipo como a una extensión de su familia. Piqué, Suárez y Messi crearon un equipo infantil para que sus hijos jugaran,[15] y cuando la disciplina se relajó en los años posteriores a Guardiola, todos los entrenamientos parecían ideales para llevar a los niños al trabajo. Frenkie de Jong estaba encantado: «Si los chicos no están en el campo, se ponen a dar patadas a un balón con sus hijos en la sala de calentamiento. En el Ajax nunca había visto niños en el vestuario». Incluso el avión del Barça a la final de la Copa del Rey de 2019 estaba lleno de familiares, con los hijos pequeños de Piqué merodeando detrás del asiento de Messi.[16]

Los jugadores del Barça suelen limitar sus círculos sociales a la familia, los amigos de la infancia, algunos compañeros de equipo y, quizás, algunos empleados de toda la vida de la Masia, porque aprenden a desconfiar de cualquiera persona que conocen después de convertirse en estrellas. Piqué dijo: «Ahora es difícil cultivar verdaderas amistades. La gente como yo atrae, seduce. Por eso me protejo. No me abro fácilmente, hasta el punto de parecer distante».[17]

Piqué ha dominado el manual de trucos de los famosos modernos para mantener al mundo a raya. Por ejemplo, él y su esposa, la cantante Shakira, publican en Internet fotografías de sus hijos para reducir el valor de las imágenes y disuadir así a los *paparazzi*. Al menos, en Barcelona hay menos escrutinio fuera del campo que en Madrid, sede de los medios de comunicación del mundo del espectáculo en España.

Es probable que lo peor que les ha pasado a los futbolistas en el siglo XXI sea la cámara de los teléfonos móviles. Viven con el temor de que alguien les haga una foto o un vídeo indiscreto, o de que publiquen sus conversaciones en un restaurante en las redes sociales, por lo que las personas que tienen permiso para salir con ellos a menudo tienen que entregar sus teléfonos. En un club nocturno, un futbolista probablemente se dedique a observar la pista de baile desde una zona privada y haga que el personal de seguridad del club lo acompañe a los aseos.

El miedo y la desconfianza son razonables. Los futbolistas están realmente acorralados por personas que intentan utilizarlos, por dinero o simplemente para aumentar su reputación. Mi entrevista con Neymar en 2014 fue un encargo de su patrocinador, Red Bull, como parte de una sesión promocional para otro de sus patrocinadores. Quince personas —fotógrafos y sus ayudantes, personal de relaciones públicas, maquilladoras y yo— nos reunimos en un estudio de Barcelona para contemplar su cuerpo sin rastro de grasa mientras se cambiaba de pantalones entre una foto y otra. Todo el mundo quería algo de él. Un par de jóvenes brasileños, presumiblemente amigos de la infancia que se habían convertido en miembros de su séquito, esperaban pacientemente a un lado de la sala. Vendí mi entrevista de cuarenta minutos a Red Bull por un buen dinero, y aquí estoy años después, vendiendo la experiencia de nuevo.

No es de extrañar que los futbolistas respondan de la misma manera utilizando a otras personas, ya sea como objetos sexuales o como sirvientes no remunerados que se encargan de sus tareas cotidianas. En el caso de un joven jugador del Barça de hace años, eso significaba encargar a un intermediario del club que le suministrara Viagra. Si un futbolista necesita un teléfono nuevo, alguien se lo consigue al instante. Y tampoco va a reservar por Internet sus propios billetes de avión. Solo hay que mirar el vídeo de la basura que la plantilla del Barça dejó esparcida por su vestuario tras un partido en el Slavia de Praga en 2019: siempre hay alguien que recoge lo que dejan los jugadores. Aprenden a pasar por delante de la gente como si no existiera.

Un antiguo agente me dijo que los futbolistas delegaban todo a sus asistentes, excepto el fútbol, el sexo y, a veces, ir de compras. Pensaba que la mayoría de ellos carecían de empatía porque habían crecido en un negocio competitivo, desconfiado y exclusivamente masculino, en el que todo aquel que no podía cumplir con los estándares era eliminado y desaparecía.

Muchos futbolistas aprenden a ver el mundo exterior como un conjunto de desconocidos malolientes que los miran a la entrada del campo de entrenamiento, les manosean el pelo y el cuerpo, o les sueltan improperios. Un futbolista que come con su mujer y sus hijos en un restaurante puede tener que posar para quince selfis, sin poder hablar con su familia o probar bocado. La mayoría de los jugadores del Barcelona afirman que pueden salir a cenar en la ciudad (Piqué dijo que incluso él y Shakira podían, y Neymar dijo que era sin duda más fácil que en Brasil), pero los futbolistas desarrollan una extraordinaria tolerancia cuando aparecen en público. Zenden resumió su experiencia: «Si sales a comer fuera en Inglaterra, esperan a que termines y luego te dicen: "Hemos esperado media hora, ¿podemos pedir un autógrafo?". En España se acercan a ti mientras comes y te dicen: "Me tengo que ir, así que vengo a pedirte un autógrafo". En Italia se sientan literalmente a tu mesa».

A algunos jugadores no les interesa vivir en una burbuja: durante los años de Ivan Rakitić en el Barça, iba al supermercado, esperaba a sus hijos en la puerta del colegio y posaba para selfis en la playa. Pero la mayoría de los jugadores prefieren quedarse en casa o ceñirse a los lugares de reunión de los famosos, donde pueden estar entre iguales.

Inma Puig, la psicóloga, descubrió que el gran riesgo para los futbolistas del Barça era «deshumanizarse» por la fama. Explicó que «la gente ve al jugador como un superhombre. Si pierde el contacto con la realidad, todo se puede ir al traste».

La culpa no es solo de los futbolistas; son los aficionados quienes más trabajan por deshumanizarlos. Un día, cuando mis hijos tenían unos diez años, fueron invitados a la fiesta de cumpleaños de un amigo en el Parc des Princes, el estadio del Paris Saint-Germain. (Al igual que muchos clubes, el PSG organiza este tipo de eventos para ganar dinero.) Los niños salían del estadio cuando el delantero del PSG Edinson Cavani pasó en coche con su pareja. El padre del cumpleañero me envió más tarde el vídeo. En él, el grupo de pequeños se abalanza sobre las ventanillas del deportivo de Cavani, gritando: «¡Mira, es Cavani!», mientras los dos padres que los acompañan les gritan: «¡Chicos, atrás!». En la reacción de los niños no se observa ninguna conciencia de que Cavani es un ser humano.

Sin embargo, la respuesta de Cavani también resultó sorprendente. Es de suponer que experimentaba ese tipo de invasión de su espacio personal todos los días; sin embargo, se sentó allí sonriendo, esperando pacientemente a que aquello terminara. El delantero uruguayo sabía que los niños siempre recordarían este momento, y sospecho que quería ser generoso. Muchos futbolistas se asombran cuando se dan cuenta de lo mucho que significan para los aficionados. Cruyff solía hablar del momento en que, después de que el Barça ganara la liga en 1974, una anciana se le acercó en la Costa Brava y no le dijo «felicidades», como él esperaba, sino «gracias». Así de profundo era el sentimiento, se maravillaba.

Un futbolista puede incluso hacer feliz a un niño moribundo con una charla junto a su cama. Sandro Rosell, expresidente del Barça, cuenta que después de visitar con Messi y Carles Puyol los hospitales de niños con cáncer una Navidad, un médico le dijo: «No te puedes imaginar lo que hacen, como cambian la estancia de estos niños».

Problemas de ricos

El dinero —las *pelas* en el argot español— puede destruir el equilibrio de un futbolista, sobre todo cuando se hace rico por primera vez. En 2003, cuando el joven delantero centro del Barça Javier Saviola pasaba por una mala racha, un angustiado directivo del club me dijo: «¿Saviola? Si sabes que, en Argentina, en River, ese chico ganaba sesenta mil dólares, y aquí gana seis millones, ya sabes cuál es el problema».

Cruyff lo entendía. Una vez dijo en una entrevista:

—El dinero que te queda al final del viaje es el que hayas ganado después de los veintiséis años. Todo lo que ganas antes, lo gastas... Si ganas una fortuna mañana, ¿qué es lo primero que haces? Comprar un Porsche.

—O comprar otra cosa de valor —intervino el periodista.

—No, un Porsche —dijo Cruyff—. Siempre es un coche. Aunque solo lo disfrutes durante un año. ¿Y por qué? Nadie lo sabe, pero es así. No tiene sentido.[18]

Si el futbolista no se gasta su fortuna, otro lo hará. Los jugadores están rodeados de buitres que quieren robarles lo que ganan. Cruyff sucumbió ante el desastroso asesor comercial Michel Basilevitch. A menudo, el buitre principal es el agente del jugador, pero al mismo tiempo el agente puede protegerlo de otros buitres. Mino Raiola me dijo:

Ahora hay jugadores que pueden ganar entre cincuenta y doscientos millones de euros (a lo largo de su carrera). ¿Cómo se invierte eso? Los jugadores siempre reciben ofertas de la gente.

Pero también hay que tener cuidado con los bancos. Los bancos también quieren venderte productos... Siempre respondo: «Nosotros no invertimos. Solo queremos que el jugador termine su carrera con el dinero que ha ganado o con más, pero no con menos».

Lo que les sugiero a los jugadores es: «Compra rápidamente tu propia casa, compra ladrillo y, por lo demás, mantén tu dinero en el banco, aunque sea a bajo interés. No tienes que vivir de los intereses. No lo pongas en negocios de los que no sabes nada». Todos mis jugadores, al principio, quieren un restaurante, un hotel o una cafetería. Yo vengo del negocio de la restauración y digo: «No me vengas con eso, ni de broma. Porque sé lo que es».

Raiola (que creció trabajando en las pizzerías de su padre) señalaba una diferencia clave entre los futbolistas actuales, que no necesitan encontrar más formas de ganar dinero, y los del pasado no tan lejano, que sí lo necesitaban. En 2008, en el vestuario del Milan, campeón de Europa, jugadores como Cafú, Clarence Seedorf y Mathieu Flamini se ponían un traje después del entrenamiento y se dirigían a la ciudad para asistir a reuniones de negocios. Habían empezado a jugar en una época en la que incluso los futbolistas de alto nivel necesitaban una segunda carrera laboral.

En la actualidad, los jugadores ganan tanto que cualquiera que dure un par de temporadas en el Barcelona y conserve su dinero puede mantener a su extensa familia para siempre. En 2019, el sueldo medio de un jugador del primer equipo en el Barça era de doce millones de dólares al año, el más alto de cualquier club deportivo del planeta, según la Encuesta Global de Salarios Deportivos de *Sporting Intelligence*. (El Real Madrid y la Juventus ocuparon el segundo y tercer puesto, y los equipos de la NBA, el resto de los diez primeros.)[19] El Barça paga sueldos superiores a los del mercado, en parte porque el club está dirigido por directivos que han hecho carrera en negocios más convencionales. Cuando se encuentran cara a cara con los agentes del fútbol, son como gacelas entre leones.

Incluso después de que la pandemia obligara a reducir los salarios, los futbolistas de primera categoría seguían ganando más que en casi cualquier otro momento de la historia. Los salarios desproporcionados fomentan la monomanía y la infantilización. Desde la adolescencia, el entorno, la familia o el club del futbolista lo protegen de la vida exterior para que pueda concentrarse en el fútbol. Se contratan asesores financieros —a menudo elegidos principalmente por su encanto y proximidad más que por su experiencia— para manejar el dinero. Así es como Messi, por ejemplo, no pudo tener conocimiento de sus propios negocios fiscales ilegales.

A los futbolistas se les incita a cerrar la boca y jugar. A diferencia de los músicos o los *youtubers*, tienen pocos incentivos económicos para construir marcas personales controvertidas. Se han criado con un entrenamiento mediático que les enseña a no decir nada: «Estamos contentos con la victoria, pero el sábado tenemos otro gran partido». Thuram, un jugador poco habitual sin miedo a exponerse públicamente explica a qué se debe la cautela de sus compañeros: «En el momento en que das tu opinión en público, ya no tienes la aprobación unánime».[20] El entorno de Neymar pasó años elaborando su marca, pero se trataba de enseñarle a sonreír más que a decir algo interesante. Cuando le entrevisté, me pareció que era un joven simpático que había perdido la capacidad de hablar con franqueza, aunque quisiera.

Un extraño caso de futbolista moderno con una carrera alternativa es Piqué. El central es un emprendedor compulsivo que, mientras ganaba la Copa del Mundo con España en 2010, utilizó sus largas horas de descanso en el hotel del equipo para crear una empresa de videojuegos.[21] Desde entonces ha creado distintos negocios. Es capaz de presentar un plan de negocio en directo a los inversores, recordando los números de cada fuente de ingresos y cambiando de rumbo cuando es necesario. El nombre de la empresa que fundó en 2017, Kosmos Global Holding, suena como una parodia de la globalización plutocrática. A Piqué también le gusta hacer declaraciones controvertidas y no le importó ponerse en contra a un sector de la población cuando expresó su apoyo al referéndum sobre la independencia de Cataluña.

Es extremadamente consciente de su riqueza, como atestigua una escena algo chocante del documental de Rakuten. Vestido con un polo negro de intelectual de los años cincuenta y un pantalón de cuero de club berlinés, Piqué aparece en un programa de televisión español con público. Sonriendo, recita la canción que los aficionados del rival local del Barça, el Espanyol, cantan sobre su familia:

> Piqué, sinvergüenza.
> Shakira es un hombre.
> Tu hijo es hijo de Wakaso [un ganés que entonces jugaba en el Espanyol].
> Y tú eres gay.

Piqué termina la canción sacando el pulgar hacia arriba y soltando una carcajada. El presentador del programa le pregunta cuánto dinero tiene.

—Mi patrimonio neto es mayor que el presupuesto del Espanyol.

—¡Joder! —exclama el presentador, riéndose.

Un productor le dice que el presupuesto anual del Espanyol es de cincuenta y siete millones de euros.

Piqué lo corrige:

—Es mucho más.

Los miembros del público, muchos de los cuales probablemente son mileuristas, rompen a reír.[22]

Una de las cuestiones que demuestra esta escena es el contraste descomunal entre la vida de un futbolista profesional y la del común de los mortales. Dentro de un equipo de fútbol, el sueldo es un indicador de la jerarquía. Cruyff dijo: «El grado de aprecio se expresa en dinero. Así que no se trata de la suma que ganas, sino de la posición jerárquica que ocupas».[23] Piqué estaba señalando, de la forma más burda posible, que su estatus estaba estratosféricamente por encima del de las personas que se burlaban de él.

Como el dinero en el fútbol equivale a estatus, los jugadores siguen tratando de obtener más dinero de su club, sin importar el que ya tienen. Incluso los futbolistas locales que crecieron como culés son poco sentimentales en las negociaciones salariales, dijo Rosell. Rindió homenaje a las excepciones: «Carles Puyol: cuando se retiró no pidió el sueldo de los años que le quedaban de contrato. Es la segunda vez que veo eso en mi vida. La primera vez fue [Marc] Overmars. Y Van Gaal».

Sin embargo, los futbolistas suelen tener dificultades para gastar gran parte de su dinero. Es algo especialmente cierto en el Barça, con su cultura de la modestia, donde se anima a los jugadores a acudir al trabajo en sus Audi, marca patrocinadora. Cuando una mañana curioseé en el aparcamiento del primer equipo en la ciudad deportiva Joan Gamper, las únicas excepciones que observé fueron un par de Range Rovers, un *jeep* y un Ferrari rojo, el único vehículo que habría provocado una reacción en, digamos, una calle del Upper East Side.

Por muy orgullosos que estén los futbolistas de su riqueza, muchos de ellos se sienten al mismo tiempo culpables por ella, especialmente los que, como Maradona y Romário, crecieron en barrios marginales y se consideraron radicales políticos. Este sentimiento de culpa puede provocar un comportamiento autodestructivo. Muchos intentan mitigar su malestar repartiendo su riqueza, a veces casi al azar. Ferran Soriano, exdirectivo del Barcelona, escribe: «A lo largo de los años he visto a jugadores gastar cientos de miles de euros en coches que no pueden utilizar, pero también les he visto dar quinientos euros a un mendigo o dejar cincuenta euros de propina en la cuenta de un restaurante».[24] Se trata de un anhelo de reconectar con una sociedad que han dejado atrás.

Una nueva clase de talento

El día de San Valentín de 2020, el coronavirus ya circulaba por España. Sin embargo, nadie lo sabía. Esa mañana, fui a ver el entrenamiento del equipo femenino del Barcelona en el complejo Joan Gamper.

Me senté en la tribuna baja de hormigón, junto al único otro espectador, un hombre que se presentó como el fisioterapeuta personal de la portera. En un campo de hierba artificial más pequeño que un área de penalti, veintidós jugadoras realizaban un ejercicio cruyffista espectacularmente difícil. El equipo azul atacaba y el rojo defendía. Las azules tenían que completar tres pases antes de poder chutar a cualquiera de las seis miniporterías que había en el campo. También se concedían puntos por los pases completados. Cualquiera que fuera capaz de jugar en un espacio tan pequeño, sabía jugar al fútbol.

La mirada masculina: alrededor de esas mujeres había diez entrenadores hombres, con los brazos cruzados y examinando el juego. Su presencia aumentaba la intensidad: todo lo que hacía cada jugadora, bueno o malo, era observado por alguien y analizado en la posterior reunión de entrenadores. Después de cada ronda, los equipos rojo y azul se intercambiaban los dorsales, mientras un entrenador gritaba el total de puntos que habían logrado. La ludificación de los ejercicios ayudaba a mantener el interés del entrenamiento diario.

El fisioterapeuta remarcó la seriedad con la que trabajaban las mujeres. En una sesión de entrenamiento masculina, dijo, algunos jugadores se pondrían a hacer el tonto. De hecho, en el campo de entrenamiento contiguo, los porteros juveniles del Barça disfrutaron de un momento de diversión después de que uno de ellos fuera rociado por un aspersor.

El equipo femenino del Barça se fundó en 1988, pero no se

hizo profesional hasta 2015, cuando el futbol femenino empezó a estar en auge en Europa. En 2017, la extremo holandés del club, Lieke Martens, ganó la Eurocopa con los Países Bajos y fue elegida mejor jugadora del año de la FIFA. Ella y sus padres volaron a Mónaco para la entrega de premios en un avión privado con Messi. Él le dijo que había seguido sus hazañas en la Eurocopa y que estaba orgulloso de su trofeo. En Mónaco, Cristiano Ronaldo, ganador del premio masculino, bromeó con ella como con un colega más.

En marzo de 2019, en un partido de liga del Atlético de Madrid, Martens jugó ante 60 739 espectadores, la mayor asistencia de la historia del fútbol femenino de clubes. Dos meses más tarde, participó en la primera final de la Champions femenina del Barça, en la que perdieron 4-1 ante el Lyon. Sin embargo, su realidad diaria seguía siendo menos glamurosa que la de sus compañeros del equipo masculino. Se conformaba con unas pocas visitas de su familia al año, y no tenía una mansión donde alojarla. Me dijo: «Los futbolistas chicos traen a toda su familia. Pueden traer a quien quieran, crean su propio entorno. En el fútbol femenino todavía no funciona así. A veces todavía sufro por la nostalgia».

Un domingo fui a ver el partido del F. C. Barcelona Femení contra el Logroñés, en el pequeño estadio Johan Cruyff. Los 1842 espectadores cantaban alegremente el himno del Barça. Después de décadas viendo fútbol masculino, fue una sensación extraña sentarse justo al lado del campo, escuchando voces femeninas que se llamaban entre sí. La similitud fue el estilo: el equipo femenino jugó el fútbol de pases rápidos del Barcelona de Cruyff, y rápidamente se puso 4-0 arriba.

Cuando el Barça falló un penalti, una pareja escandinava de mediana edad situada en la parte delantera de la grada —el hombre llevaba una camiseta de fútbol con la inscripción «Johansen 1» en la espalda— se levantó y aplaudió. Una simpática carcajada colectiva se produjo cuando el público se dio cuenta de que se trataba de los padres de la portera del Logroñés. Ni siquiera había parado el penalti (había salido desviado), pero con un 4-0 en contra hay que celebrar todo lo que se pueda. Tras el partido, la portera corrió hacia sus padres para abrazarlos. Esto no era el Camp Nou.

Las mujeres del Barça ganan menos en un año que sus compañeros de equipo en una semana. Esa diferencia se reducirá. Fue una alegría en Barcelona cuando el Real Madrid lanzó finalmente su equipo femenino, cosa que añadió más alicientes a la liga femenina española. En octubre de 2020, en el campo 11 del complejo de entrenamiento de Madrid, el Barça ganó el primer clásico femenino por 0-4. Aunque las gradas estaban vacías por culpa de la pandemia, el partido se retransmitió en directo por la televisión pública española.

El equipo tiene mucho potencial, quizá más fuera de España que dentro. Los responsables de la oficina del Barça en Nueva York se han sorprendido al descubrir el impacto que tiene el equipo femenino en el mercado estadounidense. Stanley Black & Decker, el fabricante de taladros y cortacéspedes, deseoso de desprenderse de su imagen masculina, puso su nombre en las camisetas del equipo femenino. En general, el Femení proporciona al Barça un beneficioso halo de igualdad de género. En los años venideros, a medida que aumente la repercusión de los talentos femeninos, las mujeres podrán adoptar algunos de los excesos de los hombres.

12

Come, juega, duerme.
El talento y los chefs privados

*L*a cocina de Luis Suárez en Castelldefels tiene una barbacoa incorporada. El delantero uruguayo pone en marcha la parrilla interior y sala los filetes crudos mientras su vecino de enfrente, Leo Messi, bebe el mate típico de Sudamérica. Sobre la mesa de la cocina hay vasos casi vacíos de vino tinto y lo que parece ser una tabla de quesos. El mostrador está lleno de botellas de champán y hay una gran nevera con la marca Moët.

Se respira una breve decepción cuando el lateral Jordi Alba llega sin la botella de vino que prometió. Explica que la había escondido de su bebé y que luego la había olvidado. «No quería traerla», se burla Messi. Pero pronto aparece una botella de tinto de alguna parte. De postre, Messi coge fresas del cuenco común de la mesa y se las come con el cuchillo.[1] Nada en esta escena supone un exceso maradoniano. Sin embargo, provocaría un infarto al nutricionista de un equipo olímpico de remo.

Los principales clubes de fútbol han aprendido mucho en la última década sobre cómo deben comer, dormir y, en general, gestionar su salud los jugadores, aunque sigan existiendo enormes lagunas de conocimiento. Sin embargo, persiste un problema: cómo persuadir a los talentos para que sigan los consejos, especialmente en una ciudad tan llena de tentaciones como Barcelona. Frenkie de Jong dijo que, después de fichar por el club, Ronald Koeman, entonces su entrenador en los Países Bajos, le advirtió de que «no fuera a demasiados restaurantes ni comiera demasiado porque la vida es muy bonita en Barcelona y a veces puedes sentirte como si estuvieras de vaca-

ciones todo el año».[2] Luego está el tema de los hábitos de
sueño en España, un país que tiene una media de cincuenta y
tres minutos menos de sueño por noche que el resto de
Europa.[3] Conseguir que los futbolistas coman y duerman bien
resulta tan difícil como lograr que lo hagan tus hijos.

Sin duda, los futbolistas del Barça viven de forma más
saludable que sus predecesores. La primera estrella extranjera del club, el refugiado húngaro Ladislao Kubala, famoso
por las noches de juerga que se pegaba, optaba por el régimen
previo al entrenamiento de «una ducha fría, un sueñecito en
la camilla, un café lleno de aspirinas y al campo otra vez»,
afirma Sid Low. Una vez, cuando un agente de aduanas le
preguntó si tenía algo que declarar, Kubala se palmeó la
barriga y dijo: «Sí, dos litros de whisky».[4]

Algunos de estos hábitos sí se transmitieron. En 1973, el
Barça perdió 3-1 en Sevilla en la Copa Generalísimo (la Copa
española, que entonces llevaba el nombre del general Franco).
El entrenador del Barcelona, Rinus Michels, rechazó la petición de sus jugadores de salir esa noche, así que unos cuantos
se reunieron y pidieron dos botellas de cava al servicio de
habitaciones. Michels, que se había apostado en el vestíbulo,
interceptó al camarero que llevaba la bandeja de las bebidas
y le preguntó a qué habitación se dirigía. El holandés comentó que él mismo iba hacia allí y se ofreció a llevar la bandeja.
Cuando llamaron a la puerta, los jugadores abrieron esperando ver a un camarero. En su lugar, se toparon con De
Generaal, que gritó en holandés y lanzó las botellas al suelo,
haciendo saltar cristales por todas partes.

Unas semanas más tarde de que el peruano Hugo Sotil
fichara por el Barça, la primera pregunta en la rueda de prensa fue: «¿Le gusta el champán?».[5]

El arrebato de Michels no cambió las costumbres en el
Barça. Los catalanes llevan bebiendo vino desde la época de los
romanos y no iban a dejar de hacerlo por un holandés desqui-
ciado. Lineker recuerda:

> Cuando te sentabas con el equipo del Barcelona para la comida
> previa al partido, siempre había botellas de vino tinto en la mesa.
> La mayoría de los jugadores tomaban un vaso con la comida, con

toda naturalidad, sin hacer ningún comentario. En ningún club inglés habría ocurrido eso. ¿Vino en la mesa del almuerzo? En un equipo de fútbol inglés de los años ochenta, habría sido una incitación a la masacre.[6]

El buen vino era una de las ventajas de jugar en el Barça. Durante décadas, el equipo siempre viajaba por Europa con una caja de Marqués de Arienzo, un potente tinto de la Rioja.[7] Muchos jugadores extranjeros se convirtieron en *connassieurs* durante su estancia en el club. Cruyff, a finales de los setenta, se dedicó a la exportación de vino sin obtener beneficio alguno.[8] Michael Laudrup, una generación más tarde, fundó un negocio más exitoso en su Dinamarca natal. Un blog del sector califica a Laudrup Vin & Gastronomi como «la empresa más importante de importación de vino y productos *gourmet* de España al país escandinavo».[9]

La comida en el Barça también ha sido siempre de calidad. En 2006, año en que ganaron la Champions League, un jugador solía llevar *foie gras* de lujo al vestuario. Los médicos del club no consiguieron quitarle de la cabeza la creencia de que era saludable.

En aquella época, era casi aceptable que un futbolista llevara una buena vida. Desde entonces, sin embargo, se ha disparado exponencialmente la necesidad de estar en una forma física envidiable. Las carreras de alta intensidad —definidas como los desplazamientos a más de quince kilómetros por hora— aumentaron un treinta por ciento en la Premier League inglesa entre 2006 y 2013, según el Gatorade Sport Science Institute. El número de *sprints* también aumentó considerablemente en la Liga de Campeones. «Debemos tener una condición física mucho mejor para jugar», me dijo Paco Seirul·lo.

Los entrenadores modernos presionan a los jugadores prácticamente todos los días durante once meses del año, dejando poco tiempo para la recuperación. La mayoría de los futbolistas pueden rendir al máximo en otoño, pero les cuesta mantener el nivel entre febrero y mayo, el periodo que el Barça define como de «alta competición», con muchos partidos, viajes y horas perdidas de sueño.

Gil Rodas, especialista en medicina deportiva de la Universidad de Barcelona que ha trabajado con el Barça durante muchos años, dijo que la creciente «intensidad y constancia» del juego había provocado un aumento en las lesiones musculares y de tendones, lo que llamó «el cáncer» del fútbol. El calendario apretado tampoco ayuda: un estudio descubrió «una tasa de lesiones seis veces mayor en los jugadores que jugaban dos partidos a la semana en comparación con los que solo jugaban uno».[10] A medida que aumentaba el salario de los jugadores, también lo hacía el coste de las lesiones: si se tiene un salario de ocho millones de euros y se reparte en cuarenta partidos con el club, resulta que cada aparición cuesta unos doscientos mil euros.

En resumen, los futbolistas necesitaban estar más en forma. ¿Y cuál es el mejor modo de conseguirlo? Una verdad tácita en el fútbol es que el dopaje hace más por ti que el brócoli. Seguramente, en el fútbol todavía se usan drogas ilegales. Por otra parte, los clubes, los médicos y los jugadores tienen grandes incentivos para no arriesgarse a que los pillen. No hay prueba alguna de que alguien en el Barcelona se haya dopado.[11]

La nutrición tiene la ventaja de ser legal. Además, es una preocupación creciente entre los jóvenes, y está presente cada vez más en los clubes de fútbol. Por esa razón, los clubes de todo el mundo empezaron a supervisar los hábitos alimentarios de los jugadores. En 2010, el fanático de la salud Guardiola contrató a Antonia Lizárraga para el nuevo papel de nutricionista del Barça. Se convirtió en la segunda persona en ocupar ese puesto en la liga española. Por aquel entonces, la opinión generalizada en el fútbol era: «Lo más importante no es la nutrición, sino que el balón entre en la portería».

Guardiola insistió en que los jugadores del Barça almorzaran juntos después de los entrenamientos.[12] La comida tradicional de los días de partido había sido el pollo, la pasta sin salsa o, en algunos casos, el filete. Lizárraga introdujo la quinoa y el pescado. Comenzó a planificar la alimentación de todos los equipos del Barça, desde los de categorías inferiores hasta el primer equipo. Ayudó a muchos futbolistas a encontrar cocineros personales, y se comunicaba constantemente con ellos para discutir sobre los menús diarios individualizados. (Los chefs suelen ser más fuertes en la cocina que en la nutrición.)

Durante la década de 2010, las estructuras de apoyo a la alimentación en el deporte florecieron hasta convertirse en una minindustria, con el Barça a la cabeza. Un día de noviembre de 2019, nutricionistas deportivos de treinta y cinco países, «chefs de rendimiento» y cocineros personales de los jugadores se reunieron en un auditorio al lado del Camp Nou para la Conferencia de Nutrición Deportiva del F. C. Barcelona, un paso más en los intentos del club por construir la base de conocimientos del fútbol. La delegación nacional más numerosa era la británica. Fuera del auditorio, jóvenes cocineros de aspecto atlético servían deliciosos «*muffins* de proteínas funcionales» y los *bloody mary* sin alcohol que, ahora, el Barça intenta que tomen sus jugadores. Me encontré a mí mismo dejando los debates sobre alimentación saludable antes de tiempo para poder ir a atiborrarme a los puestos de comida.

Aun así, aprendí mucho sobre lo que los futbolistas deberían (en teoría) comer. Descubrí que el principio fundamental de la nutrición deportiva era la «periodización»: comer lo adecuado en el momento adecuado. Un folleto llamado «Nutrición Deportiva para el Fútbol», publicado por el Barcelona Innovation Hub, el departamento de investigación del club, resultó especialmente útil. Estas son algunas de las recomendaciones del Barça:

- Al parecer, la cafeína lo mejora todo en el fútbol, desde la cognición hasta la precisión de los pases, pasando por el *sprint*. El folleto del Barça recomienda el té o el café en el desayuno previo al entrenamiento, y las bebidas deportivas con cafeína (o chicles) los días de partido, idealmente durante el calentamiento.[13]
- Los carbohidratos son una parte esencial de la comida previa al partido, que se suele ingerir unas tres horas antes del inicio. La mayoría de los clubes también los proporcionan en el descanso, a menudo en forma de gel o bebida. Un jugador con una gran carga de trabajo necesita ingerir carbohidratos; no obstante, si no tiene una gran carga de trabajo (quizá porque está lesionado), comer muchos carbohidratos le hará engordar.

- Durante mucho tiempo, los nutricionistas han estado obsesionados con las comidas previas a los partidos. Pero, más recientemente, han empezado a pensar también en la nutrición posterior al partido.[14] Justo después de hacer ejercicio es cuando el cuerpo absorbe mejor los nutrientes. Además, después del partido, el club mantiene cierto control sobre lo que consumen sus jugadores. Por eso la Juventus ha instalado en su vestuario una mesa para la comida. Y cuando juegan de visitante suelen comer en el autobús del equipo con un chef de primera clase que tiene a su disposición una cocina totalmente equipada. Durante la hora posterior a un partido, los jugadores deben ingerir proteínas para ayudar a recuperar las fibras musculares dañadas. (El ciclo del jugador es «daño/recuperación, daño/recuperación», dice Lizárraga.) El batido de recuperación de proteínas antiinflamatorias —que algunos clubes personalizan para cada jugador— se ha convertido en un ritual en este sector después de los entrenamientos y los partidos.

- Las verduras con alto contenido en fibra como el brócoli, la col, la coliflor y las coles de Bruselas deben comerse dos veces por semana, pero —dado que producen más gases y tardan en digerirse— no inmediatamente antes de salir al campo.[15]

- La inflamación de los tejidos corporales tiende a aumentar a lo largo de la temporada. En los meses más duros, a partir de febrero, los jugadores deberían incrementar la ingesta de alimentos antiinflamatorios, como los frutos secos y el caldo de huesos, en lugar de recurrir a los tradicionales analgésicos. Lo ideal es que la comida se convierta en medicina, dice Lizárraga.

- A través de algún mecanismo que aún no se ha logrado explicar, las cerezas ácidas parecen reducir la inflamación y acelerar la recuperación muscular. En las épocas más intensas del calendario se anima a los jugadores a comer el equivalente a cien de ellas al día.[16]

Puedes ofrecer a un futbolista un batido de proteínas, pero no puedes forzarle a beber

Una cosa es que un club elabore un plan nutricional y otra que los jugadores lo cumplan. Imagina que eres un futbolista del Barça. Has sido la estrella de todos los equipos en los que has jugado. Por definición, todo en tu carrera ha funcionado: has entrado en el Barça. Ahora estás rebosante de salud. Eres el hombre más popular en todas las discotecas en las que entras. (Barcelona no es Nueva York; los futbolistas son prácticamente las únicas celebridades de la ciudad.) Puedes permitirte comer y beber lo que quieras. ¿Y un nutricionista que gana en un año lo que tú ganas en un fin de semana quiere limitar tu dieta? ¡Ni que estuvieras en la cárcel!

Uno de los tópicos del fútbol es que la carrera del jugador es corta. Sin embargo, actualmente, un deportista de élite tiene una carrera bastante larga. Su carrera empieza en la adolescencia y se prolonga unos veinte años. Eso es demasiado tiempo para que la mayoría de la gente mantenga un estilo de vida. Los deportes de equipo estadounidenses tienen temporadas de descanso que duran varios meses, con tiempo para las hamburguesas y para la vida nocturna. Los futbolistas no pueden alternar entre la familia y la fiesta, por lo que rara vez se entregan por completo a una u otra.

Muchos futbolistas, sobre todo los más jóvenes, simplemente no saben qué comer, o les cocina alguien que no entiende de nutrición deportiva. Los que se interesan por ella a menudo se preocupan más por tener un buen aspecto en la discoteca que por estar en plena forma en el campo. Otros simplemente no ven el sentido de una buena nutrición. Algunos jugadores le dicen al personal médico que no son capaces de terminarse una botella entera de agua en el descanso, aunque los corredores de maratón pueden beber once botellas durante una carrera. Algunos, después de un partido, dicen que no tienen hambre, pero luego se van a cenar con su séquito. Algunos futbolistas de clubes gigantes pasan semanas con equipos nacionales que ni siquiera tienen un nutricionista.

En Barcelona, hay un peligro adicional: las cenas españolas a las diez de la noche o más tarde. Las comidas nocturnas tienden a aumentar la inflamación, los niveles de azúcar en sangre y perjudicar el sueño.

En ocasiones, el Barça y sus nutricionistas contemplan la situación horrorizados. Cuando el francés de veinte años Ousmane Dembélé llegó a Barcelona en 2017, despidió a cuatro cocineros privados uno detrás de otro. El cuarto, Mickael Naya, dijo después: «Ousmane es un buen chico, pero no tiene su vida bajo control. Siempre vive con su tío y su mejor amigo, que no se atreven a decirle nada. Es una vida agitada. Nunca he visto alcohol, pero no respeta en absoluto sus tiempos de descanso, no hay una estructura de alto nivel a su alrededor».[17] Los periódicos españoles informaron de la afición del francés por la comida rápida.

Después de que Dembélé volviera a lesionarse durante el primer partido del Barça de la temporada 2019-2020, el club le citó para una radiografía al día siguiente. No se presentó porque creyó más oportuno tomar un vuelo para visitar a su madre. A la vuelta, los médicos del Barça le diagnosticaron una lesión en el muslo que le obligó a estar cinco semanas sin jugar.[18] En cuanto a la medicina y a la alimentación, Dembélé iba a lo suyo.

No es un caso aislado. Un futbolista puede evitar a los médicos del club porque intenta ocultar una lesión (especialmente si está en el último año de su contrato). Puede albergar supersticiosas creencias sobre el tratamiento adecuado. Puede estar haciendo caso a su fisioterapeuta personal o a un curandero sin licencia que lo orienta hacia el último tratamiento no acreditado (como los baños de hielo), normalmente sin decírselo al club.

El Barça tiene que intentar atraer a sus estrellas a sus instalaciones médicas. El club siempre intenta aprovechar sus servicios para sus propios jugadores. Para evitar que los futbolistas lesionados acudieran a las consultas privadas, el Barça compró la que se considera la mejor máquina de resonancia magnética del mundo, un aparato que puede reproducir imágenes de un solo milímetro de músculo y mostrar exactamente dónde se encuentra un desgarro.

Sin embargo, a los futbolistas, como a la mayoría de la gente, les gusta mantener el control sobre su propio cuerpo. Incluso en el superprofesional Bayern de Múnich, Guardiola tuvo que regañar a su plantilla para que se sentara a comer en el restaurante del club después de los partidos. Pocos futbolistas tienen la disciplina nutricional de los atletas que practican disciplinas individuales, que toman sus propias decisiones y no pueden culpar fácilmente de los fracasos deportivos a nadie más: Carl Lewis y Martina Navratilova fueron pioneros veganos hace décadas.

Incluso algunos atletas individuales se dan algún capricho. Antes de desayunar con Federer en su avión, me preguntaba si comería comida humana. Sin embargo, cuando la azafata nos trajo cruasanes, muesli, brochetas de fruta y tres zumos détox diferentes, lo devoró todo, excepto la fruta. Cuando creí que el desayuno había terminado, la azafata volvió para sugerir una tortilla.

—Probaré una tortilla —dijo Federer—. ¿Por qué no? Estamos almorzando.

Le pregunté por su apetito y me dijo:

—No quiero ponerme demasiado serio. También me recuerda, quizá, que soy algo más que un tenista. Me tomo un café antes de cada partido, y si hay una onza de chocolate al lado, me la como. O una galleta.

Los más dotados no tienen que sacrificarse como el común de los mortales.

En los clubes de fútbol, los nutricionistas tienen una influencia limitada. Suelen estar al final de la jerarquía del personal: compiten por la atención de los jugadores con los médicos, los preparadores físicos y los psicólogos. Pueden recomendar ciertos alimentos, pero no tienen permiso para irrumpir en las mansiones de los jugadores y obligarlos a comer. Rara vez pueden sentarse con los futbolistas a la hora de comer. (En algunos clubes, ni siquiera los jugadores más jóvenes pueden sentarse a la mesa de los veteranos.) La comida del equipo antes del partido —el momento clave de la semana del nutricionista— suele presentarse como un bufé. ¿Cómo persuadir a los jugadores para que tomen las decisiones correctas?

En un entorno jerárquico como el de un vestuario, las personas influyentes son importantes. La principal influencia en casi cualquier tema en el fútbol es el entrenador. Si desprecia la nutrición, es posible que nunca deje que el nutricionista del club se dirija al equipo. Y, desde luego, no le ayudará a mejorar la rutina alimentaria de cada jugador diciéndole quién va a jugar en el siguiente partido y quién no.

Un nutricionista astuto podría elaborar un plan dietético personalizado para el entrenador, convertirlo y luego dejar que lo evangelice entre los jugadores. El simple hecho de que el técnico asista a los pesajes de los jugadores puede conllevar una gran diferencia.[19] Guardiola era ese tipo de entrenador. Sin embargo, sus sucesores volvieron a relajar algunas de sus reglas nutricionales. En 2019, los jugadores del Barça seguían sentándose a comer juntos la comida principal del día después del entrenamiento (que podía ser por la mañana o por la tarde), pero al que prefería irse a casa se le daba una ración para llevar, con la esperanza de que se la comiera.

«El cuerpo solo funciona a la perfección a los veinte años», reflexionaba Alfredo Di Stéfano, estrella de los años cincuenta, y los futbolistas más jóvenes suelen sentirse, con cierta justificación, indestructibles. Muchos de ellos comienzan su carrera con poca disciplina, compromiso y capacidad de escucha. Sin embargo, la mayoría de los deportistas crecen con el tiempo, «se superan a sí mismos» y se vuelven más maleables, según Gregg Popovich, entrenador de los San Antonio Spurs.[20]

A menudo, el objetivo es llegar a cierta edad, formar una familia, fracasar en un club o entrar en una nueva y emocionante fase de la carrera: un gran traspaso, por ejemplo. Ese puede ser el momento más fructífero para que un nutricionista tenga una charla con un jugador sobre su alimentación.

Aparte del entrenador, las principales influencias de un club son los jugadores veteranos. Los que han pasado por una lesión y han empezado a preocuparse por alargar su carrera tienden a desarrollar cierto interés por el zumo de remolacha. Messi ha seguido esa trayectoria. Aficionado durante mucho tiempo a la milanesa (bistec empanado, jamón, parmesano y mozzarella), se dio cuenta de que se enfrentaba a un declive prematuro. A veces vomitaba durante los partidos. Parecía agotado durante todo el Mundial de 2014.

Como muchos futbolistas, buscó el asesoramiento de expertos fuera de su club; en su caso en la dietista Silvia Tremoleda[21] (que luego siguió a Guardiola al Manchester City) y en la clínica veneciana del nutricionista italiano Giuliano Poser. Se dice que Messi se ha hecho mayoritariamente vegetariano durante la temporada, una nueva tendencia en el fútbol. Algunos jugadores se han hecho incluso veganos.

Messi consiguió perder varios kilos. (Su rival Cristiano Ronaldo adaptó su propia dieta, ya espartana en 2016, bajando de ochenta y dos a setenta y nueve kilos para recuperar algo de velocidad.) Cuando ya tenía treinta años y miró atrás, Messi dijo: «Comí mal durante muchos años: chocolates, refrescos, todo. Eso era lo que me hacía vomitar durante los partidos. Ahora me cuido más; como pescado, carne, ensaladas».[22]

Su conversión benefició el trabajo de Lizárraga en el Barça.[23] Se convirtió en una influencia de estilo de vida en el vestuario, advirtiendo públicamente a Dembélé: «Tiene que cambiar para ser más profesional… Espero que no siga teniendo la mala suerte que ha tenido con las lesiones».[24]

Afortunadamente, muchos futbolistas se han visto influidos por la creciente obsesión de la sociedad por la nutrición. Si gestionan su propia ingesta y siguen rutinas de alimentación, pueden controlar su estrés, en lugar de sentirse simplemente víctimas de las lesiones y la suerte, observó Lizárraga. Pero, sobre todo en una ciudad gastronómica como Barcelona, no basta con proporcionar a los futbolistas alimentos sanos. Para evitar que se desvíen, también tienen que ser sabrosos, idealmente pasteles o batidos. Lo que finalmente se pone sobre la mesa suele ser un término medio entre lo que quiere el club y lo que desean los jugadores. Tras un empate en Málaga en septiembre de 2014, se filtraron a los medios de comunicación las peticiones individuales de comida del Barça tras el partido. Para el plato principal, el club había ofrecido a los jugadores un menú de opciones, cada una de ellas rica en azúcares y carbohidratos que ayudan a reconstruir los músculos dañados. Estas son algunas de las elecciones de los jugadores:

> Ter Stegen: sushi y un sándwich de Nutella
> Piqué: sándwich de Nutella y fruta
> Rakitić: sushi (dos raciones) y fruta
> Busquets: pizza de jamón y fruta («SOLO PIÑA Y FRESA»)
> Xavi: pechuga de pollo picada y pizza de jamón
> Iniesta: pizza de jamón y queso y un bocadillo de mortadela y chorizo

Suárez: pizza de jamón y queso y ensalada César
Messi: pizza de queso
Neymar: pizza de jamón y queso, y fruta
Mascherano: ensalada de pasta y dos piezas de fruta
Sergi Roberto: sushi y «triple sándwich» con Nutella[25]

Incluso teniendo en cuenta que la comida posterior al partido es la más rica en azúcar del ciclo del futbolista, estas elecciones parecen poco óptimas. Una pizza de jamón y queso está repleta de grasas saturadas y sal. Aunque, bueno, al menos es un sistema de suministro de proteínas y carbohidratos que los futbolistas realmente ingieren. Y comparado con lo que algunos jugadores comen en casa, es prácticamente comida sana.

El misterio del cuerpo de un futbolista

A pesar de todos los esfuerzos que se hacen para que los futbolistas se alimenten bien, todavía existen pocas pruebas científicas que aseguren que esto puede marcar la diferencia. No sabemos si una buena alimentación hace ganar partidos de fútbol o si contribuye a evitar las lesiones. Es muy posible, por ejemplo, que las lesiones musculares de Dembélé se deban a la mala suerte y a su tipo de cuerpo de velocista, más que a una mala alimentación. El preparador físico francés Sébastien López argumentó que las sesiones de entrenamiento de bajo ritmo del Barça en la era 2017-2020, adaptadas a jugadores de mayor edad, limitaron el entrenamiento de *sprint* del extremo.[26] En otras palabras: la procesión de chefs personales de Dembélé podría haber sido irrelevante. No lo sabemos.

Esto apunta a una verdad más amplia e incómoda: tenemos escasas pruebas científicas de cualquier tipo sobre el pequeño grupo demográfico que conforman los futbolistas de élite; se debe a que sus cuerpos y necesidades son tan atípicos que apenas han sido estudiados por los investigadores médicos.

Si un futbolista tiene un tirón en los isquiotibiales y debe perderse algunos partidos, puede desatar una crisis que le puede costar un título a su equipo. Sin embargo, si una oficinista tiene tirón en los isquiotibiales o tiene un tejido muscular subóptimo durante quince días, apenas se notará. No es de extrañar que la investigación médica no se haya tomado en serio tales cuestiones. El Barça tampoco puede llevar a cabo mucha investigación interna, pues la plantilla del primer equipo es solo de unos veinticinco jugadores. Y la docena de clubes que se pueden asemejar al Barcelona no están dispuestos a compartir sus datos médicos. Por eso, las grandes decisiones en el fútbol (¿necesita este jugador operarse?) históricamente se han tomado por intuición.

Además, los clubes carecen de conocimientos porque el cuerpo de los futbolistas sigue reglas diferentes a las del resto de los mortales. Los deportistas del Barça tienen varios «biomarcadores paradójicos», es decir, que no son saludables para la gente común, pero sí para los deportistas de alto nivel. Por ejemplo, durante la temporada, los futbolistas del primer equipo tienen altos niveles de colesterol bueno y malo. Cuentan con niveles elevados del aminoácido homocisteína, que en la gente corriente parece aumentar el riesgo de infarto e ictus.

Asimismo tienen una probabilidad inusual de padecer el síndrome de Gilbert, un trastorno genético leve que hace que el cuerpo produzca cantidades más elevadas de lo normal de bilirrubina, una sustancia amarilla en la sangre. El síndrome de Gilbert puede causar una leve ictericia, pero tiene una importante ventaja para los deportistas: el exceso de bilirrubina reduce la inflamación.

Los futbolistas constituyen una subespecie humana que requiere su propio tipo de atención médica…, pero aún no tenemos mucha idea de cómo podría llevarse a cabo.

Insomnio en el Camp Nou

El fútbol todavía está tan lejos de la perfección que el Barça sigue explorando todo tipo de nuevos conocimientos en el campo del «bienestar del jugador». Mientras escribía este libro, el Barça Innovation Hub se había asociado con científicos en decenas de estudios sobre lesiones musculares y tendinosas. El club estaba colocando chips a los jugadores en los entrenamientos, con la esperanza de aprender a predecir el estrés o las lesiones.

Otro santo grial del fútbol es conseguir que los futbolistas jueguen con tanta energía en la segunda parte del partido como en la primera. Una teoría reciente es que los jugadores se agotan porque su temperatura corporal baja demasiado cuando están sentados en el descanso. Tal cosa podría evitarse con medidas tan sencillas como darles chaquetas, subir la calefacción en el vestuario o hacerles calentar de nuevo antes de la segunda parte.[27]

Ahora el Barça intenta individualizar los cuidados, quiere pasar de medir la «carga externa» de cada jugador (cuántos partidos y la intensidad de estos) a calibrar su carga interna: cómo está reaccionando psicológica, biomecánica y fisiológicamente a la carga externa. Después de todo, un jugador puede experimentar más estrés cuando se conecta a las redes sociales que jugando un partido.

De todas las nuevas perspectivas del fútbol, la más prometedora probablemente sea la del sueño. Los científicos siguen descubriendo más sobre su importancia para el funcionamiento humano. «La pérdida de sueño conduce a una disminución del rendimiento físico, de la coordinación entre los ojos y las manos, de la capacidad de atención y de casi todo lo que se puede medir», informó la ESPN en una exposición sobre la falta de sueño en la NBA.[28] El tema es especialmente relevante para los atletas de élite, que se encuentran entre las pocas personas cuyo trabajo les exige estar en su mejor condición. Por eso resulta sorprendente lo poco que duermen algunos de ellos.

Messi, en sus primeros meses en el primer equipo del Barça, compartía un pequeño apartamento con su hermano Rodrigo, la mujer de este y su bebé. «El club me dice que tengo que dormir bien todas las noches, así que es un poco difícil con el llanto del bebé, pero finjo que no pierdo horas de sueño.»[29] Piqué admitió en 2019 que entre el fútbol y los negocios «apenas duermo cuatro o cinco horas. Me falta tiempo para todo».[30] Busquets comentó una vez que, antes de conocer a su pareja, estaba despierto dieciocho horas al día «pensando en el fútbol».[31] Y Dembélé, durante sus primeras temporadas en el Barça, se pasaba las noches jugando a la PlayStation[32] y (según su chef privado) no «respetando sus periodos de descanso».[33]

La falta de sueño no siempre es culpa de los jugadores. Es una consecuencia inevitable de jugar unos sesenta partidos por temporada en todo el mundo. La emoción de un encuentro hace que el cuerpo libere cortisol, una hormona que favorece la vigilia, y suprime la melatonina, la hormona que regula el sueño.[34] «No puedo dormir después de los partidos», confesó el delantero centro inglés Peter Crouch durante mucho tiempo.[35] Especialmente, después de haber jugado con el Liverpool en Anfield: «Tenía la cabeza tan despejada, mi cuerpo hormigueaba, zumbaba tanto que pasaban varias horas y muchas cervezas hasta que podía pensar en irme a la cama».[36]

El insomnio después de los partidos es una plaga particular para los jugadores del Barça, que a veces acaban los partidos cerca de la medianoche. Lizárraga, la nutricionista del club, recomienda la leche o el pavo para favorecer el sueño, pero hay noches en las que ni siquiera un vaso de leche merengada («200 ml de leche sin lactosa, 1 rama de canela, 1/4 de cáscara de limón, 1 cucharadita de agave o jarabe de arce, 20 g de caseína en polvo, canela en polvo») sirve.[37]

Luego están los viajes. En la pretemporada de 2019, la plantilla del Barça voló a Japón para disputar partidos amistosos el 23 y el 27 de julio. Después volvieron a casa para un amistoso contra el Arsenal el 4 de agosto. Tres días después, se enfrentaron al Nápoles en el Hard Rock Stadium de Miami, a trece husos horarios de distancia de Japón. A continuación, volaron tres horas hasta Míchigan para la revancha contra el Nápoles, antes de regresar a España en su cuarto vuelo transcontinental en tres semanas. «Fisiológicamente hablando, no sé si fue tan bueno, pero comercialmente lo entiendo, y por eso no hay ningún jugador que se queje», comentó Frenkie de Jong.[38]

En las semanas para las selecciones, un futbolista puede jugar un partido fuera de casa con el Barça el domingo por la noche, regresar a las dos de la madrugada a Barcelona, dormirse a las cuatro y media y estar en un vuelo a las siete para incorporarse a su selección. «Lo viví como algo duro», admitió De Jong poco después de fichar por el Barcelona. Tradicionalmente, el fútbol tiene poca paciencia con esas quejas. «Eso te convierte en un gran hombre», dijo el seleccionador de los Países Bajos, Ronald Koeman, que unos meses después se haría cargo del F. C. Barcelona.[39] Sin embargo, el sindicato de futbolistas Fifpro informó en 2019: «El sesenta y tres por ciento de los jugadores internacionales dicen que los viajes de larga distancia afectan a su rendimiento».[40]

Los sudamericanos del Barça suelen cruzar un océano y vuelven para jugar un partido. En 2016, Neymar llevó a sus compañeros de club Messi y Mascherano en su avión privado a un partido de clasificación para el Mundial 2018 entre Brasil y Argentina, a pesar de que jugaban contra él.[41]

Cuando los clubes juegan fuera de casa, suelen llegar a la ciudad anfitriona el día antes del partido, duermen una sola noche en un hotel y vuelan a casa justo después del partido. Esto los hace presa del llamado efecto de la primera noche (FNE): la primera noche que se duerme en un lugar desconocido, la mitad del cerebro (normalmente el lado izquierdo) permanece inusualmente despierto, según investigadores de la Universidad de Brown. La conexión entre las dos mitades del cerebro también está inusualmente activa. Probablemente, se trate de una adaptación evolutiva: el cerebro está comprobando si el territorio desconocido es seguro. El resultado es que, si se duerme una sola noche en un lugar, probablemente se duerma mal, y para los futbolistas, esa noche suele preceder a un gran partido.

Una forma de combatir el efecto de la primera noche es alojarse siempre en la misma cadena hotelera, para que la habitación resulte más familiar. Una solución mejor sería quedarse dos noches. «El estado de alerta de la FNE se reduce drásticamente o incluso desaparece durante la segunda noche que se duerme en el mismo entorno desconocido, casi como si el cerebro simplemente apagara su alarma después de asegurarse de que la zona es segura», informa el Barcelona Innovation Hub.[42] Quedarse una tercera noche después del partido sería aún mejor, porque evitaría que los jugadores volvieran a casa de madrugada y se sumaran a otra noche interrumpida.

El único problema de este consejo es que a los jugadores no les gusta. Por lo general, quieren pasar el menor tiempo posible en la carretera y volver a casa justo después del partido.[43]

Es una decisión difícil para el Barça: ejercer más control y arriesgarse a alienar a los jugadores estrella o mantenerlos contentos y aceptar que no estarán en las mejores condiciones. En los últimos años, el Barça ha optado por mantenerlos contentos. Con la esperanza de complacer a los talentos, el club trata de minimizar los viajes. Para los partidos fuera de casa en España, si el partido es a las seis de la tarde o después, el equipo vuela en la mañana del partido, y regresa a casa esa misma noche. De Jong dijo que le gustaba que fuera así:

> Imagina que vas a otro club, te vas el sábado por la mañana, [duermes en un] hotel, juegas el domingo y pasas la noche allí. Luego solo estás en casa el lunes por la noche. Y algunos [equipos] también van a un hotel antes de los partidos en casa. Aquí en Barcelona es mucho más relajado. Solo tenemos que llegar dos horas y media antes del partido si jugamos en casa, y para los partidos de fuera solemos salir el mismo día. Así que estás más tiempo en casa.

Cuando le pregunté por qué creía que el Barça seguía esta política, De Jong dijo que imaginaba que los jugadores habían manifestado que les gustaba estar en casa. Y añadió: «No veo el problema. No creo que haya mucha diferencia». Dijo que el Barça estaba encantado de hablar con un jugador sobre hábitos de sueño si quería, pero añadió:

> No es que me digan: «Jugamos tal día, así que esa noche tienes que dormir». Eso lo dejan muy a criterio de los jugadores. Los chicos de aquí han jugado unas diez temporadas al más alto nivel, saben cómo lidiar con eso. Creo que no les gustaría que la gente les dijera: «Tienes que hacer tal cosa».

Los clubes siguen sabiendo muy poco sobre los hábitos de sueño de sus jugadores. Algunos piden a los futbolistas que informen sobre la calidad de su sueño cada día, pero un hombre que ha estado despierto toda la noche tiene un gran incentivo para mentir. La gente del Barça me habló de los planes para obtener datos más fiables haciendo que los jugadores lleven prendas nocturnas con sensores. Por fin, los clubes de fútbol se están poniendo al día con el tema del sueño.

Una sociedad que envejece

Los avances del fútbol en materia de sueño, nutrición y conocimientos médicos han mejorado la forma física, aunque el talento no siempre escuche. Los jugadores, los clubes, los médicos y los árbitros —cada uno por su cuenta, y a veces en conjunto— han elevado los estándares de cuidados en el juego. Una prueba de ello: «Los deportistas de élite están envejeciendo», escribe el científico deportivo Carlos Lago Peñas en un informe para el Barcelona Innovation Hub.[44] «La edad media de los jugadores de la Champions League pasó de 24,9 años en 1992-1993 a 26,5 en 2018-2019. Un aumento de 1,6 años es mayor de lo que podría parecer, dado que las edades medias de casi todos los equipos punteros se sitúan en una estrecha franja de 23 a 29 años».

Cuando Messi y Megan Rapinoe fueron coronados como ganadores del Balón de Oro masculino y femenino en diciembre de 2019, tenían treinta y dos y treinta y cuatro años respectivamente. En 2021, Messi y Cristiano Ronaldo seguían en la cúspide del fútbol, con treinta y cuatro y treinta y seis años. A pesar de la creciente exigencia física, las carreras de élite son más largas.

Tal tendencia se repite en otros deportes. En el tenis, la edad media de los cien mejores jugadores masculinos aumentó en una década de 26,2 a un máximo histórico de 27,9 años. En abril de 2021, Novak Djokovic (33 años) era el jugador masculino mejor clasificado, Rafael Nadal (34) ocupaba el tercer puesto, y Roger Federer (39), el sexto. Serena Williams (39 años) seguía siendo una potencia en el deporte femenino. El mariscal Tom Brady acababa de ganar la Super Bowl con los Tampa Bay Buccaneers a los 43 años. Los estudios sobre jugadores de béisbol y triatletas también sugerían «un notable aumento de la edad de máximo rendimiento de los deportistas de élite durante las dos últimas décadas», según un artículo que Lago Peñas escribió con sus colegas de la Universidad de Vigo.

La toma de decisiones y la inteligencia futbolística —el reconocimiento de patrones, en efecto— parecen mejorar con la edad, explicó: «El porcentaje de pases con éxito es entre un tres y un cinco por ciento mayor en los jugadores de más de treinta años en comparación con los de entre dieciséis y veintinueve». Esto podría compensar la disminución de la velocidad. Lago Peñas citó un estudio sobre jugadores de la Bundesliga: a partir de los treinta años, su número de *sprints* (definidos como carreras más rápidas de 6,3 metros por segundo, mantenidas durante al menos un segundo) era un veintiuno por ciento menor que el de los futbolistas más jóvenes.[45]

Un jugador veterano y sano es la combinación perfecta de una cabeza vieja sobre unas piernas razonablemente jóvenes. Sin embargo, una cabeza vieja con piernas viejas es un problema. Curiosamente, ningún equipo de primera categoría en los últimos años ha llevado el envejecimiento más lejos que el F. C. Barcelona. Este se produce de forma natural en el Barça porque los jugadores que son titulares rara vez deciden marcharse, un hecho que los clubes rivales han llegado a aceptar. Los jugadores del Barça tienen sorprendentemente pocas opciones en otros lugares, como señaló Rosell: «Solo pueden irse a tres o cuatro clubes del mundo, porque nadie puede pagar sus sueldos».

Los futbolistas del Barça también saben que les costará encontrar un equipo mejor, una ciudad más bonita o un entrenamiento diario más divertido (compárense con las brutales batallas de resistencia de la Juventus o del Atlético de Madrid). De Jong dijo: «En Barcelona el clima es fantástico, los entrenamientos son superdivertidos. Cada día agradezco que me permitan estar en el campo con estos jugadores». El Barça es el destino final del futbolista, no un escalón.

Y los jugadores se dan cuenta, a medida que se acercan a la jubilación, de que esta no les ofrecerá una experiencia más satisfactoria que el fútbol. Cuando tenía veintiocho años, Piqué me dijo: «Ahora espero que mi carrera como futbolista sea lo más larga posible, mientras que hace unos años pensaba que lo dejaría a los treinta. Este cambio de mentalidad les ocurre a todos los jugadores: el síndrome del futbolista».

Puede que los futbolistas en activo no sean más felices que el resto de nosotros, pero viven más intensamente. La ilusión básica del deporte de alto nivel es que es más importante que la vida y la muerte. Ganar delante de cien mil aficionados proporciona una excitación inigualable en la vida ordinaria. Y también lo hace perder, aunque de un modo perverso. Te sientas en el vestuario con todos tus compañeros, con el cuerpo dolorido, demasiado cansado para llevarte una botella de agua a los labios, desplomado en la miseria, y es una emoción compartida de tal intensidad que nunca volverás a experimentar después del fútbol. La jubilación a los treinta años es una fantasía muy extendida entre los funcionarios que trabajan en una oficina, pero la mayoría de los deportistas de alto nivel disfrutan de demasiada motivación interna para pasar las décadas que les quedan en una tumbona.

Se esfuerzan por entender cómo el resto de los mortales aguantamos nuestras vidas con tan poca adrenalina. El punto álgido de una carrera común puede ser un ascenso, un trabajo que se gane el beneplácito del jefe o simplemente una excursión a la playa. No es de extrañar que los futbolistas de éxito jueguen durante todo el tiempo que puedan, y que después busquen nuevas sensaciones de riesgo: pensemos en las inversiones empresariales de Cruyff o en el estilo de vida de Maradona.

En consecuencia, los mejores jugadores del Barça suelen quedarse aquí y envejecer juntos. La edad cambia la dinámica del equipo. Los futbolistas más veteranos tienden a elegir sus momentos para alcanzar la cima. Rara vez se verá a un equipo de élite envejecido darlo todo en un partido en casa contra un rival débil. Fernando Torres, que pasó gran parte de su carrera en el Atlético de Madrid, observó que los equipos con más talento a menudo eran capaces de pasar desapercibidos: «A veces no estás haciendo un buen partido, el rival lo está haciendo mejor, y en un segundo un jugador hace que ganes el partido. El Madrid y el Barcelona viven esta situación muchas veces».

El equipo del Barça envejeció casi sin darse cuenta durante años, hasta que de repente el problema se hizo evidente. Para entonces ya era demasiado tarde. El club no había conseguido ni crecer ni reclutar a jugadores jóvenes para sustituir a los veteranos.

QUINTA PARTE

La catedral se desmorona

13

Infortunios en el mercado de fichajes

*E*n cualquier deporte de élite, la decisión más importante de la dirección son los fichajes, lo que la consultora McKinsey llama «la guerra por el talento». Cuando el Barça ganó su quinta Liga de Campeones en 2015, tenía suficiente dinero como para acometer cualquier fichaje. La Masia había ahorrado al club una fortuna y, además, el Barça estaba generando más ingresos que cualquier otro club del mundo. En realidad, podrían haber confeccionado una gran plantilla poco a poco. Sin embargo, no lo hicieron. Incluso para los parámetros del ineficiente mercado, el Barcelona ha fracasado en la tarea de identificar nuevos talentos y convencerlos para que firmen por ellos. El club ha acabado siendo un caso de estudio de la dificultad para captar talento. ¿Por qué?

Encontrar a un jugador para el Barça es un proceso engorroso. Algunos clubs, como el Lyon o el Liverpool, tienen un comité de expertos que decide a quién deben contratar. Pero el Barça no goza de la misma organización. Con frecuencia, cada una de las facciones rivales de la entidad puede impulsar un fichaje distinto sin molestarse en consultarlo con el entrenador. Los candidatos a la presidencia hacen campaña con promesas sobre las estrellas que comprarán si salen elegidos. Algunos patrocinadores y agentes (incluido el hermano de Guardiola, Pere) también pueden influir en los traspasos. Y el director deportivo en funciones también tiene su opinión, así como los veteranos del equipo, especialmente, Messi.

El responsable de la desastrosa política de fichajes del Barcelona entre 2014 y 2020 fue Josep María Bartomeu.

Ninguna experiencia anterior lo había preparado para tal responsabilidad. Bartomeu es un tipo amable que dirige una empresa familiar que fabrica las pasarelas por las que los pasajeros entran al avión desde la terminal. En 2003, se incorporó a la junta directiva del Barcelona como responsable de las secciones de baloncesto, balonmano y hockey sobre hierba. Dos años más tarde, dimitió tras un enfrentamiento con el presidente Joan Laporta, y luego regresó en 2010 como vicepresidente de Sandro Rossell. En enero de 2014, Rossell dimitió por los problemas legales que generó el fichaje de Neymar, y Bartomeu ocupó su lugar de forma provisional. Dieciocho meses más tarde, debían celebrarse unas nuevas elecciones, y todo el mundo consideraba a Bartomeu como una figura de paso. Sin embargo, en junio de 2015, el Barça ganó el triplete (Copa, Liga y Liga de Campeones), y un mes más tarde, Bartomeu se impuso en las elecciones presidenciales.

El problema era que apenas sabía nada de fútbol o del negocio del fútbol. Su director deportivo, Andoni Zubizarreta, sí —Zubi había fichado a Neymar, Suárez, Rakitić y Marc-André ter Stegen—, pero Bartomeu no tardó en prescindir de él. En total, el presidente tuvo cinco directores deportivos en seis años. Y esa no es una gran estrategia para lograr buenos resultados. Sobre todo, si lo comparamos con el experimentado dúo del Real Madrid formado por Florentino Pérez y su silencioso consejero, el licenciado en Filosofía José Ángel Sánchez.

Otra limitación para los fichajes del Barça: en los clubes de élite, robar jugadores a los rivales se considera una falta de cortesía. Me lo dijo el director general del Paris Saint-Germain, Jean-Claude Blanc:

> El código de honor entre los grandes clubes es mantener una buena relación con los otros grandes. Si nos interesa algún jugador, hablamos entre entidades y no mandamos a nuestros agentes o cualquier interlocutor para que actúen como intermediarios. Si algún club quiere comprar a uno de nuestros jugadores, llaman a esta oficina o a la de Nasser Al-Khelaifi y preguntan: «¿Queréis vender a este jugador?». Y si la respuesta es negativa, el noventa por ciento de las veces la conversación acaba ahí.

El mismo principio se aplica con los entrenadores. Por eso, en parte, el Barça contrató al Tata Martino en 2013. Porque era un candidato que no estaba vinculado a ningún gran club.

Cualquiera podría suponer que un club que tiene planeado gastar decenas de millones de euros en algún jugador tomará la decisión basándose en estadísticas o en algún tipo de medidas objetivas. Así lo hace el Liverpool. De hecho, fue el departamento de análisis de datos del club el que indicó que Mo Salah era un gran delantero. Al principio, Jürgen Kloop, el entrenador, no lo quería. (Después de comprobar el rendimiento de Salah en Anfield, se disculpó con los analistas.) El Barça, en cambio, apenas usa los datos o estadísticas en el mercado de fichajes, una reticencia que le ha valido al club una amistosa burla por parte del jefe de investigación del Liverpool, Ian Graham.

Los datos revelan sobre todo lo que un jugador hace con el balón, explica Javier Fernández, jefe del departamento de análisis de datos del Barça. Pero es difícil obtener «datos de seguimiento» que muestren lo que el chico hace en los otros ochenta y ocho minutos del partido.

Valverde, cuando era entrenador del Barça, me dijo: «Claro, miramos los datos de un jugador que nos interesa. Por ejemplo, si vamos a comprar a [Clément] Lenglet [el central que ficharon del Sevilla en 2018], miramos su velocidad, su número de recuperaciones o los ataques que ha interrumpido». Pero, por encima de todo, continuó Valverde, el club pidió consejo a las personas que conocían la psicología del jugador: «Porque si un chico viene aquí con unos números increíbles, pero es un desastre…».

La personalidad del jugador es la gran incógnita en casi todos los fichajes. Un equipo es una cosa muy frágil, como una botella de cristal que pende de un hilo, dijo Guardiola una vez. Fichar a un futbolista emocionalmente pobre o indisciplinado puede romper la botella. Como dice el refrán: el noventa y nueve por ciento de los fichajes consiste en saber a quién no se debe contratar.

Cuando el Barça se interesa por un jugador, tiene una red de antiguos trabajadores del club a la que puede recurrir para obtener información. En 2002, cuando planeaba fichar al portero Robert Enke, se puso en contacto con el joven entrenador del Oporto, José Mourinho. Este transmitió un informe positivo, aunque eso arruinó sus propias esperanzas de hacerse con los servicios de Enke.[1] Seguramente, quería seguir en la órbita del Barça.

Sin embargo, como demuestra el hundimiento psicológico de Enke en Barcelona, ningún nuevo fichaje es una apuesta segura. «Cuando compras a un jugador, no puedes llevar a cabo una operación cerebral para saber si es fuerte mentalmente», se lamentaba Cruyff en 1990.[2]

Cuando el Barça contacta con un futbolista, este siempre está dispuesto a escuchar la oferta. «Siempre tienen la puerta abierta —dijo Rosell—. A veces no puedes llegar a un acuerdo, pero todo el mundo se sienta a negociar.» Cuando la mujer de Enke dijo que no quería ir a Barcelona, el agente de su esposo la corrigió: «Si el Barça te llama, haces lo que sea para ir».[3] El delantero holandés Memphis Depay se pregunta: «¿Cuántas veces vas a decir que no al Barcelona? Es el Barcelona».[4]

Sin embargo, el Barça a menudo se ha encontrado con un curioso obstáculo en la era Messi: muchos potenciales candidatos sentían que no eran suficientemente buenos para jugar allí. Creían que el club estaba cometiendo un error al interesarse por ellos. Es probable que sufrieran el síndrome del impostor, y seguramente estaban en lo cierto.

Rosell dijo que «a veces viene un agente y dice: "el jugador no está preparado". Es muy honesto por su parte. Me ocurrió un par de veces y no pude más que estar orgulloso».

En la misma línea, Bartomeu me dijo:

> No todos los jugadores que he querido fichar han venido a Barcelona. En varios casos que no puedo revelar, contactamos con algunos jugadores de primer nivel, que ahora están jugando en otros clubes, y en un primer momento se mostraron entusiasmados. Sin embargo, al final dijeron: «No puedo firmar porque estaré en el banquillo. ¿Dónde quieres que juegue? Xavi es titular. ¿Por qué me queréis a mí? Quieres que juegue en la posición de Leo Messi, no puedo». En la época de Víctor Valdés, ningún portero quería venir a Barcelona. ¿Para qué? ¿Para sentarse en el banquillo? Ese es uno de los grandes problemas.

Paul Pogba hizo este tipo de razonamiento cuando decidió incorporarse al Manchester United en 2016. Su agente, Mino Raiola, dijo: «Pogba podría haber ido a todos los grandes clubes. Pero el Real Madrid acababa de ganar la Liga de Campeones y ya tenían a su jugador estrella. Por el otro lado, el Barcelona tenía tres estrellas: Messi, Neymar y Suárez». Raiola cree que un jugador debe ir a un club que lo necesite, y para Pogba ese club era el United. En este caso, como en muchos otros, el agente puede influir en la decisión del jugador. «Lo que se ve es el resultado final de años de trabajo —dijo Raiola—. Estuve dos años trabajando en el contrato del Manchester United con Paul.»

El mejor fichaje del Barcelona de este siglo, probablemente, fue la compra de Neymar en 2013, justo antes de la era Bartomeu. Los acuerdos de traspaso fueron tan turbios que acabaron con la dimisión de Rosell. Finalmente, se descubrió que la cifra del traspaso ascendía a ochenta y seis millones de euros.

Una ganga. Desde la llegada de Luis Suárez en 2014, hasta el 2017, el Barcelona pudo alinear el magnífico tridente: la MSN; Messi, Suárez y Neymar. Poco a poco, se olvidaron de reforzar el medio del campo para que abasteciera de balones a aquel soberbio tridente. Para el gusto de Cruyff, era un estilo demasiado azaroso, «un equipo que prefería las individualidades en lugar de un equipo que jugara bien al fútbol».[5] Pero funcionó. En 2015, todavía recordando la paranoia franquista del Barça, Bartomeu me dijo: «A veces me sorprende que nos dejen tener a Messi, Neymar y Suárez en un mismo equipo. Pensaba que alguien diría que no era posible».

Neymar alcanzó la cima al lado de Messi. El brasileño dice que cuando llegó a Barcelona y tuvo algunos problemas de adaptación, «la mejor persona del mundo se acercó a mí, me agarró de la mano y me dijo: "No pasa nada. Solo intenta ser tú mismo, debes volver a ser feliz. Debes volver a ser el mismo que eras en el Santos. No seas tímido, no tengas miedo de mí o de los demás compañeros. Estoy aquí para ayudarte"». Neymar admite que se emocionó tanto que rompió a llorar en el vestuario: «Si Leo dice estas cosas, debe estar en lo cierto». Neymar todavía se acuerda de que, en ese momento, como si fuera el protagonista de un culebrón de media tarde, encontró la paz. Se tranquilizó y ese fue el inicio de una gran amistad.[6]

En el Barcelona, Neymar era un astuto extremo goleador que corría al espacio para recibir los pases de Messi. Los goles esperados (xG) es un indicador estadístico que asigna una probabilidad de que una ocasión acabe en gol en función de las características de la jugada. Según mi colega del *Financial Times* John Burn-Murdoch, la xG del Barça alcanzó un máximo de unos tres por partido en 2015-2016. Y de esa cifra, Neymar representó el 1,2 xG por partido, solo ligeramente por detrás del asombroso 1,4 de Leo Messi. Sin embargo, Neymar quería ser Messi: el eje de todos los ataques, el ganador del Balón de Oro. En 2017, para desgracia de Messi, el brasileño se marchó para convertirse en la estrella del Paris Saint Germain, que pagó por su traspaso doscientos veintidós millones de euros, un récord mundial. Probablemente, se trata del traspaso más importante de esa década. Desde septiembre de 2017 hasta finales de 2020, Neymar, en el PSG, promedió 1,16 goles o asistencias por partido en la Liga de Campeones, más que nadie durante ese periodo. Además, también fue el que creó más ocasiones y realizó con éxito más regates.[7] También adquirió el desafortunado y extraño hábito de perderse las eliminatorias por culpa de alguna lesión, aunque la única temporada que las disputó, en 2020, llevó a su equipo a la final contra el Bayern.

Sin embargo, lejos del Barça, perdió algo de exigencia. A veces interpretaba el papel de un número diez al que le gustaba recibir el balón parado, y luego burlarse de los rivales haciendo malabares mientras le daban patadas. Era su estilo de juego natural, y quizá lo prefería a la brillante servidumbre del Barça. Atrapado en la liga francesa, el jugador más dotado de su generación se retiró del fútbol semanal de primera categoría.

Cuando un club vende a un jugador por doscientos veintidós millones de euros, significa que tiene doscientos veintidós millones de euros para gastar. Hay impuestos, agentes y pagos a plazos. No obstante, en 2017, todos los clubes de fútbol sabían que el presidente Bartomeu disponía de un buen fajo de billetes en el bolsillo y que, además, necesitaba una estrella que pudiera exhibir delante de sus aficionados para que olvidaran la marcha de Neymar.

El Barça fue en busca de una estrella. El agente español Júnior Minguella ofreció a la directiva al delantero francés de dieciocho años Kylian Mbappé, que ya era una auténtica sensación en el Mónaco. La familia de Mbappé había decidido que el Barcelona era el equipo perfecto para él, y el Mónaco prefería venderlo al Barça antes que a su rival directo, el PSG. El Barcelona habría tenido que pagar un traspaso de cien millones de euros más primas. Pero Minguella esperó en vano una respuesta del Barça hasta que finalmente llegó un mensaje de WhatsApp de un miembro de la junta directiva, Javier Bordas: «Gracias por pasarme la oferta. Pero, como ves, ni los entrenadores ni el presi [el presidente] lo quieren». Según Minguella, un *directiu* del Barça había preguntado: «¿Qué ha hecho Mbappé para justificar ese precio?».[8] Unos años más tarde, Bordas explicaría que el Barça también había rechazado al joven Erling Braut Haaland porque el cuerpo técnico pensaba que el noruego no era «un jugador que encajara con el estilo del Barça».[9]

En lugar de eso, decidieron reemplazar a Neymar con otro joven francés, el prometedor extremo de veintiún años Ousmane Dembelé, que jugaba en el Borussia Dortmund. Bordas diría a este respecto que «la razón fue que Mbappé jugaba para sí mismo mientras que Dembelé lo hacía para el equipo».[10]

Tres semanas después de la venta de Neymar, Bartomeu y otro empleado de club viajaron a Monte Carlo para negociar con los directivos del Dortmund el traspaso de Dembelé. El *New York Times* informó que la comitiva de Barça llegaba a Monte Carlo con las ideas claras: solo estaban dispuestos a pagar ochenta millones de euros.[11] Si no era suficiente, volverían a Barcelona. Antes de llamar a la puerta de la habitación de hotel asignada, los dos hombres se abrazaron.

Sin embargo, cuando entraron, según la prensa, se llevaron una auténtica sorpresa: «Los alemanes dijeron a sus invitados que tenían que coger un avión. No tenían tiempo para charlar y, de todos modos, tampoco estaban ahí para negociar». Si el Barça quería a su joven promesa, tendría que pagar unos ciento noventa y tres millones de dólares, es decir, el doble de lo presupuestado.

Bartomeu cedió. Al fin y al cabo, era el presidente del club más rico del mundo y un novato en el mundo del fútbol. Según el *New York Times*, acordaron pagar ciento veintisiete millones de euros y «otros cincuenta en variables de fácil cumplimiento». Eso era mucho más de lo que habría costado Mbappé.

Apenas seis meses más tarde, el Barça pagó ciento sesenta millones por Coutinho. El precio del traspaso de Neymar había roto el mercado. Un traspaso de más de cien millones debería tener alguna garantía, pero ni Dembelé ni Coutinho llegaron a cumplir las expectativas del Camp Nou. Y sin Neymar, el Barça perdió su hegemonía.

El traspaso que más me enseñó sobre los factores humanos que entran en juego en cualquier fichaje del Barcelona fue el de Frenkie de Jong en 2019. El jugador había crecido con un amor muy holandés por el Barça. Cuando tenía diez años, en una de sus vacaciones en la Costa Brava, la familia también visitó el Camp Nou y su abuelo le compró una de las primeras camisetas de Messi con el dorsal número treinta. Cuando un reportero local lo entrevistó, De Jong, respondió: «Mi sueño es jugar algún día en el Barcelona».[12]

En 2015, en torno al Año Nuevo, una joven pareja de holandeses viajó a Barcelona para tomarse unas breves vacaciones. Iban cargados con un par de entradas para el Camp Nou. Antes del partido, se hicieron un *selfie* en las gradas. Si ahora echamos un vistazo a esa fotografía, parece premonitoria. «Era la primera vez que veía el Barça en directo —dijo De Jong, que en el 2015 era un suplente de dieciocho años en el Willem II—. En ese momento, no me imaginaba que al cabo de cuatro años yo también estaría jugando aquí. Por supuesto que uno aspira a eso, pero también lo hacen miles de jugadores, supongo.»

Sin embargo, cuando el Barça lo intentó fichar en 2019 no las tenía todas consigo. Él consideraba a Busquets el mejor centrocampista defensivo del mundo, y tenía miedo de no entrar en el equipo titular. Tenía otras buenas ofertas, y fichar por el Manchester City o el PSG era lo más razonable. A veces se quedaba despierto por la noche preocupado por lo que podía ser la decisión más importante de su vida profesional. Como dice Wenger: «Lo más importante en la carrera de un jugador es el club que elige en el momento oportuno».[13]

Las preocupaciones de De Jong son un ejemplo de los muchos problemas a los que se enfrenta el Barcelona en una mesa de negociación. Como Pogba, tres años antes, el holandés no estaba convencido: ¿el Barça lo necesitaba o sería otro jugador condenado al banquillo? No obstante, cuando Bartomeu y un pequeño grupo de directivos hicieron el esfuerzo de visitarlo en Ámsterdam, se tranquilizó.[14]

Bartomeu se acuerda de lo primero que le dijo De Jong: «Quiero disfrutar de mi vida con mi novia, jugando partidos». Según Bartomeu, esto es lo que le dijo al jugador y a su padre:

> Sea quien sea el entrenador del Barça, el estilo será siempre el mismo. Ahora nuestro entrenador es Ernesto Valverde. El próximo entrenador tendrá otro nombre, pero tendrá el mismo estilo. Otros clubs cambian su sistema de juego según el entrenador. Si lo que buscáis es un entrenador, Pep Guardiola es la mejor opción. Sin embargo, cuando se vaya del Manchester City, nadie sabe quién ocupará ese banquillo. Si lo que buscáis es dinero, la mejor opción es el PSG, ahí seréis inmensamente ricos. Sin embargo, si queréis disfrutar durante los próximos diez o doce años, el Barcelona es vuestro equipo.

Además, Bartomeu le hizo una promesa: «Si un día no estás a gusto en Barcelona, solo tienes que hablar con nosotros. El Barcelona no es una cárcel». Por ejemplo, poco antes, el club había dejado marchar a Pedro, Alexis Sánchez y Marc Bartra cuando lo pidieron.

Finalmente, De Jong decidió que la mejor opción era aceptar el reto y fichar por el Barcelona, en lugar de pasarse el resto de la vida preguntándose si podría haber jugado en el Barça.

Al parecer, la oferta del club catalán no era la más alta. Para un jugador que tiene la oportunidad de elegir entre distintos gigantes del fútbol, el dinero no suele ser lo más importante. En realidad, todas las ofertas lo iban a cubrir de oro. Por eso, seguramente, De Jong ni siquiera preguntó a su agente qué salario le ofrecía cada club.[15]

El Barcelona pagó al Ajax una cláusula de traspaso de setenta y cinco millones de euros. Según el agente de fútbol

Hasan Cetinkaya, que asesoraba al club holandés, era más o menos el doble de lo que esperaban obtener por un joven de veintidós años que en ese momento solo había jugado al fútbol de alto nivel (es decir, en la selección holandesa y en la Liga de Campeones) durante tres meses. Cetinkaya dijo:

> La dirección deportiva del Barcelona estaba sometida a una enorme presión para que se cerrara el trato. No podían volver con las manos vacías. En realidad, cuando se redactó el contrato, la cúpula directiva se sintió tan aliviada que el entonces director deportivo Pep Segura derramó algunas lágrimas.[16]

El Barça estaba acostumbrado a pagar de más. Mientras que la mayoría de los clubes pretenden fichar, por ejemplo, a un joven centrocampista defensivo con un buen pase hacia delante que cueste menos de treinta millones de euros, el Barcelona, al menos hasta 2020, no tenía limitaciones económicas y podía permitirse comprar al jugador ideal. En este caso, no querían un futbolista «parecido a De Jong», sino que querían al mismo Frenkie De Jong. Por eso, muchas veces, cuando los directivos hacían una oferta por un jugador, no tenían ninguna alternativa en la recámara, y los otros clubs se aprovechaban de eso: «Saben que vamos a pagar más que otro club», dijo Rosell encogiéndose de hombros.

Cuando De Jong llegó a Barcelona, descubrió que el jugador del equipo que se esforzó más para que se sintiera como en casa era el mismo al que supuestamente debía reemplazar, Busquets: «El primer día, antes incluso de empezar los entrenamientos, me envió un mensaje preguntándome si necesitaba algo. Además, también reservó una mesa en un restaurante para mí y mi pareja».

De Jong había experimentado una rivalidad más feroz en sus anteriores clubes holandeses, el Willem II y el Ajax. En el Willem II un jugador que no podía entrar en el primer equipo se arriesgaba a tener que abandonar la división de honor de los Países Bajos. «Había mucha tensión —comentó De Jong—. No tienes tanta seguridad económica, y muchos jugadores de allí todavía deben demostrar lo que valen. Sin embargo, aquí [en el Barça] tienes a muchos futbolistas consagrados. Tienen confianza en sí mismos. Piensan: "Soy muy bueno y voy a hacer todo lo posible para jugar aquí, pero, si no lo hago el año que viene o el siguiente, puedo ir a otro buen club". Ellos tienen más paz interior.»

A principios del verano de 2019, unos meses después del fichaje de De Jong, Neymar mandó un mensaje a Messi para decirle que quería dejar el PSG (la «MSN» nunca llegó a separarse en un grupo de WhatsApp). Messi vio la posibilidad de enmendar el error que cometió el Barcelona en 2017 y le respondió: «Te necesitamos para ganar la Liga de Campeones». Acto seguido, convocó a Bartomeu y se lo hizo saber. Con sus nuevas dotes de comunicación, Messi compartió la información en los medios de comunicación y utilizó sus redes sociales para presionar al club. Se estaba convirtiendo en una versión de Cruyff.

Sin embargo, el Barça, al considerar que Neymar era un jugador de veintisiete años, propenso a las lesiones y amante de la diversión, decidió que no estaba dispuesto a pagar al PSG doscientos millones de euros. Por aquel entonces, el Barcelona se estaba quedando sin dinero, en parte por su mala racha de fichajes, y en parte porque la familia Messi estaba sangrando económicamente al club. Los aumentos de sueldo que el padre de Messi exigía cada temporada (que además animaban a sus compañeros de equipo a exigir más para ellos también) no permitieron comprar al jugador que más quería Messi.

El Barça se pasó el verano de 2019 fingiendo en mayor o menor medida un interés para contratar a Neymar, para poder decirle a Messi: «Lo sentimos, hicimos todo lo posible, pero no pudimos conseguirlo». Así lo recordaría más tarde Abidal, el director deportivo de esa época, con cierto resentimiento:

[En 2019], diez días antes de que se cerrara la ventana de traspasos, fui con el director general a París para charlar con Leonardo (director deportivo del PSG) y estuvimos hablando de Neymar. Creo que, si el director general va al Paris Saint-Germain, es porque podemos ficharlo… Finalmente, el presidente decidió fichar a [Antoine] Griezmann. Uno de los argumentos contra Neymar era que tenía abierto un proceso judicial contra el club, así que no era fácil. Dijeron que, si quería volver, antes tendría que detener ese proceso.[17]

Un año después de que Griezmann hubiese rechazado al Barcelona, el club pagó al Atlético de Madrid ciento veinte millones de euros por él. Fue un traspaso de récord para tratarse de un jugador mayor de veinticinco años. En aquel momento, el francés tenía veintiocho.[18] También enriqueció a un rival directo, el Atlético, sin tener en cuenta el peculiar acuerdo por el que el Barça pagaba a los madrileños cinco millones de euros al año por tener un «derecho de tanteo» de todos sus jugadores.[19]

Lo primero que hizo Griezmann nada más llegar a Barcelona fue hablar con Messi. Más tarde, el francés diría: «Messi me dijo que no le gustó que rechazara la primera oferta del Barcelona porque él había apoyado públicamente mi fichaje. Pero ese día me dijo que estaba de mi parte, y así lo siento cada día».[20]

Pero el ostentoso interés de Barça hacia Neymar no engañó a Messi. Cuando el *Sport* le preguntó si el Barça había hecho todo lo posible para fichar al brasileño, él replicó: «No lo sé… No lo parece». Y cuando le preguntaron si dirigía el club en la sombra, emitió su habitual e inquebrantable respuesta: «Obviamente, no dirijo al club. Solo soy un jugador más».[21]

Un empleado de la entidad que ha trabajado con Messi desde que debutó en el primer equipo no está de acuerdo: «Él es quien manda —dice—. Sabe que puede echar a cualquiera. Es un buen tipo, no busca bronca, pero sabe que él tiene el poder». Según el mismo empleado, cuando Messi pierde una batalla, guarda silencio, pero se lo apunta todo en su libreta mental. El fracaso del fichaje de Neymar fue su mayor derrota interna en el Barça, y nunca lo olvidó. No estaba dispuesto a perdonar a la junta directiva.

Messi no era como Cruyff. No buscaba más poder. A veces sentía que era el chivo expiatorio. Habría preferido que los entrenadores y los directivos se encargaran de todo, siempre y cuando lo rodearan con los jugadores que él deseaba.

Un joven como De Jong estaba dispuesto a pasa la mayor parte de su primera temporada jugando fuera de su posición, pero una pérdida de jerarquía para una veterana estrella como Griezmann era mucho más difícil gestionarla, especialmente cuando, por primera vez en su carrera, se veía relegado al banquillo. En agosto de 2020, la noche en la que lo sustituyeron después de su pobre partido frente al Nápoles, estuvo a punto de romper a llorar. Después de eso empezó a refunfuñar que jugaba fuera de posición. El problema del francés consistía en que era un zurdo al que le gustaba entrar por dentro desde la banda derecha, una especie de Messi en un equipo que contaba con el propio Messi en sus filas.

Precisamente, en la historia reciente del Barça, los centrocampistas ofensivos y los delanteros son los que no han respondido adecuadamente al dinero que se ha invertido en ellos. Tanto Coutinho como Griezmann, Dembélé, Arda Turan o Malcom han fracasado o, al menos, no han logrado encandilar al Camp Nou, a pesar de que si sumamos sus traspasos el Barça pagó aproximadamente cuatrocientos veinticinco millones de euros. En total, el club ha invertido más de mil millones de euros en traspasos entre 2014 y 2019, más que ningún otro equipo de fútbol,[22] cosa que ha endeudado al club para acabar con un equipo decadente de jugadores viejos casi sin valor de mercado. «Cada año éramos un poco peores», admitió Piqué.[23]

En enero de 2020, cuando el Barça necesitaba un delantero para suplir a Luis Suárez, que no estaría disponible durante cinco meses después de una cirugía en la rodilla, el club se vio obligado a recurrir a los jugadores con precio de saldo. Dos días antes de que se cerrara el plazo de fichajes, Abidal se puso en contacto con los agentes de Cédric Bakambu, un delantero congoleño-francés que juega en el Beijing Guoan. ¿Estaba interesado en fichar por el Barcelona?

Cuando Bakambu recibió la llamada que todo jugador de futbol ha soñado alguna vez, acababa de aterrizar en Seúl, camino de Dubái, para preparar la Liga de Campeones de la AFC. Entonces puso rumbo a Hong Kong, desde donde pudo tomar un vuelo hacia Cataluña. Agotado, no pudo dormir por la emoción durante las cuatro horas que duró el trayecto a Hong Kong. Cuando el avión aterrizó y la señal de su teléfono móvil se restableció, recibe un mensaje de Abidal: el Barça había cambiado de opinión. Bakambu podía dar vuelta atrás y regresar a Seúl.[24] En su lugar, el club fichó a otro delantero de veintiocho años, el danés Martin Braithwaite, que había fracasado en el Middlesbrough y que, para mayor escarnio, se parecía a Neymar tanto como un huevo a una castaña.

Sin embargo, el fichaje más peculiar de la era Bartomeu fue el de Matheus Fernandes. Era un desconocido centrocampista suplente de veintiún años que jugaba en el Palmeiras cuando, el último día de ese enero de 2020, fichó por el Barcelona. El precio del traspaso fue de siete millones de euros, más otros tres en variables.

Fernandes fue un fichaje casi secreto. El Barça nunca hizo una presentación oficial, e inmediatamente lo envió cedido al humilde Valladolid. Tras su primer entrenamiento, un compañero de equipo le preguntó qué le había parecido el rondo. «¡El ritmo es muy alto!», exclamó Fernandes con admiración. «Bueno, acostúmbrate —le respondió el compañero—, porque esto no es nada comparado con Barcelona.»[25]

Fernandes solo jugó tres partidos con el Valladolid. Cuando acabó la temporada, el Valladolid no tenía la intención de mantenerlo en el equipo. Al parecer, el Barcelona tampoco, pero era comprensible que él quisiera seguir en el club cobrando su sueldo. Al volver al Camp Nou, le dieron el dorsal maldito de la pandemia que nadie más quería: el diecinueve. En primavera de 2021, «el jugador fantasma» había jugado solo diecisiete minutos en el primer equipo. Nadie podía entender por qué el Barça lo había comprado. ¿Fue un favor a un agente o un nuevo error de criterio? El director deportivo del Palmeiras, Alexandre Mattos, explicó que había conseguido convencer a Abidal, su homólogo en el Barcelona, para que viniera a ver al equipo suplente del club. «Le dije que se fijara en el dorsal treinta y cinco —explicó Mattos—. En ese momento, me dijeron que estaba loco. Nadie se creía que pudiera vender al Barcelona un jugador suplente del Palmeiras.»[26] Dos años antes, Mattos había logrado vender al Barcelona a Yerry Mina, un central colombiano que tampoco hizo furor en el Camp Nou. Uno se pregunta qué responsabilidad tiene Messi en los fichajes de Braithwaite y Fernandes.

En el verano de 2020, el problema con los fichajes se había convertido en una fuente de ansiedad para Bartomeu y los miembros de su junta directiva. Según las leyes españolas que rigen a los clubes que son propiedad de los socios, como el

Barça, los directivos tienen que devolver una parte de las pérdidas de su propio bolsillo. La junta directiva necesitaba obtener beneficios urgentemente antes de que finalizara el ejercicio económico, el 1 de julio de 2020. Y así se urdió un extraño traspaso. El otro cómplice era la Juventus, que también necesitaba mejorar sus libros de cuentas para cumplir con las reglas del *fair play* financiero de la UEFA. Acordaron que la Juventus «vendería» al Barça al centrocampista bosnio Miralem Pjanic por sesenta millones de euros (más variables), mientras que el Barça vendería al centrocampista brasileño Arthur Melo a la Juventus por setenta y dos millones de euros.

Estas sumas de dinero nunca llegarían a hacerse efectivas. Se acordaron solo para fines contables. De acuerdo con las normas de contabilidad, cada club podría incluir el supuesto precio de venta como un ingreso inmediato. Los pagos ficticios se repartirían a lo largo de los años en los contratos de los jugadores. A la larga, solo cambiarían de manos doce millones de euros, la diferencia entre los precios ficticios de ambos jugadores. Lo esencial era que ese intercambio ayudaría a los dos clubs a sanear rápidamente sus cuentas.[27] Era un gran negocio para la junta de Bartomeu, pero no tanto para el Barça: la envejecida plantilla sumaba ahora otro treintañero, y perdía a Arthur, que solo tenía veintitrés años. Además, no pasó mucho tiempo hasta que Pjanic acabara olvidado en el banquillo.

No obstante, ese verano, Bartomeu merece cierto reconocimiento, pues fichó a un joven de diecisiete años de Las Palmas llamado Pedri, por solo cinco millones de euros. En sus primeros partidos, la familia del joven jugador acudía en taxi al Camp Nou porque su hijo todavía no sabía conducir; sin embargo, no tardó demasiado tiempo en ganarse un sitio en el once inicial. Meses después debutó con España. Aun así, ese éxito no compensa todos los fracasos de Bartomeu.

El Barça tenía el dinero para reconstruir el equipo de Guardiola. Sin embargo, lo malgastaron. El lamentable historial del club en el mercado de fichajes acabó por perpetuarse y los jugadores más codiciados, al observar la larga lista de fracasos, decidieron forjar sus carreras en otro lugar. El Barça perdió la guerra por el talento.

14

Todo el mundo se convierte a la Masia

El talento es el único producto imprescindible en el fútbol. Los clubs deben comprarlo o producirlo en casa. Sin embargo, en el momento en el que el Barça dejó de comprarlo, también dejó de producirlo. El equipo de canteranos que lo ganó todo entre 2008 y 2012 resultó ser una excepción fuera de lo común. Los siete jugadores de la Masia que históricamente han jugado más partidos en el primer equipo —Xavi, Iniesta, Puyol, Valdés, Busquets y Piqué— pertenecen a una misma generación. La Masia no ha producido ninguna estrella desde entonces (aunque mientras escribo este libro, Ansu Fati podría alcanzar ese estatus y Óscar Mingueza acaba de irrumpir en el primer equipo). ¿Quién dejó morir a la Masia? ¿Qué se hizo mal?

La mayoría de los días hago el corto trayecto en coche desde el Camp Nou hasta la ciudad deportiva Joan Gamper con Oriol, mi lazarillo particular y uno de los jefes de prensa del Barça. Oriol trabaja para el club desde hace más de quince años. Entre entrevista y entrevista, pasamos horas debatiendo sobre la paternidad, la mejor forma de hacer una barbacoa (no es un gran aficionado al fútbol) o comiendo jamón en el bar Tapas 24 que se encuentra al lado del estadio.

Esta mañana de octubre de 2019, nos dirigimos a la Masia. Han pasado exactamente diez años desde que visité la escuela de fútbol del Barça por primera vez, en octubre de 2009, cuando aún tenía su sede en la antigua masía de ladrillo junto al Camp Nou. Dos años después, la Masia se trasladó a un edificio de cristal y acero en la ciudad deportiva Joan Gamper, conocido como Centro de Formación Oriol Tort.

Si ahora pasas por delante de la puerta principal podrías pensar que se trata de una residencia de estudiantes de una universidad privada de California. Ahí viven unos setenta alumnos internos, chicas incluidas, que duermen en literas dentro del edificio. Algunos juegan en otras disciplinas profesionales del Barça como el baloncesto, el balonmano o incluso el hockey sobre patines. Hay que recordar que los alumnos internos son una minoría: casi el noventa por ciento de los deportistas juveniles del club viven con sus familias a menos de un viaje en coche de la academia.

En la recepción hay una fotografía donde aparecen tres alumnos de la Masia: Messi sosteniendo el Balón de Oro, flanqueado por el segundo y el tercer clasificado, Iniesta y Xavi. Juntos encarnan los tres linajes de talento a los que el Barça siempre ha recurrido: el extranjero Messi, el español Iniesta y el catalán Xavi. Hoy en día, los setecientos deportistas de las distintas categorías inferiores del Barça proceden de todos los rincones del mundo, pero, en 2017, quinientos noventa y dos de ellos eran de España, de los cuales trescientos veintiocho eran de Cataluña.

Las academias de otros clubes siguen siendo en su mayoría simples vestuarios, pero, en la Masia, el ambiente universitario californiano perdura en su interior: grandes ventanales, empleados que trabajan con sus ordenadores portátiles, adolescentes viendo la televisión en la sala principal, una sala de profesores, una pequeña biblioteca o un aula con una pizarra blanca donde se acumulan fórmulas matemáticas.

La educación en la Masia se ha profesionalizado desde mi última visita una década atrás. En los pasillos hay un ir y venir de profesores, psicólogos, nutricionistas y tutores que actúan como madres y padres sustitutos. Los especialistas enseñan a los niños los peligros de la cocaína, cómo crear una marca personal o cómo desconectar de los comentarios destructivos de las redes sociales. El Barça incluso utiliza a taxistas pedagógicos. Algunos niños pasan dos horas al día en un taxi para acudir a los entrenamientos del club. Los chóferes están preparados para detectar cambios de comportamiento y dar charlas prácticamente informales sobre nutrición.

Los psicólogos del club no pueden hablar públicamente y

no tengo la autorización para citarlos en este libro, pero el club considera que son trabajadores indispensables. La entidad entiende que hace algo cruel con los niños: los ha arrancado de sus familias y los pone bajo presión para que rindan.

Muchos de los niños de la Masia no llegarán a la élite profesional. Es cierto que el Barcelona sigue produciendo más jugadores de primer nivel que cualquier otro club de Europa, salvo el Real Madrid y el Olympique Lyon. Sin embargo, eso es como no decir nada. Un alto cargo del Barça me dijo: «Las academias de los clubes de fútbol se consideran escuelas de alto rendimiento, pero, en realidad, son escuelas para el fracaso».

El Barça puede destruir el sueño de una familia cuando echa a un niño de la Masia, pero el éxito también puede crear problemas en el seno familiar, como la idolatría o los celos. Después de que Geoff Hurst marcara un *hat-trick* para Inglaterra en la final de la Copa del Mundo de 1966, se dio cuenta de que sus padres lo empezaron a tratar como si fuera una celebridad.

El equipo de psicólogos del Barcelona tiene que socorrer a los niños. Cuando el mejor jugador de un club humilde llega a la Masia, el Barça le ofrece, a él y a su familia, un tiempo para adaptarse. Muchas veces el chaval piensa que no es suficientemente bueno para jugar en el Barcelona, y entonces los psicólogos le dicen: «No necesitas rendir de inmediato. Estás aquí para mejorar, con tiempo y paciencia».

Educan a cada niño para que reconozca sus fortalezas y debilidades. Los educan desde la empatía para que puedan apoyarse entre sí. Un entrenador me dijo que cuando echan a un niño de la Masia, algunos compañeros lloran porque se sienten culpables por haber sido mejores que él, y le piden perdón.

Los niños deben aprender a gestionar la presión para rendir. Los hábitos son de gran ayuda, como comer o ir a dormir siempre a la misma hora. A veces, incluso, la Masia utiliza altavoces para emitir el ruido de un estadio lleno, para que los niños se acostumbren.

Los psicólogos hablan con los niños sobre su comportamiento, más que sobre sus resultados, incluido también su comportamiento fuera de los terrenos de juego. ¿Cómo se comportan en la escuela? ¿Y en familia? Los niños no deben verse a sí mismos solo como atletas, sino también como hijos, hijas, hermanos, alumnos y amigos.

También se les enseña *mindfulness*, es decir, centrarse en el presente. No te tortures por algo que ha ido mal en el pasado ni por lo que puede pasar en el futuro, no tiene sentido. Solo importa el presente. El club, después de muchos años, ha llegado a la conclusión de que posiblemente la principal característica psicológica de las personas que triunfan en el deporte es que dejan atrás los fracasos y las decepciones sin mayor dificultad.

La Masia organiza talleres para las familias de los deportistas, porque una familia puede determinar el éxito o el fracaso de un jugador. Los deportistas de éxito creen en sí mismos, y gran parte de esa seguridad la obtienen de su familia, dijo Inma Puig, la psicóloga que trató a Iniesta entre 2009 y 2010. También aseguró que los niños deportistas tienden a lograr mejores resultados si sus padres respetan al entrenador. Si lo consideran un inútil que no vale la pena escuchar, por lo general, perderán la ilusión.

Todo suena maravilloso, un enorme proyecto para formar a grandes futbolistas. Pocas academias de fútbol tienen cuarenta años de experiencia; muchos de los actuales entrenadores han formado parte de la escuela. La reputación de la Masia sigue siendo brillante. Por ejemplo, Ansu Fati dijo que eligió al Barça antes que al Real Madrid para poder vivir en la academia.

Sin embargo, exceptuando su caso, la fuente de suministros del primer equipo se ha estancado. Messi ha comentado que «recientemente, el Barcelona está menos comprometido con la academia. Algunos grandes talentos se han ido. Es extraño que esto pase en el mejor club del mundo».[1] Los entrenadores de la Masia pueden acabar pensando que han malgastado su tiempo. Pueden pasarse una década formando a un niño con talento y, si se lo traspasa antes de que tenga la oportunidad de demostrar su valía en el primer equipo, todo puede parecer inútil.

En la actualidad, muchos buenos jugadores de la Masia ni siquiera sueñan con jugar en el Camp Nou. Arnau Tenas, un portero nacido en 2001 que debutó con el primer equipo con dieciocho años me dijo: «Hay vida fuera del Barcelona. Si no confían en ti, tienes que buscar un club que te dé confianza y minutos». Ahora, los jugadores de la Masia incluso tienen dificultades para jugar con el Barça B, que cada vez cuenta más con jugadores veteranos procedentes de cualquier parte. Andreu Cases Mundet, el portero de la Masia que terminó con una beca de fútbol en la Universidad de Santa Clara, dijo que entre 2015 y 2018, mientras él intentaba abrirse paso en las categorías inferiores, el Barça B fichó a treinta y cuatro jugadores de fuera. Ninguno de ellos llegó a ser titular.

Si un talento de la Masia se marcha a otro club y tiene éxito, el Barça lo considera como una «segunda victoria». Pero eso no ha ocurrido mucho desde 2010. Entre los raros ejemplos están Thiago Alcántara en el Bayern y en el Liverpool, Héctor Bellerín en el Arsenal, y el portero del Ajax André Onana.

El hombre que tenía la responsabilidad de reflotar la Masia era Patrick Kluivert. Mientras me acompaña a su pequeño despacho, puedo reconocer al brillante exdelantero centro solo por su aspecto: piernas largas, caderas estrechas y torso de boxeador. El holandés, que jugó en el Barça a finales de siglo, fue nombrado director de la academia en 2019. «Ya vivía en Barcelona, así que fue fantástico», dijo.

De niño, Kluivert pasó por la academia hermana de Cruyff en el Ajax. «Debo decir que es más o menos lo mismo», dijo. Como los niños de la Masia, a él también le habían hecho jugar en diferentes posiciones en Ámsterdam, especialmente, de defensa central. «Era solo para que aprendiera. Porque, como delantero, eres el único jugador que juega de espaldas a la portería contraria. Sin embargo, es bueno ver cómo es un partido cuando tienes a todo el mundo delante de ti: mucho más fácil, te lo aseguro.»

Kluivert, Clarence Seedorf y Edgar Davids fueron las jóvenes estrellas de un Ajax hecho mayoritariamente en casa que ganó la Liga de Campeones en 1995. En la final contra el Milan, Kluivert, con apenas dieciocho años, anotó el único gol del partido. Si los próximos Kluivert, Seedorf o Davids ahora estuvieran en la Masia, ¿podrían llegar al primer equipo?

«Sería muy difícil, muy difícil —contestó Kluivert—. Por supuesto, siempre depende de la gente que confíe en ti. El Ajax es un equipo que ofrece muy pronto una oportunidad a sus jugadores. El Barcelona es un club que no va a dejar de dar oportunidades a los mejores jugadores, pero, antes, tendrán que demostrar su talento.»

Y añadió:

> Los clubes ingleses llaman constantemente a nuestros jugadores. Les dicen que tienen una buena oferta para ellos y su familia. Además, los agentes quieren más dinero. Si el niño proviene de una familia no adinerada y le presentan una oferta que le garantiza mucho más dinero del que le ofrece el Barcelona, es probable que acepte la oferta. ¿Es bueno para el desarrollo del chico? Imagina que algo sale mal, entonces, al menos, tienen ese dinero asegurado. Todo el mundo sabe que los ingresos televisivos en Inglaterra son mucho mayores que aquí en España, por lo que tienen un mayor presupuesto.

Sin embargo, no es un argumento demasiado convincente. En la temporada 2018-2019, la última antes de la pandemia, el Barcelona declaró unos ingresos anuales de novecientos noventa millones de euros, la mayor cifra en el mundo del deporte. Pero Kluivert no era el único empleado del club con ese complejo infundado de club pequeño.

Cuando le pregunté que había cambiado en esos primeros meses como responsable de la Masia, habló de las máquinas expendedoras que estaban situadas en los alrededores de la ciudad deportiva. «Están llenas de Coca-Cola, Fanta y ese tipo de cosas. Estoy ocupado intentando llenarlas de productos saludables.» Y añadió: «Lo que ha cambiado es que ahora hablamos más pronto con los jugadores sobre los contratos. Aquí hay muchos futbolistas que necesitan una palmadita en el hombro, pero también debemos exigirles resultados. Y eso, antes, no se hacía frecuentemente. Aparte de eso, solo tengo que preocuparme de que todo siga funcionando».

Kluivert es un tipo entrañable, pero nuestra conversación

me ayudó a apreciar mejor a los otros empleados del club que había entrevistado. Tanto si trabajaban en la nutrición, en las redes sociales o en el análisis de datos, estaban ansiosos por explicarme con todos los detalles lo que habían pensado durante todos esos años. Kluivert, contratado por su reputación como futbolista, no me dio esa impresión. Después de nuestra charla, me fijé en las máquinas expendedoras. que están al lado del aparcamiento, y tenía razón: están llenas de refrescos y patatas fritas. Sin embargo, otro empleado del club me dijo que eran para el personal que trabajaba en la instalación, no para los deportistas.

Si las máquinas expendedoras no explican el declive de la Masia, ¿cuál es la verdadera razón? Cuando planteé esta pregunta a varios empleados de la Masia, todos dijeron que el Barcelona no podía tener el objetivo de repetir la generación de Messi. Ninguna academia del mundo podría repetirlo. Sin embargo, Seirul·lo admitió que el Barça no había invertido el tiempo necesario para entender qué hizo bien para que esa generación fuera tan buena. «No generamos suficiente información», dijo.

Durante mi primera visita a la Masia en 2009, en el apogeo de su éxito, el coordinador, Albert Capellas, había dibujado un círculo en suelo de la entrada para representar el ciclo completo del Barça: Guardiola había pasado de la Masia al primer equipo como jugador, y como entrenador llevaba a los chicos de la Masia al primer equipo.

Pero cuando regresé años después, el círculo se había roto. Los efímeros entrenadores del Barça no pasaban por la Masia ni tenían tiempo para enterarse de lo que ahí se cocía, y preferían alinear a jugadores formados y con una cláusula de cien millones de euros.

¿Quién los puede culpar? Cada partido ganado era otra semana el banquillo. Además, con los años, las expectativas en el Barça se habían salido de madre. Cuando Messi debutó con el primer equipo en 2004, el club solo había ganado una Liga de Campeones en toda su historia. La generación de Messi, Xavi e Iniesta añadió cuatro más en menos de una década. Establecieron un nuevo estándar: después de ellos, se esperaba que la plantilla del Barcelona solo contara con jugadores fuera de serie. El problema es que muy pocos futbolistas (y casi ningún portero o defensa) se acercan a la excelencia cuando salen de una academia con dieciocho años. Es posible que la alcancen a los veinticuatro años, pero el Barça no puede cederlos libremente durante seis años para saber si llegarán a estar listos. Thiago Alcántara no estaba dispuesto a pasar dos años en el banquillo esperando a que Xavi se fuera. Por eso, a los veintidós años se unió al Bayern. El entrenador allí era Guardiola: en Múnich, el círculo era redondo. Mientras tanto, el Barcelona se convirtió en un club comprador como el Real Madrid.

En 2019, me reencontré con Albert Capellas. Él fue la persona que más me enseñó sobre el porqué de la decadencia de la Masia. No era solo lo que decía, sino también las circunstancias que rodeaban nuestras charlas. Tomábamos café en Barcelona cuando regresaba para visitar su casa desde Dinamarca, donde entrenaba a la selección sub-21. Antes de eso, había entrenado en los Países Bajos, Israel y China. En otras palabras, Capellas formaba parte de una fuga de cerebros que difundía los métodos de la Masia por todo el mundo.

Muchos de sus antiguos compañeros de la Masia habían huido de las luchas intestinas de las diferentes directivas, y se habían ido a ganar más dinero en algún club extranjero que les permitiera llevar a un chico hasta el primer equipo. Para ellos, se había abierto un mercado mundial que no existía cuando la Masia era la mejor academia del mundo. Junto con algunos holandeses e incluso alemanes, predicaban las ideas de Cruyff desde París hasta la India.

La fuga de cerebros del Barça también se extendió a las áreas de gestión. En la temporada 2020-21, los directivos del Manchester City, del Tottenham y del Arsenal habían pertenecido al Barcelona. El City se había convertido casi en una colonia del Barça. No solo lo dirigían antiguos directivos y entrenadores del Barça, sino que, además, eran *socis* del Barça. Habían llevado sus conocimientos a Inglaterra y los actualizaban a diario.

La Masia y el Barcelona fueron víctimas de su propio éxito. El fútbol europeo es uno de los sectores más innovadores en el mundo de los negocios, mucho más que el sector tecnológico. En este, si se tiene suerte, solo hay que innovar una vez: en los primeros años del World Wide Web, si inventabas una nueva plataforma como Amazon o Facebook, atraías a millones de usuarios y ganabas una fortuna. Y si surgían competidores, los comprabas. Los usuarios solían quedarse en tu plataforma, porque todo el mundo la utilizaba. Así es como Jeff Bezos y Mark Zuckerberg ganaron decenas de miles de millones de dólares, con un solo invento.

Sin embargo, en el fútbol no existen las patentes. Los clubes se roban las ideas unos a otros cada día. Como dice Guardiola: «El fútbol es una evolución constante».[2] Las otras academias copiaron el modelo de la Masia. Todo empezó en España, donde las selecciones nacionales juveniles dejaron de discriminar a los futbolistas más pequeños.[3] Entre 2008 y 2012, la selección española ganó dos Eurocopas y un Mundial con un equipo en buena parte formado por jugadores de la Masia. Incluso el Real Madrid adoptó algunos métodos de Cruyff. Un día, en una pantalla de televisión del metro de Barcelona, vi imágenes de un entrenamiento de los merengues dirigido por Zinedine Zidane: estaban haciendo el rondo.

Después de que el Barça ganara la Liga de Campeones en 2009 con un equipo lleno de canteranos, la imitación de la Masia se convirtió en la ortodoxia mundial. Mi visita a la academia del Barça formó parte de ese peregrinaje que hacía la gente del mundo del fútbol para robar ideas. Clubes de todas partes invirtieron en sus canteras, contrataron a psicólogos, ofrecieron oportunidades a jugadores pequeños y redefinieron el fútbol como un deporte de toque que se jugaba con la cabeza. Los antes radicales principios de Cruyff se convirtieron en el método convencional.

Y, mientras tanto, el Barcelona se olvidó de aprender. Ni una sola vez un empleado de la Masia me habló de haber hecho una visita a un club extranjero. Seirul·lo dijo: «Como éramos tan buenos, no buscamos nada en el exterior». La Masia tampoco contrató a entrenadores extranjeros de primer nivel.

Otros países se pusieron al día. Muchos futbolistas bajitos de la década de 2020 deberán sus carreras a Xavi. (Nadie pudo aprender mucho de Messi porque era un fuera de serie.) En Francia, el propio Griezmann entrenó en una academia. En

París, mis hijos han pasado su infancia jugando al fútbol en campos pequeños, como indicaban las ideas de Cruyff. Cuando yo era un niño, tuve que arrastrarme por campos reglamentarios, y los mejores jugadores eran los que podían ganar las carreras y chutar más lejos.

Incluso Inglaterra ha empezado a formar jugadores pequeños y hábiles, y porteros que saben pasar la pelota con los pies. He oído que la impresionante academia que visité en 2001 se ha transformado completamente desde entonces. Prácticamente, Alemania se ha convertido en una avanzadilla intelectual de la Masia. El Bayern de Múnich, durante décadas un club sin un estilo propio, finalmente ha adquirido uno inspirado en el Barcelona bajo las órdenes de los entrenadores Louis van Gaal y Guardiola. Y el siguiente entrenador del Bayern, Hans-Dieter Flick, realizó una visita de estudio a la Masia para entender cómo funcionaba. Cuando los alemanes empiezan a pensar, nadie puede competir con ellos. En la actualidad, podría decirse que el Bayern es un club más cruyffista que el propio Barcelona.

Solo fuera de Europa Occidental el fútbol juvenil sigue respetando las directrices de antaño. Alrededor de 2013, en un torneo de fútbol sala infantil en Rockville Centre, Nueva York, un árbitro no pudo acudir a su partido. Entonces, uno de los organizadores preguntó a los padres: «¿Alguien conoce las reglas lo suficientemente bien como para arbitrar?». Un hombre de aspecto hispano con gorra de béisbol se ofreció como voluntario.

Sin embargo, no interpretó demasiado bien su papel. No dejaba de interrumpir el juego para aconsejar a los dos equipos sobre el posicionamiento. Los padres que estaban observando el partido y que habían venido a ver ganar a sus hijos se pusieron nerviosos. «¡Vamos! Deja que jueguen», gritaban.

El tipo de la gorra de béisbol era Pep Guardiola, que se había tomado un año sabático en Nueva York tras cuatro temporadas en el Barça.

15

¿Más que un club?

*E*ra un perfecto día veraniego a finales de octubre de 2019; el expresidente del Barcelona Sandro Rossell estaba bebiendo cerveza en la terraza de su club de playa en Gavà Mar contemplando un Mediterráneo sin olas.

Soy consciente de que sigo mencionando constantemente el tiempo. Pero, mientras escribo esto en un París oscuro durante el confinamiento, lucho para recordar que Gavà Mar todavía existe. No obstante, Rosell apreciaba más esa imagen porque había salido de la cárcel poco tiempo atrás. Lo habían acusado de blanquear millones en comisiones ilegales relacionadas con la venta de derechos televisivos para la selección de Brasil. Estuvo encerrado a la espera de juicio durante seiscientos cuarenta y tres días, el mayor tiempo en «detención preventiva» para cualquier persona acusada de delitos económicos en la historia de España. A veces, cuando las temperaturas caían por debajo de cero en su celda sin calefacción, dormía con toda la ropa puesta, incluso el anorak.[1]

La jueza madrileña que llevaba su caso, Carmen Lamela, rechazó trece solicitudes de libertad bajo fianza. Y como también había encarcelado a nueve políticos separatistas catalanes, la opinión pública de Cataluña no la consideraba como una amiga de la región. La afirmación de Rosell «si no hubiera sido presidente del Barcelona, no habría ido a la cárcel» tiene una gran aceptación aquí. Es posible que incluso sea cierta. A los cuatro días de empezar el juicio, el tribunal lo dejó en libertad. Lo primero que hizo fue ir al bar del hotel y beberse una cerveza de un solo trago: «¡Qué gozada!

De la cárcel a la calle en tres segundos».[2] Unas cuantas semanas más tarde lo absolvieron.[3]

Esa tarde, en Gavà Mar, Rosell no quería hablar de la cárcel. Saboreaba su cerveza y observaba el Mediterráneo ante la inminente llegada de sus padres para la tradicional comida del fin de semana en Cataluña. Su buen humor lo llevó a proponer un título para mi libro. «Deberías llamarlo *Más que un club*», dijo.

—No estoy seguro de que ahora mismo el Barça siga siendo más que un club —respondí.

—Lo es —me corrigió, tocando mi mano para respaldar su afirmación, y luego me contó una historia.

En 2010, cuando se convirtió en presidente, el club estaba malgastando dinero, como siempre. Rosell le dijo a su director general: «Quiero que revises los gastos y me digas cuáles podemos recortar inmediatamente». Enseguida, acordaron prescindir del equipo de béisbol. No fue una decisión difícil: muy pocos jugadores eran *socis*, el Barça había alquilado el campo de béisbol a un rival y el deporte no estaba arraigado en Cataluña. El presupuesto anual del equipo era de entre quinientos mil y un millón de euros, un pequeño y práctico ahorro.

Sin embargo, nada más anunciar la decisión, la ciudad se volvió loca. Los medios de comunicación locales lo acusaron de pisotear las tradiciones del club. Un día, un grupo de *socis* lo detuvo cuando salía del estadio de baloncesto. Rosell me recreó la conversación:

Socis: ¡Has cerrado la sección de béisbol!

Rosell: Os voy a hacer tres preguntas. Si alguno de vosotros las responde correctamente, recuperaremos la sección. ¿Cuántos jugadores tiene un equipo de béisbol?

[Los *socis* se quedaron en silencio]

Rosell: ¿Sabéis el nombre de alguno de los jugadores?

[Los *socis* no dijeron ni una palabra]

Rosell: ¿Dónde jugábamos los partidos de béisbol?

[Silencio]

La sección de béisbol estaba sentenciada. Pero Rosell pensó

que con esta historia me había dejado claro su punto: los *socis* veían al Barça como «algo más que un club». Para ellos, era una institución con un propósito espiritual-nacional.

Pero no me convenció. Durante la elaboración de este libro, he llegado a la conclusión de que el Barcelona ahora es solo un club. Ya no es una institución más trascendente que sus rivales, el Real Madrid y el Manchester United, o incluso el Paris Saint German y el Manchester City.

Esto representa una caída en desgracia, porque durante décadas esa democracia nacionalista que pertenecía a los *socis* fue ciertamente más que un club. Joan Laporta había resumido el significado de «más que un club» como «Cruyff, Cataluña, Masia, Unicef».[4] Cuando Rosell asumió el cargo en 2010, el Barça seguía siendo más que un club: un equipo de canteranos, entrenado por Guardiola, que practicó un brillante fútbol cruyffista ante un público casi exclusivamente local. En ese momento, su principal rival era un villano de dibujos animados, Mourinho, entrenador del Inter de Milán y luego del Real Madrid, que, en su propio lenguaje, «aparcaba el autobús» y pretendía (de nuevo con sus palabras) pinchar las ruedas de los rivales o poner azúcar en sus depósitos. Contra él, los del Barça solo podían ser los buenos de la película.

Y el Barça en 2010 todavía era capaz de unir a la nación catalana. Un catalán separatista, un federalista proespañol, un comunista y el dueño de una fábrica podían compartir un abrazo en grupo cuando Messi marcaba un gol.

Más allá del fútbol, el Barça también era más que un club en 2010. Por aquel entonces era una de las pocas entidades con una fundación benéfica (fundada en 1994), que hacía una muy buena labor en favor de los refugiados y los niños de todo el mundo. Fue el único gran club que nunca manchó sus camisetas con el nombre de un patrocinador. Su brillante equipo llevaba Unicef en el pecho, e incluso pagaba a la ONU un millón y medio de euros al año para gozar de tal privilegio.

Sin embargo, en 2021, casi todos los elementos que lo hacían «más que un club» han desaparecido o se han desvanecido. Veámoslos uno por uno. Hemos visto que la Masia ha dejado de producir talento. Ahora otros clubes practican versiones más auténticas del estilo de Cruyff que el propio Barcelona.

Y el Barcelona actual se ha mostrado desconsiderado con sus leyendas. Cruyff abandonó el club en el momento en el que Rosell tomó el cargo, renunció a ser el presidente honorífico y dejó de asistir a los partidos. Guardiola abandonó Barcelona en 2012. Y Messi intentó irse en 2020.

Mientras tanto, han vendido la camiseta. Desde la década de los noventa, los responsables comerciales del club se habían inspirado en el líder del negocio del fútbol, el Manchester United.[5] Ferran Soriano, el director comercial del Barcelona entre 2003 y 2008, confesó más adelante que «inspirado» era un eufemismo: «Todo lo que hicimos fue copiar exactamente lo que estaba haciendo bien el Manchester United y que también podía ser útil para nosotros».[6] El Manchester no llevaba Unicef en el pecho. Tampoco el Real Madrid. Ellos tenían patrocinadores que pagaban una auténtica fortuna para aparecer en la camiseta. Mientras esos clubes generaban ingresos en todo el mundo, el Barça se enfrentó a una dura elección: hacer lo mismo o acabar perdiendo a sus mejores jugadores a manos de sus rivales. En 2005, el Barça estuvo a punto de llegar a un acuerdo con el Gobierno chino para poner «Pekín 08» en sus camisetas. Luego pensó en la empresa de apuestas Bwin (que acabó en la camiseta del Real Madrid).[7] Finalmente, en diciembre de 2010, en el que fue el mayor contrato de la historia para patrocinar una camiseta, el Barça aceptó ciento sesenta y cinco millones de euros de Qatar Foundation. «No había nadie que pagara más dinero», dijo Rosell encogiéndose de hombros. Y Unicef pasó a la espalda de la camiseta.

La primera reacción puede ser criticar al Barça por su mercantilismo. Por supuesto, irse a la cama con una monarquía absolutista como la de Catar no encaja con esa imagen histórica del club que plantaba cara al franquismo. Miles de aficionados firmaron una petición para cancelar el contrato. El propio Rossell me dijo que, si opinaba como *soci*, también se opondría al acuerdo. Cruyff, desde la comodidad de su mansión en la Bonanova, tildó el acuerdo de «vulgar»: «Ningún otro club ha mantenido intacta su camiseta durante más de cien años. No vendes algo así por dinero... Hemos vendido nuestra singularidad por el seis por ciento del presupuesto». Luego añadió que el Barça había pasado de ser *més que un club* a ser un «club normal».[8]

Sin embargo, sospecho que, si por aquel entonces Cruyff todavía hubiera sido entrenador del Barça, no se habría opuesto al acuerdo. (Ese era el mismo hombre que llegó a la España de Franco y preguntó: «¿Qué es fascista?».) Y la cruda realidad es que el mercantilismo patrocina el buen fútbol. Catar pagaba el salario de Messi. No obstante, ese acuerdo afectó al sentimiento de superioridad moral del club.

No estoy echando toda la culpa del destino del *más que un club* a Rosell. La mayoría de las personas y clubes de la élite del fútbol moderno aceptan dinero manchado. Por ejemplo, Guardiola se subió al tren catarí como embajador del mismo país en el Mundial de 2022. También dijo que la gente de Catar goza de la «misma libertad que el resto del mundo dentro de los márgenes que les permite su Gobierno». Se podría decir lo mismo de todos los países del mundo, advirtió el escritor alemán Dietrich Schulze-Marmeling.[9]

En 2013, el F. C. Barcelona reemplazó el patrocinio de Qatar Foundation por el de Qatar Airways. Paulatinamente, los ejecutivos que habían trabajado en empresas de prestigio ajenas al mundo del fútbol se trasladaron a oficinas del Camp Nou y a las calles aledañas, encargados de mejorar los ingresos del club. Y apareció una tensión que no ha hecho más que empeorar desde entonces: el Barça intentaba convertirse en un negocio global de entretenimiento mientras seguía siendo un club local y catalanista.

No se trataba de que el Barça se hubiera convertido de repente en un gran negocio. El club no pretendía obtener beneficios. El objetivo de ingresar más dinero era gastar hasta el último céntimo de euro en buenos futbolistas. Sin embargo, muchos socios y empleados —e incluso algunos directivos— estaban preocupados por que ese afán de lucro estuviera convirtiendo al Barça en lo que Cruyff llamaba «un club normal». Tal ansiedad viene de lejos. Después de que el Barça de Cruyff ganara la liga en 1974, el grupo cómico local La Trinca había advertido:

Mentre ragi la mamella,
ens voldran per fer titella
i arribaran a inventar-se
desodorant per l'aixella
que porti els colors del Barça.

Lo cual, traducido al español, quiere decir algo así como: «Mientras la teta siga dando leche, nos querrán para hacer de marionetas y acabarán por inventarse desodorante para la axila que lleve los colores del Barça».

En 2021, puedes comprar desodorante oficial del F. C. Barcelona. Lo encuentras fácilmente *online*.

Uno de los nuevos ejecutivos del Departamento Digital del Barça me dijo que los *socis* solían refunfuñar: «Chicos, jugad al fútbol. Esto no es Disney». El ejecutivo replicaba que el Barça seguía dejando sobre la mesa mucho dinero que podría mejorar el equipo de fútbol: «Somos una de las marcas más reconocidas del mundo, pero solo generamos mil millones de dólares de ingresos al año. Tenemos el reconocimiento de marcas que tienen doscientas veces más ingresos. Así que hay una gran oportunidad».

El Barça creía que era más conocido en algunos países que Apple o Amazon. Sin embargo, a la mayoría de los *socis* no les importaba nada de eso. Querían que su club financiara su fundación benéfica y su equipo de béisbol, y también que ganara al Real Madrid, pero sin ensuciarse con el dinero o las tramas de terceros.

La fundación del Barça todavía realiza una gran labor, pero actualmente ha perdido su singularidad. Ahora, otros grandes clubes europeos también tienen su fundación, y la mayoría de los ingleses tienen algún tipo de programa de fútbol dedicado a la comunidad. En enero de 2019, treinta y dos clubes ingleses se unieron a un programa para impartir cursos de entrenamiento y arbitraje en las prisiones locales.[10] Ahora, todos ellos también son «más que un club».

En el Barça, puertas adentro, las disputas entre los partidarios del fútbol o de los negocios se han recrudecido. Es posible que al entrenador no le guste la agotadora gira de pretemporada por Asia, pero la gente de *marketing* insiste en ello. El mismo conflicto afecta ahora a todos los grandes clubes, escribe Arsène Wenger: «La parte técnica (el equipo, los jugadores, la cantera) está perdiendo protagonismo frente a la empresarial, donde los departamentos de *marketing* y de prensa cada vez son más importantes».[11]

De socis a followers

La senda del Barça para lograr más ingresos va más allá de Cataluña, incluso más allá de la vieja y pequeña Europa. Cerca del cuarenta y cinco por ciento de la población mundial vive en cuatro países —China, la India, Indonesia y Estados Unidos— que están empezando a descubrir el mundo del fútbol. Ahí es donde el Barça necesita hacerse un hueco. Debe ser un club global a la vez que catalán.

En diciembre de 2008, en un anónimo edificio de oficinas del noroeste de Miami, llamé a una puerta en cuya placa se podía leer: 332 Marcelo Claure. En el interior se encontraba Claure, un exportero *amateur* boliviano-estadounidense que medía casi dos metros y apenas cabía en la pequeña habitación. Desde ahí dirigía la empresa de servicios inalámbricos Brightstar, que en ese momento era la mayor compañía de propiedad hispana en Estados Unidos. También estaba negociando con el Barça la creación de un nuevo equipo, el Miami Barcelona. El día que hablamos, Claure acababa de regresar de un clásico en el Camp Nou, donde había asistido al banquete de directivos previo al partido como invitado de la junta directiva del Barça: «Es la primera vez en historia que invitan a un desconocido. Así que regresé muy contento».

Según Claure, Miami era «la prioridad del Barcelona fuera de su negocio cercano». Me dijo que a los directivos les gustaba pensar que el Barça era la institución deportiva más importante del mundo y que iban «a exigir la misma excelencia en el equipo de Miami».

Estaba encantado de que el Barça recibiera «más de cinco mil vídeos cada semana» de jugadores que querían un contrato para jugar en el Camp Nou. Muchos de ellos también deseaban jugar en el equipo hermano del Barcelona en la ciudad más hispana de Estados Unidos.

—¿Estás seguro de que se va a crear este nuevo equipo en Miami? —le pregunté.

—Estoy seguro en un doscientos por ciento —me respondió.

Finalmente, su equipo nunca llegó a ser una realidad. Tres meses después de nuestra conversación, cancelaron el proyecto porque el Barça se mostraba reacio a ampliar la marca por culpa de la crisis financiera.[12] Pero el mundo era muy grande. En 2013, el club abrió una oficina en Hong Kong, y luego, en 2016, otra en un rascacielos de Nueva York. Aun a sabiendas de que solo el treinta y seis por ciento de los estadounidenses eran aficionados al fútbol, el club estaba convencido de que Estados Unidos era un mercado en alza.

Hacer negocios allí es muy duro. En España, lo más importante es tu agenda de contactos. Si eres amigo de un director o si, especialmente en Cataluña, las familias de ambas partes se conocen de toda la vida, no habrá problemas para cerrar un trato. Pero los ejecutivos estadounidenses quieren tener las cifras a mano porque tienen que convencer a sus juntas directivas o accionistas para que patrocinen a un club de fútbol que juega a seis mil kilómetros de distancia.

Las cifras que el Barcelona solía enseñar a los estadounidenses eran los *followers* en las redes sociales. A finales de 2019, el club tenía doscientos catorce millones de seguidores, más de mil cuatrocientos por cada *soci*. En el mundo de los deportes, solo el Real Madrid (con doscientos veinticuatro) contaba con más. El Barça tenía cinco veces más *followers* que equipos estadounidenses como Los Lakers o incluso más que todos los equipos de la NFL juntos.[13] Y muchos de esos doscientos veinticuatro millones de personas, aunque no todos, eran mucho más que simples *followers*: eran auténticos aficionados del Barcelona.

Empresas como McDonald's o Amazon siempre han intentado convertir a sus clientes en aficionados. El Barcelona tiene el problema contrario: debe convertir a sus aficionados en clientes. Un aficionado de Bombay, la India, puede pasearse con una camiseta falsa de Messi y ver todos los partidos del Barça en un bar local sin que el Barça vea una sola rupia. Si fueras uno de los más de cien millones de seguidores del

Barcelona en Facebook, entonces Facebook, y no el Barça, tendría tus datos personales. El Barça ni siquiera podría saber tu nombre. Para eso tendría que pagar a Facebook. Además, en el caso de que la entidad *culer* quisiera monetizar sus *followers* directamente, necesitaría construir una nueva relación con ellos. En primer lugar, debería convencerlos para que se registraran en la aplicación del club, ofreciéndole un incentivo u otro, como, por ejemplo, la posibilidad de comprar la nueva camiseta dos semanas antes que el resto del mundo. De ese modo, el Barcelona tendría los nombres, las direcciones y los datos de la tarjeta de crédito de sus *followers*, y el club se convertiría en un Facebook a pequeña escala, es decir, una empresa de adquisición de datos.

Por otro lado, el Barça también pretendía convertirse en un Amazon a pequeña escala para poder vender sus productos directamente a sus aficionados. Podría ayudar a vender los frigoríficos o los coches de sus patrocinadores al chico de Bombay al mismo tiempo que se le aseguraba que su amado club todavía era «más que un club» y no otro cualquiera. Los directivos de la entidad me hablaron de sus planes para crear un «Netflix del Barça», en el que los aficionados podrían pagar para consumir vídeos relacionados con el club, siempre y cuando los jugadores estuvieran dispuestos a cooperar. (Los futbolistas modernos se preocupan más por llegar a sus propios *followers* en las redes sociales o a los de sus patrocinadores.)

Si el Barça lograra convertir a sus aficionados en clientes, entonces el futuro no dependería tanto de los patrocinadores, los derechos de televisión o la venta de entradas. Ese es el objetivo de toda la industria del fútbol, me dijo un directivo: en vez de negociar con patrocinadores o televisiones para que vendan el producto a los aficionados, se elimina al intermediario, y el club vende directamente sus productos a sus aficionados. Ese mismo directivo me dijo que el Barça tenía que pensar más «como una empresa emergente». Recogiendo una servilleta de su plato, me dijo que los clubes de fútbol solían pensar: «Pongamos nuestro logo en esta servilleta y la vendemos». Pero eso era demasiado primitivo.

Los nuevos aficionados extranjeros presentan una gran

variedad de perfiles, y solo una pequeña parte son antiguos apasionados del Barça. Imagínate a un taxista que vive en una barriada de Bangkok o Lagos, que envía a sus hijos a escuelas pobres y que nunca podrá escapar de sus circunstancias: para él, apoyar al Barça podría ser su única conexión personal de ámbito mundial. En las imágenes de televisión de las zonas de conflicto o de los campos de refugiados, había niños con camisetas falsas de Messi. En las redes sociales, algunas personas hacen de su afición al fútbol su única identidad: «@Barcabaajabal: Somalia/ Mogadiscio Aficionado del Barcelona/Chelsea».

Pero muy pocos nuevos aficionados están tan comprometidos como los seguidores tradicionales de Cataluña. Últimamente, el club cada vez significa menos para mucha más gente. Sería un error decir que en la actualidad el Barcelona es querido en todo el mundo. Más bien, ahora el Barça evoca una tibia simpatía en todo el planeta. Los partidos se han convertido en parte de la decoración global y se retransmiten a medias en innumerables salones de hotel.

Para la mayoría de los nuevos aficionados, el club es más una fuente de entretenimiento que una parte de su identidad. Y si el Barça no logra entretenerlos, existen otras fuentes de entretenimiento para pasar el rato. Un directivo del club me dijo: «Estamos compitiendo contra los videojuegos, el Real Madrid y Netflix. Si no entendemos esto, tendremos problemas en el futuro». En las redes sociales, el club está cambiando la información por el entretenimiento.

Los nuevos aficionados incluyen a muchos fanáticos de Messi que ahora también son del Barcelona. Hay gente que apoya al Barça y al Real Madrid al mismo tiempo. Además, los simpatizantes europeos también son aficionados a los clubs de su propio país, y consideran al Barcelona como su segundo equipo. (No hay muchos aficionados ingleses que apoyen al Barcelona en cuerpo y alma.) Y los aficionados de Asia y Estados Unidos apenas saben algo de fútbol.

Lo mismo ocurre con Cataluña: muchos nuevos aficionados no han oído hablar de ella. Por lo general, sí saben que Barcelona es una ciudad, pero tienen la desafortunada costumbre de llamarla «Barça», que es solo el apodo del club. (El apodo local de la ciudad es «Barna».) Para ellos, el Barça no representa su ciudad, más bien la eclipsa. Quizá lo que les atrae del club es precisamente su glamur internacional.

El auténtico desafío, como señala Soriano, es explicar qué significa «más que un club» a un niño chino.[14] Pero eso podría rozar el esperpento: vender la historia del Barça como un cuento de hadas de Disney. En la megatienda del club frente al museo, aparecía un anuncio de la nueva camiseta turquesa, con un Piqué de aspecto aburrido que entonaba en inglés: «La frase "más que un club" representa perfectamente a este club».

En los años anteriores a la pandemia, los nuevos aficionados acudían cada vez más al Camp Nou. Una de las primeras cosas que veían los pasajeros al aterrizar en el aeropuerto de El Prat era un cartel que les indicaba donde podían conseguir entradas para los partidos del Barça. El club había creado un sistema de *smart-booking* para que los *socis* vendieran sus asientos cuando no pensaban ir al estadio. Un algoritmo predecía cuántas plazas cederían los *socis* para cada partido, en función del rival, la hora del encuentro o el clima. El Barça vendía entonces ese número de asientos en línea antes de que la *socis* los pusieran a la venta. En algunos partidos, los visitantes extranjeros ocuparon treinta mil asientos. De este modo, los socios ganaban un poco de dinero y el club se llevaba una parte, y los visitantes extranjeros podían ver un partido.

Una noche de octubre de 2019, cuando el Barça recibía al humilde Valladolid, probé el sistema yo mismo. Compré entradas para mí y mis hijos, cincuenta y nueve euros cada una, más dos euros y medio de recargo por la gestión; un precio mucho más elevado que para el *soci*. Es bastante común que en los partidos en el Camp Nou una tercera parte de las localidades estén vacías, los ultras del equipo sean los únicos que cantan, algunos miles de catalanes ondeen la bandera independentista y te encuentres a miles de turistas. «¿Ese es Messi?», preguntó un chico que estaba detrás de nosotros cuando el equipo salió al campo. Las personas que estaban sentadas a nuestro alrededor invertían su tiempo haciéndose selfis y consultando el teléfono móvil. En la media parte, en la cola para comprar palomitas solo se escuchaban idiomas extranjeros. Tal vez, ahí se encontraba el próximo Frenkie de Jong con sus padres. Cuando cambiaron como de costumbre a Griezmann, mis hijos y algunos franceses lo animaron: «¡Allez, Grizi!». Y cuando Luis Suárez marcó un gol, alguno de sus compatriotas gritó: «¡Uruguayo!».

Mis hijos nunca olvidarán esa noche. Vimos al mejor Messi. Anotó dos goles y dio dos asistencias. La única incógnita del partido era saber si el Barça marcaría su sexto gol. Tras el pitido final, los turistas levantaron sus teléfonos para grabar el himno del Barça. Al salir del estadio, los taxistas esperaban afuera para llevarnos al centro de la ciudad.

La otra cara de todo esto, sin embargo, es que los aficionados locales que no son *socis* cada vez tienen más impedimentos para asistir al Camp Nou. No van a pagar sesenta euros por una entrada, especialmente para los partidos que ahora suelen empezar a las diez de la noche, lo que es tarde para los niños que van a la escuela al día siguiente, incluso en España. También es una hora poco tradicional: los catalanes esperan ver el fútbol los sábados a las nueve de la noche o los domingos a las cinco de la tarde. Pero los partidos ya no se planifican para los catalanes. El club se está quedando pequeño para los catalanes. Un ejecutivo del Camp Nou me dijo que el Barça siempre había puesto a los jugadores y a la masa social en el centro del club. Ahora, me dijo, tiene que priorizar los intereses de los aficionados de todo el mundo.

Precisamente, en 2014, el Barça lanzó el proyecto más caro de su historia para satisfacer los intereses de sus nuevos aficionados: el Espai Barça, es decir, una renovación integral del Camp Nou y sus alrededores.

Originalmente, el Espai Barça debía abrir sus puertas en 2012, pero ha sido varias veces pospuesto. El coste estimado se ha elevado a mil doscientos cincuenta millones de euros, casi el doble de lo que estaba estipulado en un principio.[15] Y el Barça hora está tan endeudado que el proyecto puede cancelarse o reducirse drásticamente. Pero si todo va bien, en 2025, el club tiene la esperanza de estrenar finalmente el Espai: un amplio campus sin barreras, con un estadio renovado que pasará de 98000 localidades a 105000. Además, el campus estará rodeado por un nuevo pabellón, las oficinas del club, restaurantes, la tienda del club y el museo.

El Barça asegura que el Espai será «el mejor complejo deportivo del mundo ubicado en el centro de una ciudad». La actual tienda del club se va a convertir en una especie de centro comercial más parecido a un Apple Store, y ofrecerá experiencias además de productos. Habrá instalaciones de realidad virtual: un día se podrá estar (virtualmente) en el campo y ver a Messi correr hacia ti, escuchar su respiración y los gritos de los defensas.

Sin embargo, por encima de todo, la intención de este proyecto es mantener a los aficionados extranjeros en el recinto durante más tiempo. Esas personas que suelen asistir al único partido del Barça de su vida anhelan maximizar la experiencia. De todas formas, el día a día en el complejo del Camp Nou es más activo que el de muchos estadios. Es un lugar de paso: no tiene controles de seguridad y se puede pasear por las tiendas de *souvenirs*, las cafeterías al aire libre, la pista de hielo (donde tu hijo puede patinar por diez euros), el museo (el tercero más visitado de España) y la tienda del club. En la visita al estadio bajas por una escalera hasta los vestuarios, pasas por la capilla y subes siete peldaños para llegar al borde del campo. Allí puedes observar el campo desde dentro como si fueras un peregrino medieval que visita una catedral. Luego puedes recostarte en el banquillo, donde las butacas parecen los asientos de primera clase de un vuelo transoceánico. Las gradas superiores están decoradas con gigantescos logotipos amarillos: «Rakuten», el símbolo de Nike y «*Més que un club*».

Antes de la pandemia, el Camp Nou atraía a más de cuatro millones de personas al año. Pero el club quiere ofrecer mucho más a sus visitantes. Por el momento, no hay suficientes locales para pasar el rato. Después de los partidos, puedes ver a los hinchas gastar su dinero en los bares de tapas que se encuentran fuera del estadio.

El plan para el futuro es que todos los visitantes inviertan todo el día (o incluso la víspera) en el Espai Barça, como los aficionados de fútbol americano. Habrá cafés al aire libre por todas partes, como en la ciudad. El club monitorizará a los aficionados, y de esa forma podrá seguir adaptando el complejo a sus gustos. En otras palabras, el Espai Barça será tanto un centro comercial como un estadio. También es probable que lleve el nombre de un patrocinador. Pero lo que es seguro es que la frase *més que un club* seguirá luciendo en las gradas.

Antes de la pandemia, del mismo modo que el Barça se estaba convirtiendo en un club turístico, Barcelona también se había convertido en una ciudad turística. Había sucumbido a Airbnb, y los turistas estaban echando de la ciudad a los residentes. La pandemia sirvió de experimento natural para saber cómo sería la ciudad sin turistas y congresistas: más tranquila, pero también mucho más pobre. Para los pequeños comercios la vuelta atrás no es nada fácil.

Cuando una ciudad se globaliza, sus instituciones también lo hacen. A cinco kilómetros del Camp Nou, en el otro extremo del centro de la ciudad, se encuentra otro gran proyecto catalanista, iniciado, como el Barça, por la *burgesia* de finales del siglo XIX. Al igual que el Camp Nou, la todavía inacabada Sagrada Familia de Antoni Gaudí está pensada para asombrar a todo el mundo con su majestuosidad: cuando esté terminada, será la catedral más alta del mundo. Como el fútbol de Cruyff, surgió de la mente de un genio loco que aborrecía las líneas rectas. Gaudí se peleó con los comerciantes locales que financiaron su obra,[16] al igual que Cruyff lo hizo con los descendientes de estos que se sentaban en la sala de juntas del Barça. Ambos hombres buscaban el deleite de sus contemporáneos. «*Fa goig!*» («te hace disfrutar») son las últimas palabras que el anciano Gaudí dirigió a los obreros de su catedral el 7 de junio de 1926, justo antes que lo atropellara un tranvía.[17] «Salid y disfrutad», dijo Cruyff a sus jugadores en Wembley en 1992.

La Sagrada Familia es seguramente el único proyecto arquitectónico del siglo pasado que todavía está en construcción, escribe Gijs van Hensbergen, biógrafo de Gaudí.[18] Y, en realidad, el Barça no deja de ser un proyecto del siglo XIX sin fecha de caducidad.

Está previsto que la catedral esté acabada un año después

que el Espai Barça, en 2026, en el centenario de la muerte de Gaudí. Pero no todo el mundo estará de enhorabuena. Como el crítico de arte Robert Hughes argumentó hace décadas: «El edificio parece perder su esencia mientras avanza». Hughes dijo que los escultores y arquitectos que sucedieron a Gaudí eran «desenfrenadamente *kitsch*».[19] Muchos arquitectos de Barcelona están de acuerdo. No soy Robert Hughes, pero después de haber visto el magnífico realismo de la fachada de la Natividad de Gaudí —el Cristo niño como un niño de verdad— sospecho que el creador de la catedral estaría consternado al ver lo que sus discípulos han añadido. Sin embargo, es difícil culparlos. Aunque la visión de Gaudí sobrevive a Gaudí, nadie está del todo seguro de cuál es exactamente. Al igual que Cruyff, Gaudí trabajaba *ad hoc*, inventando cosas sobre la marcha, encontrando soluciones en el momento.[20] Cruyff nunca escribió nada, y Gaudí no confiaba en los dibujos bidimensionales para plasmar una catedral. Los dibujos y las maquetas que dejó fueron quemados y destrozados por los anarquistas en un ataque a la Sagrada Familia en 1936.[21]

Además, la catedral ya no sirve a una congregación catalana, como Gaudí había previsto. Una vez que la pandemia termine, volverá a recibir a más de diez mil visitantes diarios de todo el mundo,[22] muchos de ellos armados con palos selfi y luciendo camisetas de Messi. Hay una tienda de regalos del Barça frente a la catedral. Al igual que el club de fútbol, la Sagrada Familia se concibió para una ciudad de vecinos que ya no existe.

El ejército desarmado de Cataluña en lucha consigo mismo

El elemento más importante de «*Més que un club*» siempre ha sido el *catalanisme*, es decir, el nacionalismo catalán. En realidad, esta ideología no causa demasiados conflictos en el club. Es una bandera bajo la cual casi todos los *socis* pueden cobijarse. Sin embargo, el problema se presenta cuando aparece la independencia de Cataluña: la idea de que Cataluña debería salir de España y formar su propio Estado. Desde hace años, las encuestas muestran que la mitad de los habitantes de la región está a favor, y la otra mitad, en contra.[23]

Estos últimos años, el catalanismo se ha convertido en un movimiento independentista que está rompiendo amistades y podría acabar dividiendo al propio Barça.

El sueño de crear un Estado propio solía ser un objetivo minoritario, casi una entelequia. Ningún partido político catalán del siglo pasado persiguió seriamente la independencia. Solo a partir de 2010, en medio de la crisis económica mundial, el movimiento independentista —*el procés*— empezó a ser mayoritario. Uno de los reclamos independentistas era que la Cataluña moderna, trabajadora y europea se enriquecería si pudiera separarse de la pobre y atrasada España.[24] Este era un argumento dudoso. Cataluña había conseguido salir de la época de la represión franquista con el mismo resultado que Madrid. Solo en las décadas posteriores a los Juegos Olímpicos de 1992, cuando tenía mucha más autonomía que antes, su economía cayó gradualmente por detrás de la de la floreciente capital.

Aun así, la crisis económica fue un catalizador para la independencia. Cuando el Barça se enfrentó al Athletic de Bilbao en la final de la Copa del Rey de 2012, los aficionados de ambos clubes abuchearon el himno nacional español y al príncipe heredero, Felipe.

El Barça siempre ha hecho todo lo posible por evitar tomar partido por la independencia. La imagen romántica de un «club rebelde» que anhela eternamente liberarse de España es falsa. Probablemente, la mayoría de los *directius* y *socis* del Barça son *indepes* (en la jerga catalana), pero otros están satisfechos con pertenecer a España. Durante años, el club ha intentado mantener a ambos bandos contentos y se ha distanciado de los políticos que han usado el nombre del club con fines partidistas. Rosell, que durante un tiempo estuvo en la misma cárcel de Madrid que los políticos *indepes*, solía preguntarles por qué siempre se inmiscuían en las elecciones del Barça, cuando el Barça —una entidad potencialmente mucho más influyente— siempre se mantenía al margen de sus luchas políticas.

En 2010, el club tomó una postura política: defendió el derecho de hacer un referéndum para la independencia. Y lo que es más importante, también lo hizo el catalán más famoso del mundo: «No tenemos más remedio que votar». Eso es lo que dijo Pep Guardiola en una concentración de más de cuarenta mil personas en junio de 2017. Cuando pidió a «todos los demócratas» que apoyaran el referéndum, muchas personas de todos los rincones del mundo se enteraron de que Cataluña existía.

Finalmente, el Gobierno de Cataluña convocó el referéndum el 1 de octubre de 2017. «¿Quieres que Cataluña sea un Estado independiente en forma de República?», era la pregunta que aparecía en la papeleta.

El presidente de España, Mariano Rajoy (el hombre al que el Real Madrid quiso contratar para que intentara fichar a Messi del Barcelona) calificó la votación como «un acto de desobediencia». El día del referéndum, los agentes de la policía española ocuparon la región rebelde, cerrando los colegios electorales y golpeando a la gente mientras las cámaras de televisión lo retransmitían en directo. Esa misma tarde, el Barça jugaba contra Las Palmas en el Camp Nou. Unas horas antes del inicio del partido, el presidente Bartomeu comunicó al equipo que suspendía el partido en protesta por la violencia policial. La junta tomó esa decisión a pesar de que la Federación Española de Fútbol había advertido que penalizaría al Barça y le quitaría seis puntos en la clasificación. Un afectado Gerard Piqué respaldó la decisión de Bartomeu: la violencia en los colegios electorales fue «una vergüenza», dijo.

Pero entonces habló el mejor empleado del club. Messi, que estaba tan poco interesado en el catalanismo como la otra figura del club, Cruyff, no quería perder los puntos. «Juguemos ante los espectadores», dijo. Entonces, Bartomeu propuso un arreglo: jugarían el partido, pero con el estadio vacío. El capitán, Iniesta, y los otros jugadores se mostraron de acuerdo.[25] El equipo hizo el calentamiento con una camiseta amarilla y roja, los colores de la bandera catalana, y ganaron el partido 3-0. La extraña solución de Bartomeu solo logró irritar a ambos bandos. Para los *indepes* era un cobarde; para los unionistas, otro nacionalista catalán enloquecido.

En términos generales, solo los catalanes *indepes* votaron en el referéndum ese día, mientras que los unionistas boicotearon la votación. El «sí» logró un noventa y dos por ciento de los votos, pero el referéndum solo alcanzó una participación del cuarenta y tres por ciento. Para los extranjeros, el referéndum fue «una especie de truco de relaciones internacionales mal organizado», comentó la politóloga danesa Marlene Wind.[26]

Luego el Tribunal Constitucional declaró que la votación era ilegal. El presidente de Cataluña, Carles Puigdemont, que había convocado el referéndum, huyó a Bruselas, para disgusto de los nueve políticos independentistas que fueron a la cárcel. Más adelante, condenaron a cada uno de ellos a pasar entre nueve y trece años de cárcel por malversación de fondos públicos, y por el delito de sedición, extrañamente arcaico. Las cárceles españolas, las porras de los policías españoles, un líder catalán exiliado: muchos catalanes escucharon ecos de la época de Franco. Algunos manifestantes en Barcelona disfrutaron simulando que se enfrentaban a las fuerzas de «el Caudillo», esta vez sin riesgo de ejecución. Y para atacar a la España fascista rompieron escaparates, levantaron barricadas en la calle y pintaron las paredes de la ciudad.

Los años de inestabilidad política asustaban a las empresas locales. Es cierto que el movimiento separatista era una especie de pantomima. Cataluña no estaba siendo realmente reprimida por una dictadura fascista. En la mayoría de los asuntos prácticos, los catalanes ya se gobernaban a sí mismos: la España moderna es una de las democracias más descentralizadas del mundo, y Cataluña es una región particularmente autónoma.[27] Y casi nadie esperaba que la independencia se produjera realmente. Incluso si Cataluña encontrara de algún modo salir de España, Madrid podría utilizar su veto para bloquear su entrada a la Unión Europea, y entonces la región quedaría en fuera de juego. Aun así, a largo plazo, un movimiento independentista belicoso también sería nocivo para los negocios de Cataluña. Después del referéndum, al menos doscientas cincuenta empresas trasladaron su sede legal a otras regiones de España.[28] Incluso un gigante como CaixaBank movió su sede. Rossell, que pertenecía a una importante familia de empresarios, dijo que votaría por la independencia, pero que cuando se produjera, abandonaría la ciudad.

El caos en Barcelona hizo que Madrid pareciera un lugar seguro. En 2018, la capital atrajo un noventa y uno por ciento de las inversiones extranjeras en España; Cataluña solo logró un seis por ciento. Por aquel entonces, la renta per cápita de Madrid superaba en quince puntos a la de Barcelona.[29]

Los habitantes del resto de España estaban cada vez más hartos de la perpetua insatisfacción de la región, cuyos habitantes, aparentemente, consideraban demasiado buena para compartir con ellos. El apodo tradicional de los catalanes en España es «polacos», para denotar su condición de extranjeros. En las elecciones nacionales de 2019, el partido nacionalista español de extrema derecha Vox apareció de la nada y obtuvo el quince por ciento de los votos. Fue el primer partido de extrema derecha desde la muerte de Franco que ha logrado algún escaño en el Parlamento español. Cuando un equipo de fútbol masculino catalán juega en el resto de España, normalmente hay cánticos anticatalanes en sus partidos.

Durante mis visitas a Barcelona en 2019 y 2020, la independencia seguía siendo el principal tema de interés local. Por las mañanas, a veces paseaba por el centro de la ciudad y encontraba cristales rotos, porque durante la noche anterior la policía se había enfrentado a los manifestantes independentistas. Los informativos de las televisiones locales solían abrir con las últimas declaraciones institucionales del Barça sobre el conflicto: la violencia no era la solución, encarcelar a los políticos tampoco; los catalanes deberían tener el derecho a votar sobre la independencia.

La violenta represión española hizo que muchos catalanes se enfadaran aún más con Madrid. Pero los catalanes también se enfadaron más entre ellos. La realidad es que la mayoría de la gente que creció hablando español en casa quiere pertenecer a España, mientras que la mayoría de los que crecieron hablando catalán en casa quieren la independencia. En otras palabras, las familias emigrantes de otras regiones españolas y del extranjero son unionistas, mientras que la *burgesia* es mayoritariamente *indepe*. El apoyo a un referéndum de independencia fue «dramáticamente mayor entre las clases altas, en particular las que tienen las rentas más altas»,[30] señaló el economista francés Thomas Piketty.

En los círculos de la *burgesia,* cualquiera que se manifieste a favor de la permanencia a España se arriesga a que le tachen de no ser un catalán «de verdad», o incluso de hacer apología del franquismo. Algunos disidentes se ven boicoteados informalmente en su vida profesional. Es común que, dentro del Barça, los empleados que hablan español o jugadores como Busquets e Iniesta nunca hicieran la más leve declaración contra el independentismo. No habría sido bien recibida.

La mayoría de los habitantes de Cataluña siguen diciendo que se sienten tanto catalanes como españoles,[31] y hablan ambas lenguas indistintamente. Pero un grupo creciente de personas, en su mayoría acomodadas o rurales, dicen ahora sentirse exclusivamente catalanes. Tienden a consumir únicamente televisión, radio y periódicos catalanes, y así han llegado a habitar en una realidad separada del resto de España.[32] En algunos trabajos, hablar en español se ha convertido en un tabú.

En definitiva, el independentismo ha dividido a Cataluña por la mitad. Se puede observar esta división en la fachada de un edificio de apartamentos: en los balcones, se pueden ver cinco *esteladas,* otras cinco banderas catalanas normales, sin la estrella, y tal vez alguna bandera colombiana o del Barça. Sin embargo, pocas veces puedes encontrar una bandera española.

Cualquier persona que haya vivido el Brexit en Gran Bretaña o la presidencia de Donald Trump en Estados Unidos sabe qué significa una sociedad dividida. La hostilidad mutua en la política se vuelve tan amarga que las rivalidades deportivas parecen benignas en comparación: incluso los seguidores de los Red Sox y los Yankees o los del Madrid y Barcelona comparten el amor por el deporte y entienden que se trata de un juego. En Cataluña, hoy en día, la gente abandona de malas maneras una comida familiar o deja de hablar con viejos amigos por las disputas sobre la independencia. Cataluña se ha convertido en un lugar aún más inseguro que el resto de España, que, a su vez, tampoco goza de una gran reputación según los estándares europeos. En la Encuesta Mundial de Valores de 2010 a 2014, solo el catorce por ciento de las personas en Cataluña estaban muy de acuerdo en que «se puede confiar en la mayoría de la gente» (menos de la mitad del nivel de Madrid).[33]

Del mismo modo que la reina Isabel no tomó partido en el Brexit, el Barça intentó mantenerse equidistante con el independentismo. Pero la división política penetró en el Camp Nou. Un unionista me dijo que había dejado de ir a los partidos porque le molestaba demasiado que la afición homenajeara la independencia a los 17 minutos y 14 segundos de cada partido. (Es un guiño a 1714, cuando Barcelona cayó bajo el control de la monarquía borbónica española.) De forma sombría, el Barça, la mayor institución de Cataluña, estaba luchando por unir a los catalanes. Y entonces, en otoño de 2020, dos *indepes*, Joan Laporta y Víctor Font, empezaron a competir por la presidencia del club.

16

El club de Messi

Después de que Messi renovara su contrato con el Barça en 2017, el responsable de los servicios jurídicos del club, Román Gómez Ponti, envió al director general, Óscar Grau, un correo electrónico que solo contenía una palabra: «ALE-LUYA», con la última A repetida sesenta y nueve veces. Grau contestó: «La ampliación del contrato es muy importante para la supervivencia del club».[1]

Según un documento obtenido por Football Leaks y publicado en la revista alemana *Spiegel*, ese contrato garantizaba a Messi un salario anual de más de cien millones de euros. Además, un documento interno del club recomendaba que «el jugador tenía que ser consciente de lo desproporcionadamente alto que era su salario en relación con el resto del equipo».[2] Y así era: Messi ganaba más o menos lo mismo que un equipo de media tabla de primera división. Muy pronto, el Barça le pagó todavía más dinero. Además, una cláusula de ese contrato permitía que el argentino saliera gratis al final de cada temporada, y por eso, su padre, Jorge, pudo negociar grandes aumentos de sueldo.

Entre 2017 y 2012, el futbolista ganó más de quinientos cincuenta y cinco millones de euros, según el contrato de treinta páginas que publicó *El Mundo*.[3] Eso era cerca del treinta por ciento de los gastos de personal del club.[4] Tanto el Barça como Messi anunciaron demandas contra el periódico, y Messi se las apañó para demandar también a los cinco directivos del Barça que estaban en condiciones de filtrar las cantidades del contrato. Sin embargo, nadie negó la cifra.[5] El presidente del Bayern de Múnich, Karl-Heinz Rummenigge, dijo que, cuando vio el contrato, no pudo más que reír: «Solo puedo felicitarlo por haber conseguido negociar un salario tan astronómico».[6]

Un alto cargo del Barça me dijo que el sueldo de Messi se había triplicado entre los años 2014 y 2020. Y añadió: «Messi no es el problema. El problema es que el resto del equipo se contagia de sus demandas». Cada vez que el argentino recibía un aumento, sus compañeros también pedían el suyo.

Después de la victoria en la final de la Liga de Campeones en Berlín en 2015, en el avión de regreso, los jugadores incluso corearon sus demandas a Bartomeu: «¡Presi, queremos nuestra prima!». Aunque sus contratos ya les garantizaban una prima por levantar el trofeo, Bartomeu había acordado pagarles más dinero.[7]

Con el tiempo, el Barça dejó de ser *més que un club* y se convirtió en «el club de Messi». La *messidependencia* es un concepto antiguo en Barcelona, pero originalmente describía un fenómeno concreto: Messi ganando un partido ajustado. Sin embargo, con el tiempo, la *messidependencia* se convirtió en el sistema. El Barça alimentó tanto a Messi que al final este empezó a comerse al club. Y en 2020 y 2021 se desató la tormenta perfecta: desastre deportivo, desastre económico, y la salida de Messi.

Durante la primera década de Messi en el equipo, Xavi e Iniesta mantenían la jerarquía suficiente como para no entregarle el balón de inmediato. Podían concentrar el juego en una banda esperando el momento indicado para cambiar de lado y dejarlo solo ante su defensor. Pero a medida que esa dupla perdió protagonismo, y Neymar cambió de aires, la estrategia del Barça se quedó en la simple *messidependencia*. Desde 2017 hasta 2019, los disparos y las asistencias de Messi representaban casi el cincuenta por ciento de los goles del equipo. El único otro gran club moderno que dependía tanto de un solo jugador fue el Real Madrid (con su *ronaldodependencia*) durante la temporada 2014-2015 y el Deportivo de la Coruña, donde Lucas Pérez parecía ser el único jugador.

El Barça se ha vuelto extraordinariamente dependiente de Messi
Porcentaje de ocasiones de un equipo anotadas o creadas por un jugador en una temporada

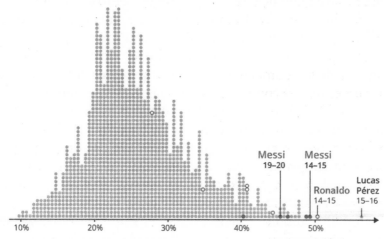

Fuente: Analysis of data from Understat for seasons 2014-15 to 2019-20.
Autor: John Burn-Murdoch, *Financial Times*.

El sistema ofensivo del Barça se convirtió en «llegar al último tercio de campo y pasarle el balón a Messi esté donde esté». El Barça se estaba convirtiendo en un equipo similar a la selección argentina, sin un lenguaje de pases compartido y un juego simple; prácticamente, fútbol de patio de escuela. El primer equipo del Barcelona estaba abandonando su sistema. Y eso hacía aún más difícil que los chicos de la Masia dieran el salto al Camp Nou. Incluso si tenían la oportunidad, aterrizaban en un sistema ajeno.

En lugar de que Messi se moviera como parte de un colectivo, ahora sus compañeros de equipo simplemente reaccionaban a sus movimientos. La mayoría se asombraba ante él. Frenkie de Jong me lo dijo:

> Messi es realmente mucho mejor que los otros jugadores. Creo que la gente lo subestima. Lo ven todas las semanas y al final empiezan a encontrarlo normal. Está jugando aquí con los mejores jugadores del mundo. No obstante, él está muy por encima de eso. Tienes que asegurarte de saber dónde se encuentra siempre para que, cuando tengas el balón, sepas si está libre o no.

Mientras tanto, aunque nadie en el Barcelona quería hablar de ello, el rey estaba envejeciendo. Messi (así como Luis Suárez) dejó de defender, un privilegio casi inaudito en el fútbol de élite. Cuando el Barça perdía el balón, los rivales intentaban sacar el balón por la zona de Messi, mientras él se quedaba mirando cómo se iban. Luego, solía regresar solo, a unos metros de distancia de los defensores del equipo contrario, observando cómo se desarrollaba el juego en el otro extremo del campo. Compañeros de equipo como Rakitić, Arturo Vidal, Sergi Roberto y Griezmann trabajaban por él, haciendo *sprints* de cuarenta metros para cubrir los espacios que dejaba. Y eso reventó el medio campo del Barça.

A medida que todo el equipo envejecía, los entrenamientos perdían intensidad. Griezmann se quedó sorprendido cuando llegó del Atlético de Madrid. En el Atlético, dijo: «Todos los entrenamientos tenían la misma intensidad que un partido».[8] Desafortunadamente, para los canteranos, el rondo más rondo más exigente del fútbol se convirtió en una rutina de calentamiento. En los partidos, los defensas y los centrocampistas del Barcelona dejaron de intercambiar posiciones.

Eso iba en contra de la corriente del fútbol moderno. El fútbol no deja de evolucionar cada semana, y el Barcelona, que fue uno de los pioneros, se quedó atrás. En el mundo de los negocios, el economista Joseph Schumpeter denominó a ese mismo proceso «destrucción creativa»: los nuevos emprendedores llegan con nuevas ideas y los modelos pioneros de antaño quedan obsoletos.

«Cada día el fútbol se vuelve más espectacular. Los jugadores son más fuertes física, técnica y tácticamente», resaltó Gerard Piqué. «Yo siempre digo que los mejores defensas de la historia son los que ahora están en activo.» Incluso Franz Beckenbauer, añadió, era «peor con el balón, más lento y no interpretaba tan bien el juego» como la generación actual. Los defensas que solo dan patadas prácticamente ya no existen.[9]

Piqué tenía razón: el fútbol seguía evolucionando. No obstante, lo hacía lejos de Barcelona. Mientras el Barça renunciaba a la presión, otros equipos la mejoraron. *Gegenpressing* es como se llama al nuevo modelo de presión alemán: perseguir el balón cuando se pierde para recuperarlo cerca de la portería rival, antes de que la defensa pueda organizarse. Es parecido a la cacería del Ajax de los setenta, pero todavía más rápido. Es la presión alta.

Los equipos que aplicaron la presión alta adaptaron algunas innovaciones del Barça, como la regla de los cinco segundos de Guardiola o la obsesión por mantener la posesión del balón. Sin embargo, mientras que el Barça de Guardiola nunca quería perder el balón, para los equipos como el Liverpool de Klopp, perder el balón para recuperarlo rápidamente era el auténtico sistema de juego.

En 2014, la paliza que Alemania le propinó a Brasil (1-7), con una presión alta hacia delante, parecía un hecho único e irrepetible. Sin embargo, resultó ser el presagio de un nuevo fenómeno: las victorias aplastantes de equipos que juegan a un ritmo que habría parecido imposible en 2010. En 2020, la presión alta se convirtió en el canon, e incluso lo aplicaban aquellos equipos tradicionalmente más cautelosos como la Juventus y el Chelsea.[10] Los centrocampistas esprintaban hacia delante cuando su equipo tenía el balón, y también cuando lo perdía.

En 2020, Wenger me dijo:

> Durante los últimos diez o quince años hemos apostado por auténticos atletas. Todos los jugadores que no puedan rendir físicamente quedan fuera de la alta competición. En la actualidad, el fútbol va a doscientos por hora, así que, en primer lugar, tienes que demostrar que aguantas ese ritmo. Una vez que puedes soportarlo, podrás demostrar tu talento, pero si no igualas el ritmo de los demás, nunca tendrás la oportunidad de jugar.

Un campo de fútbol tiene una superficie de unos siete mil metros cuadrados. Los equipos como el Bayern o el Liverpool, dijo Wenger, defienden intensamente un ocho por ciento de ese espacio: acumulan jugadores en la zona donde se encuentra el balón y dejan libre el espacio que tienen detrás. Este tipo de presión ha llegado a ser tan abrumador que una estrella como Mesut Özil se vio obligado a abandonar la Premier League.

Para Wenger, «la presión alta se ha cobrado algunas víctimas ilustres. Creo que ha unificado la forma de jugar al fútbol... Ahora, todo el mundo presiona desde que saca el portero… Se ha intensificado la defensa en equipo para recuperar los balones, y eso ha matado un poco la creatividad».

Además, la presión alta produce muchas ocasiones de gol. Cuando un equipo que va ganando sube las líneas, en vez de quedarse atrás, sigue generando ocasiones. La Liga de Campeones nunca había promediado tres goles por partido desde su creación en 2003. Y entre 2016 y 2020 el promedio ha superado los tres goles en tres ediciones.[11]

Una rareza de la presión alta es que este sistema acostumbra a obtener mejores resultados con equipos que tienen una delantera talentosa como el Barcelona. Es muy difícil mantener una presión alta frente a un equipo defensivo, porque el rival siempre se mantiene encerrado. Además, es difícil recuperar el balón cerca de la portería rival cuando el otro equipo abusa de los pases largos. Pero los equipos como el Barça, donde la pelota circula en la defensa, pueden perder muchos balones.

Este tipo de equipos está acostumbrado a tener el balón en el campo contrario, y pueden desordenarse cuando pierden la bola en campo propio. De repente, el área de juego efectiva se extiende por todo el campo, en lugar de ocupar los cincuenta metros que suelen aprovechar. Un pivote como Busquets, maestro de los espacios cerrados, a veces acababa ahogado en un centro del campo demasiado amplio. Para utilizar la analogía de Cruyff, un futbolista lento e inteligente puede defender una mesa, pero no un restaurante entero.

En febrero de 2017, la presión alta del PSG se impuso al Barcelona por 4-0 en la Champions League. El Barça ganó la vuelta con la famosa remontada del 6-1. No obstante, perdieron el partido de ida de los cuartos de final frente a la Juventus por 3-0 y finalmente quedaron eliminados. En 2018, perdieron 3-0 frente a la Roma y, de nuevo, cayeron eliminados.

La buena noticia era que la presión adelantada de Cruyff todavía seguía vigente. La mala, que otros clubs la habían modernizado. El Barcelona se vio «obligado a competir contra su propia influencia», dijo el escritor Michael Cox.[12] Sin embargo, el club no contrató a un entrenador que transformara a sus envejecidos jugadores en atletas que pudieran realizar una presión alta o que los reemplazara por otros más jóvenes. El Barça pensaba que, con un núcleo de jugadores veteranos, con Messi y con lo que quedaba del estilo de Cruyff, un entrenador con personalidad podría devolverlos a la senda del éxito.[13]

Todos los técnicos del Barça después de Guardiola entendieron la pérdida de poder de su posición. En 2019, cuando visité a Valverde en el campo de entrenamiento del primer equipo, en las paredes blancas de su oficina solo colgaba el calendario del equipo. Apenas había nada personal en toda la habitación. Valverde sabía que no tenía demasiada libertad. No podía decirle a Messi, Busquets y Piqué cómo tenían que jugar, pero, en cambio, podía ofrecerles información útil sobre los puntos débiles del rival.

En las escenas de vestuario del documental *Matchday*, Valverde parece un cariñoso maestro de escuela incapaz de asustar a nadie. Antes del saque inicial, siempre daba una breve charla táctica, y después los veteranos del equipo añadían cuatro cosas más. Normalmente, Messi siempre repetía lo mismo con su característico tono monocorde: la necesidad de mantener la cabeza fría. Por ejemplo, antes de un partido contra el Atlético de Madrid, dijo a sus compañeros: «Tranquilos, como siempre, sin perder la cabeza ni acelerarnos».[14]

El 1 de mayo de 2019, en el primer partido de las semifinales de la Liga de Campeones que el Barcelona disputaba en casa contra el Liverpool, en la media parte, con 1-0 en el marcador, Messi dijo: «Intentemos calmar el partido. Sé que es difícil, pero intentémoslo. Si vamos al cuerpo a cuerpo, ellos son más fuertes. Nosotros no estamos acostumbrados. El partido acabará rompiéndose y será como una lotería. Si tenemos el control, es otra historia».[15]

Esa noche, en la segunda parte, Messi selló el 3-0 definitivo con dos goles en apenas siete minutos. Después del partido, un sonriente Klopp irrumpió en el desolado vestuario del Liverpool gritando: «¡Chicos, chicos, chicos! No somos el mejor equipo del mundo. Ahora ya lo sabéis. ¡Quizá ellos lo son! ¿A quién le importa? Todavía podemos vencer al mejor equipo del mundo. Vamos a por ellos».[16]

Esa noche, esas palabras parecían una fanfarronada. El Barça realmente parecía el mejor equipo del mundo. Estaban a punto de lograr el título de liga y tenían un pie en la final de la Liga de Campeones, donde serían los favoritos ante el Ajax o el Tottenham. Parecía que al equipo todavía le quedaba gasolina.

Seis días más tarde, en Anfield, el Barça regresó al vestuario en el descanso con un gol en contra. Jordi Alba, el responsable del error en el gol del Liverpool, estaba llorando. Todo el equipo estaba muy nervioso. Cuando un grupo de jugadores ha estado unido durante muchos años, cada partido parece el fantasma de un partido anterior. Las palizas del PSG, la Juventus y la Roma habían creado un complejo en el Barça.

Fue en este momento, en Anfield, cuando Messi decidió levantarse y ahuyentar los miedos de sus compañeros de equipo: «Debemos ser fuertes», dijo con su tono monocorde. «En Roma fue culpa nuestra. De nadie más. No podemos dejar que ocurra lo mismo. Fue nuestra culpa. De nadie más.»

Como señaló el periodista irlandés Ken Early, Messi parecía estar convencido de que «hablar de una cosa que no queremos que ocurra y mantenerla firmemente en nuestra cabeza antes de volver a jugar» es una estrategia básica para cualquier capitán que quiera animar a su equipo.[17] En la segunda mitad, el Barcelona se derrumbó, y acabó perdiendo 4-0. Más tarde, Piqué dijo: «Todo nos recordaba a Roma, nuestra experiencia. Al final, todo acabó repitiéndose».[18]

En el vestuario del Barcelona, después de caer eliminados, nadie dijo una palabra. Algunos jugadores miraban su teléfono, pero la mayoría estaba con las manos en la cabeza, demostrando su tristeza y, seguramente, preguntándose si todo se había acabado.[19]

Más tarde, cuatro *socis* que habían viajado con el equipo insultaron a Messi. El padre del jugador exigió a Bartomeu que los castigara, pero el presidente pensó que era una petición infantil y no hizo nada al respecto, algo que sin duda empeoró su relación con la familia.

La paliza de Alfield fue un reflejo del 4-0 que el Barça sufrió a manos de un Milán más fuerte y en forma en la final de la Liga de Campeones de Atenas, casi veinticinco años atrás. Hay una constante en la historia del Barça: cuando las cosas van mal, siempre acaban mucho peor porque no tiene una buena defensa como salvavidas.

Ronald Koeman, uno de los veteranos de Atenas, que en 2019 era el seleccionador de los Países Bajos, seguramente encontró las similitudes. Como admitió más adelante, había «pasado toda su carrera tratando de convertirse en entrenador del Barcelona»,[20] y aprendiendo de las palabras de Cruyff, que hacían hincapié en la importancia de fomentar la amistad con los periodistas, no dejó de alimentar sus contactos en los medios de comunicación catalanes. Incluso antes de Anfield, había recordado a una televisión local que Suárez, Messi, Piqué y Busquets tenían más de treinta años. «No tenéis ni central ni centrocampista ni delantero ni Messi. Buena suerte con eso.»[21]

Tras la derrota de Anfield, Messi dio su primera rueda de prensa con el Barcelona en cuatro años. «Lo peor —dijo—, y eso no nos lo podremos perdonar nunca, es que no peleamos.»[22] Estaba convencido de que, cuando el equipo necesitaba que alguien lo rescatara, él debía acudir al rescate.

El 4-0 resultó ser premonitorio. Si 1992 había sido el *annus mirabilis* del Barça, 2020 fue su *annus horribilis*. Todo el mundo había visto las grietas en el techo de la catedral. Pero nadie esperaba que el edificio se derrumbara. Ese año, ocurrieron una serie de infortunios catastróficos.

Todo empezó el 13 de enero, cuando Bartomeu despidió a Valverde después de una derrota frente al Atlético de Madrid. A pesar de que la mayor parte de sus responsabilidades como entrenador habían desaparecido, todavía le quedaba una: ser el cabeza de turco. Lo sacrificaron para que el presidente mantuviera el cargo.

El despido pareció bastante severo. Es cierto que el Barça no había jugado bien y que Valverde había cerrado la puerta del equipo a varios talentos de la Masia, pero, con todo, había ganado dos ligas en dos años, y dejaba el equipo en lo más alto de la clasificación. El despido molestó a Messi: no le importaba demasiado la figura del entrenador, pero consideraba que Valverde era un buen tío.

Además, el argentino se tomó como un ultraje las declaraciones del director deportivo Éric Abidal en un periódico: «Muchos jugadores no estaban satisfechos [con Valverde] y tampoco trabajaban demasiado». Messi publicó la declaración de Abidal en Instagram, con un círculo rojo alrededor de estas palabras, y escribió que los jugadores no tenían ninguna responsabilidad en esa decisión.[23]

Los candidatos para reemplazar a Valverde eran Xavi, Koeman y Mauricio Pochettino (el cual había dicho que, como aficionado del Español, nunca entrenaría al Barcelona y que, antes de hacerlo, preferiría trabajar en una granja de Argentina).[24] Ninguno de estos candidatos quería hacerse cargo del Barcelona a mitad de temporada. Esta fue la razón por la cual el sombrío y cruyffista sexagenario Quique Setién, que había pasado el día anterior paseando entre las vacas de su pueblo natal en el norte de España, recibió una llamada inesperada.

En su presentación, Setién evitó mencionar que de pequeño había sido hincha del Real Madrid.[25] «Ni en mis mejores sueños habría imaginado entrenar al Barcelona. Sinceramente, no podía creerme que vinieran a buscarme», dijo.[26] No era el único. Pero, en realidad, el currículo impecable de Setién acabó por convencer al Barça. Además, un entrenador de perfil bajo nunca se enfrentaría a Messi.

Setién entendió que el argentino estaba por encima de él en la jerarquía del equipo: en el descanso de uno de sus primeros partidos, ante el Betis, le preguntó a Messi que pensaba del equipo. «¿Qué crees que estoy pensando?», respondió el argentino. Obviamente, estaba molesto porque el inexperto Junior Firpo (un protegido de Setién cuando entrenaba al Betis) hubiera empezado el partido en el lateral izquierdo en lugar de su amigo, el veterano Jordi Alba. «Esto no es un equipo de jóvenes —gritó Messi—. Deben jugar los mejores.» Poco después de la media parte, Jordi Alba sustituyó a Firpo.

A principios de febrero de 2020, un funcionario de la UEFA visitó Barcelona. En un restaurante junto al Camp Nou, se reunió con un empleado del Barça para ponerse al día. Durante la conversación, el hombre del Barça acusó a la UEFA de doblegarse ante dos clubes-estado, el Paris Saint-Germain y el Manchester City. El Barça consideraba que, si a estos clubes se les permitía gastar el dinero de sus propietarios en jugadores, los catalanes no podrían competir en igualdad de condiciones. En teoría, las normas del *fair play* financiero (FFP) de la UEFA restringían este tipo de gastos, pero el

Barça consideraba que estaban aplicando las normas de forma selectiva. Finalmente, el funcionario del Barça preguntó: «¿Hay alguien en tu departamento de FFP al que podamos pagar?». El funcionario de la UEFA entendió que su homólogo buscaba a alguien a quien pudiera sobornar. En ese contexto, «donde los clubes dirigen sus negocios de forma salvaje», pensó: «¡Y se supone que estos son los buenos! *Més que un club*, ¡seguro!».

El directivo del Barça estaba compartiendo una preocupación creciente dentro del club: no tenían el dinero para ganar los grandes títulos, porque el club era propiedad de sus socios y no de un Estado multimillonario. Algunos altos directivos del Barça pensaron que no tenían otra alternativa que sumarse a la lucrativa iniciativa de la Superliga europea. Pero toda esta autocompasión pasaba por alto el hecho de que otro club, que también era propiedad de sus socios, a seiscientos kilómetros de distancia, el Real Madrid, seguía acumulando Ligas de Campeones, del mismo modo que otros clubes sin mecenazgos de Estado, como el Bayern de Múnich y el Liverpool. La verdad es que los problemas del Barça se debían más a una mala gestión que a un modelo de propiedad obsoleto.

En medio de todo esto, estalló el escándalo en torno a una pequeña empresa de comunicaciones con sede en Uruguay, I3 Ventures. Parecía que Bartomeu había contratado a I3 para hacer frente a un problema que los presidentes de otros clubes de fútbol simplemente no tienen: una oposición activa dentro de la entidad. I3 parece haber creado cuentas falsas en los medios de comunicación para defender a Bartomeu y socavar a sus opositores, entre los que se encontraba el panteón de los héroes del Barça moderno, Piqué, Messi, Guardiola y Xavi, así como otros posibles candidatos a la presidencia. El Barça había pagado a I3 novecientos mil euros, una suma muy por encima de los precios de mercado, y fraccionada en pagos lo suficientemente pequeños como para que Bartomeu no hubiera necesitado la autorización de la junta. El escándalo se conoció inevitablemente como «Barçagate».

Bartomeu negó que I3 hubiera atacado a nadie, diciendo que contrató los servicios de la empresa para «vigilar» las redes sociales. En una reunión con los capitanes del equipo, les entregó un dosier con los mensajes de apoyo publicados por las cuentas en cuestión. Los capitanes no se mostraron convencidos. El Barçagate provocó la dimisión de otros seis directivos, con lo que el total de dimisiones de la junta directiva ascendió a once bajo el reinado de Bartomeu.[27]

En el campo, el Barça se tambaleaba. En marzo de 2020, su porcentaje de goles había caído por debajo de los dos por partido. Los tantos de Griezmann apenas superaban un tercio de los goles que marcaba Neymar en su mejor momento. Koeman, observando desde los Países Bajos, comentó: «Los mejores equipos ahora mismo juegan a un ritmo muy alto durante noventa minutos. Es difícil para el Barcelona seguir el ritmo».[28] Messi parecía estar de acuerdo: «Tal y como estamos ahora no creo que sea suficiente para ganar la Liga de Campeones».[29]

En ese momento, llegó el coronavirus y devastó a España. En mayo, el país tenía cuarenta y tres mil muertes por encima de los niveles habituales; en ese momento, poseía la tasa de mortalidad más alta de la pandemia en todo el mundo.[30] Los españoles sufrieron un confinamiento extremadamente estricto. Durante seis semanas, a los niños no se les permitió salir de casa.

En Europa, el cierre de todos los estadios hizo estragos en las finanzas de todos los clubes. En la temporada 2017-2018, el Barça se había convertido en el primer club de cualquier deporte en alcanzar los mil millones de dólares de ingresos anuales (novecientos catorce millones de euros). En 2018-2019, el club declaró unos ingresos de mil cien millones de dólares (novecientos noventa millones de euros).[31] En retrospectiva, eso parecía una cifra que ningún club de fútbol volvería a alcanzar a corto plazo. En mayo de 2020, el vicepresidente del Barça, Jordi Cardoner, que se estaba recuperando del coronavirus, me dijo que la pandemia había eliminado unos ciento treinta millones de euros de los ingresos del club.

Durante el confinamiento, cuando el Barça propuso a sus jugadores que aceptaran un recorte salarial para mantener los sueldos íntegros de los cerca de quinientos empleados fijos que no eran jugadores, Messi envió un mensaje a un alto directivo del club para expresar su indignación por la sugerencia. Otro jugador veterano, cuando le dijeron que el empleado medio ganaba 30.000 euros, dijo que le parecía un salario mensual bastante generoso. De hecho, era el salario medio anual de los empleados.

Finalmente, los cuatro capitanes del Barça acordaron con los directivos que el equipo se reduciría el sueldo un setenta por ciento. Sin embargo, ese acuerdo solo se aplicaría desde el inicio del confinamiento en marzo hasta el final de la temporada, es decir, los jugadores solo perderían menos del diez por ciento de su salario anual. Sin embargo, fue suficiente para permitir que los empleados del Barça mantuvieran íntegros sus salarios. Eso sí que les importaba a los capitanes, que habían crecido en el club.

Sin embargo, si alguien consideró que el recorte salarial fue una victoria de la directiva sobre la plantilla estaba equivocado. Tras el acuerdo, Messi utilizó Instagram para arremeter contra los dirigentes del Barça. Pasando por alto su oposición inicial al recorte, escribió:

> Antes de nada, queremos aclarar que nuestra voluntad siempre ha sido aplicar una bajada del sueldo que percibimos, porque entendemos perfectamente que se trata de una situación excepcional y somos los primeros que SIEMPRE hemos ayudado al club cuando se nos ha pedido... Por ello, no deja de sorprendernos que desde dentro del club hubiera quien tratara de ponernos bajo la lupa o intentara sumarnos presión para hacer algo que nosotros siempre tuvimos claro que haríamos.[32]

Messi, en aquel momento tenía ciento cuarenta y cinco millones de *followers*, sesenta millones más que el Barcelona. En cualquier conflicto, él siempre tenía el altavoz más grande.

A finales de mayo de 2020, un vídeo de un *smartphone* dio la vuelta al mundo. En él aparecía un policía blanco de Mineápolis sosteniendo su rodilla contra el cuello de George Floyd, un hombre negro, hasta que murió. Los manifestantes salieron a las calles de Estados Unidos y Europa. Incluso los futbolistas, que históricamente nunca tomaban partido, se manifestaron como nunca. Muchos equipos se fotografiaron «de rodillas», el símbolo del movimiento de protesta *Black Lives Matter*. Cuando los partidos se reanudaron tras el primer confinamiento, los equipos de la Premier League lucieron el lema «Black Lives Matter» en la parte trasera de sus camisetas. Durante meses, los jugadores y los árbitros de los partidos se arrodillaron antes del saque inicial. También hubo protestas en la Bundesliga. En Francia, Kylian Mbappé habló en repetidas ocasiones contra la violencia policial. La FIFA, que normalmente castiga a los jugadores por cualquier acción «política», entendió las muestras de apoyo y no entró de oficio.

El activismo de esta generación de futbolistas, con una formación y un poder sin precedentes, fue más allá de Black Lives Matter. Los jugadores de Inglaterra, encabezados por el capitán del Liverpool Jordan Henderson, hicieron grandes donaciones al Servicio Nacional de Salud británico. El delantero del Manchester United Marcus Rashford, de veintidós años, un joven que sabía lo que era crecer sin tener lo suficiente para comer, lideró una exitosa campaña para que el Gobierno británico ofreciera comidas escolares gratuitas a los niños pobres durante las vacaciones de verano.

Sin embargo, las muestras de apoyo en Barcelona fueron casi nulas. Era como si todas las disputas sobre la independencia catalana y los enfrentamientos con la directiva hubieran ocultado los problemas más importantes. El «más que un club» parecía un eslogan de marketing. En su autobiografía, Megan Rapinoe, la activista y futbolista estadounidense, se sorprende de que Messi —así como Cristiano Ronaldo y Zlatan Ibrahimović— nunca se hayan pronunciado contra el racismo y el sexismo.[33]

La liga española se reanudó en junio de 2020. Aunque, para el Barça, hubiera sido mejor que no. Perdió el campeonato contra el Real Madrid, y luego, en los cuartos de final de la Liga de Campeones, en un estadio vacío, en Lisboa, el 9 de agosto, cayó 8 a 2 contra el Bayern de Múnich. Seis de sus jugadores de campo titulares esa noche tenían treinta y un años o más.

El resultado fue al mismo tiempo extraordinario y habitual: la quinta paliza del Barça por tres o más goles desde 2017. Wenger dijo: «La debilidad del Barcelona era principalmente física, y por eso tenía problemas desde hace tres años». En Lisboa, la realidad de estas palabras pudo verse en la banda izquierda: Messi observando casi como un espectador cómo el lateral del Bayern, Alphonso Davies, lanzaba ataque tras ataque sin ningún obstáculo.

Era un resultado demasiado abultado como para discutirlo. Una década atrás, cuando el Barcelona perdió contra el Inter de Mourinho, al menos, podían alegar que habían ganado moralmente: ellos habían jugado al fútbol y el Inter había plantado el autobús en la portería. Pero, tomando prestada la frase del escritor de fútbol David Winner sobre la final del Mundial entre los Países Bajos y España, la derrota del Barça ante el Bayern fue un caso de «espejismo junguiano»: habían perdido ante la versión más auténtica de su mejor yo. Ahora era el Bayern el que jugaba un fútbol cruyffista. El mediapunta de los alemanes Thiago Alcântara era un pivote de la Masia que había dejado el Barcelona en 2013 porque no veía la forma de entrar en el centro del campo Xavi-Iniesta-Busquets.

Una era —una era inusualmente larga— terminó en Lisboa. Ahora el Barça necesitaba formar un nuevo equipo. El problema era que no tenían dinero.

Setién, cuyos quince minutos de fama le aseguraron una buena jubilación, fue enviado de vuelta a su pueblo. Meses después, cuando Vicente del Bosque lo entrevistó en el diario *El País*, se desahogó con Messi. «Hay otra faceta que no es la de jugador, que es más difícil de gestionar —dijo Setién—. Es muy reservado, pero te hace ver las cosas que quiere. No habla mucho. Pero observa.» Durante los siete meses que estuvo Setién en el Barça, siempre fue consciente de que el argentino podía hacer que lo despidieran en cualquier momento. Se había sentido impotente ante el jugador, incapaz de ser él mismo: «¿Quién soy yo para cambiarlo si aquí lo han aceptado durante años y nunca le han pedido que se adapte?»,[34] dijo Setién asegurando que Messi tenía una ansiedad permanente alimentada por la presión de ganar partidos.

El Barça reemplazó a Setién incluso antes de comunicárselo a él directamente. Tras el 8-2, Ronald Koeman llamó por teléfono a uno de sus aliados periodísticos en Barcelona, el presentador de televisión Lluís Canut, y comenzó a charlar sobre su situación. Canut, que estaba cenando en una pizzería, entendió el mensaje: Koeman quería ser el entrenador del Barça. Acto seguido, el periodista informó a las personas adecuadas en el club.[35] Finalmente, cuando Koeman recibió la llamada de Bartomeu, pensó «si no voy ahora, nunca lo conseguiré».[36]

La fortuna quiso que él y su mujer acabaran de reformar su apartamento en Barcelona, que tenía una terraza en la azotea con vistas al Camp Nou.[37] Su familia había conservado el amor por Cataluña desde su estancia allí como jugador, de 1989 a 1995. De hecho (irónicamente, dada la identidad del futuro sucesor de Koeman) su nieto se llama Xavi. Su agente, Rob Jansen, tampoco estaba demasiado preocupado por el riesgo de tomar ese equipo y que fracasara. Se encogió de hombros y dijo: «¿Qué puede pasar? Simplemente se irá a su casa».[38]

Koeman tenía cincuenta y siete años y todavía se estaba recuperando de un ataque al corazón. Sabía que se le estaba agotando el tiempo para realizar su último gran objetivo profesional. «¿Quién me asegura que viviré treinta años más gozando de buena salud?»[39] Vistiendo una mascarilla negra, como un zorro albino, firmó el contrato que siempre había anhelado. Llegó sin un gran historial como entrenador, pero con el tipo de capital simbólico que importaba en el Barça. Había sido un antiguo jugador del Barcelona, como sus predecesores Guardiola, Vilanova, Luis Enrique y Valverde. Además, Koeman también había sido el héroe de Wembley en 1992 (los aficionados del Barça lo paraban por la calle para agradecerle aquel gol y para compartir con él dónde estaban cuando marcó) y uno de los últimos entrenadores ungidos personalmente por Cruyff, su antiguo vecino en Barcelona.

Bartomeu y el director general Óscar Grau (con su imponente barriga colgando por encima de los pantalones cortos) llevaron a Koeman a un almuerzo de bienvenida en el restaurante La Venta, al pie del Tibidabo, un lugar tradicional para la gente del Barça. El entrenador dijo a los directivos que iba a tomar las riendas del equipo y a traer jugadores más jóvenes. Messi tendría que decidir si estaba de acuerdo con el proyecto o no. Los hombres brindaron con cava: «Por muchos años».[40] Se trataba de ese recurrente y eterno instante futbolístico: el optimismo de los nuevos comienzos.

Como hijo, hermano y padre de futbolistas profesionales, Koeman había pasado su vida en un entorno competitivo. Messi no le asustaba. El entrenador organizó una reunión en la casa de su capitán para exponer su opinión sobre la situación del Barça. Messi volvía de la Cerdaña, en la frontera franco-española, donde estaba de vacaciones con su familia y las de Suárez y Jordi Alba.[41] A Koeman le llamó la atención el compromiso de Messi y su enorme interés por el fútbol,[42] pero le dijo que él era el único que mandaba en el primer equipo y que «tus privilegios en la plantilla se han acabado, tienes que hacer todo por el equipo. Voy a ser inflexible».[43]

Como tantas otras veces ha ocurrido en la historia de Barcelona, la franqueza holandesa chocó con la etiqueta latina. Messi se ofendió —nadie le hablaba así—, y todavía se molestó más cuando Koeman le comunicó al uruguayo que no contaba con él en una llamada telefónica que duró (según Suárez) cuarenta segundos. «No es la forma de despedirse de una leyenda», dijo Suárez más tarde.[44] Además, nadie de la directiva llamó a «el Pistolero» para agradecerle sus ciento noventa y ocho goles con el Barcelona. Messi podía aceptar que el Barcelona no contara con su mejor amigo, pero no podía perdonar la falta de respeto.

De todos modos, apenas importaba. Messi había decidido dejar el club, como le había dicho a Bartomeu varias veces ese año. El presidente siempre le había contestado que no se precipitara, asegurándole que, si al final de la temporada todavía quería irse, sería libre de hacerlo. Más adelante, Messi explicó su razonamiento:

> Creía que el club necesitaba más gente joven, gente nueva, y pensaba que se había terminado mi etapa en Barcelona, sintiéndolo muchísimo, porque siempre dije que quería acabar mi carrera aquí. Fue un año muy complicado, sufrí mucho dentro de los entrenamientos, en los partidos y en el vestuario. Se me hizo muy difícil todo y llegó un momento en que me planteé buscar nuevos objetivos, nuevos aires.

Lo único que siempre había querido, dijo, era «un proyecto ganador».

> Y la verdad es que hace tiempo que no hay proyecto ni hay nada, se van haciendo malabares y se van tapando agujeros a medida que

van pasando las cosas… Miré más allá y quiero competir al máximo nivel, ganar títulos, competir en la Champions. La puedes ganar o perder, porque es muy difícil, pero hay que competir. Por lo menos competirla y que no nos pase lo de Roma, lo de Liverpool, lo de Lisboa.[45]

Según Andoni Zubizarreta, exportero y antiguo director deportivo del Barcelona, «el mayor problema de Leo es que compite contra sí mismo». Messi ha estado cargando con la responsabilidad de ganar los partidos durante quince años:

> Todos hemos tenido esa responsabilidad. Cuando estás en el túnel a punto de salir a jugar, sabes quiénes son los buenos en tu equipo, los que van a ganar el partido, sobre todo en las finales… Llega un día en que te miras al espejo y dices: «esto no va a ser nada fácil».[46]

Años atrás, cualquier deportista varón habría tomado la decisión de cambiar de club sin tener en cuenta la opinión de su esposa y sus hijos. Al fin y al cabo, el trabajo de papá es lo primero. Sin embargo, los deportistas de hoy pertenecen a una generación donde los padres están implicados en la crianza de sus retoños. Cuando Thiago, de siete años, le preguntó a su padre si iba a dejar el Barça, Messi no se atrevió a decirle que tal vez tendría que hacer nuevos amigos en un nuevo colegio. Thiago lloró de todos modos y dijo: «No nos vamos». En la reunión familiar, Messi comunicó la nueva noticia y su mujer y sus hijos rompieron a llorar. «Fue un auténtico drama», admitió Messi más adelante.[47]

Con todo, el 20 de agosto, Messi mandó un burofax al Barcelona —una especie de correo certificado— donde comunicaba oficialmente su decisión. Los Messi sabían que su contrato estipulaba que podía abandonar libremente el club si anunciaba su salida antes del 20 de julio. Sin embargo, un abogado de la familia les aseguró que esa fecha límite no podía aplicarse debido a las circunstancias especiales de ese año. Lo que esa cláusula decía, argumentó el abogado, era que Messi tenía que anunciar su salida poco después de finalizar la temporada. Fue un mero capricho del destino que ese año la temporada terminara en agosto. Messi se ciñó al espíritu del acuerdo, dijo el abogado, que sin duda estaba ansioso por encontrar una interpretación que complaciera al gran hombre. Y la familia aceptó sus garantías. El propio Messi estaba seguro de que era libre de irse. ¿No le había dicho siempre Bartomeu que podía decidir después de la temporada?[48]

Como Cruyff antes que él, Jorge Messi había caído en la fantasía de que era un brillante hombre de negocios que podía negociar los contratos sin ninguna ayuda. Sin embargo, en la decisión más importante de su hijo, con cientos de millones de euros en juego, la familia mostró esa falta de profesionalidad de negocio familiar. La contraparte de los Messi, el Barça, tampoco pensaba como una empresa. La directiva del club tampoco actuó como una compañía seria. Si hubiera sido un club más corporativo, un Manchester United catalán, podría haber cumplido con la familia a medias: señalando que el plazo para un traspaso gratuito había expirado, pero dejando que Messi se fuera, probablemente, al Manchester City por una cantidad de ciento cincuenta millones de euros. De ese modo, al deshacerse también de su salario, el Barça liberaría un total de trescientos millones de euros para reconstruir el equipo. Y desprenderse del jugador mejor pagado de la plantilla habría presionado a la baja los salarios de todos los demás. Habría sido una decisión pragmática. Después de todo, Messi, que entonces tenía treinta y tres años, era libre de salir por la puerta diez meses más tarde por nada, mientras se embolsaba una fuerte prima de fidelidad.

Pero el Barcelona no es un negocio. Es un club de barrio dirigido por empresarios locales que pretenden vivir en la misma ciudad toda su vida y cuya reputación personal es muy importante. Bartomeu, repudiado por sus desastrosos fichajes y sus conflictos con los jugadores, dijo: «No seré el presidente que eche a Messi». Sus predecesores, Rosell y Laporta, también habían tenido que usar casi exactamente la misma frase. Con manifestantes enmascarados fuera del Camp Nou exigiendo su dimisión, Bartomeu dijo que el jugador solo podría abandonar el club si alguien pagaba su cláusula de libertad, que ascendía a setecientos millones de euros. Ningún club iba a hacer eso.

Fue entonces cuando Messi dio su brazo a torcer. Algunos aficionados del Barça ya estaban enfadados con él por querer marcharse, y no quería empeorar las cosas llevando al club a los tribunales, como había hecho Cruyff tras ser despedido en 1996. En cualquier caso, al igual que Johan, la familia de Messi quería quedarse en Barcelona. Y al menos todas las personas del club ahora veían la necesidad de contratar a jugadores más jóvenes. Quizás el Barça podía recuperarse.

En septiembre de 2020, tomé un tren de París a Cataluña. Salvo por una entrevista ajena al Barça sobre espionaje nuclear, no había salido de Francia desde hacía seis meses. Desembarqué en una Barcelona afectada. El turismo se había derrumbado, destruyendo los medios de vida de mucha gente, desde los chefs Michelin de la ciudad hasta los carteristas que rondan el puerto. La economía española se había contraído un dieciocho por ciento en el segundo trimestre del año, la mayor caída desde que hay registros. Solo en Cataluña, casi seis mil personas habían muerto de covid-19.

Aun así, personalmente, sentí que estaba haciendo una última parada en el paraíso antes del largo invierno en París que me esperaba. Barcelona estaba iluminada por el sol, preciosa, vacía de turistas, y disfrutaba de un respiro entre dos embestidas del virus. Me dejé llevar por los sentidos. Todas las tardes nadaba en la piscina de la azotea de mi hotel, donde pagaba un precio pandémico de sesenta euros por noche por una bonita habitación. Almorcé lentamente con amigos en un restaurante de marisco sobre el agua para el que normalmente debías reservar con una semana de antelación.

El descalabro del club después de Lisboa parecía una subtrama de la ciudad. En una terraza de Pedralbes, un empleado del club me ofreció una mascarilla del Barça y me dijo: «¡Tenemos de todo! Bueno, no tenemos un equipo ni una junta directiva, pero tenemos mascarillas».

Encontré el Camp Nou semiabandonado y destartalado. No tenía nada que ver con los nuevos estadios del resto de Europa. Era como pasear por Roma después de que pasaran los bárbaros. Los bares del estadio estaban cerrados. El suministro eléctrico estaba tan limitado que el personal de restauración no podía utilizar los hornos.[49] Las mejoras se habían estancado. El Miniestadi, el campo donde Guardiola había jugado en su época de la Masia, había sido derribado para dar paso a un nuevo pabellón de baloncesto que no daba señales de vida. Mientras tanto, el Real Madrid ya tenía muy avanzadas las obras del nuevo estadio Bernabéu, valoradas en más de mil millones de euros.

La sede del club estaba desierta, con casi todos los empleados trabajando desde casa. Había venido a encontrarme con un directivo para una reunión informativa, y después de tutearnos, fuimos a sentarnos en el despacho vacío del presidente. Bartomeu no estaba; tal vez se escondía.

En las paredes del pequeño despacho colgaba un retrato del bigotudo Hans Gamper, el fundador del club, y la impactante camiseta naranja de Wembley 1992. Pero la pieza más preciada era una obra de arte que había donado un *soci*: una colección enmarcada de carnés de socio del Barça de todos los años desde 1900 hasta el año 2000.

El directivo dijo que la pandemia había reducido los ingresos en un total de trescientos millones de euros. El club había ofrecido reembolsos a sus ochenta y cinco mil abonados. La deuda del club se estaba disparando de forma preocupante.

El directivo restó importancia a tan terribles cifras. Los bancos siguen dispuestos a prestarnos dinero, me aseguró. Un banquero había dicho que el único de sus clientes que seguiría existiendo dentro de cien años era el Barça. El directivo recordó que, en 2010, el club había pedido prestados ciento cincuenta y cinco millones de euros de diecisiete bancos diferentes para pagar los sueldos de los jugadores. Esta vez, dijo, el mundo entero estaba en crisis, y otros clubes estaban más afectados que el Barcelona.

Sin embargo, ningún otro gran club de fútbol tenía una necesidad tan urgente de comprar un nuevo equipo. Además, ningún club dependía tanto del turismo: el museo del Barça, la tienda del club y las decenas de miles de aficionados extranjeros que pagaban precios elevados por las entradas de los partidos se habían fundido en la pandemia. Y ningún otro club en todo el deporte tenía una masa salarial más alta que la de los quinientos millones de euros del Barça, de los cuales una cuarta parte correspondía a Messi. Además de esa suma, señaló el directivo, el Barça tenía que amortizar otros doscientos millones de euros al año en concepto de gastos de traspaso. Si un club ficha a un jugador por una cantidad de cien millones de euros y le ofrece un contrato de cuatro años, cancela veinticinco millones de euros por temporada en sus cuentas. Eso no es un problema si se trata de un jugador joven, pero la colección de veteranos del Barça tiene poco valor de reventa.

Sumando los salarios y las amortizaciones, el gasto total del Barça en jugadores era de unos setecientos millones de euros al año. Eso era casi tanto como los setecientos cincuenta millones de euros en ingresos que esperaban para la temporada 2020-2021. (Antes de la pandemia, el objetivo del club para 2021 era superar los mil millones de euros.)

En resumen, los salarios en el Barça se habían salido de madre. Ahora se avecinaba una época de austeridad. La Liga, con la esperanza de evitar las quiebras durante la pandemia, había endurecido sus controles de gasto. Había recortado el gasto total permitido del Barcelona a trescientos ochenta y tres millones de euros, lo que suponía un fuerte descenso respecto a los seiscientos cincuenta y seis millones de euros de la temporada anterior.[50] Cualquier recorte que el Barça no hiciera inmediatamente tendría que hacerlo la temporada siguiente. El directivo obviamente no lo dijo, pero el hermano gemelo del Barcelona, el Real Madrid, había conseguido mantener controlada la masa salarial. En la temporada 2019-2020, solo gastó cuatrocientos once millones de euros en sueldos y amortizaciones de fichajes. Unos doscientos setenta y cinco millones de euros menos que el Barça.[51] El Madrid era un negocio sostenible, y el Barcelona no.

Ahora, el Barça intentaba aligerar frenéticamente la masa salarial descartando jugadores costosos como Rakitić, Suárez, Vidal o Rafinha sin recibir nada a cambio. Incluso estuvo a punto de pagar para que Suárez se fuera. Aun así, acabaría cientos de millones por encima del límite salarial y sin dinero para poder fichar nuevos jugadores. El directivo suspiró: «Me siento mal porque nos siguen millones de personas y no podemos ofrecerles lo que quieren».

El Barcelona tenía que bajar sus expectativas. Otro empleado del club me dijo: «intentar no ganar la liga y la Liga de

Campeones cada año». Sin embargo, durante los treinta años que llevo visitando Barcelona, nunca había visto al club tan mal. Ahora era posible que aquel Barça derrochador del periodo entre 2014 y 2019 tuviera que vender a estrellas emergentes como Pedri o Ansu Fati a clubes más ricos.

Durante la ventana de mercado de 2020, se filtró que el club perseguía a sesenta jugadores diferentes.[52] Su principal objetivo inicial era el delantero del Inter de Milán Lautaro Martínez. Una vez que se dio cuenta de que no podía permitírselo, cambió a la opción más barata, Memphis Depay del Olympique de Lyon. Acordó pagar veintiséis millones de euros con el club francés, solo para descubrir que ni siquiera podía pagar eso. Su mayor fichaje de la ventana acabó siendo el prometedor extremo portugués Francisco Trincão, de veinte años, que compró al humilde SC Braga por treinta y un millones de euros. Una vez iniciada la temporada, se quedó en el banquillo.

En octubre, el patrocinador de la camiseta del Barça, Rakuten, renovó su contrato por una temporada más, hasta 2022, y por solo treinta millones de euros más primas, lo que suponía veinticinco millones de euros anuales menos que el anterior acuerdo. Cinto Ajram, responsable de patrocinios de Bartomeu, dijo después que el precio había bajado por la incertidumbre sobre el futuro de Messi. Ajram reflexionó:

Ahora, incluso me preguntaría si el acuerdo vale treinta millones de euros. Rakuten comenzó la relación con el Barcelona cuando estaba el tridente Messi, Suárez y Neymar... Cuando se vende la marca del Barcelona en todo el mundo, se utiliza la cara de Messi. En estas condiciones, nadie se atrevería a renovar por tres o cuatro años porque no saben cuál será el valor del club sin este jugador.[53]

La junta directiva tuvo que regatear con la plantilla más recortes salariales. La táctica del club pasó a ser la de elegir a jugadores individuales y ofrecerles contratos más largos. La junta directiva de Bartomeu —cuyo principal interés era la supervivencia semana a semana— estaba gastando el dinero de sus sucesores. Piqué firmó una carta de los capitanes a la junta rechazando los «vergonzosos» planes de recortes salariales,[54] pero casi simultáneamente firmó un nuevo contrato que le mantendría en nómina hasta 2024, cuando tendría treinta y siete años. (Poco después de firmar, sufrió una lesión que lo dejó fuera de juego durante meses.) Mientras tanto, en Madrid, las autoridades fiscales españolas publicaron una lista de las personas y empresas que más dinero les debían. Su mayor deudor individual a finales de 2019 era Neymar, que debía 34,6 millones de euros de su etapa en el Barça.[55]

En el campo de entrenamiento del Joan Gamper, Koeman se ganó el apodo de «Sargento Koeman» por sus esfuerzos por cambiar la cultura de trabajo del club. Los jugadores tenían que presentarse una hora antes del comienzo del entrenamiento. Las sesiones se ampliaron de una hora a noventa minutos, y se volvieron bastante extenuantes, para los estándares del Barça.

Koeman se esforzó al máximo para disfrutar del trabajo de sus sueños, y dijo que entrenar al Barcelona era «el trabajo más estresante» que había tenido. Admitió a un documentalista: «Para ganar realmente algo grande, necesitas un equipo mejor». Su mujer, en su apartamento, prendía velas en la estatua de Buda antes de los grandes partidos,[56] pero a menudo no soportaba verlos, y en su lugar quedaba con la novia de Frenkie de Jong, que tampoco quería verlos.[57]

Las limitaciones de la covid-19 hicieron fracasar los intentos de Koeman de construir un nuevo equipo. En los partidos en casa, los jugadores solo podían juntarse una hora antes del inicio del partido, con la equipación del partido ya preparada. Koeman odiaba el silencio del Camp Nou durante los partidos, sin los aficionados animando a sus agotados jugadores.[58] En realidad, apenas veía a los jugadores después de los encuentros, porque tenían que ir directamente a casa sin ducharse. Durante la semana, tampoco tenía muchas oportunidades de hablar con ellos. «Todos los clubes tienen que lidiar con esto —admitió—, pero la diferencia es que nosotros intentamos cambiar las cosas para poder construir algo nuevo. Es entonces cuando realmente necesitas ese contacto personal.» Además, también se percató de que, con las normas sanitarias, las constantes pruebas y los estadios vacíos, los futbolistas de muchos grandes clubes parecían estar perdiendo la motivación.[59]

En los partidos, Koeman jugó con Messi más centrado, como número diez, con dos pivotes detrás de él para compensar sus carencias defensivas. Sin embargo, al principio, el argentino parecía un fantasma, recorría el campo con la cabeza gacha, asimilando lentamente el fracaso de su marcha. «Al principio, Lionel Messi no quería [jugar]», reconoció Alfred Schreuder, asistente de Koeman.[60] En los diez primeros partidos de la temporada 2020- 2021, el Barça perdió contra el Getafe, el Real Madrid, el Atlético de Madrid y el humilde Cádiz. Fue el peor inicio de liga del club desde 1987, el año anterior a la llegada de Cruyff. La mujer de Koeman se quejaba de los jugadores: «A veces son un verdadero desastre. Se lo toman todo con demasiada calma, y mi marido es muy trabajador».[61] Mientras tanto, el repudiado del Barça, Luis Suárez, marcaba los goles del líder de la liga, el Atlético.

Bartomeu se vio obligado a abandonar el cargo cuando, a pesar de la pandemia, una moción de censura contra él reunió rápidamente las firmas de 20 731 *socis*. Esa destitución no podría haber ocurrido en el Manchester United, donde la despreciada familia Glazer habría permanecido relativamente imperturbable durante quince años. Al menos, todavía quedaba algo de «más que un club» en el Barcelona: la democracia. Bartomeu dimitió junto con su junta directiva el 27 de octubre, alegando que habían amenazado a sus familias. Al marcharse, anunció que el Barça se incorporaría a la futura Superliga.

Bartomeu pasó de príncipe a mendigo, y durante los meses siguientes descubrió que llevar una mascarilla en público le suponía un gran beneficio, porque así la gente no lo reconocía por la calle. Sin embargo, no pudo librarse del lío que había dejado atrás.

Meses después de dimitir, pasaría una noche en la cárcel mientras la policía investigaba el asunto del I3. A finales de noviembre, el club hipotecó otra parte de su futuro. La plantilla acordó renunciar a unos ciento veintidós millones de euros de sueldo base durante la temporada, y otros cincuenta millones de euros en posibles primas. Sin embargo, el Barça se comprometió a reembolsar ese dinero a los jugadores durante las tres próximas temporadas. A corto plazo, el acuerdo lo sacó a medias de un gran agujero. A largo plazo, las promesas redujeron el presupuesto para renovar la plantilla. Un Barça austero no iba a atraer a las estrellas.

La deuda del club en ese momento era de 1170 millones de euros, la mayor parte acumulada desde la pandemia. Laporta, el principal candidato a las elecciones presidenciales, calificó al Barça como «el club de los tres mil millones: mil millones de ingresos, mil millones de gastos y mil millones de deuda».[62] Esto era cierto en dos terceras partes: al cabo de apenas unos meses, los ingresos se habían hundido muy por debajo de los mil millones.

El otro único club europeo que debía más de mil millones de euros era el Tottenham Hotspur, y la gran mayoría era deuda a largo plazo derivada de la construcción de su nuevo estadio, explicó el respetado bloguero suizo de finanzas Ramble: «El F.C. Barcelona tiene más problemas de endeudamiento que otros clubes, ya que es, con diferencia, el que más deuda tiene a corto plazo, con 641 millones de libras», es decir, 262 millones más que el segundo clasificado en esa categoría, el Atlético de Madrid.[63] No hubo crisis inmediata: los acreedores no iban a arriesgarse a ponerse duros con un club tan popular. Pero dadas las diversas reglas financieras del fútbol, el Barça no tenía mucho margen para seguir aumentando la deuda.

En Navidad, los jugadores solo tuvieron cuatro días de descanso. Messi, su mujer y sus hijos tomaron un avión privado hacia su ciudad natal, Rosario, en Argentina. Una vez allí, una conveniente lesión de tobillo le obligó a prolongar sus vacaciones un par de días, y se perdió el partido contra el Eibar. Sin embargo, volvió rejuvenecido. A la vuelta de vacaciones, en su primer partido, el equipo viajó a Huesca en autobús, en lugar de en avión. El viaje de tres horas supuso un ahorro de treinta mil euros.[64] El Barça ganó 0-1, con una asistencia de Messi. Entonces pareció redescubrir su placer por el fútbol, y empezó a combinar felizmente con sus jóvenes compañeros Pedri, De Jong, Sergiño Dest, y un recién profesional Dembélé. Los equipos contrarios volvieron a aprender sus viejos miedos. Schreuder comentó: «Sin los aficionados puedes escuchar literalmente lo que se dicen los rivales. Cuando Leo recibe el balón, se escucha: "¡Haz una falta! Pégale una patada". Pero eso no funciona, y entonces lo derriban con la mano directamente».

A los dos entrenadores holandeses les llamó la atención la profesionalidad de Messi en los entrenamientos. Cuando

Piqué se reincorporó al equipo tras su lesión, Schreuder comenzó a explicarle un nuevo ejercicio que los demás jugadores ya conocían, pero Messi lo interrumpió: «Alfred, no hace falta, ya se lo he explicado». Schreuder se rio por dentro. «Así es Messi: lo ve todo, lo entiende todo, está al tanto de todo lo que es importante para el equipo y piensa por adelantado».[65] Koeman decía lo mismo: «Si hacíamos un ejercicio de tiros en los entrenamientos, había jugadores que a veces se confiaban y acababan fallando. Pero con Messi siempre era: pum, pum, pum, pum. Nada elegante, siempre todo eficiente... Con él, los jugadores veteranos nunca perdían un ejercicio contra los jóvenes. Ocurrió una vez, y Messi estuvo enfadado durante una semana... Aparte de Cruyff, nunca he conocido a alguien con su inteligencia futbolística. Alfred a veces explicaba los ejercicios en inglés, y a pesar de que Messi no lo habla muy bien, los entendía en un par de segundos».[66]

El Barcelona se recuperó en la liga ese invierno, alcanzando la segunda posición durante la primavera de 2021. Sin embargo, el equipo continuó su racha negativa en la Liga de Campeones, perdiendo por 0-3 contra la Juventus y 1-4 ante el Paris Saint-Germain, ambas veces en el Camp Nou. Mbappé, que pudo fichar por el Barça a los dieciocho años, marcó un *hat-trick* para el Paris Saint-Germain. («El mejor partido de mi carrera, porque fue completo», me dijo.) El resumen emocional de esa noche fue Piqué —totalmente audible en el estadio vacío— gritando a sus alicaídos compañeros: «¿No podemos tener una posesión larga por una vez?».

Este era el club que Joan Laporta heredó el 7 de marzo, cuando volvió como presidente once años después de dejar el cargo. Las mayores elecciones democráticas en el deporte se habían celebrado en plena pandemia. De los ciento diez mil socios del club con derecho a voto, votaron aproximadamente la mitad, muchos por correo. Laporta (socio número 13352) obtuvo el cincuenta y cuatro por ciento de los votos en la segunda vuelta. Messi, que se presentó con una mascarilla para votar en el Camp Nou, se supone que también se inclinó por él. Laporta había hecho una campaña prometiendo un futuro esperanzador. Dijo que renovaría a Messi sin problemas. Su optimismo era genuino, porque tenía un plan secreto: creía que, una vez que llegara a la presidencia, dispondría inmediatamente de trescientos millones de euros, que era la comisión del banco estadounidense J.P. Morgan por entrar en la Superliga. Eso, pensaba, haría desaparecer los problemas del club a corto plazo, e incluso permitiría al Barça pujar por estrellas como Kylian Mbappé. Pero Laporta no explicó su plan, porque quería presentarse como el único candidato que podía salvar al club.

Su victoria alegró instantáneamente a muchos aficionados del Barça. El apuesto abogado es un político sonriente que extrae energía de las interacciones con los votantes, a veces con demasiada energía. El día de las elecciones, hubo mucho revuelo después de que le dijera a una joven con la que había posado para una foto: «Llámame cuando tengas dieciocho años». El único miembro femenino de su campaña fue la encargada de resolver el entuerto. Pero sus problemas no habían hecho más que empezar. No es de extrañar que algunos miembros de las campañas rivales respiraran aliviados al verse derrotados.

En primer lugar, Laporta y los miembros de su junta directiva tuvieron que presentar un aval bancario colectivo por valor de 124,6 millones de euros, es decir, el quince por ciento del presupuesto de esa temporada.[67] Si el Barça perdía esa cantidad durante su mandato, lo que parecía más que probable, el dinero se deduciría automáticamente de sus cuentas personales. La forma más rápida y obvia de reducir los costes era dejar marchar a Messi. De hecho, Laporta había hecho campaña con la promesa de que era la persona ideal para convencer al argentino para que se quedara.

Laporta acabó encontrando su rey Midas para poner la mayor parte del aval: el empresario José Elías, hijo de un electricista de los suburbios pobres de las afueras de Barcelona que había acabado dirigiendo la empresa de energías renovables Audax. El aval se firmó ante notario a las tres de la madrugada del último día del plazo.[68] Elías no podía entrar en la de la junta directiva del Barça porque solo había sido socio durante un año.[69] Pero cualquier empresario que asumiera un gran riesgo personal para salvar a un nuevo presidente exigiría algún poder a cambio. Aquí era donde el futuro del Barcelona parecía estar: el club empezaría a ofrecer a los ricos de fuera la posibilidad de opinar. La junta de Bartomeu ya había estudiado la posibilidad de hacerlo. Ahora la situación se había vuelto tan desesperada que los *socis* podrían incluso dejar que Laporta vendiera una participación minoritaria en el Barça a un jeque, un oligarca o un fondo de inversión. Por primera vez, una parte de la mayor democracia del fútbol podría estar en venta.

Había otro pequeño aspecto de la presidencia de Laporta que, aunque pasase más desapercibido, era potencialmente revolucionario: por primera vez, el Barça estaba siendo gestionado no solo por un nacionalista catalán, sino por un *indepe* comprometido con la causa, un hombre que creía que Cataluña debía separarse de España. De 2010 a 2012, Laporta se había sentado en el Parlamento catalán con su propio partido separatista. Eludió el tema durante las elecciones del club, posicionándose en campaña como un unificador de los *socis*, a pesar de que recibió gran apoyo de los *indepes*. Como presidente, Laporta estaría expuesto a la tentación de convertir la institución catalana más querida en un instrumento para la causa secesionista. Sería como si un republicano radical se pusiese al mando de los Yankees de Nueva York y utilizara el club para promocionar a Donald Trump. Si eso ocurriera, los socios federalistas abandonarían el Barça, y el club se convertiría en un motivo de división, en lugar de unión de los catalanes.

Y lo que es más importante, no estaba claro qué haría Laporta para mantener al Barcelona en la cima. Durante las tres últimas décadas, el club siempre había poseído algún tipo de ventaja competitiva: primero, las ideas pioneras de Cruyff; después, la generación de oro de la Masia; y, finalmente, los incomparables beneficios económicos que arrojaron.

En 2021, las ideas de Cruyff ya se habían extendido por el mundo, la Masia había dejado de producir grandes figuras, la generación de Messi estaba gozando de sus últimos éxitos y el dinero se había agotado. En abril, Laporta intentó sanear las finanzas del Barça incorporando al club a la Superliga europea. Sin embargo, el proyecto se desmoronó en cuarenta y ocho horas cuando nueve de los doce clubes fundadores se desvincularon de este. Fue una gran humillación para los dos principales conspiradores del proyecto, Florentino Pérez, del Real Madrid y Andrea Agnelli, de la Juventus, pero fue un desastre para su cómplice menor, Laporta, cuyo club más lo necesitaba. Incluso después del notorio fracaso, el Barcelona se aferró al proyecto. El hecho de que el club que recientemente había obtenido los mayores ingresos de la historia del deporte buscara desesperadamente más ingresos era una señal de mala gestión. Es cierto que el club se dedicó a buscar fuentes de ingresos sin explotar (sobre todo, la venta de los derechos de patrocinio del Espai Barça), pero también lo habían hecho sus rivales.

El Barça, en ese momento, solo tenía un único reclamo económico. En los primeros meses de 2021, la *messidependencia* llegó a un nuevo extremo. Más que nunca, el Barça parecía un equipo de un solo hombre. Desde principios de enero hasta el final de la temporada, el jugador de treinta y tres años fue el responsable del cincuenta y cinco por ciento de los goles y asistencias del equipo en la liga, a pesar de perderse tres partidos durante ese periodo. Es una proporción asombrosa, casi sin parangón en la historia del fútbol (aunque Harry Kane, en los Spurs, la igualara esa misma temporada). En total, desde 2016 hasta 2021, Messi fue responsable de cerca de la mitad de los goles y asistencias del equipo.[70] Una medida de la admiración que sus compañeros tenían por él es que, después de que el Barça venciera al Athletic de Bilbao en la final de la Copa del Rei, hicieron cola para hacerse selfis con él y el trofeo. Un equipo que depende tanto de un jugador veterano e insustituible deja de ser un equipo. Es cierto que habían llegado jóvenes con talento, pero parecía improbable que Pedri, Dest o Mingueza se convirtieran en los próximos Xavi, Dani Alves y Piqué. Y el Barcelona ya no tenía dinero para comprar a los mejores del mundo.

Conviene recordar que el coste de mantener a Messi durante ese año extra, a la postre decepcionante, rondaba los trescientos millones de euros: su salario más la cláusula de rescisión que el club dejó de ingresar por retenerlo el año anterior.

El Barça terminó la temporada 2020/21 en tercera posición con setenta y nueve puntos, su puntuación más baja desde 2008. El Atlético de Madrid ganó la Liga, en gran parte gracias al regalo del Barcelona, Luis Suárez. Tras marcar el gol de la victoria en el último partido, el uruguayo se sentó en el campo llorando de felicidad mientras llamaba por teléfono a su familia. «El

Barcelona me despreció al principio de la temporada y el Atlético me abrió las puertas de su casa, estoy muy agradecido por ello», dijo antes del partido. Marcó veintiún goles en liga y fue el delantero que le faltó al Barcelona durante toda la temporada, el enésimo mal fichaje de la era Bartomeu.

Cuando terminó la temporada, Laporta le dijo a Koeman que no lo despediría todavía, pero que quería pasar quince días buscando un entrenador mejor. En privado, el holandés, estoico por naturaleza, no pudo aguantar las lágrimas.[71] Al final, Laporta le dejó aguantar unos meses más, quizás porque el club no tenía los doce millones de euros necesarios para romper el contrato de Koeman. De hecho, aún no había pagado a sus predecesores despedidos, Setién y Valverde.

Quizás el modelo del Barcelona estaba llegando a su fin. Los directivos del club ya estaban haciendo planes para un futuro de fracasos en el campo. Uno de ellos me dijo que se podía esperar que el Barça tuviese menos éxito durante los próximos veinticinco años del que había tenido en los veinticinco anteriores. En el peor de los casos, podría ocurrirle como al AC Milan: de ser campeones de Europa a ser uno más del montón.

Si eso ocurriese, los niños chinos dejarían de ver los partidos del Barcelona y de comprar sus camisetas. En ese caso, el Barça se arriesgaría a abandonar la élite de los clubs europeos con mayores ingresos económicos. La base de aficionados extranjeros —que en ese momento consistía principalmente en jóvenes enamorados de Messi— podría desaparecer con el tiempo. Una vez más, el referente del Barcelona era el Manchester United: sus ejecutivos comerciales habían aprovechado el nombre del club para seguir obteniendo altos beneficios a pesar de la mediocridad del equipo en el campo desde la partida de Alex Ferguson. El United todavía tenía más aficionados chinos que el Barcelona. El Manchester había logrado venderse como algo más que un equipo ganador. ¿Podría, tal vez, un Barça sin Messi, desligarse también del éxito?

Con la marcha de Messi, el Barça tendría que reinventarse. Pero ¿cómo? Un empleado del club me dijo: «Después de Messi, se ve el desierto, se ve la oscuridad».

17

¿Fin?

*E*n el verano de 2021, Messi decidió que quería quedarse en el Barcelona. Todavía estaba compungido por el intento de salida del año anterior que había provocado un auténtico terremoto familiar. Entendió que el Barça ya no era un equipo imbatible. Tampoco era para tanto. Al fin y al cabo, él era sobre todo un buen padre. Por eso, estuvo de acuerdo en firmar un contrato por la mitad de su sueldo y pasar los últimos años de su carrera en el Camp Nou.

Cuando acabó la temporada 2020-21, se fue a Brasil y finalmente logró conquistar la Copa América con Argentina. Fue el mejor de la competición: encabezó la clasificación en goles, asistencias, ocasiones, regates y jugadas que acaban en gol.[1] Mientras tanto, su contrato con el Barcelona había expirado, pero la renovación parecía una mera formalidad.

A principios de agosto, la familia Messi estaba en un yate en su lugar de vacaciones favorito, Ibiza. En la isla se encontró con Neymar y otros jugadores del Paris Saint-Germain que, bromeando, le dijeron: «Vente a París».[2] Apenas fue una broma: los Messi querían quedarse en Castelldefels durante mucho tiempo. Lo único que faltaba en el nuevo contrato era su firma.[3]

Sin embargo, el 4 de agosto, a última hora de la tarde, su padre lo llamó: el acuerdo con el Barça se había roto.[4] Jorge Messi se acababa de reunir con Joan Laporta, que finalmente había abandonado el discurso optimista de su campaña, y admitió que el club no podía presentarle a Jorge ningún tipo de nuevo contrato. La masa salarial del Barcelona representaba el ciento diez por ciento de los ingresos del club, una cifra que estaba muy por encima de lo que marcaba la legislación española, es decir un setenta por ciento.[5] El Barcelona intentaba desprenderse desesperadamente de los jugadores con un sueldo desmesurado —Coutinho, Griezmann, Dembélé, Umtiti, Pjanic—, pero ningún club podía igualar esos salarios, y mucho menos pagar las cláusulas de rescisión. Eso quería decir que Leo Messi tenía que abandonar el club. Leo estaba atónito. No tenía la menor idea de la crisis financiera que sufría el club ni su papel crucial en ella: a fin de cuentas, su padre era el que se ocupaba del dinero.

Aunque Messi hubiera aceptado seguir en el Barça cobrando el salario mínimo de la Liga (155.000 €), no habría sido suficiente para inscribirlo: la masa salarial todavía representaría el noventa por ciento de los ingresos del club.[6]

«No puede ser», pensó Koeman cuando supo que Messi abandonaba el club.[7] Millones de personas pensaron lo mismo. Algunos especularon que el Barça estaba haciendo algún tipo de tira y afloja con la Liga.

El domingo siguiente, en la conferencia de prensa para confirmar su salida, Messi lloró durante dos minutos ante los micrófonos antes de poder articular una palabra. Explicó honestamente que lloraba más por la pérdida de su feliz estilo de vida en Barcelona que por el amor que le profesaba al club. «Mi familia y yo estábamos convencidos de que nos quedaríamos aquí, porque esta es nuestra casa. He hecho todo lo posible para quedarme, pero no ha sido posible.» Incluso el mejor jugador del planeta se había dado cuenta de la falta de control que tenía sobre su vida. La audiencia del acto, que incluía a muchos de sus actuales y antiguos compañeros de equipo, le dedicó una ovación cerrada de varios minutos.

El 10 de agosto tomó un vuelo a París para unirse al club que estaba reemplazando al Barça como el equipo con los salarios más elevados. En el avión, junto a la familia, también estaba Pepe Costa, su hombre de confianza durante más de diecisiete años, que también abandonaba Barcelona para seguir la estela de su amo.

Jorge Messi había estado en contacto con el presidente del Paris Saint-Germain, Nasser Al-Khelafi, durante años.[8] Pero

París no era lo que Leo quería. Su familia, recién instalada en la *suite* del hotel Royal Monceau, propiedad de Qatar, no había elegido esta aventura. Además, el PSG, que ya tenía una estrella como Neymar en la delantera, no lo necesitaba especialmente. En sus primeros meses en París, Messi parecía haber perdido el interés por el fútbol de clubes y barajaba la idea de volver algún día al Barcelona como director deportivo.[9] Sospecho que al final se instalará definitivamente en Cataluña, como Gamper, Kubala y Cruyff antes que él.

Su taquilla en la ciudad deportiva Joan Gamper, la ocupó el nuevo fichaje del Barcelona procedente del Sevilla, Luuk de Jong,[10] un gran goleador holandés que había estado sentado en el banquillo en Andalucía. (Los aficionados del Newcastle quizá lo recuerden por su temporada sin goles en Tyneside en la 2013/2014.) El principal atractivo del holandés para el Barça era su precio: los catalanes solo tendrían que pagar su sueldo. La Liga ordenó al Barça que redujera su masa salarial: de unos seiscientos setenta millones de euros en la temporada 2019/2027 a noventa y siete millones de euros en la 2021/22, una cifra inferior a la de la Real Sociedad. En la práctica, la masa salarial del Barça a principios de 2022 seguía estando por encima de los cuatrocientos millones de euros,[11] pero suponiendo que siguiera bajando al menos un poco, era difícil ver cómo el club podía seguir compitiendo por todos los títulos. En el fútbol de clubes, los salarios predicen la posición en la liga con una lógica casi de hierro. En septiembre de 2021, cuando el Barça perdió por 3-0 ante el Benfica, era su quinta derrota en la Liga de Campeones por un margen de tres goles o más en trece meses.

Mientras tanto, Goldman Sachs ocupaba el lugar de Messi en la jerarquía del club. El banco prestó al Barça setecientos millones de dólares para ayudar a reestructurar la deuda del club, por entonces estimada en mil seiscientos millones de euros, y también llegó a un acuerdo con el club para financiar el Espai Barça con mil setecientos millones más. Dado que se trataba del mayor préstamo a un club de fútbol de la historia, ahora, Goldman Sachs llevaba la voz cantante.[12]

Messi y el dinero habían desaparecido simultáneamente. A Cruyff le habría parecido un gran desafío: era el momento de empezar a pensar. Pero ¿qué podía hacer el Barça? El tópico era que recurriera a su antigua «fórmula»: subir a los chicos de la Masía al primer equipo. Es verdad que de la cantera estaba saliendo por fin un grupo de jóvenes con talento liderado por Gavi, Nico y Ansu Fati. Sin embargo, imponerse a los grandes rivales con un equipo de la cantera era una apuesta arriesgada. Esa fórmula le había funcionado al Barcelona solo una vez en la historia, durante aproximadamente una década, desde 2005 hasta 2015, en una época en la que la cantera construida por Cruyff estaba adelantada a su tiempo. Desde entonces, el fútbol había evolucionado: otros clubes habían copiado la Masía, y ahora también producían jugadores excepcionales. Es más, hay una razón por la que casi ningún club líder en Europa obtiene sistemáticamente una gran parte de su primer equipo de su cantera. No es razonable esperar que media docena de jugadores que salen de la cantera a los dieciocho o veinte años estén entre los mejores doscientos futbolistas del mundo. La generación de Messi/Xavi/Iniesta fue algo irrepetible.

Pero el Barcelona parecía estar empeñado en recrear sus días de gloria de principios de la década de 2000. Laporta, presidente en aquella época, había sido reelegido otra vez, y rápidamente fichó al lateral derecho de esa época, Dani Alves (por entonces un curtido jugador de treinta y ocho años) y a otro icono de la época como entrenador, Xavi, después de despedir finalmente a Koeman.

Pero en el fútbol nunca se puede ir hacia atrás. El Barça debería haber salido en busca del futuro: identificar a los clubes más innovadores, y a la gente más innovadora dentro de esos clubes, y robarles o copiar lo que estaban haciendo bien. En otras palabras, los catalanes debían hacer precisamente lo que otros clubes habían hecho con ellos.

Pero sin dinero, es probable que ni siquiera la innovación sea suficiente. Dudo que el Barça pueda mantenerse en la cima. Sospecho que la era de Messi ha dado paso a la era de Luuk de Jong. El club puede volver a ser el bastión derrotista del orgullo regional que era antes de que Cruyff aterrizara en El Prat en 1973.

Parece que acabo de sentenciar al Barcelona. Pero empecé a escribir este libro porque quería alabar al club, y sigo haciéndolo. La expresión «juego bonito», popularizada por Pelé, siempre se ha asociado a un ideal sudamericano de fútbol, al individualista brillante. Sin embargo, creo que eso no es suficiente. Mi ideal de juego bonito une a un jugador individualista brillante con un sistema colectivo brillante. Eso es el F.C. Barcelona: Messi más el cruyffismo. El argentino puede regatear a medio equipo, pero durante quince años inolvidables también fue una pieza de un equipo que podía hacer circular el balón de un jugador a otro, encontrar espacios entre las líneas, presionar a los rivales y perfeccionar todos los demás elementos del estilo que se habían inventado en el este de Ámsterdam en la década de 1960.

El mejor fútbol solo podía surgir en algún lugar del corazón de la economía del deporte, Europa Occidental. Y ocurrió en Barcelona por las necesidades emocionales de una ciudad sin estado-nación. En las décadas posteriores a la derrota de Cataluña en la Guerra Civil española, los *socis* y las élites locales canalizaron su orgullo y su dinero hacia su club de fútbol. Encontraron el dinero para fichar a Cruyff, el mejor jugador de su época. Más tarde, como entrenador, construyó una tradición genuina en la que Messi pudo convertirse en la mejor versión de sí mismo.

Nada de esto es trivial. Lo que el Barça ha creado, en el deporte más querido del mundo, es uno de los grandes logros de la humanidad. Ha conmovido a gente desde Cataluña hasta la Patagonia.

Es posible que esta historia esté llegando a su fin. Solo agradezco haber estado allí para verla, y para comer el *pa amb tomàquet.*

EPÍLOGO

*E*n marzo de 2021, el partido que suponía la última oportunidad del Barça para permanecer en la Liga de Campeones se jugó precisamente en la ciudad donde resido, en París. El equipo parecía estar destinado al fracaso tras haber perdido el partido de ida 1-4 en su propio campo, así que aquel día asistí al encuentro esperando escribir su epitafio. Pensé que sería un final ideal para mi libro: el auge y la caída, el fin de un ciclo, el fin de la era de Messi.

El ambiente era adecuadamente fúnebre: París acababa de ser golpeada por la tercera ola de la pandemia, y el toque de queda era a las seis de la tarde. Tuve que descargarme en el móvil una declaración oficial que me daba permiso para salir de casa. Atravesé la ciudad en un vagón de metro prácticamente vacío, y tomé asiento en un Parc des Princes azotado por el viento, rodeado de apenas trescientas personas: unas pocas decenas de periodistas, los hombres que animaban a su equipo desde los banquillos, y algunos dignatarios en los palcos. Laporta, electo tres días atrás, asistía a su primer partido desde su vuelta como presidente.

Y entonces el Barcelona me sorprendió. Durante cuarenta y cinco minutos, el equipo jugó con el estilo de Cruyff de sus años de gloria con Guardiola. Aquella exhibición merecía un estadio abarrotado. Hicieron que los multimillonarios del PSG parecieran patanes de tercera división. Los pases al primer toque iban a toda velocidad de unos pies a otros, Messi marcó un gol desde treinta metros, y el Barça siguió insistiendo en dejar a Dembelé solo delante del portero (a pesar de que «Dembouz» seguía fallando). En la primera parte, el Barça tuvo el setenta y tres por ciento de la posesión. Aun así, fueron al descanso con un empate 1-1.

Por desgracia, aquello fue todo. En la segunda parte, el Paris-Saint Germain se reorganizó, y el 1-1 terminó siendo también el resultado final. Por primera vez desde 2007, el Barça se quedaba fuera de la Champions League antes de los cuartos de final. Al final del partido, los jugadores del PSG se pelearon unos con otros para intercambiarse la camiseta con Messi.

Termino este libro sin estar seguro de haber presenciado la caída. Teniendo en cuenta lo que el Barça demostró aquella noche en París, y con una gloriosa racha en la liga, el club podría mantenerse en la cima. Es posible que Messi siga siendo excelso en los años venideros. No lo sé, aunque lo dudo. Lo que sí que sé es que aquella noche me fui a casa con la sensación de haber visto el fútbol que me motivó a escribir este libro.

El concepto «juego bonito» de Pelé siempre se ha asociado a un ideal de fútbol sudamericano, basado en una individualidad brillante. Pero creo que eso no es suficiente. En mi ideal del juego bonito, un gran individualista debe ir de la mano de un gran sistema colectivo. En eso consiste el F.C. Barcelona: es la suma de Messi y el estilo de Cruyff. Un tipo que puede deshacerse perfectamente de tres hombres, jugando en un equipo de pases a un toque, de juego entre líneas, presionando, y todos los demás elementos que se inventaron en el este de Ámsterdam en 1960 y que después se difundieron por todo el mundo.

Era inevitable que el fútbol perfecto surgiese en algún lugar del corazón económico de este deporte, Europa Occidental. Y ese lugar resultó ser Barcelona, debido a las necesidades emocionales de una ciudad carente de un estado-nación propio. En las décadas posteriores al duro golpe que sufrió Cataluña durante la guerra civil española, los socios y las élites locales canalizaron su orgullo e invirtieron su dinero en su club de fútbol. Reunieron capital para fichar a Cruyff, el mejor jugador de su época. Más tarde, como entrenador, fue el pionero de una tradición que convertiría a Messi —el mejor jugador individualista de su época— en el mejor jugador colectivo. Nada de esto es trivial. Lo que el Barça creó, en el deporte más seguido del mundo, es uno de los logros humanos más apasionantes. Ha conmovido a gente desde Cataluña hasta la Patagonia. Quizás esta historia esté llegando ahora a su final. Yo me conformo con haber estado allí para verlo y para comer el *pa amb tomàquet*.

Gracias/*Gràcies*

$\mathcal{M}$i fascinación por el F. C Barcelona se remonta unos cuarenta años atrás, cuando descubrí a Johan Cruyff, aunque la verdadera motivación para escribir este libro surgió en Catar (nada inusual tratándose de fútbol moderno). En una conferencia del *Financial Times* celebrada allí en 2018, pude charlar con Javier Sobrino, el jefe de estrategia y responsable de innovación del F. C. Barcelona (a pesar de que es de Madrid). Javier, que es un hombre encantador y cortés, me invitó a visitar Barcelona para escribir sobre el Barcelona Innovation Hub. Durante mi estancia, el presidente del Barça, Josep Maria Bartomeu, así como Jordi Cardoner, Marta Plana y Albert Mundet fueron increíblemente serviciales conmigo.

Mi artículo se publicó en el *Financial Times* en febrero de 2019. Unos días después, recibí un correo electrónico de Rebecca Nicholson, de la editorial británica Short Books, consultándome si el artículo podría dar para escribir un libro. Yo me había estado preguntando lo mismo. Rebecca y mi editor de Penguin Press en Estados Unidos, William Heyward, entendieron el proyecto desde el principio y avivaron mi entusiasmo por él. Gracias a los dos por hacerlo realidad.

El papel de mis colegas en el *Financial Times* ha sido esencial. Jeff Wagner, Chris Doneley y sus compañeros fueron los organizadores de la conferencia en Catar donde todo empezó. Esther Bintliff, Piero Bohoslawec, Alice Fishburn, Sophie Hanscombe, Jane Lamacraft, Anthony Lavelle, Neil O'Sullivan, Alec Russell y Josh Spero se ocuparon del encargo, la edición y la publicación de varios de mis artículos sobre el Barcelona. Ha sido un placer trabajar con ellos durante todos estos años. Daniel Dombey, el corresponsal de *Financial Times* en España, me ayudó a aclarar algunos de mis malentendidos sobre el país, incluso mientras esperábamos a que le curasen un dedo roto del pie en el ambulatorio. En compensación, mis hijos cuidaron de los suyos. Gracias a Elcin Poyrazlar por lidiar con todos nosotros.

Mis compañeros periodistas y amigos Ramón Besa, John Carlin, Jimmy Burns y Jordi Puntí fueron asombrosamente generosos al compartir su conocimiento y sus contactos en Barcelona. No podría haber escrito este libro sin ellos. John se entregó tanto que se sintió mal cuando Pep le dijo que hablaría conmigo y finalmente no lo hizo. John, sabes perfectamente que el simple hecho de que le consultases fue mucho más que suficiente.

El genial e hipereficiente equipo de comunicación internacional del Barcelona compuesto por Oriol Bonsoms, Sandra Hors y Chemi Teres, siempre amables y sonrientes, organizaron decenas de entrevistas para mí. Cualquiera que haya trabajado en periodismo deportivo sabe que esa no es una práctica habitual en este ámbito.

Este libro es el resultado de cientos de conversaciones y entrevistas a lo largo de los últimos treinta años, tanto en Barcelona como en otros lugares. Quiero dar mi agradecimiento a todos los entrevistados que he citado en el libro, y también a Yael Averbuch, Oriol Barrachina, Roger Bennett, Antoni Bosch Domènech, Carl Bromley, James Campbell, Maria Carreras, John Davies, Rachel Donadio, Robert Edelman, Pep Ferré, Richard Fitzpatrick, Gloria Garcia Castellvi, Michael Goldenberg, Isaac Guerrero, Mateu Hernández, Sam de Jongh, Enric Jove, Simon Lister, Jill Litt, Matías Manna, Anna Marques Corbella, Jaume Masferrer, Branko Milanovic, Benjamin Miller, Albert Montagut, Felipe Monteiro, Marc Murtra, Dominic Peters, Roger Pielke Jr., Will Pryce, Jerome Pugmire, Amy Raphael, Arthur Renard, Xavier Roig, Helena Rosa Trias, Xavier Sala-i-Martín, Esther Silberstein, Ed Smith, Henk Spaan, Russell Stopford, Francesc Trillas, Darren Tulett, Carles Tusquets y Xavi Vilajoana.

Si no he agradecido o nombrado aquí a todos los entrevistados del F. C. Barcelona, es porque no quiero arriesgarme a que se sientan avergonzados por nada de lo que he escrito. Pero sabéis quiénes sois, y os estoy inmensamente agradecidos.

A Albert Capellas ya lo he citado muchas veces en el libro, pero aun así quiero destacarle especialmente, porque fue quien más contribuyó a moldear mi pensamiento sobre el F.C. Barcelona. Le deseo lo mejor tanto a él como a su equipo.

Este libro trata sobre un lugar precioso, y gran parte de él lo escribí en otros dos lugares preciosos. Gracias a Mark Mazower, Marie d'Origny, James Allen y Eve Grinstead por prestarme una oficina en Reid Hall, el centro académico gestionado por Columbia University ubicado en París. En medio de la locura que supuso 2020, poder escribir gran parte de este libro desde un patio soleado de Rive Gauche fue una verdadera inyección de ánimo.

Muchas gracias también a Antoine Flochel, el propietario de la masia Can Cab situada en las montañas catalanas, y a Colombe Schneck y Thomas Chatterton Williams, quienes me consiguieron una plaza en el retiro para escritores en Can Cab. Fue el lugar perfecto para concebir el libro, especialmente la piscina. Gracias, también, al personal encantador de Can Cab, y a mis colegas escritores, franceses y americanos. Era un espectáculo conmovedor, volver de la cocina tras haber ido a buscar la enésima taza de té del día, y encontrar a mi paso a cada persona en una habitación, o en la terraza, inclinada en silencio sobre su solitario proyecto. Ojalá todos vuestros libros hayan prosperado.

Mi agente, Gordon Wise, en Curtis Brown, estuvo siempre disponible para responder a mis correos electrónicos aburridos y triviales. De la mano de sus colegas Nial Harman y Sarah Harvey, fue endosando el libro sin piedad alguna a editoriales extranjeras incautas.

Mi padre, Adam Kuper, fue editor y una fuente de inspiración esencial, como lo ha sido en todos mis libros. Gracias.

Mi mujer, Pamela Druckerman, y nuestros hijos, Leila, Leo y Joey, participaron más de lo que jamás hubiera imaginado en mi egocéntrico proyecto. Hicieron el sacrificio de acompañarme en algunos de mis viajes a Barcelona, donde los niños tomaron clases de español y se convirtieron en fans de Ansu Fati y Frenkie de Jong. También comimos mucho. La consecuencia más inmediata de este libro es que ahora estamos planificando pasar el año escolar 2021-2022 en Madrid. ¿Por qué no en Barcelona? Bueno, por motivos que he intentado explicar en este libro, es más sencillo aprender español en Madrid. Pero visitaremos Barcelona tan a menudo como podamos.

Pamela, que es mucho mejor escritora que yo, leyó tantas páginas de este libro en tantos borradores distintos que ahora podría elaborar una digna biografía de Johan Cruyff ella misma. Pero le debo mucho más que eso, siempre.

Comiendo con el Barça: un apéndice de recetas

Todas las recetas son cortesía del Barça Innovation Hub

Brownies proteínicos

INGREDIENTES PARA 10 *BROWNIES*
150 g de chocolate negro, 200 g de mantequilla, aceite de coco o aceite de oliva virgen extra, 200 g de azúcar moreno,* 80 g de harina, 4 huevos, 10 g de levadura, 12 nueces troceadas, 50 g arándanos rojos deshidratados, chocolate puro en polvo, 100 g de proteína de suero de leche, 80% (sabor a chocolate). (* Para hacer una versión de esta receta baja en carbohidratos, reemplaza la mitad del azúcar por unas gotas de estevia.)

MÉTODO
Mezcla la harina y la levadura en un bol. Apártalo. Derrite el chocolate al baño maría. Apártalo. Trabaja la mantequilla a temperatura ambiente hasta que esté suave y cremosa.
En otro bol, bate el azúcar con los huevos. Añade el aceite de oliva, el aceite de coco, o la mantequilla reblandecida a los huevos y el azúcar. Añade el chocolate derretido. Incorpora lentamente la harina a la mezcla. Añade la proteína de suero de leche, las nueces troceadas y los arándanos. Vierte la mezcla en un recipiente para el horno, extendiéndola bien. Hornea a 180 °C durante aproximadamente veinte minutos.

INFORMACIÓN IMPORTANTE
Un *brownie* tiene aproximadamente 15 g de proteína.
Receta de recuperación 4/1.
Tentempié de tarde para jugadores.

Sleepy Time-Leche merengada

INGREDIENTES PARA 6 RACIONES
200 ml de leche sin lactosa, 1 rama de canela, 1/4 de piel de limón, 1 cucharadita de sirope de agave o de arce, 20 g de caseína en polvo, canela en polvo.

Método
Pon la leche, la piel de limón y la rama de canela en una cacerola, y llévala al punto de ebullición. Retírala del fuego, cúbrela, y déjala reposar durante veinte minutos. Retira la piel de limón y la rama de canela. Incorpora la caseína y el sirope. Deja que se enfríe y sírvelo con canela en polvo espolvoreada por encima.

INFORMACIÓN IMPORTANTE
Un vaso (aproximadamente 200 ml) contiene 20 g de caseína

Delicia de café

INGREDIENTES PARA 6 RACIONES
5 sobrecitos de café instantáneo soluble o liofilizado, 25 g de azúcar glas, 25 g de mantequilla, 25 g de aceite de coco, 25 g de harina de coco, chocolate derretido.

MÉTODO
Derrite la mantequilla junto con el aceite de coco. Incorpora el café instantáneo. Añade el azúcar y la harina de coco. Mezcla bien. Ponlo en 5 moldes pequeños y redondos, y mételo en el congelador.
Derrite el chocolate. Sumerge los trozos en el chocolate y enfríalos rápidamente.

INFORMACIÓN IMPORTANTE
Cada trozo contiene aproximadamente 80 mg de cafeína
Rápido y fácil.

Bibliografía seleccionada

Libros

Ballús, Pol, y Lu Martín, *Pep's City: The Making of a Superteam* (Backpage and Polaris, Edimburgo, 2019).

Barend, Frits, y Henk van Dorp, *Ajax, Barcelona, Cruyff: The ABC of an Obstinate Maestro* (Bloomsbury, Londres, 1998).

Burns, Jimmy, *Barça: A People's Passion* (Bloomsbury, Londres, 1999).

—— *Cristiano and Leo* (Macmillan, Londres, 2018).

Cox, Michael, *Zonal Marking* (HarperCollins, Londres, 2019).

Cruijff, Johan, *Boem* (Gooise Uitgeverij, Bussum, 1975).

Cruyff, Johan, *My Turn: A Life of Total Football* (Nation Books, Nueva York, 2016).

Davidse, Henk, *Je moet schieten, anders kun je niet scoren, en andere citaten van Johan Cruijff* (BZZTôH, La Haya, 1998).

De Galan, Menno, *De trots van de wereld: Michels, Cruijff en het Gouden Ajax van 1964-1974* (Bert Bakker, Ámsterdam, 2006).

Fieldsend, Dan, *The European Game: The Secrets of European Football Success* (Arena Sport, Edimburgo, 2017).

Ghemmour Chérif, *Johan Cruyff, génie pop et despote* (Hugo Sport, París, 2015).

Hornby, Nick, *Fever Pitch* (Indigo, Londres, 1996).

Hughes, Robert, *Barcelona* (Vintage Books, Nueva York, 1993).

Ibrahimović, Zlatan, *I Am Zlatan Ibrahimović* (Penguin, Londres, 2013).

Illan, Montse, y Xavier Torrado, *High-Performance Nutritional Cuisine: Practical Recipes for Football* (Barça Innovation Hub, Barcelona, 2019).

Iniesta, Andrés, *The Artist: Being Iniesta* (Headline, Londres, 2016).

Kok, Auke, *Johan Cruijff: De biografie* (Hollands Diep, Ámsterdam, 2019).

Kuper, Simon, *Ajax, the Dutch, the War: Football in Europe During the Second World War* (Orion, Londres, 2003).

—— *Football Against the Enemy* (Orion, Londres, 1996).

Leplat, Thibaud, *Guardiola, éloge du style* (Hugo Sport, París, 2015).

Lineker, Gary, y Danny Baker, *Life, Laughs and Football* (Arrow Books, Londres, 2020).

Lowe, Sid, *Fear and Loathing in La Liga* (Yellow Jersey Press, Londres, 2013).

Minder, Raphael, *The Struggle for Catalonia: Rebel Politics in Spain* (Hurst & Co., Londres, 2017).

Montalbán, Manuel Vázquez, *Barcelonas* (Verso, Londres, 1992).

Perarnau, Martí, *Pep Confidential: The Inside Story of Pep Guardiola's First Season at Bayern Munich* (Arena Sport, Edimburgo, 2014).

Preston, Paul, *The Spanish Civil War: Reaction, Revolution and Revenge* (William Collins, Londres, 2016).

Puntí, Jordi, *Messi: Lessons in Style* (Short Books, Londres, 2018).

Reng, Ronald, *Barça: Die Entdeckung des schönen Fussballs* (Piper, Munich/ Berlín, 2016).

——, *A Life Too Short: The Tragedy of Robert Enke* (Yellow Jersey Press, Londres, 2011).

Rollo, Ian, y Asker Jeukendrup, *Sports Nutrition for Football: An Evidence-Based Guide for Nutrition Practice at FC Barcelona* (Barça Innovation Hub, Barcelona, 2018).

Scheepmaker, Nico, *Cruijff, Hendrik Johannes, fenomeen 1947– 1984* (Van Holkema & Warendorf/ Unieboek, Weesp, 1984).

Schulze-Marmeling, Dietrich, *Der König und sein Spiel: Johan Cruyff und der Weltfussball* (Die Werkstatt, Göttingen, 2012).

Soriano, Ferran, *Goal: The Ball Doesn't Go In by Chance* (Palgrave Macmillan, Londres, 2012).

Tóibín, Colm, *Homage to Barcelona* (Simon and Schuster, Londres, 1990).

Van den Boogaard, Arthur, *Het laatste seizoen: Het andere gezicht van Johan Cruijff* (Thomas Rap, Ámsterdam, 2019).

Van Hensbergen, Gijs, *The Sagrada Família: Gaudí's Heaven on Earth* (Bloomsbury, Londres, 2018).

Van Os, Pieter, *Johan Cruijff: De Amerikaanse jaren* (Uitgeverij 521, Ámsterdam, 2007).

Wilson, Jonathan, *The Barcelona Legacy* (Blink, Londres, 2018).

Winkels, Edwin, *Johan Cruijff in Barcelona: De mythe van de verlosser* (Brandt, Ámsterdam, 2016).

—— *Van Johan tot Frenkie: Het Barcelona-gevoel van 30 Nederlandse voetballers en trainers* (Brandt, Ámsterdam, 2020).

Winner, David, *Brilliant Orange: The Neurotic Genius of Dutch Football* (Bloomsbury, Londres, 2000).

Zwart, Pieter, *De val van Oranje-en hoe we weer kunnen herrijzen* (Das Mag, Ámsterdam, 2018).

Películas

Castellet, Oriol Bosch, *Andrés Iniesta: The Unexpected Hero* (2020).

De Vos, Maarten, *Nummer 14: Johan Cruijff* (1973).

Erkelens, Piet, y Pim Marks, *Schijnbewegingen* (NOS, 1988).

Erskine, James, *This Is Football*, temporada 1, episodio 6: «Wonder», (Starbucks Production, 2019).

Gieling, Ramon, *En un momento dado* (Pieter van Huystee Film, Humanistische Omroep, 2004).

Llompart, Jordi, *Barça Dreams: A True Story of FC Barcelona* (2015).

Marcos, Jordi, *L'últim partit. 40 anys de Johan Cruyff a Catalunya* (2014).

McMath, Duncan, *Take the Ball, Pass the Ball* (Zoom Sport International, 2018).

Rodríguez, Pol, y Oriol Querol, *Matchday: Inside FC Barcelona* (2019).

Tifo Football, *Tifo Guide to La Masia: The History* (17 de septiembre de 2019).

Webster, Justin, y Daniel Hernández, *FC Barcelona Confidential* (JWP-Alea, 2004).

Revistas

Hard Gras: God is dood, Cruijff niet: De mooiste gedichten en verhalen over Johan Cruijff (Ambo/Anthos, Ámsterdam, 2016).

Hard Gras, tomo 15, junio de 1998, Edwin Winkels, «De eenzame kampioen» (L. J. Veen, Ámsterdam, 1998).

Hard Gras, tomo 29, diciembre de 2001, «In Barcelona» (L. J. Veen, Ámsterdam, 2001). *So Foot*, tomo 128, verano de 2015, «Johan Cruyff».

Otros

Carreras, Maria Victoria, «A Second Renaissance: Football Club Barcelona, Camp Nou, and the Re-emergence of Catalan Nationalism, 1950-1975» (tesis sin publicar, California State University, Long Beach, agosto de 2013).

Elberse, Anita, «Futbol Club Barcelona» (estudio de caso 9-516-031, Harvard Business School, 1 de septiembre de 2015).

Notas

Introducción
1. Wilson, *The Barcelona Legacy*, 153.

Capítulo 1. Quién es quién en la casa del Barça
1. Lowe, *Fear and Loathing in La Liga*, 7.
2. Hughes, *Barcelona*, 495.
3. Lowe, *Fear and Loathing in La Liga*, 24, 27-28.
4. Preston, *The Spanish Civil War*, 295.
5. Conxita Mir, «The Francoist Repression in the Catalan Countries», *Catalan Historical Review* 1 (2008): 133-47.
6. Preston, *The Spanish Civil War*, 306.
7. Lowe, *Fear and Loathing in La Liga*, 59.
8. Minder, *The Struggle for Catalonia*, 66-68.
9. Schulze-Marmeling, *Der König und sein Spiel*, 138.
10. Lowe, *Fear and Loathing in La Liga*, 63.
11. Minder, *The Struggle for Catalonia*, 268.
12. Hughes, *Barcelona*, 18.
13. Jimmy Burns, *La Roja: A Journey Through Spanish Football* (Londres: Simon and Schuster, 2012), 99-100.
14. Lowe, *Fear and Loathing in La Liga*, 47-52.
15. Lowe, *Fear and Loathing in La Liga*, 2.
16. Mike Ozanian, «FC Barcelona First Team Ever to Surpass $1 Billion in Revenue», *Forbes*, 2 de octubre de 2018.
17. Lowe, *Fear and Loathing in La Liga*, 232-233.
18. «Barça: comment Piqué et Shakira ont favorisé l'arrivée du nouveau sponsor», *RMC Sport*, 16 de noviembre de 2016.
19. Winkels, «De eenzame kampioen», 76.
20. Soriano, *Goal*, 89.
21. «Barcelona gana población y alcanza la cifra más alta desde 1991», *La Vanguardia*, 14 de julio de 2019.
22. Minder, *The Struggle for Catalonia*, 270.
23. Elberse, «Futbol Club Barcelona»
24. «Price of Football: Full results 2017», BBC, 15 de noviembre de 2017.
25. Shilarze Saharoy, Barça to Offer Compensation to Camp Nou Season Ticket Holders», *Times of India*, 23 de junio de 2010.
26. Duncan McMath, *Take the Ball, Pass the Ball* (Zoom Sport International, 2018).

27. «90 Minutes with Pep Guardiola. Leadership, Cruyff and Managing Dressing Rooms», *Cano Football*, 18 de agosto de 2019.

Capítulo 2. El hombre que hablaba con la pelota en los pies

1. Ghemmour, *Johan Cruyff, génie pop et despote*, 11.
2. Hornby, *Fever Pitch*, 36.
3. Hans Werner Kilz, Kurt Röttgen, y Ludger Schulze, «Ballack sächselt wenigstens noch: Interview mit Angela Merkel», *Süddeutsche Zeitung*, 17 de mayo de 2010.
4. Cruijff, *Boem*, 42.
5. Cruijff, *Boem*, 45-46.
6. NOS Studio Sport, «Johan Cruijff: Een eerbetoon», 26 de abril de 2020.
7. Jean Issartel y David Espinar, «Cruyff: 'J'avais l'élégance de la rue'», *L'Équipe*, 24 de marzo de 2016.
8. Simon Kuper, «Old Scores: The Message in Johan Cruyff's Memoir», *Financial Times*, 6 de octubre de 2016.
9. Cruijff, *Boem*, 51-55.
10. De Vos, *Nummer 14*.
11. Cruijff, *Boem*, 81.
12. Kok, *Johan Cruijff*, 59.
13. Kuper, «Old Scores».
14. Davidse, *Je moet schieten*, 71.
15. Cruijff, *Boem*, 85.
16. Kok, *Johan Cruijff*, 43.
17. Cruijff, *Boem*, 86-87.
18. NOS Studio Sport, «Johan Cruijff: Een eerbetoon».
19. Schulze-Marmeling, *Der König und sein Spiel*, 77.
20. El mejor relato de los primeros años del gran Ajax se encuentra en Menno de Galan, *De trots van de wereld*.
21. *So Foot*, «Johan Cruijff», 39.
22. Jurryt van der Vooren, «De wereldberoemde uitspraak 'Voetbal is oorlog' is precies vijftig jaar oud», Sportgeschiedenis.nl, 17 de noviembre de 2019.
23. Schulze-Marmeling, *Der König und sein Spiel*, 126-27.
24. Kok, *Johan Cruijff*, 93.
25. Van den Boogaard, *Het laatste seizoen*, 61 y 97.
26. *Voetbal International*, «Johan Cruijff 50», 23 de abril de 1997.
27. Jonathan Wilson, *Inverting the Pyramid: The History of Football Tactics* (Londres: Orion, 2008), 62.
28. Ghemmour, *Johan Cruyff*, 163.
29. Cox, *Zonal Marking*, 4.
30. Scheepmaker, *Cruijff, Hendrik Johannes, fenomeen 1947-1984*, 89-90.
31. Wilson, *The Barcelona Legacy*, 14.
32. Schulze-Marmeling, *Der König und sein Spiel*, 103.
33. Ghemmour, *Johan Cruyff*, 162.
34. Cruijff, *Boem*, 184.
35. NOS Studio Sport, «Johan Cruijff: Een eerbetoon».
36. Van den Boogaard, *Het laatste seizoen*, 369.

37. Voetbal International, «Johan Cruijff 50».
38. Van den Boogaard, *Het laatste seizoen*, 112.
39. Cox, *Zonal Marking*, 5-6.
40. Erkelens y Marks, *Schijnbewegingen*.
41. Schulze-Marmeling, *Der König und sein Spiel*, 133.
42. NOS Studio Sport, «Johan Cruijff: Een eerbetoon».
43. Ghemmour, *Johan Cruyff*, 70.
44. Cruijff, *Boem*, 136.
45. Davidse, *Je moet schieten*, 56.
46. De Vos, *Nummer 14*.
47. Kok, *Johan Cruijff*, 99.
48. Ballús y Martín, *Pep's City*, 30.
49. NOS Studio Sport, «Johan Cruijff: Een eerbetoon».
50. Cruijff, *Boem*, 204.
51. Leo Verheul, «Rinus Michels ziet om», *Hard Gras*, issue 29.
52. *So Foot*, «Johan Cruyff», 60.
53. De Vos, *Nummer 14*.
54. De Vos, *Nummer 14*.
55. Cruijff, *Boem*, 201-2.
56. Ghemmour, *Johan Cruyff*, 134.
57. Kok, *Johan Cruijff*, 337.

Capítulo 3. F. C. Barcelona: basado en una idea original de Johan Cruyff

1. Kok, *Johan Cruijff*, 343.
2. Winkels, *Johan Cruijff in Barcelona*, 251-53.
3. Davidse, *Je moet schieten*, 11.
4. Scheepmaker, *Cruijff, Hendrik Johannes, fenomeen 1947-1984*, 225.
5. Verheul, «Rinus Michels ziet om», 21.
6. Burns, *Barça*, 206.
7. Lowe, *Fear and Loathing in La Liga*, 223.
8. Kok, *Johan Cruijff*, 450.
9. Cruijff, *Boem*, 249-50.
10. *So Foot*, «Johan Cruyff», 140.
11. Verheul, «Rinus Michels ziet om», 15-16.
12. *So Foot*, «Johan Cruyff», 82.
13. Winkels, *Johan Cruijff in Barcelona*, 135.
14. Marcos, *L'últim partit*.
15. Kok, *Cruijff*, 355.
16. Burns, *Barça*, 206.
17. Andrés Rodríguez-Pose y Daniel Hardy, «Reversal of Economic Fortunes: Institutions and the Changing Ascendancy of Barcelona and Madrid as Economic Hubs», *Growth and Change* 52, n.º 1 (2020): 48-70.
18. Burns, *Barça*, 230-31.
19. Winkels, *Van Johan tot Frenkie*, 26.
20. Cruijff, *Boem*, 35.
21. Cruijff, *Boem*, 27-78.

22. Cruijff, *Boem*, 8-10.
23. Verheul, «Rinus Michels ziet om», 22.
24. Josep Maria Casanovas, «Cruijff, een leven voor Barça», in *Hard Gras: God is dood, Cruijff niet*, 110.
25. *So Foot*, «Johan Cruyff», 27.
26. Winkels, *Johan Cruijff in Barcelona*, 104-5.
27. Davidse, *Je moet schieten*, 7.
28. Kok, *Johan Cruijff*, 369.
29. Marcos, *L'últim partit*.
30. *So Foot*, «Johan Cruyff», 140.
31. Cruijff, *Boem*, 272-3.
32. Marcos, *L'últim partit*.
33. *So Foot*, «Johan Cruyff», 82.
34. Schulze-Marmeling, *Der König und sein Spiel*, 104.
35. *So Foot*, «Johan Cruyff», 80-82.
36. Cruijff, *Boem*, 270.
37. Cruijff, *Boem*, 271-72.
38. Verheul, «Rinus Michels ziet om», 22-23.
39. Kok, *Johan Cruijff*, 368-69.
40. *So Foot*, «Johan Cruyff», 39.
41. *So Foot*, «Johan Cruyff», 145.
42. Gieling, *En un momento dado*.
43. Schulze-Marmeling, *Der König und sein Spiel*, 146.
44. *So Foot*, «Johan Cruyff», 140.
45. Ghemmour, *Johan Cruyff*, 145.
46. Verheul, «Rinus Michels ziet om», 23.
47. *So Foot*, «Johan Cruyff», 120.
48. Kok, *Johan Cruijff*, 386.
49. Kuper, «Old Scores».
50. Kok, *Johan Cruijff*, 411.
51. Winner, *Brilliant Orange*, 92.
52. Details in Kok, *Johan Cruijff*.
53. *So Foot*, «Johan Cruyff», 39.
54. Schulze-Marmeling, *Der König und sein Spiel*, 169.
55. *So Foot*, «Johan Cruyff», 43.
56. Jimmy Burns, «Cruyff was Sinterklaas», en *Hard Gras: God is dood, Cruyffniet*, 139.
57. Gieling, *En un momento dado*.
58. Barend y van Dorp, *Ajax, Barcelona, Cruyff*, 241.
59. Winkels, *Van Johan tot Frenkie*, 262.
60. Kok, *Johan Cruijff*, 562.
61. Burns, *Barça*, 217.
62. Lowe, *Fear and Loathing in La Liga*, 241.
63. Minder, *The Struggle for Catalonia*, 290.
64. Kok, *Johan Cruijff*, 430.
65. Winkels, *Johan Cruijff in Barcelona*, 148.
66. NOS Studio Sport, «Johan Cruijff: Een eerbetoon».
67. Sander Schomaker, «Totaal mislukte ontvoering Cruijff had toch gevolgen», *Metro*, 6 de octubre de 2016.

68. Van Os, *Johan Cruijff*, 257.
69. *So Foot*, «Johan Cruyff», 88.
70. Van Os, *Johan Cruijff*, 233-235.
71. Ghemmour, *Johan Cruyff*, 222.
72. Winkels, *Johan Cruijff in Barcelona*, 58-59.
73. NOS Studio Sport, «Johan Cruijff: Een eerbetoon».
74. Van Os, *Johan Cruijff*, 62.
75. Van Os, *Johan Cruijff*, 82.
76. Van Os, *Johan Cruijff*, 12-13.
77. NOS Studio Sport, «Johan Cruijff: Een eerbetoon».
78. Van Os, *Johan Cruijff*, 105.
79. Schulze-Marmeling, *Der König und sein Spiel*, 106-7.
80. Matty Verkamman, «Voor Cruijff is voetbal altijd een spel gebleven», *Trouw*, 19 de abril de 1997.
81. Van den Boogaard, *Het laatste seizoen*, 345.
82. *Voetbal International*, «Johan Cruijff 50».
83. Davidse, *Je moet schieten*, 70.
84. Van den Boogaard, *Het laatste seizoen*, 106-7.
85. Kok, *Johan Cruijff*, 511.
86. Van den Boogaard, *Het laatste seizoen*, 102.
87. *So Foot*, «Johan Cruyff», 106.
88. Davidse, *Je moet schieten*, 62.
89. Van den Boogaard, *Het laatste seizoen*, 360.
90. Scheepmaker, *Cruijff, Hendrik Johannes, fenomeen 1947-1984*, 200.

Capítulo 4. El coreógrafo

1. Marcos, *L'últim partit*.
2. *Voetbal International*, «Podcast over eeuwige voetbalvader: "Guardiola door Cruyff verliefd op voetbal "», 15 de abril de 2020.
3. Davidse, *Je moet schieten*, 70.
4. Davidse, *Je moet schieten*, 66.
5. Ghemmour, *Johan Cruyff*, 260.
6. Erkelens y Marks, *Schijnbewegingen*.
7. Zwart, *De val van Oranje*, 220.
8. Kok, *Johan Cruijff*, 542.
9. Davidse, *Je moet schieten*, 86.
10. Ghemmour, *Johan Cruyff*, 259.
11. Kok, *Johan Cruijff*, 547.
12. Barend y van Dorp, *Ajax, Barcelona, Cruyff*, 224.
13. Schulze-Marmeling, *Der König und sein Spiel*, 249.
14. Erkelens y Marks, *Schijnbewegingen*.
15. Erkelens y Marks, *Schijnbewegingen*.
16. Ver por ejemplo, Barend y Van Dorp, *Ajax, Barcelona, Cruyff*, 88 y 92.
17. Burns, *Barça*, 229-30.
18. Burns, *Barça*, 297.
19. *Voetbal International*, «Johan Cruijff 50».
20. Kok, *Johan Cruijff*, 558.
21. «Tonny Bruins Slot», Edwin Winkels, https://edwinwinkels.com/tonny-bruins-slot/.

22. *So Foot*, Johan Cruyff, 128.
23. Davidse, *Je moet schieten*, 17.
24. Barend y Van Dorp, *Ajax, Barcelona, Cruyff*, 104.
25. *Voetbal International*, «Johan Cruijff 50».
26. Wilson, *The Barcelona Legacy*, 96.
27. Kok, *Johan Cruijff*, 559 y 562.
28. José Luis Hurtado, «The Similarities Between the Hesperia Mutiny of 1988 and Messi's Rebellion of 2020», *Marca*, 2 de abril de 2020.
29. Gieling, *En un momento dado*.
30. Winkels, «De eenzame kampioen», 90.
31. Winkels, *Johan Cruijff in Barcelona*, 189.
32. Winkels, *Van Johan tot Frenkie*, 107.
33. Marcos, *L'últim partit*.
34. Barend y Van Dorp, *Ajax, Barcelona, Cruyff*, 150.
35. Ghemmour, *Johan Cruyff*, 286-87.
36. *So Foot*, Johan Cruyff, 43.
37. «Las frases más geniales de Cruyff», *Mundo Deportivo*, 29 de marzo de 2016.
38. Verkamman, «Voor Cruijff is voetbal altijd een spel gebleven»
39. Marcos, *L'últim partit*.
40. Llompart, *Barça Dreams*.
41. Martijn Krabbendam y Sjef de Bont, «Ronald Koeman en de onverwoestbare Barçaband: nog één droom te gaan», 20 de mayo de 2020, en *Voetbal International*, 25:51.
42. Ronald Reng, *Barça: Die Entdecking des schönen Fussballs* (Múnich/Berlín:Piper, 2016), 20.
43. Davidse, *Je moet schieten*, 66 y 85.
44. «Las frases más geniales de Johan Cruyff».
45. Davidse, *Je moet schieten*, 18.
46. Marcos, *L'últim partit*.
47. «Guardiola: 'Vraag me nog vaak af wat Johan zou doen'», *Voetbal International*, 25 de marzo de 2016.
48. Pierre Escofet, «Francisco Paco Seirul·lo, le maître inconnu du Barça», *Le Temps*, 20 de febrero de 2017.
49. Joshua Robinson y Jonathan Clegg, *The Club: How the Premier League Became the Richest, Most Disruptive Business in Sport* (Londres: John Murray, 2019), 275.
50. Marcos, *L'últim partit*.
51. Marcos, *L'últim partit*.
52. Lineker y Baker, *Life, Laughs and Football*, 152.
53. Barend y van Dorp, *Ajax, Barcelona, Cruyff*, 104.
54. Lowe, *Fear and Loathing in La Liga*, 283.
55. Simon Zwartkruis, «Het Spanje van Jordi Cruijff: "Mijn vader heeft echt iets achtergelaten"», *Voetbal International*, noviembre de 2019.
56. *Voetbal International*, «Podcast over eeuwige voetbalvader».
57. Marcos, *L'últim partit*.
58. *So Foot*, «Johan Cruyff», 76.
59. Issartel y Espinar, «Cruyff: 'J'avais l'élégance de la rue'».

60. Enrique Ortego, «El gran problema de Messi es que compite consigo mismo», *El País*, 20 de septiembre de 2020.
61. Erik Jonk, «Força Koeman van Videoland mooie kijk achter de schermen van "bizar Barcelona"», Metronieuws.nl, 17 de febrero de 2021.
62. Cox, *Zonal Marking*, 13.
63. Winkels, *Van Johan tot Frenkie*, 254.
64. *So Foot*, «Johan Cruyff», 45.
65. Winkels, *Johan Cruijff in Barcelona*, 47 y 161.
66. McMath, *Take the Ball, Pass the Ball*.
67. Carles Ruipérez, «Cruyff bautizó hace 27 años en Praga el ruido eterno que acompaña al Barça», *La Vanguardia*, 23 de octubre de 2019.
68. Ghemmour, *Johan Cruyff*, 289.
69. Kok, *Johan Cruijff*, 592.
70. Gieling, *En un momento dado*.
71. Eusebio Sacristán, entrevista con el autor, 15 de noviembre de 2019.
72. Winkels, *Van Johan tot Frenkie*, 105.
73. Lowe, *Fear and Loathing in La Liga*, 289.
74. Winkels, «De eenzame kampioen», 139.
75. Ghemmour, *Johan Cruyff*, 299.
76. Ballús y Martín, *Pep's City*, 227-28.
77. George Orwell, «As I Please», *Tribune*, 6 de diciembre de 1946.
78. Lowe, *Fear and Loathing in La Liga*, 299.
79. Leo Verheul, «Vijf stellingen», *Hard Gras* tomo 29, diciembre de 2001.
80. Ortego, «El gran problema de Messi es que compite consigo mismo».
81. Janan Ganesh, «What the Dream Hoarders Get Wrong About Parenting», *Financial Times*, 27 de noviembre de 2020.
82. Cox, *Zonal Marking*, 12.
83. Barend y Van Dorp, *Ajax, Barcelona, Cruyff*, 196.
84. Ghemmour, *Johan Cruyff*, 316.
85. Barend y Van Dorp, *Ajax, Barcelona, Cruyff*, 239.
86. *So Foot*, «Johan Cruyff», 74.
87. Schulze-Marmeling, *Der König und sein Spiel*, 246.
88. Ver https://twitter.com/90sfootball/status/1252663390188830726?lang=en.
89. Kok, *Johan Cruijff*, 600.
90. Henk Hoijtink, «Johan Cruijff spreekt tot hart, geest en fantasie», *Trouw*, 24 de abril de 2007.
91. Winkels, *Johan Cruijff in Barcelona*, 205.
92. «Sierd de Vos over eten en slapen in Barcelona, over Cruijff, Guardiola y el Loco Bielsa», YouTube, 8:49, publicado el 31 de marzo de 2012 https://www.youtube.com/watch?v=qA34XIjBtGg.
93. Burns, *Barça*, 286-7.

Capítulo 5. Cruyff: mi papel en su declive

1. Voetbal International, «Johan Cruijff 50»
2. Marcos, *L'últim partit*.

3. Schulze-Marmeling, *Der König und sein Spiel*, 56.
4. So Foot, «Johan Cruyff», 35.
5. Schulze-Marmeling, *Der König und sein Spiel*, 278.
6. Soriano, *Goal*, 127.
7. Schulze-Marmeling, *Der König und sein Spiel*, 78.
8. Ghemmour, *Johan Cruyff*, 366.
9. *So Foot*, «Johan Cruyff», 122.
10. *So Foot*, «Johan Cruyff», 120-22; Winkels, *Johan Cruijff in Barcelona*, 87.
11. «Property Developer and Former FC Barcelona President, Josep Lluís Núñez, Goes to Jail for Tax Fraud», *Catalan News*, 17 de noviembre de 2014.
12. Cruijff, *Boem*, 21.
13. Michel van Egmond, *Wandelen met Cruijff, en andere bijzondere voetbalverhalen* (Róterdam: De Buitenspelers, 2011), 268-70.
14. *So Foot*, «Johan Cruyff», 51.
15. Winkels, *Johan Cruijff in Barcelona*, 239.
16. Winkels, *Van Johan tot Frenkie*, 59.
17. Simon Zwartkruis, «Koopclub Barcelona verlangt terug naar talentenvisie Cruyff», *Voetbal International*, 15 de agosto de 2019.
18. Llompart, *Barça Dreams*.
19. *So Foot*, «Johan Cruyff», 82.
20. Perarnau, *Pep Confidential*, 58.
21. McMath, *Take the Ball, Pass the Ball*.
22. Schulze-Marmeling, *Der König und sein Spiel*, 87.
23. Zwart, *De val van Oranje*, 165.
24. Duncan Alexander, «The Exploration of Space Through Goal Kicks», Stats Perform.
25. McMath, *Take the Ball, Pass the Ball*.
26. Lowe, *Fear and Loathing in La Liga*, 382.
27. «Guardiola: "Vraag me nog vaak af wat Johan zou doen"».
28. Lineker y Baker, *Life,Laughs and Football*, 231.

Capítulo 6.
Los bajitos del internado: más que una academia juvenil

1. Cruijff, *Boem*, 104.
2. De Vos, *Nummer 14*.
3. Kok, *Johan Cruijff*, 607.
4. McMath, *Take the Ball, Pass the Ball*.
5. Callum Rice-Coates, «Oriol Tort: How One Man Helped Turn Barcelona's La Masia into a Bastion of Talent», *These Football Times*, 9 de abril de 2018.
6. Schulze-Marmeling, *Der König und sein Spiel*, 229.
7. Rice-Coates, «Oriol Tort».
8. Intercambio de correos electrónicos con Maria Carreras, 23 de junio de 2020.
9. «La Masia: The History of Barcelona's Academy», YouTube, 10.18, publicado por «Tifo Football», 17 de septiembre de 2019, https://www.youtube.com/watch?v=tResxp9hOHo.

10. Llompart, *Barça Dreams*; y Lowe, *Fear and Loathing in La Liga*, 370.
11. Leplat, *Guardiola, éloge du style*, 59.
12. McMath, *Take the Ball, Pass the Ball*.
13. Wilson, *The Barcelona Legacy*, 25.
14. Duncan Hamilton, *Immortal: The Approved Biography of George Best* (Londres: Century, 2013), 24.
15. Van Os, *Johan Cruijff*, 63.
16. Van den Boogaard, *Het laatste seizoen*, 162.
17. Barend y Van Dorp, *Ajax, Barcelona, Cruyff*, 223.
18. *So Foot*, «Johan Cruyff», 22.
19. Kok, *Johan Cruijff*, 625.
20. NOS Studio Sport, «Johan Cruijff: Een eerbetoon».
21. Andrew Murray, «Xavi: Master the Pass», *FourFourTwo*, 11 de abril de 2014.
22. Sid Lowe, «I'm a Romantic, Says Xavi, Heartbeat of Barcelona and Spain», *Guardian*, 11 de febrero de 2011.
23. Schulze-Marmeling, *Der König und sein Spiel*, 233.
24. John Carlin, «Nou sensation», *Guardian*, 2 de febrero de 2008.
25. Xavier Ortuno, «Revealed: The Secrets of the Barcelona Method Have Been Unveiled», *Sport*, 7 de octubre de 2014.
26. Murray, «Xavi».
27. NOS Studio Sport, «Johan Cruijff: Een eerbetoon».
28. Schulze-Marmeling, *Der König und sein Spiel*, 269.
29. «Een serieuze poging tot Cruijffkunde», *Neerlandistiek*, 7 de junio de 2020.
30. Mark Williams y Tim Wigmore, *The Best: How Elite Athletes Are Made* (Londres: Nicholas Brealey, 2020), 89.
31. *So Foot*, «Johan Cruyff», 43.
32. Kok, *Johan Cruijff*, 597.
33. Llompart, *Barça Dreams*.
34. Reng, *A Life Too Short*, 163.
35. Soriano, *Goal*, 134-36.
36. Rodriguez y Querol, *Matchday*, episodio 3.
37. Reng, *Barça*, 27.
38. Alexandre González, «Iniesta, le gentil fantôme», *So Foot*, febrero de 2009.
39. Andrés Iniesta, *The Artist: Being Iniesta* (Londres: Headline, 2016), 99.
40. *Voetbal International*, «Podcast over eeuwige voetbalvader».
41. Wilson, *The Barcelona Legacy*, 53.
42. Raffaele Poli, Loic Ravenel y Roger Besson, *Historical Analysis of Compositional Strategies for Squads (2010)*, CIES Football Observatory Monthly Report n.º 50, (diciembre de 2019).
43. Cox, *Zonal Marking*, 245-48.
44. Kuper, *Football Against the Enemy*, 150.
45. Elberse, «Futbol Club Barcelona».
46. Castellet, *Andrés Iniesta*.
47. Wilson, *The Barcelona Legacy*, 149.

48. Elberse, «Futbol Club Barcelona».
49. Reng, *Barça*, 39, 123.
50. Gonzalez, «Iniesta, le gentil fantôme».
51. Ibrahimović, *I am Zlatan Ibrahimović*, 1-2, 10.
52. Schulze-Marmeling, *Der König und sein Spiel*, 262.
53. Ver Mark Hyland, *Until It Hurts: America's Obsession with Youth Sports and How It Harms Our Kids* (Boston: Beacon Press, 2009).
54. Simon Kuper, «Pushy Parents and Fantasies That Last for Life», *Financial Times*, 13 de marzo de 2009.
55. «Michiel de Hoog interviewt Michael Lewis», 17 de junio de 2020, en *De Correspondent*, por Jacco Prantl, *podcast*.
56. «Michiel de Hoog interviewt Michael Lewis».

Capítulo 7.
¿Cómo lo hace? Desmontando a Lionel Messi

1. James Erskine, *This Is Football*, «Wonder».
2. John Carlin, «Peter Pan en el olimpo del fútbol», *El País,* 24 de mayo de 2009.
3. Puntí, *Messi*, 37-39.
4. Rodríguez y Querol, *Matchday*, episodio 6.
5. Dermot Corrigan y Adam Crafton, «Jorge Messi: The Agent Father Behind Leo's Fortunes», *The Athletic*, 1 de septiembre de 2020.
6. Andy Mitten, «Introducing the Messiah», *FourFourTwo*, enero de 2006.
7. Jimmy Burns, *Cristiano and Leo* (Londres: Macmillan, 2018), 99.
8. Cox, *Zonal Marking*, 276.
9. Ronald Reng, *Barça*, 100, 104; y Luis Martín, «La proyección Messi», *El País*, 4 de febrero de 2006.
10. Soriano, *Goal*, 53, 87.
11. Soriano, *Goal*, 96.
12. *Voetbal International*, «Toen Rijkaard de voetbalwereld kennis liet maken met het fenomeen Messi», 16 de octubre de 2019; las otras citas de Ten Cate son de su entrevista en *Dublin Web Summit* de noviembre de 2014.
13. Reng, *Barça*, 104-5; y Carlin, «Peter Pan en el olimpo del fútbol».
14. Webster y Hernández, *FC Barcelona Confidential*.
15. Ballús y Martín, *Pep's City*, 6-7.
16. Reng, *Barça*, 103.
17. Mitten, «Introducing the Messiah».
18. Reng, *Barça*, 106-7.
19. Mitten, «Introducing the Messiah».
20. Burns, *Cristiano and Leo*, 134.
21. Mitten, «Introducing the Messiah».
22. Reng, *Barça*, 89.
23. Reng, *Barça*, 95.
24. «Barça: L'anecdote étonnante sur le départ de Ronaldo en 1997», *RMC Sport*, 7 de noviembre de 2018.
25. Soriano, *Goal*, 77.
26. James Yorke, «Messi Data Biography Analysis: Young Messi 2004-05 to 2007-08», StatsBomb, 12 de julio de 2019.

27. James Yorke, «Messi Data Biography Analysis: Young Messi».
28. Alana Fisher, «Lionel Messi Joins Facebook, Reaches 6.7 Million Fans, Gains 40,000 Interactions in a Few Hours», *Brand New Directions*, 7 de abril de 2011.
29. De Vos, *Nummer 14*.
30. Erskine, «Wonder».
31. «Leo Messi: "I've Learned to Read the Games Better"», F.C. Barcelona, 28 de octubre de 2019.
32. McMath, *Take the Ball, Pass the Ball*.
33. McMath, *Take the Ball, Pass the Ball*.
34. Cox, *Zonal Marking*, 271.
35. Carlin, «Peter Pan en el olimpo del fútbol».
36. Reng, *Barça*, 110.
37. Burns, *Cristiano and Leo*, 178.
38. Soriano, *Goal*, 126.
39. Burns, *Cristiano and Leo*, 169.
40. Burns, *Cristiano and Leo*, 178.
41. Cox, *Zonal Marking*, 283.
42. Dermot Corrigan, «How Much Power Does Messi Really Hold at Barcelona?», *The Athletic*, 8 de julio de 2020.
43. Leplat, *Guardiola*, 197.
44. Leplat, *Guardiola*, 198.
45. Joan Oliver, entrevista con el autor, Barcelona, 24 de noviembre de 2009.
46. Oliver, entrevista.
47. Ghemmour, *Johan Cruyff*, 372.
48. McMath, *Take the Ball, Pass the Ball*.
49. «Lionel Messi: Entretien exclusif avec le meilleur joueur du monde», *So Foot*, febrero de 2009.
50. «Jerzy Dudek no se corta un pelo: "Leo Messi es falso y provocador, y Cristiano Ronaldo, arrogante"», LaSexta, 23 de abril de 2020.
51. «Messi's Stern Telling-Off from Champions League Referee: "Show Some Respect!"», *AS*, 12 de noviembre de 2020; UEFA, «Man in the Middle", trailer de https://www.youtube.com/watch?v=nFxgrnWY21Q 30 de marzo de 2021.
52. Roberto Palomar, «The Psychologist That Messi Never Visited», *Marca*, 3 de enero de 2021.
53. Puntí, *Messi*, 111.
54. R.Bx, «Neymar, Messi, les JO: les confidences de Kylian Mbappé», *Le Parisien*, 23 de diciembre de 2019.
55. Winkels, *Johan Cruijff in Barcelona*, 250.
56. Marcos, *L'últim partit*.
57. Lineker y Baker, *Life, Laughs and Football*, 178.
58. Mitten, «Introducing the Messiah».
59. Marcos, *L'últim partit*.
60. Wilson, *The Barcelona Legacy*, 245.
61. «Mourinho Changes His Tune and Says Messi Deserves the Ballon d'Or», *Sport*, 20 de abril de 2019.

62. Carlos Silva Rojas, «El día en que Messi vio todo negro y casi golpea a un compañero de la selección en Argentina», *RedGol*, 5 de abril de 2020.
63. Van Os, *Johan Cruijff*, 271.
64. Tim Reedijk, «Steenrijke voetballers gewilde targets voor criminelen», *Algemeen Dagblad*, 18 de marzo de 2021.
65. Cristina Cubero y Fernando Polo, «Entrevista a Messi: "Amo Barcelona, esta es mi casa"», *Mundo Deportivo*, 20 de febrero de 2020.
66. Carlin, «Peter Pan en el olimpo del fútbol».
67. Puntí, *Messi*, 95.
68. Erkelens y Marks, *Schijnbewegingen*.
69. Información de John Burn-Murdoch, *Financial Times*.
70. «Cristiano Ronaldo on His Relationship with Lionel Messi», YouTube, 1.02, publicado por «Barça World», 29 de agosto de 2019, https://www.youtube.com/watch?v=ApP4fm41HUI.
71. Información de John Burn-Murdoch.
72. Erskine, «Wonder».
73. Perarnau, *Pep Confidential*, 336.
74. Erskine, «Wonder».
75. Lineker y Baker, *Life, Laughs and Football*.
76. Murad Ahmed, «Marcus Rashford: 'The System Is Broken: And It Needs to Change'», *Financial Times*, 18 de septiembre de 2020.
77. The Pep (@Guardiola Tweets), «Dani Alves "Pep hates these full-back to winger passes because they don't offer progression. But I used to do them with Messi a lot and he would be annoyed"», 9 de julio de 2019, https://twitter.com/guardiolatweets/status/1148654 468269051904?lang=en.
78. Erskine, «Wonder».
79. Lineker y Baker, *Life, Laughs and Football*, 281.
80. Schulze-Marmeling, *Der König und sein Spiel*, 268.
81. Erskine, «Wonder».
82. Erskine, «Wonder».
83. Benjamin Morris, «Lionel Messi's Majestic Season», *FiveThirtyEight*, 5 de junio de 2015.
84. «Leo Messi: "I've learned to read the games better"», FCBarcelona. com, 28 de octubre de 2019, https://www.fcbarcelona.com/en/ news/1470325/leo-messi-ive-learned-to-read-the-games-better.
85. Mickaël Caron, «Football: ce documentaire qui ausculte Messi et Ronaldo comme jamais, *Journal du Dimanche*, 30 de mayo de 2019.
86. Benjamin Morris, «Lionel Messi Is Impossible», *FiveThirtyEight*, 1 de julio de 2014.
87. Castellet, *Andrés Iniesta*.
88. Soriano, *Goal*, 4, 46-47.
89. «The Day That Manchester City Accidentally Bid 80 Million Euros for Messi», *Marca*, 26 de diciembre de 2019.
90. «FC Barcelona Star Lionel Messi: Tax Troubles, an Audit and a 100 Million Euro Contract», *Der Spiegel*, 15 de enero de 2018.
91. «FC Barcelona Star Lionel Messi».

92. Corrigan, «How Much Power Does Messi Really Hold at Barcelona?».

Capítulo 8.
El mejor estilo (2008-2012)

1. Josep Guardiola, «J'ai fini par me fatiguer de moi-meme», *So Foot*, octubre de 2012.
2. Michel Bezbakh, «Sur RMC Sport, les "monstres" Ronaldo racontés par ceux qu'ils ont traumatisés», *Telerama*, 23 de marzo de 2020.
3. McMath, *Take the Ball, Pass the Ball*.
4. Marcos, *L'últim partit*.
5. Leplat, *Guardiola*, 237, 242-43.
6. Elmar Neveling, *Jurgen Klopp: The Biography* (Londres: Ebury Press, 2020), 142.
7. Llompart, *Barça Dreams*.
8. Lowe, *Fear and Loathing in La Liga*, 369.
9. Soriano, *Goal*, 127-32.
10. Xavier Sala-i-Martín, correos electrónicos con el autor, 10 de julio de 2019.
11. Wilson, *The Barcelona Legacy*, 119.
12. Donald McRae, «Pep Guardiola: 'I would not be here without Johan Cruyff. He was unique'», *Guardian*, 7 de octubre de 2016.
13. Marcos, *L'últim partit*.
14. «Menotti y una entrevista a fondo: Guardiola, Messi, Pelé, Agüero, Simeone, la Selección del 78», *El Gráfico*, 2 de diciembre de 2014.
15. Simon Kuper, «Spain's New Nationalism», *Financial Times*, 5 de septiembre de 2008.
16. Reng, *Barça*, 34-36.
17. Leplat, *Guardiola*, 153-55.
18. Leplat, *Guardiola*, 243-44.
19. McMath, *Take the Ball, Pass the Ball*.
20. Iniesta, *The Artist*, 124-25.
21. Leplat, *Guardiola*, 230, 233.
22. Leplat, *Guardiola*, 142-43.
23. Pieter Zwart, «Via Michels en Cruyff naar Van Gaal en Guardiola: Het geheim van Juego de Posición», *Voetbal International*, 29 de noviembre de 2019.
24. Simon Kuper, «Pep's Four Golden Rules», *The Blizzard*, 1 de junio de 2013.
25. Castellet, *Andrés Iniesta*.
26. Eamon Dunphy, *Only a Game?* (Londres: Penguin, 1987), 30.
27. Leplat, *Guardiola*, 236.
28. Simon Kuper, «What's Going On at Barça?», *Financial Times*, 6 de febrero de 2015.
29. Leplat, *Guardiola*, 241-42.
30. McMath, *Take the Ball, Pass the Ball*.
31. Ver también Paul Bradley, «FC Barcelona: how our new research

helped unlock the "Barça way"», *The Conversation*, 19 de septiembre de 2018.
32. Reng, *Barça*, 222.
33. «Las frases más geniales de Johan Cruyff».
34. Oliver Kay, «How to mark Lionel Messi, by the defenders who kept him quiet», *The Times*, 30 de abril de 2019.
35. *So Foot*, «Johan Cruyff», 82.
36. Muy agradecido a Albert Capellas por un tutorial con cafés en Papendal, los Países Bajos, en febrero de 2012.
37. Schulze-Marmeling, *Der König und sein Spiel*, 273.
38. Iniesta, *The Artist*, 130.
39. Perarnau, *Pep Confidential*, 208.
40. Michiel de Hoog, «De uitvinder van tiki- taka haat tiki-taka, onthult dit geweldige boek over Pep Guardiola», *De Correspondent*, 29 de enero de 2015.
41. Neveling, *Jurgen Klopp*, 141.
42. Leplat, *Guardiola*, 156.
43. Kuper, «Pep's Four Golden Rules».
44. Leplat, *Guardiola*, 166-67.
45. Perarnau, *Pep Confidential*, 161.
46. «Discurso subtitulado (español/inglés) de Pep Guardiola en la medalla de honor del Parlament», YouTube, 12:09, publicado por «andreu24x», 8 de septiembre de 2011, https://www.youtube.com/watch?v=oVuZwBGlpRc.
47. Reng, *Barça*, 128-29.
48. Cox, *Zonal Marking*, 308.
49. Leplat, *Guardiola*, 235.
50. Reng, *Barça*, 210.
51. Reng, *Barça*, 172.
52. McMath, *Take the Ball, Pass the Ball*.
53. Perarnau, *Pep Confidential*, 139.
54. Leplat, *Guardiola*, 150, 241.
55. Jesus Montesinos *et al.*, «Barcelona Baby Boom: Does Sporting Success Affect Birth Rate?», *BMJ* 347 (2013):f7387.
56. McMath, *Take the Ball, Pass the Ball*.
57. Iniesta, *The Artist*, 152-53.
58. Reng, *Barça*, 198.
59. Cox, *Zonal Marking*, 301.
60. Lowe, *Fear and Loathing in La Liga*, 385.
61. Leplat, *Guardiola*, 236-37, 248.
62. McMath, *Take the Ball, Pass the Ball*.
63. Leplat, *Guardiola*, 237-38.
64. «Barcelona Gave Us a Hiding, Says Man Utd Boss Ferguson», BBC, 28 de mayo de 2011.
65. Perarnau, *Pep Confidential*, 15, 243.
66. Silvia Taulés, «La mujer de Tito Vilanova "vetó" a Guardiola en su funeral», *El Mundo*, 5 de junio de 2014.
67. Webster y Hernández, *FC Barcelona Confidential*.
68. Lowe, *Fear and Loathing in La Liga*, 403.

69. Guardiola, «J'ai fini par me fatiguer de moi-meme».

Capítulo 9. Define «talento»

1. *Voetbal International*, «Johan Cruijff 50».
2. Rodríguez y Querol, *Matchday*, episodio 4.
3. John Carlin, *White Angels: Beckham, Real Madrid and the New Football* (Londres: Bloomsbury, 2004), 194.
4. Simon Callow, «A Taste for the Difficult», *New York Review of Books*, 11 de febrero de 2021.
5. Megan Rapinoe con Emma Brockes, *One Life* (Nueva York: Penguin Press, 2020), 14.
6. Maarten Wijffels, «Barça-assistent Schreuder: "Ze slaan Messi neer, gewoon met de vlakke hand"», *Algemeen Dagblad*, 6 de marzo de 2021.
7. Mike Forde y Simon Kuper, «Game of Talents: Management Lessons from Top Football Voaches», *Financial Times*, 15 de mayo de 2015.
8. Pernarnau, *Pep Confidential*, 302.
9. Leplat, *Guardiola*, 197.
10. «Mbappé assume son ego: "Je me dis toujours que je suis le meilleur"», RMC Sport, 2 de abril de 2021.
11. Carlin, *White Angels*, 194.
12. Leplat, *Guardiola*, 191.
13. Rivea Ruff, «Allen Iverson Says He Didn't Lift Weights in NBA Because They Were "Too Heavy"», *Bleacher Report*, 16 de diciembre de 2016.
14. *Voetbal International*, «Johan Cruijff 50».

Capítulo 10. Las reglas del talento

1. Escribí anteriormente sobre esta entrevista en Simon Kuper, *Soccer Men* (Nueva York: Nation Books, 2014), 15-18.
2. Wilson, *The Barcelona Legacy*, 56.
3. Kok, *Johan Cruijff*, 562.
4. Elberse, «Futbol Club Barcelona».
5. Reng, *Barça*, 107.
6. Simon Kuper, «The Sage of Real Madrid», *Financial Times*, 21 de enero de 2011.
7. Arsene Wenger, *My Life in Red and White: My Autobiography* (Londres: Weidenfeld & Nicolson, 2020), 78.
8. Reng, *Barça*, 218.
9. Soriano, *Goal*, 120-22, 158.
10. Soriano, *Goal*, 121-22.
11. Escofet, «Francisco "Paco" Seirul·lo, le maître inconnu du Barça».
12. McMath, *Take the Ball, Pass the Ball*.
13. Barend y Van Dorp, *Ajax, Barcelona, Cruyff*, 229.
14. Robert Pickering, «Death Spiral Is a Myth to Perpetuate High Pay», *Financial Times*, 28 de abril de 2014.

Capítulo 11. Cómo viven las estrellas

1. Rodríguez y Querol, *Matchday*, episodio 1.

2. Winkels, «De eenzame kampioen», 63.
3. De Vos, *Nummer 14*.
4. Rodríguez y Querol, *Matchday*, episodio 4.
5. Barend y Van Dorp, *Ajax, Barcelona, Cruyff*, 133.
6. Arthur Renard, «You Ask the Questions: Boudewijn Zenden», *FourFourTwo*, 6 de abril de 2020.
7. Kuper, «The Sage of Real Madrid».
8. Leplat, *Guardiola*, 139.
9. Barend y Van Dorp, *Ajax Barcelona, Cruyff*, 186.
10. Reng, *A Life Too Short*, 187.
11. Castellet, *Andrés Iniesta*.
12. «The Maradona I Knew the Year He Discovered Cocaine», *Sport*, 26 de noviembre de 2020.
13. Burns, *Barça*, 251, 254.
14. Daniel Geey, *Done Deal: An Insider's Guide to Football Contracts, Multi Million Pound Transfers and Premier League Big Business* (Londres: Bloomsbury, 2019), 39.
15. Jesús Ruiz Mantilla, «Gerard Piqué: "Sé cuándo la voy a liar y lo hago porque me apetece"», *El País*, 11 de noviembre de 2019.
16. Rodríguez y Querol, *Matchday*, episodio 7.
17. Mantilla, «Gerard Piqué».
18. *Voetbal International*, «Johan Cruijff 50».
19. Ben Morse, «Barcelona Remains Best Paid Sports Team, Ronaldo's Juventus Up to Third», CNN, 23 de diciembre de 2019.
20. Lilian Thuram, entrevista con el autor, 13 de marzo de 2008.
21. Mantilla, «Gerard Piqué».
22. Rodríguez y Querol, *Matchday*, episodio 4.
23. *Voetbal International*, «Johan Cruyff 50».
24. Soriano, *Goal*, 139.

<h2 style="text-align:center">Capítulo 12.
Come, juega, duerme. El talento y los chefs privados</h2>

1. Rodríguez y Querol, *Matchday*, episodio 1.
2. «Frenkie de Jong on Ronald Koeman and Life at Barcelona», UEFA, 26 octubre de 2020.
3. Congreso de los Diputados, «Boletín Oficial de las Cortes Generales», 26 de septiembre de 2013, 63.
4. Lowe, *Fear and Loathing in La Liga*, 104-5.
5. Winkels, *Johan Cruijff in Barcelona*, 123-26.
6. Lineker y Baker, *Life, Laughs and Football*, 217.
7. Edwin Winkels, «Vis, vlees en voetbal», *Hard Gras*, diciembre de 2001.
8. Kok, *Johan Cruijff*, 452.
9. Marerlma, «Football and Wine: A Passionate Combination», *Drinks & Co.*, 26 de febrero de 2016.
10. Rollo y Jeukendrup, *Sports Nutrition for Football*, 88.
11. La acusación más citada contra ellos se refiere a Eufemiano Fuentes, el médico español detenido en la Operación Puerto, el escándalo de dopaje en el ciclismo, del año 2006. Fuentes había trabajado también con el Barça y el Real Madrid. Como en España no había leyes

antidopaje en la época del escándalo ciclista, el ginecólogo fue acusado solo de «poner en peligro la salud pública» y condenado a un año de prisión. Posteriormente fue absuelto de todos los cargos. En 2021, en una entrevista en la que hablaba de su trabajo en los Juegos Olímpicos de 1992 y nombraba tres clubes de fútbol menores para los que había trabajado, dijo que había tenido «un par de contactos con» el Barcelona y que le habría gustado «trabajar con el club», pero que no lo había hecho. Ver Stéphane Mandard, «Le Real Madrid et le Barça liés au docteur Fuentes», *Le Monde*, 7 de diciembre de 2006, y «Eufemiano Fuentes desvela los contactos que tuvo con el Fútbol Club Barcelona», La Sexta, 28 de marzo de 2021.

12. McMath, *Take the Ball, Pass the Ball*.
13. Rollo y Jeukendrup, *Sports Nutrition for Football*, 74-75.
14. Isabel Arquero, «La nutricionista del Barça: brócoli sí, pizza no tanto», *El País*, 12 de marzo de 2019.
15. «Foods That Are Very Healthy but Are Not Recommended During Exercise», Barcelona Innovation Hub, 5 de agosto de 2019.
16. Rollo y Jeukendrup, *Sports Nutrition for Football*, 82.
17. François David, «Dans l'intimité d'Ousmane Dembélé: 'Il n'y a pas de structure de haut niveau autour de lui'», *Le Parisien*, 20 de agosto de 2019.
18. David, «Dans l'intimité d'Ousmane Dembélé».
19. Rollo y Jeukendrup, *Sports Nutrition for Football*, 27.
20. Forde y Kuper, «Game of Talents».
21. Fernando Polo y Roger Torelló, «Messi trabaja con una dietista que es una crack del triatlón», *Mundo Deportivo*, 9 de noviembre de 2013.
22. «Me inyectaba las hormonas solo y lo tomaba como algo rutinario», TyC Sports, 18 de marzo de 2018.
23. Arquero, «La nutricionista del Barça».
24. «Leo Messi: "Barça is my home, I don't want to leave but I want to play in a winning team"», *Sport*, 12 de septiembre de 2019.
25. «¿Qué come cada jugador del Barça tras los partidos?», *Sport*, 25 de septiembre de 2014.
26. Hugo Guillemet, «Dembélé, les raisons de sa fragilité», *L'Equipe*, 3 de marzo de 2020.
27. Carlos Lago Penas, «Half-Time Strategies to Improve Player Performance in the Second Half of the Game», Barcelona Innovation Hub, 19 de octubre de 2019.
28. Baxter Holmes, «NBA Exec: "It's the Dirty Little Secret That Everybody Knows About"», ESPN, 14 de octubre de 2019.
29. Mitten, «Introducing the Messiah».
30. Mantilla, «Gerard Piqué».
31. Luis Martín, «Sergio Busquets: "Yo estoy para dar soluciones"», *El País*, 18 de junio de 2015.
32. François David e Yves Leroy, «Ousmane Dembélé, dernier avertissement?», *Le Parisien*, 12 de noviembre de 2018.
33. David, «Dans l'intimité d'Ousmane Dembélé».
34. Holmes, «NBA Exec».

35. Peter Crouch con Tom Fordyce, *How to Be a Footballer* (Londres: Ebury Press, 2019), 180.
36. Peter Crouch con Tom Fordyce, *I, Robot: How to be a Footballer 2* (Londres: Ebury Press, 2019), 146.
37. Illan y Torrado, *High-Performance Nutritional Cuisine*.
38. Martijn Krabbendam, «Frenkie de Jong over Messi, zijn eerste Barça-rondo en de snelle aanpassing», *Voetbal International*, 25 de noviembre de 2019.
39. «Frenkie de Jong begrijpt dat hij kerel moet worden: "Zoiets vertelde Koeman al"», *NOS Voetbal*, 13 de octubre de 2019.
40. Fifpro, *At the Limit: Player Workload in Elite Professional Men's Football* (2019).
41. «Neymar Gives Messi and Mascherano Lift on Private Jet», AFP, 8 de noviembre de 2016.
42. «Our Brain Hinders Sleep the First Night away from Home, but We Can Stop This from Happening», Barcelona Innovation Hub, 26 de julio de 2019.
43. Carlos Lago Penas, «Happiness Versus Wellness in Elite Sport», Barcelona Innovation Hub, 11 de febrero de 2020.
44. Carlos Lago Penas, «Are Football Players Getting Older?», Barcelona Innovation Hub, 1 de octubre de 2019.
45. Carlos Lago Penas, «The Influence of Age on Footballers' Performance», Barcelona Innovation Hub, 15 de octubre de 2019.

Capítulo 13. Infortunios en el mercado de fichajes

1. Reng, *A Life Too Short*, 119.
2. Edwin Winkels, «Johan Cruyff en de kritiek», *Voetbal International*, 10 de marzo de 1990.
3. Reng, *A Life Too Short*, 120.
4. Trailer del documental *Força Koeman*, Videoland.com.
5. Wilson, *The Barcelona Legacy*, 240.
6. Bjorn Goorden, «Hoezo Grote Twee? Neymar is Messi en Ronaldo zelfs al voorbij», *Voetbal International*, 28 de diciembre de 2020.
7. Goorden, «Hoezo Grote Twee?».
8. Aymeric Le Gall, «Barça-PSG: "Oui, le Barça a bien refusé Mbappé pour prendre Dembélé," raconte un agent espagnol proche des Blaugranas», *20 minutes*, 17 de febrero de 2021.
9. Fernando Polo, «Bordas lo cuenta todo sobre Morata, Courtois, Haaland y Monchi», *Mundo Deportivo*, 15 de noviembre de 2020.
10. Fernando Polo, «Bordas: "Mbappé pudo venir por 100 millones"», *Mundo Deportivo*, 15 de noviembre de 2020.
11. Tariq Panja y Rory Smith, «Barcelona and the Crippling Cost of Success», *New York Times*, 12 de febrero de 2021.
12. Danielle Pinedo, «Frenkie de Jong: 'Ik ga liever anoniem door het leven», *NRC Handelsblad*, 1 de noviembre de 2020.
13. Wenger, *My Life in Red and White*, 160.
14. «De Jong doet onthulling over transfer: "Daarom twijfelde ik over Barcelona"», *Voetbalprimeur*, 3 de febrero de 2021.
15. Edwin Winkels, «Familie van Frenkie de Jong geniet mee in

Barcelona: "Is dit de winter hier?"», *Algemeen Dagblad*, 25 de diciembre de 2019.

16. Sam France, «De Jong Agent Reveals How He Doubled Ajax's Asking Price for Barcelona Star», *Goal*, 28 de septiembre de 2019.

17. Matt Law, «Eric Abidal Exclusive: Quitting Barcelona, Courting Pochettino, Talks with Messi and the Future», *Daily Telegraph*, 22 de marzo de 2021.

18. Omar Chaudhuri (@OmarChaudhuri), «European window yet to close, but three transfer-records-by-age broken this summer, including Harry Maguire becoming the most expensive 26-year-old in history (overtaking Van Dijk). Hazard was briefly the 28-year-old record holder», Twitter, 9 de Agosto de 2019, https://twitter.com/OmarChaudhuri/status/ 1159785348387549184.

19. Panja y Smith, «Barcelona and the Crippling Cost of Success».

20. «Griezmann: I Spoke with Messi When I Arrived He Told Me He Was Screwed When I First Turned Barcelona Down», *Marca*, 24 de noviembre de 2020.

21. Ernest Folch, «Entrevista exclusiva a Leo Messi: "El Barcelona es mi casa, no quiero irme, pero quiero un proyecto ganador"», *Sport*, 1 de septiembre de 2020.

22. «Big spender Barcelona troeft Premier League-elite af: één miljard in vijf jaar», *Voetbal International*, July 12, 2019.

23. Juan Jiménez, «Piqué: El club está como está», *As*, 4 de noviembre de 2020.

24. «Bakambu a failli signer a Barcelone», *L'Équipe*, 30 de enero de 2020.

25. Jordi Quixano, «Matheus Fernandes, el futbolista invisible», *El País*, 17 de noviembre de 2020.

26. Robin Bairner, «They Called Me Crazy Palmeiras Director Talks Selling Matheus Fernandes to Barca», *Goal*, 19 de abril de 2020.

27. Sid Lowe, «Barcelona Swapping Arthur for Pjanic Was a Business Move but for All the Wrong Reasons», ESPN.com, 29 de junio de 2020.

Capítulo 14. Todo el mundo se convierte a la Masia

1. Zwartkruis, «Koopclub Barcelona verlangt terug naar talentenvisie Cruijff».

2. Perarnau, *Pep Confidential*, 400.

3. Wilson, *The Barcelona Legacy*, 253.

Capítulo 15. ¿Más que un club?

1. Ángel Pérez, «El infierno de Sandro Rosell», *Mundo Deportivo*, 8 de febrero de 2018.

2. Luz Sánchez-Mellado, «Sandro Rosell: huele a rancio», *El País*, 18 de julio de 2020.

3. Sergi Font, «La pesadilla de 643 días Sandro Rosell en la cárcel», *ABC*, 25 de abril de 2019.

4. Lowe, *Fear and Loathing in La Liga*, 232-33.

5. Burns, *Barça*, 355; y Soriano, *Goal*, 17-18.

6. Soriano, *Goal*, 178.
7. Soriano, *Goal*, 67-69.
8. Schulze-Marmeling, *Der König und sein Spiel*, 279-80.
9. Schulze-Marmeling, *Der König und sein Spiel*, 281.
10. «Twinning Project: 32 Football Clubs Join Prison Scheme to Help Tackle Reoffending», *BBC*, 23 de enero de 2019.
11. Wenger, *My Life in Red and White*, 212.
12. «Miami Barcelona MLS Campaign Is Dead», *Goal*, 3 de marzo de 2009.
13. Diego Martín, «Real Madrid Lead the World in Social Media Followers», *AS*, 29 de diciembre de 2019; y Kurt Badenhausen, «FC Barcelona Ranks as the Top Sports Team on Social Media», *Forbes*, 14 de julio de 2016.
14. Soriano, *Goal*, 64.
15. Bobby McMahon, «Barcelona Estimates That Espai Barça Project Will Now Cost Almost $1.5 Billion», *Forbes*, 8 de octubre de 2020.
16. Toíbín, *Homage to Barcelona*, 77.
17. Van Hensbergen, *The Sagrada Família*, 106-7.
18. Van Hensbergen, *The Sagrada Família*, 5.
19. Hughes, *Barcelona*, 538-39.
20. Van Hensbergen, *The Sagrada Família*, 110.
21. Van Hensbergen, *The Sagrada Família*, 42, 106, 129-30; y Hughes, *Barcelona*, 538.
22. Minder, *The Struggle for Catalonia*, 186.
23. Minder, *The Struggle for Catalonia*, 12, 124.
24. Minder, *The Struggle for Catalonia*, 3, 6, 11, 233.
25. Albert Masnou, «Exclusive: How Bartomeu Took the Decision to Play Behind Closed Doors», *Sport*, 2 de octubre de 2017.
26. Marlene Wind, *The Tribalization of Europe: A Defense of Our Liberal Values* (Cambridge, UK: Polity Press, 2020).
27. Rodríguez-Pose y Hardy, «Reversal of Economic Fortunes».
28. Michael Stothard, «Barcelona Brand Suffers After Independence Turmoil», *Financial Times*, 30 de noviembre de 2017.
29. Rodríguez-Pose y Hardy, «Reversal of Economic Fortunes».
30. Thomas Piketty, *Capital and Ideology* (Cambridge, MA: Harvard University Press, 2020), 919.
31. Simon Kuper, «Us and Them: Catalonia and the Problem with Separatism», *Financial Times*, 9 de noviembre de 2017.
32. José M. Oller, Albert Satorra y Adolf Tobena, «Unveiling Pathways for the Fissure Among Secessionists and Unionists in Catalonia: Identities, Family Language, and Media Influence», *Palgrave Communications* 5, n.º 1 (2019): 148.
33. Rodríguez-Pose y Hardy, «Reversal of Economic Fortunes».

Capítulo 16. El club de Messi
1. «FC Barcelona Star Lionel Messi: Tax Troubles, an Audit and a 100 Million Euro Contract», *Der Spiegel*, 15 de enero de 2018.
2. «FC Barcelona Star Lionel Messi».
3. Andrew Davis y David Hellier, «Lionel Messi's Contract with

Barcelona Worth $674 Million: Mundo», *Bloomberg*, 31 de enero de 2021.

4. Christoph Nesshöver, «Wirtschaftswunder», *Manager Magazin*, febrero de 2022.

5. «Messi slaat hard terug en klaagt vijf Barça bobo's aan na lekken supercontract», *Voetbalprimeur*, 3 de febrero de 2021.

6. «Vorstandsboss Karl-Heinz Rummenigge vom FC Bayern: Lionel Messi? Musste lachen», *Goal*, 16 de febrero de 2021.

7. Nesshöver, «Wirtschaftswunder», *Manager Magazin*.

8. «Griezmann: I Spoke with Messi».

9. Jordi Quixano, «Gerard Piqué: «Anfield fue una pesadilla que perdurará en el tiempo», *El País*, 25 de mayo de 2019.

10. Michael Cox, «It's Time for Barcelona to Stop Obsessing over 'the Guardiola Way'», *The Athletic*, 24 de septiembre de 2020.

11. UEFA Champions League, *Technical Report 2019/ 20* (Nyon, Suiza: UEFA, 2020).

12. Michael Cox, «The Bielsa Paradox: How Can Someone So Influential Also Be So Unique?», *The Athletic*, 24 de noviembre de 2020.

13. Simon Kuper, «At Barcelona It's Lionel Messi, Piqué and the Players Who Hold the Power, Not the Manager», ESPN, 22 de enero de 2020.

14. Rodríguez y Querol, *Matchday*, episodio 5.

15. Rodríguez y Querol, *Matchday*, episodio 6.

16. Neveling, *Jurgen Klopp*, 308-9.

17. Ken Early, «Did Lionel Messi's Team Talk Help Liverpool Beat Barcelona?», *Irish Times*, 2 de diciembre de 2019.

18. Rodríguez y Querol, *Matchday*, episodio 7.

19. Rodríguez y Querol, *Matchday*, episodio 6.

20. Martijn Krabbendam, «Ronald Koeman: het jaar van corona, een hartinfarct, en de hoofdrol in een Barça-storm», *Voetbal International*, 17 de diciembre de 2020.

21. «Monsterklus Koeman: Frenkie's rol, Messi's onvrede en vernieuwen zonder geld», *Voetbalprimeur*, 19 de agosto de 2020.

22. Rodriguez y Querol, *Matchday*, episodio 7.

23. Sid Lowe, «Barcelona in Meltdown After Lionel Messi Hits Back at Eric Abidal», *Guardian*, 4 de febrero de 2020.

24. Law, «Eric Abidal Exclusive».

25. Sámano y Enrique Ortego, «Quique Setién: "En el Barça no fui yo, no pude o no supe"», *El País*, 31 de octubre de 2020.

26. Sam Marsden, «Setien on Barcelona Job: Beyond My Wildest Dreams to Go from Cows to Camp Nou», ESPN, 14 de enero de 2020.

27. Tom Sanderson, «FC Barcelona Contract Social Media Firm to Attack Messi, Piqué and Others, Claims Scandalous Report», *Forbes*, 17 de febrero de 2020; Sid Lowe, «Messi: Barcelona Not in Shape to Win Champions League but I Want to Stay», *Guardian*, 20 de febrero de 2020; Santi Giménez, «Barcelona: Piqué Makes It Clear That Bartomeu Not Believed», *AS*, 19 de febrero de 2020; Javier Miguel, «Audit Company Points Finger at Barcelona over I3 Ventures Affair», *AS*, 11 de abril de 2020; Sid Lowe, «Carry on

Barcelona: The Comic Tale of Tragedy and Drama That Keeps on Giving», *Guardian*, 11 de abril de 2020; Cillian Shields, «Barça President Accused of Corruption in Catalan Police Investigation», *Catalan News*, 4 de septiembre de 2020.

28. «Monsterklus Koeman».

29. Cristina Cubero y Fernando Polo, «Messi: "Hoy no nos alcanza para pelear por la Champions"», *Mundo Deportivo*, 20 de febrero de 2020.

30. John Burn-Murdoch y Chris Giles, «UK Suffers Second-Highest Death Rate from Coronavirus», *Financial Times*, 28 de mayo de 2020.

31. Sam Carp, «Barcelona Profits Down Despite Hitting Record €990m Revenue», SportsPro, 25 de julio de 2019.

32. «Messi carga contra Abidal por implicar a los jugadores en el cese de Valverde: "Se nos está ensuciando a todos"», *La Vanguardia*, 4 de febrero de 2020.

33. Rapinoe, *One Life*, 211.

34. Sámano y Ortego, «Quique Setién».

35. Jop Goslinga, *Força Koeman* (Videoland, 2021), temporada 1, capítulo 1.

36. Krabbendam, «Ronald Koeman».

37. *Ibid*.

38. Jop Goslinga, *Força Koeman* (Videoland, 2021), temporada 1, capítulo 2.

39. Jop Goslinga, *Força Koeman* (Videoland, 2021), temporada 1, capítulo 1.

40. Tráiler del documental *Força Koeman*, Videoland.com.

41. Javier Miguel, «Cumbre inminente entre Koeman y Messi», *AS*, 20 de agosto de 2020.

42. Martijn Krabbendam, «Het beste uit 2021: een openhartig gesprek met Koeman over het gemis van Messi», *Voetbal International*, 27 de diciembre de 2021.

43. «Koeman Tells Messi: "Your Privileges Are Over" as Captain Demands Barcelona Exit», *AS*, 26 de agosto de 2020.

44. *Marca*, «Luis Suárez: La llamada de Koeman para decirme que no contaba conmigo duró 40 segundos», 6 de octubre de 2021.

45. Rubén Uría, «EXCLU-Lionel Messi reste au Barça et brise le silence!», *Goal*, 4 de septiembre de 2020.

46. Enrique Ortego, «El gran problema de Messi es que compite consigo mismo».

47. Uría, «EXCLU: Lionel Messi reste au Barça et brise le silence!».

48. Uría, «EXCLU: Lionel Messi reste au Barça et brise le silence!».

49. Cristina Navarro, «Elena Fort: «Hay operarios vigilando que no salten los plomos durante los partidos»», *Marca*, 17 de octubre de 2021

50. Murad Ahmed, «Fire Sale at Spain's Top Football Clubs Forced by Lower Spending Limit», *Financial Times*, 17 de noviembre de 2020.

51. Tom Knipping, «Zwarte cijfers Real Madrid pijnlijk voor Barça», *Voetbal International*, 5 de enero de 2021.

52. Sid Lowe, «La Liga Kept Messi at Barcelona, but the Talent Drain to the Premier League Is a Concern», ESPN, 16 de octubre de 2020.
53. Sergi Escudero, «Cinto Ajram: "La incertidumbre de Messi ha afectado al acuerdo con Rakuten"», Efe, 13 de noviembre de 2020.
54. Javier Miguel, «Barcelona Captains Issue Scathing Letter to Board», *AS*, 22 octubre de 2020.
55. «Neymar entra en la lista de morosos de Hacienda con una deuda de 34 millones», *El Español*, 30 de septiembre de 2020.
56. Goslinga, *Força Koeman*, temporada 2, capítulo 2.
57. *Ibid.*
58. Yanick Vos, «Ronald Koeman: "Ik zie wel parallellen met Frenkie en Mikky"», *Voetbalzone*, 18 de febrero de 2021.
59. Krabbendam, «Ronald Koeman».
60. Martijn Krabbendam, «Club Brugge krijgt de beste versie van Alfred Schreuder», *Voetbal International*, 12 de enero de 2022.
61. Goslinga, *Força Koeman*, temporada 2, capítulo 3.
62. Panja y Smith, «Barcelona and the Crippling Cost of Success».
63. Ver el hilo de Twitter en https://twitter.com/SwissRamble/status/1358675740145950720?s=20, 7 de febrero de 2021.
64. «El Barça, en bus a Huesca para ahorrar», *Mundo Deportivo*, 5 de enero de 2021.
65. Wijffels, «Barça-assistent Schreuder».
66. Jordi Blanco, «El Barcelona da inicio a su carrera electoral con la entrega de papeletas a precandidatos», ESPN Deportes, 23 de diciembre de 2020.
67. Krabbendam, «Het beste uit 2021», *Voetbal International*.
68. Roger Pascual y Albert Guasch, «Laporta consigue al fin el aval», *El Periódico*, 16 de marzo de 2021.
69. «José Elías, el nuevo socio de Laporta: ingeniero, emprendedor y una de la grandes fortunas de España», *Marca*, 17 de marzo de 2021.
70. Nesshöver, «Wirtschaftswunder», *Manager Magazin*.
71. Goslinga, *Força Koeman*, temporada 2, capítulo 3.

Capítulo 17. ¿Fin?

1. John Carlin, «Inside the mind of Lionel Messi–and what next for Barcelona?», *The Times*, 10 de septiembre de 2021.
2. Robin Bairner, «Messi to PSG: transfer 10 years in the making and completed in a matter of days», *Goal.com*, 14 de Agosto de 2021.
3. Florent Torchut, «Lionel Messi sur son arrivée au PSG: "Je ne me suis pas trompé"», *L'Equipe*, 18 de octubre de 2021.
4. Carlin, «Inside the mind of Lionel Messi–and what next for Barcelona?», The Times, 10 de septiembre de 2021.
5. Dermot Corrigan, «Life after Messi for Barcelona: More cuts, more anger, more drama», *The Athletic*, 12 de agosto de 2021.
6. Corrigan, «Life after Messi for Barcelona», *The Athletic*.
7. Goslinga, *Força Koeman*, Temporada 2, Capítulo 3.
8. Adam Crafton, «How Paris Saint-Germain signed Lionel Messi», *The Athletic*, 10 de Agosto de 2021.

9. Lluís Mascaró y Albert Masnou, Messi: «Me gustaría volver al Barça para ayudar, de secretario técnico», *Sport*, 1 de noviembre de 2021.

10. *SoFoot.com*, «Luuk de Jong recupère le casier de Lionel Messi», 10 de septiembre de 2021.

11. AP, «Barcelona's finances holding up new Messi contract», Euronews.com, 1 de julio de 2021.

12. Sid Lowe, «Ferran Torres has joined Barcelona, but his debut is unclear as club tries to creatively work around debt», *ESPN.com*, 4 de enero de 2022.

13. Reuters, «Barcelona approves debt plan for stadium renovation», 20 de diciembre de 2021.

Este libro utiliza el tipo Aldus, que toma su nombre
del vanguardista impresor del Renacimiento
italiano, Aldus Manutius. Hermann Zapf
diseñó el tipo Aldus para la imprenta
Stempel en 1954, como una réplica
más ligera y elegante del
popular tipo
Palatino

La complejidad del barça
se acabó de imprimir
un día de primavera de 2022,
en los talleres gráficos de Liberdúplex, s. l. u.
Crta. BV-2249, km 7,4. Pol. Ind. Torrentfondo
Sant Llorenç d'Hortons (Barcelona)